社会变迁中的元代徽州社会教化研究

雀祖 著

Research on Edification of Huizhou Society under the Social Vicissitude in Yuan Dynasty

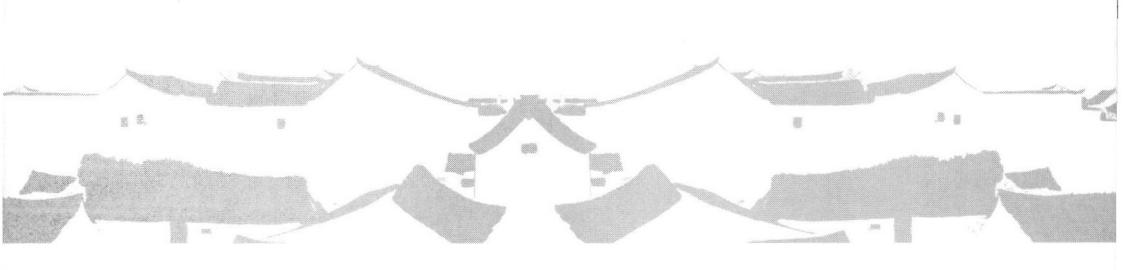

上海三联书店

序　　言

"教化"作为原生的中国本土概念,近十余年越来越受到包括教育史学科在内的多学科共同关注。我也领衔出版过两部有关教化的著作——《中国社会教化的传统与变革》(山东教育出版社 2005 年)和《变迁与转型:中国传统教化的近代命运》(上海教育出版社 2014 年),先后指导多位博士生选择不同朝代的社会教化史展开深入的专题系列研究,取得了一定的学术成果,受到同行的关注和指导,深知教化研究推进之不易。

2012 年 9 月,历史学出身的王耀祖考入华东师大教育学科,并在学习过程中逐渐对"教化"问题产生浓厚的学术兴趣。经过较长时间的相关资料爬梳、沉潜体悟、质疑问难和师友交流,他逐渐明确了自己主攻的学术方向。与断代教化史研究取向不同,王耀祖另辟蹊径,选择了断代中的区域教化史——元代徽州社会教化,作为自己博士论文的研究对象。很显然,这一研究取向具有重要的学术价值,它不仅使社会教化的研究类型与范式多样化,而且使研究主题更加细化,更加贴近社会实际生活的本相,有助于教化研究走向深入。区域教育现代化变革是当代中国教育现代化变革的重要基点,而传统区域教化研究的经验总结无疑是区域教育现代化变革的历史起点,传统文化的当代接续与创新正是本研究的价值宗旨。

元代虽然短暂(1271—1368),但元代徽州文化却因为儒学教化的兴起而熠熠生辉;而明清徽学的花繁叶茂也同样离不开元代教化的实践根基。概括而言,该书具有如下几个特点:

其一,视野下移,史料扩展。与学校教育不同,社会教化涉及到许多非学校的民间组织系统,没有视野下移的开拓精神,就很难挖掘到可靠的第一手资料。书后所附的主要参考文献并不仅限于一般的名家典籍、政史文献,更有乡绅文集、日记、方志、谱牒、家规族法、碑刻铭文、日常读物、契约文书等丰富的民间史料。史料的较大扩展,为本书观点的务实论证奠定了良好基础。

其二,多维审察,综合创构。元代徽州文化勃然兴起,良风美俗遐迩闻名,无疑离不开这块神奇土地上所积聚的教化力量。依据翔实的史料,该书对徽州社会教化的基础和中心——蒙学和官学做了较为深入的考察和分析,指出其塾师群体化和职业化、教材理学化和通俗化等特征,剖析了其地方官学建设的持续发展和实践样态。在此基础上,深化了徽州家族教化、风俗教化的探讨,并力求对其教化主体——"儒士和官吏"进行深层解读。

其三,整体把握,案例透视。该书能够将徽州社会教化置于元代社会变迁的历史境遇中进行系统考察,如:能够整体上抓住儒、释、道对风俗教化的不同认知,并善于以丧葬风俗为例进行个案分析。又如:在阐述徽州教化主体之一——"官吏教化"时,特别遴选元初九贤——"地方官教化的典范"和方志修撰——"文教教化案例"进行切合生活的具体透视。

其四,图文并茂,考订源流。该书注意到教化实施的精微考订,所列图8幅、表11张即其明证。其中,"元代徽州代表性塾师师承及群体简图"、"元代徽州师弟子传承图"、"元代徽州宗祠、墓祠、附祠及祭祀建筑一栏表"等,不仅图示脉络清晰,明了易懂;而且考订精详,学风严谨。

关于元代徽州社会教化与其他地区的社会教化有何不同、元代徽州社会教化的历史影响和独特价值等方面,还可以在后续的研究中作更加深入的求索。期待耀祖博士继续努力,在不久将来取得更为丰硕的学术新成果。

以上所述,不当之处,敬请方家斧正,并与作者共勉。

黄书光

华东师范大学教育学部　教授　博士生导师

2020年11月8日

自　　序

元代(1271—1368年),一个充满争议的时代,虽然短暂,却是徽州文化、社会发展并取得突出成就的重要时期:蒙学发达,官学系统完备,书院兴盛,讲学传习成风,"道系相传,如世次可缀而数,海内诸郡有不能及";新安理学繁荣,名家辈出,著作丰硕,"彬彬称为东南邹鲁"①,在中国学术史尤其是程朱理学史上占据了一定的篇幅;宗族枝繁叶茂,大族数量众多,注重内在发展动力挖掘,宗族建设成就显著,"论天下氏族,必以新安为首称"②……这些都为明清徽州发展奠定了基础。成就的取得,固然有历史的远因和时代的背景,但更离不开由儒士、士绅、儒官和宗族共同主导的经由学校、宗族及其他形式而渗透徽州社会的教化力量。

作为教化的基础,蒙学在元代徽州发展迅速,机构数量众多、形式多样,形成了以私学为主体的多元化格局;大批理学家从事蒙学事业,不少大儒亦参与其中,出现了塾师的群体化和职业化趋势;编纂了数量丰富、水平较高的学术著作与蒙学教材;理学思想内容成为蒙

---

① 嘉靖《徽州府志》卷二《风俗》,见《北京图书馆古籍珍本丛刊》(29),书目文献出版社,1998年,第66页。
② 赵汸:《汪溪金氏族谱序》,《古今图书集成·明伦汇编·氏族典》卷三百六十二《金姓部·艺文》,第367册之21页,中华书局影印。

学的主导思想与核心内容,于理学社会化与民间化发挥了关键性作用。究其原因,既是宋代以来社会与文化教育发展的惯性使然,而元廷鼓励设立小学书塾、科举废兴对士子心态之影响,以及士人身份变化、理学思想浸润、教育家对蒙学重要性认知提高等均是重要的推动因素。

官方教化之中心——元代徽州地方官学设置更为系统、完备,强化并匹配了其教化主体地位。官学兴废直接关系着官方教化的实施,因此,学校兴修也就成了徽州官学历史沿革中最为重要的教化事件,在方志和时人记文中均有着显著的位置。作为官学教化的担纲者,徽州学官遵元定制,群体人数众多,其中不乏名士大儒;讲学传道、释奠祭祀、兴修校舍、撰写表章等,均是其行使教化职责的体现。官学在教化层面发挥着举足轻重的作用,然而由于学事时有废替、学田不足、学官名实不符、权力有限等原因,教化功能难免受到影响。

宗族是元代徽州基层社会教化展开的中坚力量。在元代,徽州宗族建设成效显著,至迟到元末其特点已基本完全显现,在诸如经济、仕宦、家教家学、孝节风操等方面均有了不俗表现,"业以诗书,显以衣冠,永以文献",天下"首称"当之无愧。成就的取得,与徽州宗族对影响其发展的内部教化因素——诸如家教和家学、族谱、祠堂、"展省"礼等——非常重视紧密相关。重视家教家学,不仅有利于推动族人文化素质和教养的提升,也是家族渊源流长的文化之泉。而修纂族谱、创建祠堂、定时行"展省"礼,则更多地被赋予了程朱理学所尤为重视的纲常伦理教化价值与意义,时刻唤醒族人尊祖孝亲、收族睦族以及明昭穆、辨尊卑、寓劝戒、彰道德等观念。

儒士和士绅是元代徽州社会推行教化最重要的主体。元代新安学术蔚然大观,不仅在徽州历史上独占鳌头,即在当时亦烜赫一时,获誉"东南邹鲁"。究其缘由,与师儒讲学授徒传统在新的时代环境下延续、复兴关系密切。此时的学术传承主要沿着四条路径:"内传"、"外传"、"乡师"和书院传承。"内传"即徽州籍士人师承朱熹而后代以此为家学并授徒者,此种传承在元初已逐渐式微。"外传"分由外和向外两种,前者指本地士子师从外地学者尤其是朱学的著名传人(即非徽州籍朱熹著名弟子再传),后者指徽州籍士人在外地的学术传授,这在元初甚至到中期都有着一定的影响。"乡师"指隐没乡间以授徒教学为职的儒师,其传承贯穿于宋末至明初。书院传承则是以书院为依托进行大规模授徒和学术研究活动的传承方式,元末被融内、外传于一身的著名师儒所发扬。

在元代徽州,仕宦与士人的风骨节操有着密切的关联,"尚节义"而不仕被认为是"江左之俗徽为最美"的有力证据。其不仕的原因复杂多样,然"学有所守"则是内在深层原因。虽不肯仕宦,但他们也并未与世隔绝,而是隐居乡间,以其气节、道德、学问教化了一大批士子。修身养德、读书治学、孝悌慈惠、礼贤教子、姻亲睦族、敦义尚节、恤邻赈里等碑志铭文所呈现的理学化教化世界,是元代徽州儒士、士绅所普遍推崇和践行的教化内容。

官吏是政府教化主张和思想的推行者。作为元代徽州官吏教化的典范,"九贤"的教化主要体现在三个层面:秩序、文教和敦俗,并对整个元代徽州产生重要影响,以致后人不断追述形塑"九贤"形象。元中期,总管朱霁总领编纂的《新安后续志》,是官吏文教的具体案例,体现了拳拳于风俗、学校教化之深意。"劝农文"是官府教化的通俗表达形式,其目的不仅在于劝勉农事、发展农业,还要宣扬封建伦理纲常,进行道德说教,敦风益俗。而劝农的协助者——父老,是官府在基层社会教化的实际执行和推动者,作用不可小觑。

社会教化的最终目的在于化民成俗。理学教化思想观念虽已渗入元代徽州社会深层,但还很难说已成功化民成俗。丧葬礼——传统儒家特别重视的一种礼仪,在元代徽州非但受理学思想影响有限,反而深受佛、道和阴阳学说尤其是后者的渗透,表现在溺于祸福、占时卜地、久丧不葬、铺张浪费等方面，某种意义上已成为阻碍社会发展的陋俗。对此，个别儒官曾明令禁止，不少儒士、士绅及深受理学思想影响的家族也身先示范力图矫治之，而以陈栎、赵汸等为代表的名儒更是致力于在学理上加以批驳，然终元之世皆未取得显著成效。于此可见，儒家教化力度之有限，也足见移风易俗之困难。

总体而言，作为元代徽州社会教化主体的儒士（含塾师）、士绅、官吏（含学官）、父老，通过学校（蒙学、庙学和书院）、道德示范、讲学授徒、弟子承传、宗族组织与活动、文教建设、劝农敦俗等介质和形式，针对不同的客体践行着经理学改造的儒家教化理想和主张，完成了理学传承、文化创生、道德实践、宗族建设、社会重塑的历史使命，为明清徽州继续发展和独具特色的徽州区域最终成型奠定了坚实基础。

基于上述认识和思考，本书从介质、主体、内容、表现等几个维度研究了元代徽州社会教化，以期对明清徽州和整个元代理学下渗有所发覆。在研究过程中，笔者借鉴前贤时哲研究，结合个人浅见，在研究取向、视角、方法等方面进行了一些尝试，获得了点滴心得和拙见，不揣谫陋，姑且把它看作本书的创新之处，以求教于方家。

1. 史料的深入挖掘利用与区域教化史研究的新探索

学界有关教化的研究已取得了可喜成果，结合区域的教化研究，也有了少量的论文；然而限于篇幅，或仅就某一方面探讨，或泛泛而论，未能将系统和深入结合起来。区域教化史研究以社会史的视角，注重视野下移，对史料要求极高；而中国古代修史因不注重下层，故缺乏这方面的史料。文献史料是历史研究的基础，其匮乏必然成为制约区域教化史研究深入的主要障碍。

就元代徽州而言，存世和已挖掘的资料甚为丰富；但因研究取向、视野等方面的原因，即使已整理出版的史料，也未能得到系统、充分、深度的阐释与利用。而教化研究的大历史取向,使得本研究务须广泛利用相关文献,诸如经传注释、正杂史、方志、文集、笔记、诗歌、谱牒、碑刻铭文、童蒙及通俗读物、契约文书等等史料,皆可为其所用。如为研究官学教化,本书从方志、文集、笔记等史籍中搜集了大量的兴学修学志文,并制作了表格,以便较为直观地反映官学兴衰的趋势与现象;为分析蒙学教化,又尽可能多地使用了童蒙及通俗入门读物。再如为了弄清一桩学术抄袭笔墨纠纷,笔者不仅系统研究了相关者文集笔记中的问难答疑、诗文酬唱,还对读了《书传辑录纂注》和《尚书集传纂疏》等经传文本。另外,对于前人容易忽视或仅侧重于某一层面的史料,也尽可能探讨其中的教化底蕴。前者如教学考评、程文墨卷等材料;后者如《新安名族志》,研究者多以宗族史料视之,本文则尝试理清其中的家学渊源和师承关系。在文献使用上,本书以史料为基础,将史论有机结合,坚持以史带论、论从史出,有一分史料说一分话。总之,通过对文献史料的挖掘、整理、鉴别、研究与整合,尽可能较为清晰、完整、系统地还原、呈现元代徽州社会教化的多维历史面貌,力图在区域教化史研究方面有所突破。

2. 徽学研究的多领域尝试

徽学研究领域虽成果丰硕,然就元代而言,仍较为薄弱;同时,近几年来,随着理论和方法突破的困难,徽学研究也呈现了后劲不足和"乏力"的现象。正是基于此种考虑,本研究选取教化为着力点,在前人研究基础上,采用多学科领域的视角与方法,融会宏大研究与细部分析,力图整合基层教化与徽州地域文化研究,以构建元代徽州社会教化的系统工程,实现元代徽学研究更上新台阶。

全书一方面根植于教育史,遵从教育史的研究范式,注重塾学、庙学、书院、学官和教材等教育实体组织本身的教化作用;另一方面又从社会史、文化史和学术史中汲取养料,挖掘诸如宗族、祠祭、人格风范和方志编纂、碑铭撰写等非教育组织和文化载体的教化力量,避免盲从而陷入教育史教科书式的书写模式。同时,即使在蒙学、官学等教育组织中,也尽可能将视野投向塾师、学官、师承以及学校祭祀和兴学修学等层面。此种视角转换,不仅是关注重点的变化,更是整合教育史、社会史、文化史和学术思想史等多领域的徽学研究尝试。

　　总的来说,全书以社会变迁为视角,以元代为基本研究时段,以徽州地区为研究区域,以教化为主要研究内容,结合教育史、区域社会史、民俗史、文化史、学术史、思想史等研究领域,探求在元代社会变迁的大历史背景下徽州地区的社会教化网络构建和成效,包括教化理念、内容、实施途径、价值取向、作用发挥、时代影响以及教化主体之间的博弈、各种教化途径的整合等内容,从而勾绘出元代徽州社会教化的历史图景。

3. 多领域的视角与多学科的方法

　　本书主要选取了历史区域文化、人物思想、学术传统、学校教育、社会风俗等几个较好反映教化的层面,因此需要从教育史、区域史、社会史、民俗史、文化史、学术史、思想史等领域关照徽州社会,不可避免地要借用这些学科的理论与方法,并希冀实现整合与贯通。如在涉及徽州宗族和家庭学术传承等问题时,利用历史人类学研究方法,以宗族谱牒、地方志和碑传铭文为探讨依据,以家庭及宗族结构与演变、家教和家学的建设与传承、家族伦理楷模和思想观念的渗透为基本分析对象,重点关注儒士(绅)、宗族的教化如何深入普通民众的日常生活和思想世界,并与俗文化发生关系。再如为较为完整地反映学派的学术样貌和思想,在涉及宋末至明初新安理学学派、学者和"乡师"时,又借鉴了学术史的研究模式和方法,钩沉制作了师弟子传承表,以便较为直观地呈现他们的学术渊源、教育经历、教学活动、思想成长脉络和教化网络等,从中亦可发现不同学者、学派教化思想、活动轨迹差异的教育学术背景。同时,为深入探讨书院、宗族、士人的教化活动,书中重点选取了具有典型代表的书院(如明经、师山)、宗族(歙县棠樾鲍氏、休宁璜溪金氏、婺源回岭汪氏)及大量个体开展个案研究,探讨其教化行为、思想在元代发展演变的全过程,以管窥豹,透视并揭示整个元代徽州社会教化的基本演进状况。

目　　录

绪　论 …………………………………………………………… 1
　一　研究缘起 ………………………………………………… 1
　二　概念释义 ………………………………………………… 4
　三　文献综述 ………………………………………………… 8

第一章　元代徽州社会教化展开背景 ………………………… 29
　一　徽州历史沿革与地理环境 ……………………………… 31
　二　元代儒化文教政策之变迁 ……………………………… 40

第二章　元代徽州社会教化之基础：蒙学 …………………… 51
　一　蒙学教化格局的多元化 ………………………………… 53
　二　塾师的群体化、职业化 ………………………………… 59
　三　教材的理学化、通俗化 ………………………………… 64
　四　蒙学教化兴盛因素分析 ………………………………… 68

第三章　元代徽州社会教化之中心：官学 …………………… 75
　一　官学兴修与教化 ………………………………………… 76
　　（一）元代徽州官学之兴修 ……………………………… 77

（二）官学修建之教化意蕴 ………………………………… 83
二　学官与教化 ………………………………………………… 91
　　（一）徽州学官设置 …………………………………………… 92
　　（二）学官教化职责 …………………………………………… 97
三　官学祭祀之教化 …………………………………………… 109
　　（一）朱子祠及其教化意蕴 ………………………………… 112
　　（二）二程祠与乡贤崇拜 …………………………………… 116
　　（三）庙学祭礼的教化功能 ………………………………… 118
四　官学教化的限制因素 ……………………………………… 121

第四章　元代徽州社会教化之堡垒：宗族 …………………… 127
一　元代徽州宗族演化及动因 ………………………………… 128
　　（一）宗族发展举例 ………………………………………… 128
　　（二）宗族发展因素分析 …………………………………… 132
二　族谱修纂与家族教化的互动 ……………………………… 136
　　（一）族谱修撰之背景 ……………………………………… 136
　　（二）族谱修撰的新特点 …………………………………… 149
　　（三）修谱的教化意义 ……………………………………… 157
三　祠堂祭祀及其教化 ………………………………………… 165
　　（一）墓祭与家祠 …………………………………………… 175
　　（二）宗祠及特点 …………………………………………… 178
　　（三）异姓祠及教化价值 …………………………………… 183
四　墓祭与"展省"礼 ………………………………………… 187

第五章　元代徽州社会教化主体之一：儒士 ………………… 197
一　师弟子传承 ………………………………………………… 199
　　（一）"内传" ……………………………………………… 202

（二）"外传" ………………………………………………… 209
　　（三）"乡师"传承 ………………………………………… 215
　　（四）书院传承 …………………………………………… 221
二　人格风范与士风 …………………………………………… 234
　　（一）易代与士人出处 …………………………………… 236
　　（二）不仕因素分析 ……………………………………… 243
　　（三）士风与教化 ………………………………………… 253
三　谁是抄袭者——从一桩学术公案看学术道德 …………… 257
四　儒士与士绅的社会教化——碑志铭文中的教化世界 …… 263

第六章　元代徽州社会教化主体之二：官吏 …………………… 275
一　元初"九贤"——地方官吏教化的典范 …………………… 276
二　方志修撰——官府文教教化案例透视 …………………… 286
三　"劝农文"——官府教化的通俗形式 ……………………… 291

第七章　元代徽州教化与风俗——以丧葬风俗为中心的考察 ………………………………………………………… 305
一　学者对《家礼》的态度及其实践 …………………………… 306
二　释、道的底层教化与儒者的抵抗 ………………………… 311
三　风水与丧葬 ………………………………………………… 317
　　（一）经久不葬与丧葬时间举例 ………………………… 318
　　（二）地理学与徽州地理学传统 ………………………… 322
　　（三）徽州士人对地理学的批判 ………………………… 325

结　语 ……………………………………………………………… 335
主要参考文献 …………………………………………………… 351
后　记 ……………………………………………………………… 367

绪　　论

一　研究缘起

二十世纪五十年代,在徽州陆续发现了大量的徽州文书,被誉为继甲骨文、汉晋简帛、敦煌文书、明清档案之后二十世纪中国历史上的"第五大发现"。之后徽学研究日益繁荣,成为与藏学、敦煌学鼎足而立的三大地方学之一。

半个多世纪过去了,徽学研究以徽州文书为依托、以明清社会为主干、以徽商与宗族为主体,取得了令人瞩目的成就。然而,任何一种历史现象和社会问题的出现绝非偶然,一定有其远因。对此,一些学者已经认识到并不再满足仅局限于明清徽州社会的研究,而是延长时代、开拓领域、转换视角,对明清前后的社会均有了一定的涉猎。就明代之前的元代徽州社会而言,前贤已多有关注,对一些问题的探讨也已愈益深透。然较之明清社会,对元代徽州的研究总体而言尚显不足,许多问题的研究还处于初级状态而亟待深入。尤其值得注意的是,不少学者惯常于"宋元"并举,但对"宋元"下的元代社会并没有给予必要的关注,元代社会的特质反而在"宋元"之下被"有意"漠视甚至忽视,造成了与其地位极不对称的研究。事实上,元代对于徽州的社会历史有着独特的意义:人口剧增[①];理学大盛,有"东南邹鲁"之誉;以蒙学为代表的私学迅速发展;官学系统完备;儒士讲学授徒之风阜盛;宗族特征初备等。徽州社会渐显特色,徽学的众多因子或酝酿或发展或趋于成熟,奠定了明清"徽学"昌盛的坚实基础。但是,这些重要的问题尚无较为系统的研究。

就宋以来的中国近古社会而言,元代是一个极具争议的时代。不仅统治时间极短,从全国统一到覆亡仅九十年,而后期的十七年自中原至江南先后陷入了连绵战争,部分地区在元亡前十余年实际上已不受元廷控制,元朝的"太平"也就七十余年的时间;且更让人扼腕的是,因少数民族统治,比之宋代社会,元代儒士和汉文化所受到的待遇可谓低入深谷。全祖望云:"有元立国,无可称者,惟学术尚未替,上虽贱之,下自趋之,是则洛、闽之沾溉者宏也。"[②]有元一代的历史是否"无可称者"姑且不论,但在儒学不受待见"上虽贱之"的时代,学术"尚未替",且能发扬光大,不得不说是个奇迹。全氏的论说其实在某种程度上揭示了元代学术的独特价值。

比之南宋,元代理学以实践著称。程朱理学以复兴儒学为旗帜,开创了新儒家的理论体系。入元以后,理学以其较强的生命力和社会实用价值,为继起的元代士子所承继。他们既担负着保存文化的使命,又有着在业已成熟的理学框架内践行学术下沉的责任,继续着宋代开启的"平民化"运动和理学下渗工作。事实上,两

---

① 按:据弘治《徽州府志》卷二《食货一·户口》记载,至元十九年(1282),户136993;至元二十七年(1290),户157460,口832589。仅8年时间,增加了2万余户。按照这个速度,如若排除其他因素影响,至元末壬辰(1352)人口估计是至元二十七年的两倍多,是南宋理宗宝庆三年(1227)231764人的七倍多。见《明代方志选(1)》,台湾学生书局,1965年,第61页。
② [清]黄宗羲:《宋元学案》卷九十五《萧同诸儒学案·序录》,中华书局,1986年,第3142页。另按:凡古籍出处相同者,仅在第一次标注出版社和时间,以后出现者只注明页码。

宋开启的文化转型运动,若没有元代学者的参与、践行,很难说完成;而明、清的"理学型"社会可能亦会以不同的面貌出现。元代理学通俗化在徽州儒者身上表现的尤为明显,其道德实践路径极富特色。但是,此时的徽州学者是如何承继程朱理学思想并将其贯通到个人学术生命中的？又是如何使精英思想、学术走向民间,并在民间扎根成为大众信仰的？遗憾的是,学界关于该层面的研究目前还少之又少。

  教化是一种自上而下的活动,对象是基层;而古代基层则多指乡村。虽然本论文标题中没有出现"乡村"字眼,但无疑乡村是论文研究的焦点之一。以农立国和乡村社会是中国传统社会的典型特征,欲研究中国传统文化一定要理解中国的乡村社会。梁漱溟曾说过:中国传统文化的根在乡村。钱穆也认为中国的古代是由政治领导社会,而政治由学术领导,学术又来自下层(很大一部分是乡村),可见乡村对于学术和政治的意义不可小觑。[①] 进入近代以来,随着现代工业的冲击和城市化的推进,尤其是改革开放以来,农村人口大量涌入城市,在城市发展的同时,却是农村社会的萎缩,其作为传统文化之"根"的地位已不复存在,取而代之的是环境破坏、文化教育落后、道德滑坡。发展农村经济固然重要,但农村文化教化同样不可忽视。回望历史,反观传统,中国的古代乡村却别有一番风味,她是士人心灵的净土,是生命的寄所,也是落叶的归根。如此落差,使我们不得不发生疑问:究竟是何原因造成了如此差别？又是什么因素导致了这种差别？带着这些问题,追寻历史的脚步,遂产生了研究基层教化的想法。而元代历史的特殊性,徽州社会的独特性,社会变迁的多元性,基层教化的重要性,使笔者把眼光投向了这一领域。

[①] 钱穆:《中国历史研究法》,三联书店,2001年,第65页。

二 概念释义

1. 教化

作为本研究的核心主题,"教化"是中国传统儒家的固有命题,由来已久。本书认为,教化是中国古代以儒家思想为核心的一种社会治理思想,它以传统伦理道德塑造为中心,借助于学校、家庭、宗族、儒士、士绅、官吏和谕俗、乡约、音乐、诗歌、戏曲、小说和通俗历史故事等介质和形式,通过上施下效的方式,以人的素质提升、伦理纲常推行和社会风化为最终归宿。

从历史发展上看,"教"和"化"最初多分而用之,"教"是一活动展开之两面,"上所施,下所效";而"化"则是活动的效果,"教行也"[1]。就地位而言,传统儒家认为教化是政治的根本,"民者,诸侯之本也。教者,政之本也;道者,教之本也。有道,然后教也;有教,然后政治也;政治,然后民劝之;民劝之,然后国丰富也"[2],也就是说它是施政的基础,而非手段;且较之单纯的政治措施,它有着更多的优势,"仁言,不如仁声之入人深也。善政,不如善教之得民也。善政民畏之,善教民爱之。善政得民财,善教得民心"[3]。但是,在具体实施中,不同的官吏可能有不同的认识。

就内容而言,传统教化以儒家人伦之"道"为核心,涵盖被官方认可的伦理规范、行为准则和修养方式等;但这些内容并不只是出自统治者的利益需要,而是有着一般的目标和最高的追求:"使民日迁善远罪"[4]、

---

[1] [汉]许慎撰;[清]段玉裁注:《说文解字注》第三篇下《教部》、第八篇上《人部》,上海古籍出版社,1981年,第127、384页。
[2] [汉]贾谊撰;阎振益、钟夏校注:《新书校注》卷第九《大政下》,中华书局,2000年,第349页。
[3] [清]焦循撰:《孟子正义》卷二十六《尽心章句上》,中华书局,1987年,第897页。
[4] [汉]班固撰;[唐]颜师古注:《汉书》卷四十八《贾谊传》,中华书局,1962年,第2252页。

个体成贤成圣和理想"大同"社会的实现。就途径而言,它是个综合化的系统工程,渗透到社会的各个角落,而学校尤其是地方学校无疑是教化形式的主要载体,"古之王者……治天下,莫不以教化为大务。立大学以教于国,设庠序以化于邑,渐民以仁,摩民以谊,节民以礼,故其刑罚甚轻而禁不犯者,教化行而习俗美也"①。《学记》亦云:"君子如欲化民成俗,其必由学乎!"②就施行教化的主体而言,主要指和百姓接触较为密切的地方官吏,"论礼乐,正身行,广教化,美风俗,兼覆而调一之,辟公之事也。……国家失俗则辟公之过也"③。"辟公",朱熹谓"诸侯也"④。先秦时期实行分封制,诸侯相当于后来郡县制度下的地方官长。当然,对于教化重点的内容、形式和主体,要历史地看待和分析,因为它们是在教化的发展中而逐步地展开。

从施教方法来看,传统教化并非完全如有论者所谓强制的行政式,而是根据不同对象水平、层次采取灵活多样的方式,如对于士人而言以圣贤为最高目标,以读书治学为主要方式;对于普通民众,则注重结合民众实际,道德说教和典型示范并重,除训谕、律令外,更多的是乡规、民约、说唱、戏剧、小说、歌谣等百姓喜闻乐见的通俗形式。但是,民众并非单纯被动的受教者,他们在日常生活中改造着教化、重塑着风俗。从过程与影响来看,教化及其发生作用是潜移默化的,注重将对教化客体外在的他律转化为内在的道德认同与自律,即从教人到自教。

需要特别强调的是,教化尽管是近年来教育史、历史学甚至是社会学界研究传统的"新视野",却是回归并理解中国传统的一剂良方,是今人站在古人的立场看待古代社会的一种位移。因为,教化是中

---

① [汉]班固撰;[唐]颜师古注:《汉书》卷五十六《董仲舒传》,第2503—2504页。
② [清]孙希旦撰:《礼记集解》卷三十六《学记第十八》,中华书局,1989年,第956页。
③ [清]王先谦撰:《荀子集解》卷五《王制篇》,中华书局,1988年,第170—171页。
④ [宋]朱熹撰:《四书章句集注·论语集注》卷二《八佾》,中华书局,1983年,第61页。

国传统社会早已存在并被古人习以为常的一个命题,即本土的,使用它不需要考虑是否如其他移植于西方的理论方法"套种"中国历史而带来的"不适"。而就教化命题下的研究视野而言,它是一种"大教育"的研究思路和理念,以圣王之治的社会理想为追求目标,"充分考虑到教育的崇高道德理想及其与宗法等级社会的契合度",并通过构建官学教育体制、科举选拔机制和社会教化系统而得以实施展开。[①]所以,其研究并不受学科知识的限制,而是主张且必须采用多学科的理论、方法。这种学科整合的研究范式,突破并一定程度上弥补了单学科研究的限制和不足,且能多元地看待、理解历史。

2. 社会变迁

社会变迁,指社会现象(既包括物质、生产等社会存在层面,也包括道德、心理等社会意识层面)变化的动态过程及其结果,涵盖发展、进步与停滞、倒退等诸现象。社会变迁,是本研究的基本背景和视角。由宋至明是社会变迁较为典型的时期,主要体现在政权、文教政策、社会心理和社会风俗等四个方面。

第一,政权更替频繁。由宋经元至明,中间间隔不到百年。就元代而言,97年里,有皇帝11人,除去在位时间较长的开创者世祖忽必烈(1260—1294年在位)和末代顺帝妥懽帖睦尔(1333—1368年在位),剩余的39年里竟产生了9位君王。9位皇帝平均在位时间4.3年,而平均寿命只有26岁(见表1),这在中国历史上也是非常罕见的。如此频繁的帝位转换,必然不利于政策的延续。事实上,皇帝的更换,往往伴随着治理模式——儒家之治和蒙古旧治的交替。

第二,文教政策变化巨大,以科举制为突出表现。两宋时期尤其是南宋,教育在科举的推动下蓬勃发展,读书—科举—仕宦—治国—平天下,成为多数士人的理想追求。然而入元以后,科举停废,且达

[①] 黄书光等:《中国社会发展变迁的教育动力》,上海教育出版社,2014年,第3—8页。

四十余年,对士子的生活和心理均产生了巨大冲击,士人开始分流:或教授乡里,或研治学问,或投向俗文学,或转治产业,学风随之转变。元中期恢复科举,程朱理学成为考试内容,其意义大于科举恢复本身。科举虽然恢复,但录取人数甚少,且终元之世举子并不为朝廷所重。而程朱理学成为考试内容,无疑是新朝对理学官方地位的正式确认,对理学在民间传播的推动功不可没。另一方面,读书为功名利禄的影响降低,专心治学者心态趋于平和,在学术上另有一番贡献。另外,元代中期,君王更换频繁,文教政策朝令夕改,儒家文化与草原传统斗争激烈,这在地方上也有不同程度反应。

第三,社会心理变迁。两宋时期,南北、民族、政权对抗激烈,现实的失落迫使士人苦心构建了一道强大的"夷夏"屏障;然而,随着南宋的灭亡,"夷夏"之防被囊括于一个大帝国内多族共存且由异族主导的现实所摧毁,士人面临着出处的抉择。与新朝合作的第一代士人,虽有"儒户"待遇,但面对严重的种族歧视、儒道不行,内心深埋着无名的隐痛、充满着激烈的冲突。而生于并长于元朝的第二代士人,却又面临着相反的心理挣扎:虽无宋—元革鼎的隐痛,却有着元—明替兴的惆怅。以常理推测,朱明推翻异族政权,恢复汉人统治,本会让汉人士子欢欣鼓舞,然而历史并非如此,不少士人宁肯殉节前朝也不愿在新朝仕禄,这一社会现象与心态只有结合具体史实、深入士人内心方能解释。

第四,社会风俗变迁。有宋一代,朝廷与士人共同致力于重建自唐末五代以来混乱的纲常秩序,恢复儒家"一道德,同风俗"的传统。程朱理学的创立,标志着理论构建的最终完成;理学的传播、士人的广泛接受与政权的认可,象征着上层思想与学术的理学化。然而普通民众、社会生活层面的"一道德,同风俗",远未实现。尽管唐宋为中国古代思想发展的转捩期,但就社会风俗而言,两宋仍较多地保留了隋唐以来的民风民俗,南宋发达的理学思想并未能在社会生活领域撼动传统。这与中国古代特殊的学术—政治—社会转变机制和传统思想学术致用的滞后性不无关系。继起的元代士人,承接了学术思想传承与生活化的历史使命,成为学术思想社会风俗化中的重要一环。元代徽州士子的教化活动正是在这样的背景下展开的。

三　文献综述

1. 元代社会研究

元代是本论文展开的时代背景。关于元代和元代社会的研究,学界已经取得了丰硕的成果。自 20 世纪 80 年代末以来,几乎每年学界都会对上年度的大陆、日本蒙元史研究作一综述,而刘晓的《元史研究》则是对 20 世纪及其之前的元史研究进行系统述论的专著①。在《概述》部分,该书分析了自《元史》修纂以来明清时期的元史研究状况。正文部分由两编组成:上编综论了 20 世纪上、下半叶的元史研究;下编分论了政治、典章制度、经济、社会、文化、民族与边疆史地、对外关系等方面的研究情况。该书体例宏大、旁征博引,对于了解元史研究动态有着极大的帮助,但一些重要的论文尤其是民国时期的研究多有遗漏。下面结合本论文的研究需要,对相关问题作必要概述。

早期,有关元代社会史的探索大多立足于元代大社会的史实,以经济、阶级为主线。华芷荪《元代之经济状况》②,考察了元代的农业与土地兼并、财政收入、业主与佃户的关系、平民暴动等。蒙思明《元代社会阶级制度》一书③,取材丰富,涉猎广博,结构完整,立论审慎,是 30 年代元史研究的精华之作,虽以阶级问题为中心,但兼及整个

---

① 刘晓:《元史研究》,福建人民出版社,2006 年。
② 华芷荪:《元代之经济状况》,《中国经济》,1934 年第 9 期。
③ 蒙思明:《元代社会阶级制度》,中华书局,1980 年。

元代社会,且能动态地看待元代社会转变的经过。黄毓甲是早期开展宋元农村研究的重要学者,三四十年代先后撰文《宋元土地私有制之发展》、《宋元农村经济与农民生活》①、《宋元之佃农制与佃农生活》②等,研究了宋元时期的农村土地兼并与抑制、赋徭役、高利贷、商业与币制、灾害,全面考察了佃农制的形成、发展、庄园组织、佃农负担、生活状况等问题。中英译《元代社会之史的分析》③,是早期社会史的专篇,该文从元代社会组织、社会生活、社会问题、社会政策等方面对元代社会作了系统研究。

进入六十年代,有关元代社会基层组织的微观研究逐渐展开,然而整体言均为政治制度史的视角。杨讷《元代农村社制研究》④,探讨了农村社制的产生和实施,辨别了里长、主首和社长的关系、社制推行的地区,研究了社制与农业生产、社会救助的关系,以及社在维持秩序与风纪、防止反抗、征调赋税等政治功能和社长的身份等,最后还论及社学的情况。丁国范《关于元代的里甲制度》⑤,则考察了元代基层组织——里甲制之里、坊的职能、地位、作用、活动等,认为甲制虽存在,但实施时间短、地区少,而里社制则在全国范围内普遍推行。陈衍德《元代农村基层组织与赋役制度》⑥,研究了元代农村基层组织与赋役制度的动态关系,认为组织上的严密性和国家赋税之需要,元代的社客观上成为政府控制基层的工具与征调差科的基本单位。

就元代社会风俗研究而言,那木吉拉的专著《中国元代习俗史》

---

① 黄毓甲:《宋元土地私有制之发展》、《宋元农村经济与农民生活》,《金陵学报》,1939 年第 9 卷 1—2 期。
② 黄毓甲:《宋元之佃农制与佃农生活》,《说文月刊》,1940 年第 2 卷第 2 期。
③ 中英译:《元代社会之史的分析》,《真知学报》,1944 年第 3 卷第 3—4 期。
④ 杨讷:《元代农村社制研究》,《历史研究》,1965 年第 4 期。
⑤ 丁国范:《关于元代的里甲制度》,《元史及北方民族史研究集刊》,1978 年第 3 期。
⑥ 陈衍德:《元代农村基层组织与赋役制度》,《中国社会经济史研究》,1995 年第 4 期。

是国内第一部研究元代风俗的专著,该书从节令、服饰、饮食、起居、婚姻、丧葬、祭祀、禁忌、娱乐等方面展示了元代各族平民百姓和贵族的生活方式、习俗,勾画了元代华夷兼容的习俗文化图像。① 稍后史卫民《元代社会生活史》,则以更广阔的视角,从婚姻家庭、服饰饮食、居住条件、交通通讯、医疗养生、丧葬、伦理、禁约、礼节、岁时风俗与娱乐等方面对元代的社会生活作了系统考察,并对乡村居民的居住条件、生活用具、民间禁忌、民间礼节等作了论述。② 也有一些学者从不同视角关注元代社会风俗。如黄时鉴《元代的礼俗》,综合探讨了祭祀、仪制、婚姻、丧葬和岁时节序的礼俗,认为元代礼俗具有中国传统礼俗和蒙古民族礼俗的二元特性。③ 郭英德《元杂剧与元代社会》考察了元杂剧中的农民形象与农村题材。④ 王晓清、张靖龙则专文考察了元代的赘婿婚和妇女再嫁问题,前者认为赘婿婚是元代民间下层流行的一种婚姻形式;后者指出终元之世,程朱理学并未能实质性地改变妇女自由改嫁的风气。⑤ 徐适端、谭晓玲等则从女性的视角分析了元代的平民社会与生活。⑥

整体而言,目前学界关于元代社会的研究已取得了丰硕的研究成果,为本研究提供了参考;但较为全面系统有关元代区域史的研究甚少,而以教化的视角关照区域社会则几乎为零;且一些着眼于整个元代的研究所得出的结论并不适合于徽州,如关于程朱理学对妇女再嫁和贞节观念影响。

---

① 那木吉拉:《中国元代习俗史》,人民出版社,1994年。
② 史卫民:《元代社会生活史》,中国社会科学出版社,1996年。
③ 黄时鉴:《元代的礼俗》,《元史及北方民族史研究集刊》,1987年第11期。
④ 郭英德:《元杂剧与元代社会》,北京师范大学出版社,1996年。
⑤ 王晓清:《试论元代的赘婿婚制》,《史学月刊》,1990年第6期。张靖龙:《元代妇女再嫁问题初探》,《社会学研究》,1993年第1期。
⑥ 徐适端:《元代平民妇女婚姻生活考》,《西南师范大学学报(人文社会科学版)》,2003年第2期。谭晓玲:《冲突与期许:元代女性社会角色与伦理观念的思考》,南开大学出版社,2009年。

2. 元代教育研究

关于元代的教育研究,在教育制度、思想等方面均取得较为丰硕的研究成果。就地方官学研究而言,呼明虎的硕士论文《论元代的学校教育》较早地涉猎了这一领域,该文分析了元代学校教育的发展、特点、职能和价值,指出传统观点对元代教育地位的评价有失公允①。陈高华《元代的地方官学》②,是研究元代地方官学的杰作。该文比较全面地论述了元代地方官学系统的历史沿革、管理、学官(任用、升转、薪俸)、儒学建筑形制、学田、生员(员数和出身)、教学、设立小学、生员优待、出路,以及官学发展遭遇的问题等。认为从蒙古国到元朝,地方官学经历了一个衰败、恢复和发展的过程,并在此过程中形成了自己的特色:以儒学为中心,包括蒙古字学、医学、阴阳学、书院和社学,形成了系统的官学体系;在全国范围内普遍设立各级官学,在农村设立社学;经朱熹整理的儒学著作正式成为全国统一的教材,标志着理学被承认为官方学术。而学官任用中的营私舞弊、学校钱粮的贪污中饱以及教学秩序的废弛,则是元代地方官学面临的比较突出的问题。胡务《元代庙学的兴建和繁荣》③,分析了元代庙学的类型、资金来源、规模、结构、发展、分布特点、发展的原因等。而其博士论文《元代庙学——无法割舍的儒学教育链》④,则是对元代庙学系统研究的重要成果。

就书院研究而言,王颋《元代书院考略》⑤,分析了元代书院的发展、分布、构成、性质、山长、课程、发展的制约因素等,认为书院课程一般以朱熹"小学"为主,大部分民间出资兴办的书院其目的为地方

---

① 呼明虎:《论元代的学校教育》,华东师范大学图书馆,1988年。
② 陈高华:《元代的地方官学》,见《元史论丛》(第5辑),中国社会科学出版社,1993年。
③ 胡务:《元代庙学的兴建和繁荣》,见《元史论丛》(第6辑),中国社会科学出版社,1997年。
④ 胡务:《元代庙学——无法割舍的儒学教育链》,香港中文大学图书馆,2000年。
⑤ 王颋:《元代书院考略》,《中国史研究》,1984年第1期。

乡邻子弟提供就学机会,突出"功绩"体现在文化普及和理学传播上,学术作用并不十分显著。徐梓《元代书院研究》一书①,是关于元代书院的综合和系统研究之作。该书考察和分析了元代书院政策的演变、报批创办程序、山长委派、拨置学田、官府直接创建书院等方面的措施,提示了元代书院官学化的发展趋势及状况。

另外,一些学者还对元代教育的专题作了研究,如孟繁清对元代学田的设置、种类、租佃与赋役以及寺院、地主豪强对学田的侵夺等问题作了分析②。吕达分析了社学创建的背景、经过、状况和特点,认为社学是从元代开始创建的,其目的主要是对农家子弟启童蒙、兴教化、灌输封建伦理道德③。刘桂林的硕士论文《论元代教育思想特点》④,指出元代教育思想主要分为理学和心学两派,认为两者在哲学观和教育体系上没有本质区别。萧启庆《元代多族士人网络中的师生关系》⑤,认为师生关系为元代"多族士人圈"中具有重要意义的一环,其发展经历了元初汉族士人为师,蒙古、色目人为生,到蒙古人、色目人为师,汉族士人为生。其中所展示的师生情谊,在传播斯文、"用夏变夷"中发挥一定的作用。

当然,关于元代社会和教育的研究并非仅限以上所列,一些和本论文密切相关的论著,笔者将结合正文需要作必要的分析。

3. 教化及乡村教化研究

进入近代以来,受西学的影响,教化在多个层面被使用,主要包含四层含义:一,广义的教育,包含家庭、学校、社会等一切教育形式⑥;二,等同于教授,"养成智识技能之义,与教授义甚相类;但

---

① 徐梓:《元代书院研究》,社会科学文献出版社,2000年。
② 孟繁清:《元代的学田》,《北京大学学报(哲学社会科学版)》,1981年第6期。
③ 吕达:《元、明、清三代的社学考略》,《上海师范大学学报:哲学社会科学版》,1986年第3期。
④ 刘桂林:《论元代教育思想特点》,华东师范大学图书馆,1991年。
⑤ 萧启庆:《元代多族士人网络中的师生关系》,《历史研究》,2005年第1期。
⑥ 如姚鑫:《教育家以教化国民发展国运为职志》,《青年镜》,1924年第38期。

其间亦自有别:教授之内容多于教化,而教化之外延则广于教授;盖教授以学校为限,且略含训练之义在内,而教化则不必拘此;故教授为教化之一部。然以大体言之,则姑视教化学为教授学亦可",而与义近训育、陶冶道德的教育有别①;三,社会教育,"以德育为中心","乡遂之制,木铎之徇,与夫后之乡约,皆社教之事也",并将诸如聚民读法、乡约制度、圣训六谕、私人讲学、义庄、义学等古代教化纳入中国社会教育的"类似时期"②;四,文明开化,与野蛮对立。③

改革开放以来,传统教化研究蔚然大观,主要呈现以下几个研究特点。

第一,理论分析颇为丰富,从不同的视角,对诸如教化概念、理论内容、性质、特点、职能以发展、嬗变、途径等均有探讨。

朱克良认为教化是政治、道德和教育三者有机结合的统治术,其思想萌芽于周代,战国末始形成理论形态,汉代作为统治阶级的治民术全面推开。其基本要点有四:强调统治者、管理者的道德典范作用,以"得民心"为统治策略的基点,重视良好的民风民俗的培养,注重政治策略的道德影响和教育意义。④ 詹世友结合中西教化思想,从哲学的视角,认为中国传统教化通常在三个层面上使用:一,政治——伦理措施;二,个人的心灵情感受到道德规范和价值理念的引导和塑造;三,通过领悟天地之道而获得伦理道德价值和伦理秩序。其核心是人类内在精神的整体生长和人整体素质的提升,而中国古代教化更为关注实践目的,而非理论目的,有着强烈的政治和道德实践性格,表现出明显的实践智慧。⑤ 李申认为儒教是教化之教,儒者

---

① 《威尔曼氏之教化学》,《教育世界》,1905年第96期。
② 吴学信:《社会教育史·序》,商务印书馆,1939年。
③ [美]丁尼著;[英]莫安仁,戴师铎译述:《世界教化进行论》,上海广学会,1915年。
④ 朱克良:《"教化"含义初探》,《华东师范大学学报(教育科学版)》,1993年第4期。
⑤ 詹世友:《道德教化与经济技术时代》,江西人民出版社,2002年,第3—5页。

承天之命行教化,是作为宗教的儒教的教育,而不是普通的世俗教育,其教化之教就是宗教之教。① 马凤岐认为教化的特点是"化",具体而言:方法上的非粗暴非强制,过程中对象的不知不觉,影响以内心深处为主。其方式有道德说教、艺术熏陶、行为训练、教师传授、风俗等。② 王雷认为中国传统教化思想是指以政府意志为主导的、以民众为教育对象的、在长期的教化实践中所形成的思想和理论,它是中国古代教育思想的一个重要组成部分,有两个特点:一,反映官方的教化意志;二,目的、对象、内容等主要指对民众而言。③

黄书光教授及其团队于教化研究用力较深,成果卓著。就传统教化理论基础而言,他认为儒家教化以人性论为基础,强调道德本性、注目人伦是其基本特征,其目标是实现个人"内圣外王"和社会"大同"理想的统一,既注重个体的道德修身和名分自觉,以道德人格"化民成俗",又强调建立以血缘家庭、家族为基础的理想伦理政治社会秩序,崇尚政治道德化和法律礼教化的社会控制理念。就其组织而言,儒家教化网络既包括官方各级各类学校系统,又包括非官方的谕俗乡约、家规族法、祭祀礼仪、戏剧小说等非学校系统;二者所构成的立体网络教化组织推动了儒家思想对社会的全方位渗透与辐射。④ 在古代,儒家思想能够结合实际不断调适和更新自己的理论形态,从而长期保证了其主流教化地位⑤;但近代以来,随着社会经济格局的异动,西学的传播与下沉,清末兴学、学制建立和科举废除及其所带来的冲击波效应,最终导致了儒学教化体系的瓦解。而维

---

① 李申:《教化之教就是宗教之教》,《文史哲》,1998 年第 3 期。
② 马凤岐:《论"教化"》,《教育研究与实验》,2000 年第 4 期。
③ 王雷:《论传统教化思想在近代中国的演变》,《华东师范大学学报(教育科学版)》,2002 年第 1 期。
④ 黄书光:《论中国传统教化的理论基础与组织特征》,《教育学报》,2005 年第 4 期。
⑤ 黄书光:《教化权力之争:儒家教化思想主流地位的确立与发展》,《西北师大学报(社会科学版)》,2005 年第 2 期。

新志士"新国民"与"开民智"宣传,革命派的革命行动及皇权的废除,"五四"新文化领袖们对国民性的深度反思和对儒家伦理教化的激烈批判,催生了自由平等、科学民主、个性独立、生命关怀为旨趣的新式教化理念。① 其《中国社会教化的传统与变革》一书②,是第一部较为系统的研究中国传统社会教化的专著,该书从中国社会教化思想的历史构建与理论审视、社会教化政策的价值导向、学校——教化的本源、家规族法、乡约与社会教化、社会教化的民间载体——日常读物、通俗文学中的教化世界、地方士绅的社会教化理想与实践、宗教与教化——以佛道为中心的考察等八个层面对传统社会教化作了立体式的呈现与研究。另外,他还从明清之际价值观念批判、西学东渐、现代性话语建构等多个视角审视了传统教化体系的近代命运与现代教化体系的构建。他指导的数位博士生分别研究了宋、元、明、清时代的教化思想与实践③,基本上形成了有关宋代以后社会教化研究的完整体系。

施克灿认为教化既指与政治同一高度的治国方略,也指个体的心灵因受到文化思想和价值观念引导而摆脱原有状态的过程;而社会教化不同于社会教育和学校教育,它"是指历代帝王、官员、乡绅、善人、社会团体或组织对整个社会尤其是对中小层民众实施的政治与伦理道德教育","是历朝历代统治者的'御民术'",是学校教育的基础与补充,其最终目的在于社会的移风易俗。④ 张汝伦认为教化

---

① 黄书光:《论中国传统教化的近代解构》,《浙江大学学报(人文社会科学版)》,2005 年第 6 期。黄书光:《中国传统教化的现代转型》,《华中师范大学学报(人文社会科学版)》,2005 年第 6 期。
② 黄书光:《中国社会教化的传统与变革》,山东教育出版社,2005 年。
③ 刘静:《走向民间生活的明代儒学教化研究》,华东师范大学图书馆,2004 年。王有英:《清前期社会教化研究》,华东师范大学图书馆,2005 年。张延昭:《下沉与渗透:多元文化背景下的元代教化研究》,华东师范大学图书馆,2010 年。张雪红:《传播与转型:走向生活世界的宋代社会教化研究》,华东师范大学图书馆,2010 年。
④ 施克灿:《中国古代社学教化职能初探》,《教育学报》,2010 年第 1 期。

是政治的第一要义,政治的最高目的是培养人的德性,养成理想人格,即教化;"政"的本质甚至首先不在治理,而在教化,政治只是实行教化的空间和舞台,"为政绝非教化一端,但教化无疑是为政的目的而不是手段"①。桑东辉基于中外比较的视域,从人性论、知识论、修养论等方面,分析了苏格拉底与儒家关于德性善恶、善恶认知以及教化路径等德性教化问题的异同,认为苏格拉底主张教化的核心在于启发人本有的美德知识,与孟子、王阳明等重心性的儒家观点类似;不同的是,中国传统儒家始终坚持自律与他律相结合的统治策略,走的是礼法并用、德刑兼施的路子——成为中国古代社会的统治方略和政治伦理思想核心②。

因中国古代教化发展的历史性、内容的广泛性和包容性,从不同的研究视角,不同的学者往往会得出不同的认识。如有的认为它是统治术或施政策略,有的将其纳入教育的视域,还有的则以哲学的观点视之。其差别主要体现在对教化本质的认识上。如就教育的立场看教化,有的认为它是广义的教育或者与其有着相似之处,所以包括学校教育在内,多数学者持此观点;有的认为它是社会教育,与学校教育有着根本的不同;还有的则不作区分,站在传统的视角看教化,虽然表面看它与广义的教育有诸多相似之处,但两者还是有所差别的。再如关于其最终目的,是为统治者服务还是为着社会理想,前者可能得出"愚民"的结论,后者则可能被视为个体社会化和"文明化的历程"。

第二,家训、小说、礼仪、风俗等通俗教化的研究较为繁盛。

家训研究,如陈延斌发表多篇文章,研究了宋元、明清时期的家训及其教化,论及家训的孝道、仁爱、敦族睦邻等教化意义,认为宋元

---

① 张汝伦:《作为政治的教化》,《哲学研究》,2012年第6期。
② 桑东辉:《美德与教化——基于中西比较的视域》,《孔子研究》,2013年第4期。

时期,传统家训更为完善、定型并走向繁荣;内容上,"治生"、"制用"与全面系统、切于实用的居家指导型家训别开生面,注重爱国主义、民族气节教育,强调家风传承与家长表率、治家公正;教化方式上,注重可操作性和子弟品德养成培养。① 文学、小说、戏剧、乐舞等教化研究方面,成果也较多,主要涉及教化传统、教化意识、教化表达、教化功能以及艺术、娱乐与教化的关系等②,如有学者认为元杂剧走向衰微的一个重要原因是戏曲教化功能过度化而导致的失范③。其他过去不被重视、以社会史眼光开展的教化研究,诸如节日、风俗、宗教教化等,也日益受到关注④。其中,不少研究多为开拓性,而更有不少是博士学位论文,用功尤深。

第三,基层教化研究的展开,尤其是乡村教化研究的蓬勃开展。

二三十年代,作为乡村建设运动组成部分的乡村教化蓬勃开展起来。朱学诗认为乡村学校是实施乡村社会教化的中心场所,其途径与目标是乡村民众生活活动普遍利用自然科学的生产技能训练和使乡村社会全体分子分途协调工作的公民训练,而乡村学校教师是实施乡村教化的导师。⑤ 费孝通认为乡村"教化过程是代替社会去陶炼出合

---

① 陈延斌:《中国传统家训的"仁爱"教化与 21 世纪的道德文明》,《道德与文明》,1998 年第 2 期;《试论宋元时期的家训思想及其教化实践》,《上海师范大学学报(哲学社会科学教育版)》,2003 年第 4 期。
② 小说教化如:张振军:《惩劝与教化:儒教对传统小说之影响》,《齐鲁学刊》,1995 年第 4 期。王启忠:《试论中国古代小说崇尚"教化"的传统》,《南京社会科学》,1995 年第 4 期。秦川:《论古代小说中佛、道"劝惩教化"的地位和作用》,《安徽大学学报》,2003 年第 6 期。戏剧、乐舞如:周慧梅:《娱乐与教化:古典戏曲中的科举社会》,《华东师范大学学报(教育科学版)》,2009 年第 4 期。张欢:《娱情与教化的困惑——论中唐文人对三大乐舞的描写和复杂态度》,华东师范大学图书馆,2009 年。
③ 杜桂萍:《戏曲教化功能的失范——元杂剧衰微论之一》,《北方论丛》,1997 年第 1 期。
④ 如:景以恩:《中国古代风俗教化考略》,《民俗研究》,1990 年第 2 期。龚汝富:《中国古代宗教劝戒文书的教化功能》,《中国宗教》,2011 年第 11 期。李世宏:《知识,传承与教化——对中国古代尊师风俗的解读》,华东师范大学图书馆,2007 年。顾月琴:《我国古代民间杂字教材中的社会教化》,《伦理学研究》,2009 年第 5 期。马福贞:《节日与教化》,河南大学图书馆,2009 年。于亮:《女功与教化》,中国艺术研究院图书馆,2013 年。
⑤ 朱学诗:《乡村学校的社会教化论》,《农业周报》,1935 年第 4 卷第 30 期。

于在一定的文化方式中经营群体生活的分子",其目的一方面为社会,一方面为了被教化,"并不是统治关系";教化权力的性质是文化性,而非政治性,"凡是文化性的,不是政治性的强制都包含这种权力(教化权力)",且需要稳定的文化传统加以保障。尽管纯粹文化性的教化只是理想模式,但是乡村教化却是接近此模式,"如果我们能想象一个完全由传统所规定下的社会生活,这社会可以说是没有政治的,有的只是教化。事实上固然并没有这种社会,但是乡土社会却是靠近这种标准的社会";乡村的礼治社会"是经教化过程而成为主动性的服膺于传统的习惯"的社会,它既不同于法律社会,甚至也不同于道德社会。费氏又认为礼治社会不可能在传统效力无法保证的变迁很快的社会中出现①。早期的有益探索为乡村教化研究奠定了较好的基础。建国后的古代乡村教化研究始于90年代,主要表现出三个特点。

首先,从时间上看,主要集中于明清两代。如张瑞泉分析了清代乡村教化实施的背景、具体措施和废弛的原因等②。王先明、尤永斌指出鸦片战争后,随着清廷对基层社会的失控,传统的官方与非官方二元同构的乡村社会教化组织体系呈现出空前的失范状态,原有的乡村教化组织和内容均发生变化,组织形式与教化主体出现多元化,新兴与旧式教化体系异质并存;这与晚清政府走向灭亡时各项制度的衰落变迁同步进行,并产生互动,共同构成了清廷灭亡的全部内容③。赵毅、刘晓东认为明代社学虽然表现出一定的官学特性,但就其本质而言属于"私学"范畴之内,它是国家基层社会硬性控制日渐削弱的状况下,力图通过强化软性控制维系社会与统治秩序。④

---

① 费孝通:《乡土中国》,三联书店,1985年,第52—53、67—68页。
② 张瑞泉:《略论清代的乡村教化》,《史学集刊》,1994年第3期。
③ 王先明、尤永斌:《略论晚清乡村社会教化体系的历史变迁》,《史学月刊》,1999年第3期。
④ 赵毅、刘晓东:《明代"社学"之社会属性辨析——兼及"乡村教化"与社会软性控制》,《东北师大学报(哲学社会科学版)》,2007年第1期。

其次,从地点上看,基本限于东南沿海。如那仲良等通过对浙江村落建筑环境与村落平面图的考察,分析了村落设计中所蕴涵的象征或清晰的儒家伦理教化元素——家庭关系的分级和教育—劝学的自觉性构想与形成,认为"村落的建筑空间环境作为一个教化的元素可以超过语言的效果"[1]。冯贤亮分析了明清时期,政府在太湖平原乡村推行禁淫祠、规范民众俗文化、服饰、强化基层组织、州县社学、乡约、奖劝农事等教化举措。[2] 陈剩勇描述了明代浙江地区乡村的四时农事、农家生活、岁时节日和娱乐活动等,探讨了乡村社会的基层组织、社学、家塾教化和乡村自治的特点,揭示了当时的乡村社会问题。[3]

再次,从内容看,基本上以乡约、士绅为主体。如谢长法梳理了乡约的滥觞、发展与乡约组织建立的历史,呈现了乡约与谕文宣讲彰善纠恶的教化功能[4]。段自成认为清廷与地方官在乡村积极推行乡约的组织和制度建设,是乡村儒学教化的重要形式,但乡约职能的官役化对清代乡村儒学教化产生了消极影响,反映了中央的制度设计与地方官的功利选择之间的矛盾。[5]

其他如陈国强等对清代政府高山族教化[6]、刘晓东对明代"社师"[7]、杨明等对《吕氏乡约》[8]、叶舟对士绅[9]、秦海滢对明代乡村教化[10]

---

[1] 那仲良、RonaldGKnapp:《中国村落中的教化性景观》,《中国传统民居与文化(第七辑)——中国民居第七届学术会议论文集》,1996年。
[2] 冯贤亮:《太湖平原的环境刻画与城乡变迁(1368—1912)》,上海人民出版社,2008年。
[3] 陈剩勇:《明代浙江:乡村社会、农家生活和社会教化》,《浙江社会科学》,2000年第1期。
[4] 谢长法:《乡约及其社会教化》,《史学集刊》,1996年第3期。
[5] 段自成:《论清代的乡村儒学教化——以清代乡约为中心》,《孔子研究》,2009年第2期。
[6] 陈国强、田富达:《清朝对高山族教化政策述评》,《厦门大学学报(哲学社会科学版)》,1993年第2期。
[7] 刘晓东:《明代的"社师"与基层社会——以黄佐〈泰泉乡礼〉为中心》,《东北师大学报》,2004年第5期。
[8] 杨明、韩玉胜:《〈吕氏乡约〉乡村道德教化思想探析》,《东南大学学报(哲学社会科学版)》,2013年第5期。
[9] 叶舟:《危机时期的士绅与地方:以休宁金声为例》,《安徽史学》,2005年第1期。
[10] 秦海滢:《明初乡村教化初探》,《东北师大学报(哲学社会科学版)》,2001年第1期;《论明代乡村教化的发展历程》,《北方论丛》,2004年第2期。

的研究等,也与以上所分析之特点吻合。从另一面而言,特点也是其缺点,古代乡村教化研究过分地集中于明清东南地区,而其他地区的研究甚或空白一片。仅就与本研究——元代徽州社会教化而言,尚未有论著出现;与此相关者,也是凤毛麟角、屈指可数。如周致元认为明代徽州仕宦忠介、平民孝友、妇女贞节、商人重义等思想观念,是在官方推动程朱理学、圣谕等和民间通过宗族、学校、乡约、会社、乡饮,把封建纲常名教渗透到日常生活的各个环节中而全面地、持续地加强教化的结果①。张延昭的博士论文《下沉与渗透:多元文化背景下的元代教化研究》专门研究了元代的教化,认为儒学教化在元代获得意识形态的主导地位经历了一个较长的时期,这离不开元代儒者的努力和科举的恢复,而元代多元途径的教化——政治制度、学校、社会基层组织、社会文化均是儒学教化下沉与渗透的重要途径;与明及清朝比较,元代儒学教化应属"初级阶段"。

4. 徽州社会教化研究

结合徽州社会教化研究之需要,本部分将从徽州教育、宗族、士人等几个方面作文献梳理与概述。

(1) 徽州教育研究

在徽学研究领域,徽州教育研究起步较早——20 世纪 30 年代初期;但却后劲不足,发展较为缓慢。吴景贤是徽州教育研究的开拓者,1932 年,出于"祖述文献,用较新猷"的目的,他即撰《安徽书院志》②、《安徽书院沿革考》③,着眼于中国古代书院历史的大全景,勾绘了安徽书院的基本情况,于整个中国教育史研究亦有发明。尽管

---

① 周致元:《明代徽州的教化措施及其影响》,《安徽大学学报》,1996 年第 2 期。
② 吴景贤:《安徽书院志(一、二、三、四、五)》,《学风(安庆)》,1932 年第 2 卷 4、5、6、7、8 期。
③ 吴景贤:《安徽书院沿革考》,《学风(安庆)》,1932 年第 2 卷 8 期。

研究尚未完全针对徽州地区,但其安徽地方史之视角,足发徽学研究之先;而不久后氏著《紫阳书院沿革考》①,从时代背景、历史演进、学风衍流、讲会讲规、人物考等几个方面对紫阳书院作了系统探讨,成为徽州教育研究的开拓之作。他认为:"安徽之书院……衍流六百余年,几与书院制度相终始者,合宋元明清四代安徽之二百六十九书院言,皆无有逾于歙县之紫阳书院者。"谓紫阳书院有两个特质:一,就教育制度言,其历史悠久(六百余年),足以见证中国书院制度之演变;二,就学术思想言,宋学、王学、汉学先后兴替,足以窥视思想发展之痕迹。值得注意的是,就书院历史分期而言,吴氏以书院自身发展和时代变迁作为分期依据,而不是单纯根据朝代的更替;而就学风衍流而言,他将学术思想发展与书院学风之兴替相结合,既注意到学术思想对学风的引导,亦未忽视书院对学术思想的传承与改进。该文虽以区域教育史的形式出现,但内容上却兼论全国,既看到国家政治、全国学风对书院产生的影响,又注意到书院自身发展的独特性,可谓以小见大,大中有小。尽管,今天看来,随着新史料的发现与挖掘,吴氏的史料运用和史实考订上尚有不足之处;但总体而言,该篇专著无论是在教育史研究方法上,还是在徽州区域史研究模式上,均具有开拓性贡献。

李琳琦在徽州教育研究上颇有建树。其研究重点为明清徽商教育,涉及书院教育、科举教育、宗族教育、童蒙教育、书屋、文会以及教育家等。氏著《略论徽州书院与徽州学术思想之演变》一文,考察了徽州书院与宋末明初新安理学、明中后期阳明心学、清初新安朴学的互动关系,指出理学促进了书院的兴盛,而书院的讲学和学术研究活动,又促进了理学的进一步发展和演变。②《略论郑玉的教育思想》

---

① 吴景贤:《紫阳书院沿革考》,《学风(安庆)》,1934年第4卷第7期。
② 李琳琦:《略论徽州书院与徽州学术思想之演变》,《学术界》,1998年第6期。

探讨了元代学者郑玉的教育思想,认为其教育的目是唯存"天理"和培养无私无欲的圣人,"和会朱陆"、耕读相兼、读书与游历相结合是其教育特色,强调小处着手与大处着眼、学与用、文与理、释疑与阙疑结合的学习方法与居敬存善和自诚不欺的修养方法。[①] 其专著《徽商与明清徽州教育》《徽州教育》[②],梳理了自宋元以来的徽州教育,重点关注了明清的徽商教育、宗族教育。两本著作是其前期徽州教育研究的总结,也是目前学界唯有的有关徽州教育的专著,但都毫无例外地将重点放在明清的徽州教育特别是徽商教育上,宋元时期的教育着墨甚少,只是作为明清教育的背景呈现。

周晓光考察了朱熹与徽州教育的关系,认为培养学术人才是朱熹在徽州理学教育活动的中心目标,其培养方式和途径有面授讲学、书信指导、召入门下等,而徽州研习理学风气的形成、一批徽籍的理学家培养、朱子学在徽州 600 多年的学术主流地位的确立,是朱熹在徽州理学教育活动产生的影响。[③] 陈瑞分析了元代安徽地方官学教育的恢复、发展的原因、表现及其作用,指出其恢复和发展促进了科举、文风的兴盛及城乡社会风气的淳雅,而其恢复、发展得益于元代教育政策的调整、官士等各阶层的主持和参与,主要表现为校舍、图书资料等硬件设施的改善、学田的收复或增置、经费筹措顺利、学校运转正常、地方官学教育体系日渐完善。[④]

关于徽州教育,学界已积累了一定的研究成果,在诸如书院教育、宗族教育、徽商教育等徽学传统重点研究领域更是成果丰硕;但

---

① 李琳琦:《略论郑玉的教育思想》,《安徽师范大学学报(人文社会科学版)》,2005 年第 1 期。
② 李琳琦:《徽商与明清徽州教育》,湖北教育出版社,2003 年。李琳琦:《徽州教育》,安徽人民出版社,2005 年。
③ 周晓光:《试论朱熹在徽州的理学教育活动及其影响》,《华东师范大学学报(教育科学版)》,2004 年第 3 期。
④ 陈瑞:《元代安徽地区的官学教育》,《安徽师范大学学报(人文社会科学版)》,2011 年第 2 期。

是必须看到,这些研究多集中于明清时期,对元代徽州教育的主体——学校教育尚无专文,更毋论研究教育系统内外部的关系。

(2) 徽州宗族研究

因宗族是徽学的一大典型特征,所以宗族研究一直是徽学研究的重镇,目前已取得了丰厚的研究成果,任志强、唐力行对二十世纪的徽州宗族研究现状有专文论述①,其他有关徽学研究的综述性文章亦有述及②。此处,本文就其与本论文关系密切的论著作一简要概述。

荷兰学者宋汉理上世纪八十年代初,以《新安大族志》为中心,撰有《〈新安大族志〉与中国士绅阶层的发展(800—1600 年)》一文,考察了 9 至 17 世纪徽州宗族制的发展,认为唐代是徽州阀阅之家的早期发展时期,宋代是徽州学者以科举仕进的时期,元代明初是徽州社会的破坏与恢复期,明代中叶以后是徽州社会发生两极分化的急剧变化期。指出至元代,"徽州的名族已经成为当地社会权力与身份地位的来源",但又认为"十四世纪初之前,这些宗族享有的社会地位是不需要借助于家产和教育的"③,从本文后面的分析来看,这点是值得商榷的。

唐力行认为明清徽州宗族制度下的家庭结构模式有四种:共祖家庭,直系家庭、主干家庭,核心家庭。五代至明代后期,徽州的家庭—宗族结构以直系家庭和主干家庭居多,后来随着徽商的发展,渐以主干家庭和核心家庭为主。这种结构又反作用于徽州的社会经济。④ 氏著《徽州宗族社会》是一部有关徽州宗族社会研

---

① 任志强:《徽州宗族研究综述》,《徽学》,2002 年。唐力行:《徽州宗族研究概述》,《安徽史学》,2003 年第 2 期。
② 畅民:《建国以来徽商研究综述和前瞻》,《安徽史学》,1986 年第 5 期。曹天生:《本世纪以来国内徽学研究概述》,《中国人民大学学报》,1995 年第 1 期。栾成显:《改革开放以来徽学研究的回顾与展望》,《史学月刊》,2009 年第 6 期。
③ 宋汉理:《〈新安大族志〉与中国士绅阶层的发展(800—1600 年)》,《中国社会经济史研究》,1982 年第 3 期、1983 年第 2 期。
④ 唐力行:《明清徽州的家庭与宗族结构》,《历史研究》,1991 年第 1 期。唐力行:《论徽商与封建宗族势力》,《历史研究》,1986 年第 2 期。

究的力著,也是其几十年研究成果的总结。该书从形成与分布、生活实态、对徽商经营活动的支持、文化教育、社会控制与保障、迁徙与定居、社会变迁等方面对徽州宗族社会作了全景式的探讨。基于其"徽州宗族的研究要取得突破性的进展,就必得把宗族放到徽州社会大系统中加以考察,在社会要素的互动中透析徽州宗族的特质"的认识,该书以整体性的视角,力图重构徽州宗族社会的实态。① 这既成为了本书的最大特色,也是其缺陷所在:注重宗族与大社会的互动,而忽视了对宗族小社会内部各因素的探讨。

赵华富对徽州宗族开展了大量个案研究,其《徽州宗族研究》一书②,是徽州宗族研究的第一本专著,该书利用详实的文献和大量的个案,详细地论述了徽州宗族的兴盛及其原因、组织结构、基本特征以及祠堂、祖墓、谱牒、族产、族规家法等具体问题,探讨了徽州宗族重教崇文的传统、经商的风尚,分析了教育、徽商与宗族的内在关系。但在分析元代宗族时,而是将宋元并举,没能深入分析两个时期的差异。另外,他考察了现存最多的元代谱牒——徽州汪氏谱牒的宗旨、内容、体例,提出了元明谱牒的关系问题。③

常建华通过研究明代族谱、元明文集中的宗族文献,归纳了宋元时期徽州祠庙祭祖形式的三个特点:祭祖依附或与社祭结合,或与寺观结合;墓祠祭祖是祠祭的主要形式;并认为独立性祠堂祭祖的渐兴是祭祖的总体特征。④ 栾成显对元末明初祁门谢氏家族作了个案研究,对照谢氏宗谱析出了已发现文书中所属谢氏家族的部分,并对这

---

① 唐力行:《徽州宗族社会·绪论》,安徽人民出版社,2005年,第18页。
② 赵华富:《徽州宗族研究》,安徽大学出版社,2004年。
③ 赵华富:《元代世家大族谱牒之最——徽州汪氏谱牒》,《中国历史文献研究会第26届年会论文集》,2005年。
④ 常建华:《宋元时期徽州祠庙祭祖的形式及其变化》,《徽学》,2000年。

些文书进行了分类研究,探讨了该宗族有数量众多文书遗存的原因,是文书与族谱结合研究的范例。① 章毅认为元代后期徽州宗族观念兴起的趋势主要体现在地方精英的言论中、家谱编纂的普及、祭祖方式的变化,它是理学在徽州社会深入传播与实践,以及与地方社会结构变动相互作用的结果。② 陈瑞分析了元代徽州宗族建设的主要内容——族谱编纂、祠堂建设、祖茔建设、族田设置、宗族内部管理等,指出元代是徽州宗族走向明清全面繁荣时期一个承前启后的重要阶段。③ 刘成群考察了朱熹及元代理学家在徽州理学发展与宗族建构整合过程中所发挥的作用,认为新安理学家充当中介,推动了朱子礼制的下移,"为宗族建构提供了心灵上的凝聚作用及制度上的保障"④。美国汉学家周绍明(Joseph P. McDermott)研究了宋元时期徽州的大宗族,指出作为主导机构的宗族在经济活动中充当了重要角色。⑤ 于磊则以歙县双桥郑氏为中心,讨论了地方家族在地方社会秩序构建中的作用。⑥

综上,关于徽州宗族研究,主要集中于明清时期,同时,元代亦有了一定的涉及,如元代宗族观念的兴起、宗族建设以及祠庙祭祀等等,这些都将为本书的撰写提供一定的帮助。但是,总体而言,这些研究未能探究理学下沉与家学对宗族兴起的价值,至于宗族兴起、族谱、祠堂等与社会教化的整合等重要问题,更是少有论及。

(3) 徽州士人研究

目前学界关于元代徽州士人的研究,成果也较为可观,归纳起来

---

① 周绍泉、赵华富:《95国际徽学学术讨论会论文集》,安徽大学出版社,1997年。
② 章毅:《理学社会化与元代徽州宗族观念的兴起》,《中国社会历史评论》,2008年。
③ 陈瑞:《元代徽州的宗族建设》,《安徽师范大学学报(人文社会科学版)》,2009年第2期。
④ 刘成群:《新安理学与元代徽州地区的宗族建构》,《学术界》,2010年第8期。
⑤ Joseph P. McDermott. The Making of a New Rural Order in South China: I. Village, Land, and Lineage in Huizhou, 900—1600. Cambridge University Press, 2013.
⑥ 于磊:《元代徽州家族与地方社会秩序的构建——以歙县双桥郑氏为中心》,《中国史研究》,2016年第4期。

大致可分为两类。一是基于地域思想文化和经学史的士人群体研究。这一群体往往被称为"新安理学家",其学术思想统称"新安理学"。周晓光是此研究的开拓者,著述颇多,他先后著文探讨了新安理学产生的历史文化背景、渊源、发展阶段与特征、各时期代表人物,认为该学派崛起于南宋,发展于元代,兴盛于明初,衰落于明季,终结于清中叶。同时,他还开展了新安理学的个案研究,关注了朱熹、程大昌、赵汸等理学家,对赵汸的经学主张、学术特色和《春秋》学说有所揭示。[1] 2005 年,周氏出版《新安理学》(安徽人民出版社)一书,承继了其前期有关新安理学的基本主张,成为徽学研究史上首部新安理学专著。在元代新安理学章,周氏重点研究了朱熹之后的理学发展趋向和理学家的学术活动、政治态度及其学术思想。赵华富梳理、分析了宋元新安理学家科举仕宦的差异,元代理学家开展教育活动的成效,以胡一桂、胡炳文、陈栎、汪克宽为代表的学者著书立说的基本情况,以及元代新安理学家宗朱学、卫朱学、阐明并发展朱学的学术活动。[2] 李霞研究了新安理学的历史发展和基本特征,认为新安理学是以弘扬儒学传统、传承程朱理学为宗旨的理学派别,具有鲜明的实践理性精神特征,但就各阶段而言,南宋新安理学的基本特征是学宗朱子、兼融佛道,元代是惟朱是从、排斥异说,明代是惟真是从、和会朱陆与宗朱立场并存,至清代为皖派经学所取代。[3] 刘成群则重点关注了元代的新安理学群体,将该时期理学分为两个阶段,认为前期以胡一桂、胡炳文、陈栎等人为代表,后期则以郑玉、朱升、赵汸

---

[1] 周晓光:《宋元明清时期的新安理学》,《中国哲学史》,1994 年第 1 期;《新安理学源流考》,《中国文化研究》,1997 年第 2 期;《南宋徽州人文环境变迁与新安理学的形成》,《江淮论坛》,2003 年第 6 期;《论元末明初新安理学家赵汸》,《孔子研究》,2000 年第 2 期。
[2] 赵华富:《元代的新安理学家》,《学术界》,1999 年第 3 期;《元代新安理学家弘扬朱子学的学术活动》,《安徽大学学报》,2000 年第 6 期。
[3] 李霞:《论新安理学的形成、演变及其阶段性特征》,《中国哲学史》,2003 年第 1 期;《论新安理学的实践理性精神》,《湖南大学学报(社会科学版)》,2005 年第 2 期。

等人为代表,前后两代新安理学群体在学术脉络上出现了四个"转向":从"宗朱"到"和会朱陆"的转向;从"附录纂疏"到"求真是"的转向、从《四书》、《易》学到《春秋》学的兴趣偏转、从生命体验到"以道自任"的转向。另外,他还分析了明初式微现象及原因。① 亦有不少学者、研究生或侧面或综合开展新安理学的研究。②

其二是个别人物的专题研究。涵盖史学、哲学、经学、教育史等领域③。如章毅分析了元明易代之际,赵汸、朱升、唐桂芳三人的政治选择,指出理学思想、家族出身、与元代的关系、社会境遇等因素,均影响到他们在明初的政治取向④。史甄陶则以学术思想史视角,系统考察了以胡一桂、胡炳文和陈栎为代表的元代前期徽州朱子学的继承与发展情况⑤。

总体而言,关于徽州士人的研究无论是整体还是个案均有了丰富的成果积累,为进一步研究奠定了基础。但是,不可否认也存在着一些问题。第一,前类研究将大量的徽州籍理学家群体作为一个学派来研究,企图寻找学派发展的一般规律和阶段性特征,侧重于整体的、宏观的研究,更关注于学说的共同点,而相对忽视其差异面,且对具体人物缺乏系统的、细致的研究,难免失于笼统、空疏。第二,多偏重于经学、思想或学术史本身,仅就思想论思想,就学术谈学术,未能

---

① 刘成群:《元代新安理学的四个"转向"》,《汉学研究》,2011年第29卷4期;《明初徽州经学衰微试探》,《兰州学刊》,2018年第2期。
② 如:王国良主编:《新安理学与宋元明清哲学》,安徽大学出版社,2005年。陶清:《"求真是之归"与"求是"——新安理学思想理论特色及其治学特点初探》,《中国哲学史》,2003年第1期。周春健:《元代新安学派的四书学》,《中国哲学史》,2007年第2期。苏惠慧:《元代新安理学研究》,安徽师范大学图书馆,2006年。
③ 涉及元代的有:周兆茂:《朱升理学思想三题》,《江淮论坛》,1990年第6期。苏惠慧:《论元代新安理学家陈栎》,《安徽师范大学学报(人文社会科学版)》,2005年第3期。解光宇:《论朱升理学思想及其价值》,《安徽大学学报(哲学社会科学版)》,2007年第2期。
④ 章毅:《元明易代之际儒士的政治选择:赵汸、朱升、唐桂芳之比较》,《中国文化研究所学报》,2010年第51期。
⑤ 史甄陶:《家学、经学和朱子学——以元代徽州学者胡一桂、胡炳文和陈栎为中心》,华东师范大学出版社,2013年。

就其思想与实践的影响与教化意义,作一定探讨。第三,过于集中著名学者,而师承及人格风范只是士人成长中不特别"显眼"的组成部分;至于整个师儒群体、典型人格风范的教化力量以及儒士社会服务的形式,往往被忽略。

第一章　元代徽州社会教化展开背景

　　徽州是本书研究的空间范围。徽州首先是一个地理概念，在元代指江浙行省的徽州路，辖一路六县，即府城和歙、黟、休宁、祁门、绩溪、婺源六县，辖境相当于今安徽黄山市（辖屯溪区、黄山区、徽州区、休宁县、黟县、歙县、祁门县）、宣城绩溪县和江西上饶婺源县。它也是一个文化区域概念，指唐、宋、元、明、清以来，植根于中国传统文化、依托于徽州本土而创生的一种区域文化系统，涵盖了思想、文化、教育、科技、商业、宗族、民俗、艺术、医学、建筑等诸多领域。

　　元代是徽州区域文化的重要发展期，是本研究的主体时段。元代是宋代之后、明代之前的一个历史朝代，它始于1271年，结束于1368年，共计97年。但因1276年宋朝投降徽州方纳入元朝版图，所以本文所指元代以1276年宋亡为起点；而1357年下半年，徽州已由朱元璋控制，元朝对该地域的实际统治也就82年。结合元代和徽州历史社会变迁的基本史实，本文又将元代徽州分为：前期、中期、后期和元明之际四个阶段。前期起讫为：至元十三（1276）——大德十一年（1307），共计32年，包括元世祖（1260—1294年在位，但从元朝取代宋朝算起，其于元代在位19年）和成宗（在位13年）两朝。中期：至大元年（1308）——至顺三年（1332），共25年，包括武宗（在位4年）、仁宗（在位9年）、英宗（在位3年）、泰定（在位5年）、天顺（在位月余)、明宗(在位 6 个月)、文宗(在明宗前后两次即位,合计在位 4 年)、宁宗(在位 53 天)八朝。后期:至顺四年(1333)——至正十七年(1357),共 25 年,即惠宗一朝。元明之际为至正十八年(1358)——吴元年(1367),共 9 年,虽然徽州已不在元廷控制之中,但此时官吏治理徽州的政策仍基本延续前朝,且朱元璋政府尚未改称明,故谓元明之际。

表 1:元代皇帝一览表

姓　　名	庙号/年号	生卒年月	在位年月
孛儿只斤·忽必烈	世祖	1215 年 9 月—1294 年 2 月	1260 年 5 月—1294 年 2 月
孛儿只斤·铁穆耳	成宗	1265 年 10 月—1307 年 2 月	1294 年 5 月—1307 年 2 月
孛儿只斤·海山	武宗	1281 年 8 月—1311 年 1 月	1307 年 6 月—1311 年 1 月
孛儿只斤·爱育黎拔力八达	仁宗	1285 年 4 月—1230 年 3 月	1311 年 4 月—1320 年 3 月
孛儿只斤·硕德八剌	英宗	1303 年 2 月—1323 年 9 月	1320 年 4 月—1323 年 9 月
孛儿只斤·也孙铁木儿	泰定	1293 年 11 月—1328 年 8 月	1323 年 10 月—1328 年 8 月
孛儿只斤·阿速吉八	天顺	1320 年—?	1328 年 10 月—1328 年 11 月
孛儿只斤·图帖睦尔	文宗	1304 年 2 月—1332 年 9 月	1328 年 10 月—1329 年 2 月 1329 年 9 月—1332 年 9 月
孛儿只斤·和世㻋	明宗	1300 年 12 月—1329 年 8 月	1329 年 2 月—1329 年 8 月
孛儿只斤·懿璘质班	宁宗	1326 年 5 月—1332 年 12 月	1332 年 10 月—1332 年 12 月
孛儿只斤·妥懽帖睦尔	惠宗	1320 年 5 月—1370 年 5 月	1333 年 7 月—1368 年 8 月

元代与徽州,设定了本研究的基本时空域;但在实际操作中,考虑到社会变迁的长时段、历史思想的延续性、区域文化的互渗性与人物活动的流动性,在很多方面将会有一定的突破。如:元代的学术思想源于宋而递变于明初;元代的文教政策既有汉人的传统,也有辽、

金等少数民族的影响。再如空间，以徽州地域为核心，旁及同属江浙行省的毗邻区域：建德路（辖建德、淳安、遂安、桐庐、分水、寿昌）、杭州路（钱塘、仁和、余杭、临安、新城、富阳、于潜、昌化、海宁）、宁国路（辖宣城、南陵、泾县、宁国、旌德、太平）、池州路（贵池、青阳、建德、铜陵、石埭、东流）、饶州路（辖鄱阳、德兴、安仁、余干州、浮梁州、乐平州）、衢州路（辖西安、龙游、江山、常山、开化）等。

一　徽州历史沿革与地理环境

徽州之名始于北宋，徽宗宣和三年（1121）方腊乱后，改歙州为徽州，并一直沿用到改革开放初（1987）。但其地于古即有建置。三代为扬州之域；春秋战国时，迭入吴、越、楚等国。秦置郡县，设歙、黟二县，属鄣郡，歙为都尉分治所。汉武帝时改鄣郡为丹阳郡，黟、歙二县皆属之，而都尉仍分治于歙。后汉建安十三年（208），吴孙权分丹阳郡立新都郡，析歙县为歙、始新、新定、黎阳、休阳等县，为后世歙县、淳安（始新）、遂安（新定）、休宁（休阳）之雏形。晋武帝平吴，于太康元年（280）改新都为新安。后晋、宋、齐、梁、陈因之，期间虽分新安郡增设新宁郡，但变化不大。隋平陈，置歙州，改始新县为新安县，并遂安设睦州，歙、睦之分，奠定了元代徽州路、建德路的基本格局。入唐，或为歙州，或为新安郡，并先后分休宁、黟、歙置婺源、祁门和绩溪，至代宗大历五年（770），六县之徽州地域大致定型（见图1）。

就名称而言，歙县旧称古歙，以县置自秦汉而得名。休宁县，三国吴时为休阳、海阳，晋改海宁。婺源县，又曰星源，本休宁地，因县东大鳙山水流入婺州而得名，或谓曾属婺州，取上应婺女之说[①]；又

[①] 弘治《徽州府志》卷一《建置沿革》（第19页）"婺源"条按曰：《寰宇志》及《祥符经》言婺水绕城三面故名，又云婺星乘鳙鱼上天，遂以名水，今县有大鳙岭是也；又按《东阳记》云，东阳上应婺女，旧与黟、歙接境，隋废黟、歙，并入海宁，以属婺州，水亦流如婺，故以为名。

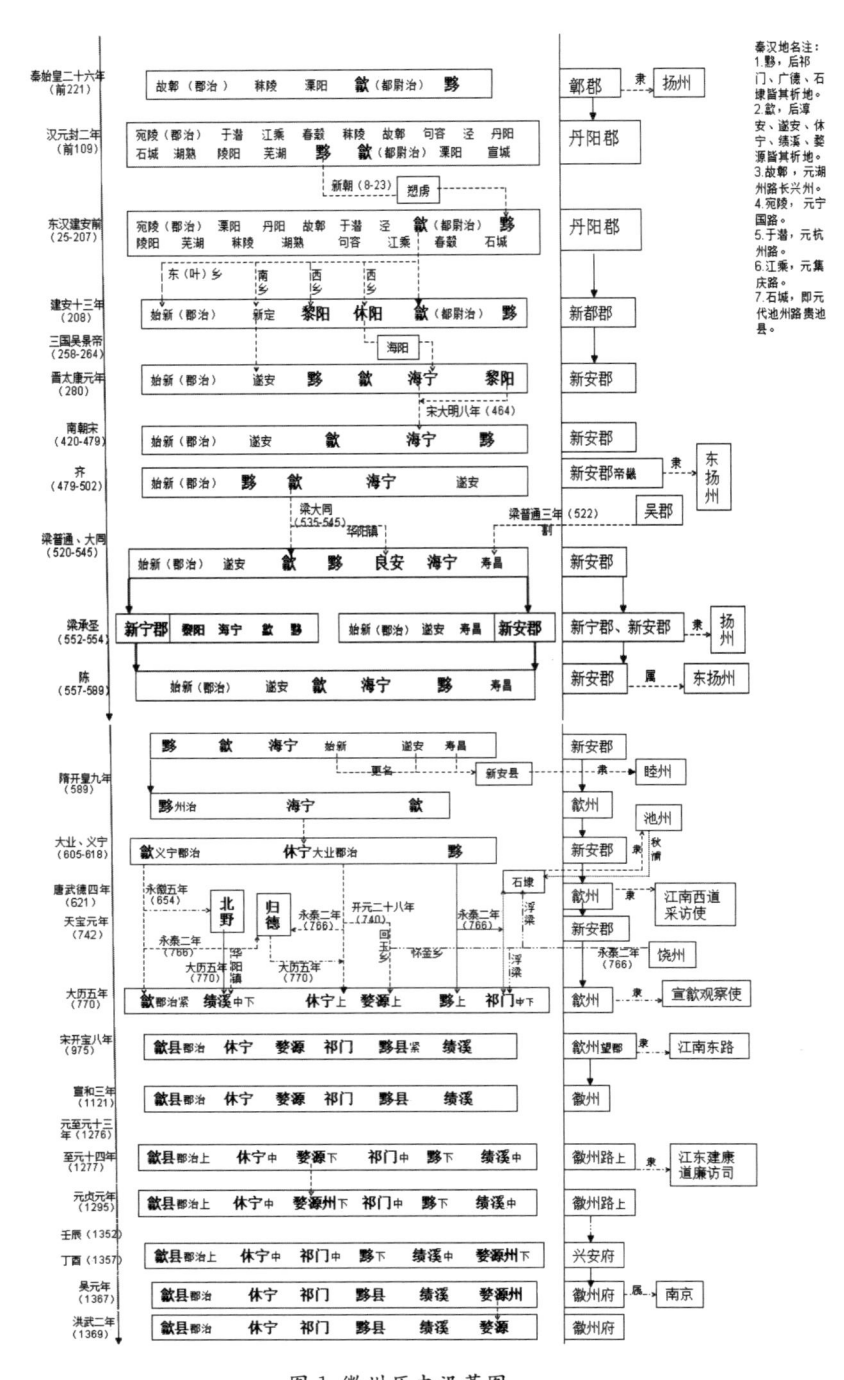

图 1: 徽州历史沿革图

称蛐城,"因南唐刘津筑平蛇穴接蛇城所,谓蛇城者即蚰蛇港也,故名"。祁门县,又谓祁阊,取东北祁山、西南阊门合称。黟县,亦称古黟,以县置自秦汉故名;又曰黟阳,以在黟山之阳故名。绩溪县,南朝梁时始为良安县,因县有乳溪又曰乳溪县,又因析歙之华阳镇置,或名华阳县。①

由古歙、古黟而逐渐形成徽州与"泛徽州"之区域的历史地理变迁,弘治《徽州府志·地理志序》概括曰:"本府之地自汉末分黟、歙为新都郡,疆域广大,后稍割之。盖古歙地之在今者,为歙,为休宁,为婺源,为绩溪,为严州(即睦州,元改建德路——引者)之淳安、遂安;古黟地之在今者,为黟,为祁门,为池州之石埭。凡三府九县,而本府六县所存惟唐歙州新安郡境而已。然建置之久,山川之雄,分之以乡都,镇之以城池,据其形胜,而同其风俗。"说得非常明确,六县加淳安、遂安、石埭皆由古歙、古黟州而分出,同源、同俗,构成了徽文化与"泛徽"文化的基本区域。

徽州于至元十三年(1276)年纳入蒙元版图,次年升为徽州路,隶属江浙行省江东建康道肃政廉访司②,为上路③。路治歙县,户157471,口824304,领录事司一④、县五、州一。其中,歙居中东部,为上县;休宁位于中西部,祁门西北,绩溪东北,均为中县;黟居北部,为

---

① 弘治《徽州府志》卷一《郡名》,第19页。
② 按:初名江淮行省,至元十三年置,治扬州。二十一年(1284),以地理民事非便,迁于杭州。二十二年,割江北诸郡隶河南,改称江浙行省,统三十路、一府、二州,属州二十六,属县一百四十三。江东建康道肃政廉访司辖八路一州:宁国、徽州、饶州、集庆、太平、池州、信州、广德、铅山州。
③ 按:唐制郡县有七等之差,郡则辅雄望紧上中下,县则赤畿望紧上中下。京都所治郡为辅,县为赤;旁郡为雄,县为畿。自望以下,以户多少、资地美恶为差。宋制郡县除辅雄赤畿外,凡县四千户为望,三千户以上为紧,二千户以上为上,千户以上为中,不满千户为中下,五百户以下为下。元制江南路分上下二等,州县分上中下三等。十万户之上者为上路,十万户之下者为下路,当冲要者虽不及十万户亦为上路。五万户之上者为上州,三万户之上者为中州,不及三万户者为下州。三万户之上者为上县,一万户之上者为中县,一万户之下者为下县。([明]宋濂等:《元史》卷九十一《百官志七》,中华书局,1976年,第2316—2318页。)
④ 录事司,秩正八品,凡路府所治,置一司,以掌城中户民之事。

下县；婺源处西南，于元贞元年(1295)升州，为下州。

元代徽州路位于江浙行省中西部(即今安徽南部、浙江西北、江西东北。见图2)，自东按顺时针依次与杭州路、建德路、衢州路、饶州路、池州路、宁国路搭界。接壤州县有：东：昌化(杭州路)；东南：淳安(建德路)；南：遂安(建德路)，开化(衢州路)，德兴(饶州路)；西南：德兴，乐平州(饶州路)；西：浮梁州(饶州路)；西北：建德(池州路)；北：石埭(池州路)，太平，旌德(宁国路)；东北：宁国(宁国路)。据洪武九年取勘里数，东西广390里，南北袤250里。乡(或称关厢)是元代徽州的基层单位，六县共53个乡，乡下为都或里。其中：歙县关厢16个，统37都；休宁11乡，领60里；婺源乡约6个，里约30个；祁门定置乡6个，都22个；黟县乡4个，都约12个；绩溪10乡15都。①

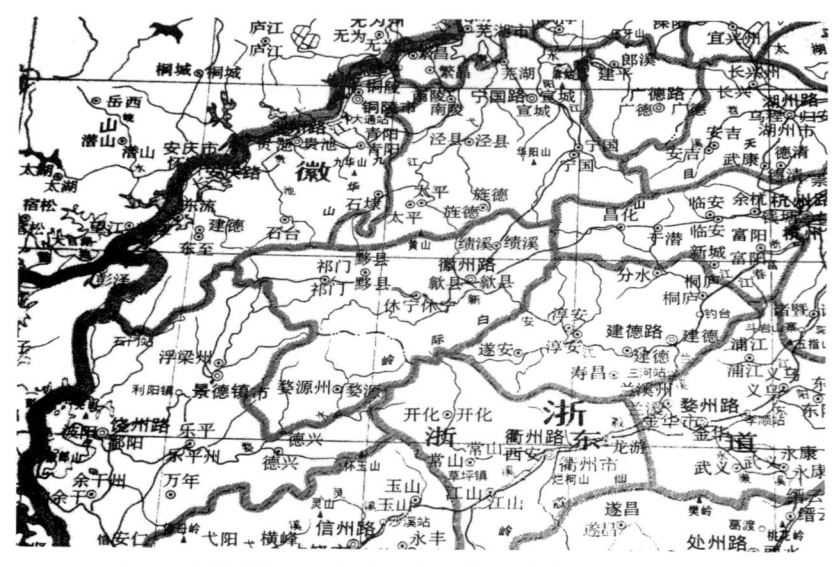

图2：元代徽州路地理位置图(引自谭其骧《中国历史地图集》)

---

① 弘治《徽州府志》卷一《地理一·厢隅乡都》，第41—44页。按：关厢，即居民区，从名称来看，与乡无二。婺源县，元以前无考，但明朝二十四年(1391)定制八坊厢六乡三十里，统五十都；黟县，宋置四乡二十里，元无所考，明初定置四乡十二都，元暂取明初。

图3：徽州山川形势图（引自弘治《徽州府志》）

在历史发展变迁的诸多背景因素中，地形、气候等地理环境是较为重要的因素之一，法国年鉴学派布罗代尔将之称为"地理时间"（或曰长时段）。其变化虽小而微，却对历史的发展变迁起着基础性的作用。徽州的历史同样与其地理环境密不可分，元代徽州的社会教化正是在这块早已成型的地理背景中展开的。

徽州地处皖南群山之中，山川构成了徽州居民生活的主体要素，有"七山一水一分田，一分道路和庄园"之说，甚或谓"八山半水半分田，一分道路和庄园"。据弘治《徽州府志·山川》志统计，至明中期，已纳入百姓视界业经命名的山川、峰、岭、岩等，整个徽州地区计183座，平均每乡有山3座多；而现代统计仅婺源一县大小山峰即有219座[1]。再从山川所占面积来看，以绩溪县为例，其疆域东西广100里，南北袤60里，山川高大者即有10余座，其中：大鄣山，高550仞[2]，周

---

[1] 赵华富：《徽州宗族研究》，安徽大学出版社，2004年，第13页。

[2] 按：一仞约周尺八尺或七尺，周尺一尺约合二十三厘米。

150 里;龙须山,高 500 仞,周 30 里;借溪山,高 550 仞,周 140 里;石金山,高 600 仞,周 30 里;龍嵷山,高 330 仞,周 25 里;大獒山,高 400 仞,周 100 里;植山,高 550 仞,周 80 里;徽岭山,高 450 仞,周 30 里;凛山,高 450 仞,周 15 里。其他小山更是不可胜数。徽州不仅山多,且山以高、险著称,如前举绩溪诸山几乎均在 400 仞以上①,其他若歙县黄山高 1180 仞②、黄蘖山 560 仞,休宁张公山 1400 余仞、颜公山 500 仞、新岭 600 仞,婺源芙蓉岭高千余仞,黟县牛泉山 957 仞,等等。山险若婺源芙蓉岭,为五岭中最高者,方回诗曰:"平生所闻芙蓉岭,上如攀天下入井。"绩溪龙须山,元汪橘庄诗云:"龙峰高高青接空,上有石井腾蛟龙。"陈章诗亦谓:"大峰小峰如削铁,绝顶磨空更奇绝。道人何处驾飞云,直上峰头看龙穴。"③祁门历山,高 250 仞,高插云霄,险若天堑;九峰山,有九峰,皆高插霄汉。

"山郡"、"万山"是形容徽州最多的词语,"徽之州在万山中,视他郡最高,昔人测之谓与天目齐"④。众多的高山险峰几将徽州与外界完全隔绝:东出徽州须涉浙江,有险滩 360 道;西通彭蠡,险滩 84 道,危岭有五——新岭、芙蓉岭、对镜岭、羊岭、塔岭;南有马金、白际、大鱅山之屏障,北倚黄山、章岭之秀。所以,古人多以"四塞"形容之⑤。然其山奇秀甲东南,俨然成为隐居的世外桃源。元末理学家郑玉以"极乐国土"形容之,谓"新安为郡,介大江之东,居万山间,其境四塞,故无兵戈之扰,而邻里得以相保;依山为田,素无涝溢,堰溪凿渠,足以灌溉,故无水旱之苦,而老稚得以相守;地旷人

---

① 按:相当于海拔 644—736 米。
② 按:一千一百八十仞约合 1738.8—1987.2 米,与今测黄山最高峰莲花峰 1864.8 米相近。
③ 弘治《徽州府志》卷一《地理一·山川》,第 28、33 页。
④ 程文:《临溪石桥记》,见弘治《徽州府志》卷一《地理一·形胜》,第 21 页。
⑤ [明]余绍祉:《晚闻堂集》卷八《上兵宪我求唐公》,清道光十七年刻本。

稀,其气清爽,故疫厉罕作,而生死得以相安;其人复以礼义自持,勤俭自处,故其风俗淳厚,家给人足,有非他处之所可及者,是即极乐国土矣。"①

郑玉对徽州百姓安逸生活状况诸如"无兵戈之扰"、"素无涝溢"、"疫厉罕作"的形容,仅在很短的时间和范围内有效,即元初期的后半段至至正十二年(1352)前的歙县社会,并不适用整个元代徽州。与郑玉同县但稍早的唐元在为徽州总管代作的劝农文中则描述了相反的状况:"徽介万山,山多于田,非他郡田连阡陌比,往往梯山而耕,尺硼而不成一亩;又以溪高易涸,干旱为灾,民生其间劳苦太甚。"②"劳苦太甚"应是对整个徽州或者至少可以说极大部分山民生活状况的可信表达。事实上,"无兵戈之扰",在徽州两千多年的古代历史长河中,元代是最不适合用该词形容的。因为与其他历史时期比较,元代的徽州社会出现了两次徽州历史上影响最大的战乱。

自北宋宣和三年(1121)方腊起义以来,虽中经辽灭北宋及宋辽、宋蒙对峙,在至元十三(1276)前的150余年间,徽州并未出现大的动荡。而宋元之际至元初的一段时间,徽州陷入了频繁的动乱之中。元军下江南,先是李铨戍守,未战而于十三年春纳土北觐投降,接着是夏五月副将李世达与李铨子汉英兵变为乱。这是继方腊起义后,徽州社会最为严重的一次战乱,破坏极为严重。"兵变盗起",阖邑草窃起如沸縻,"屠戮惨甚",富家大族、平民百姓遇害无数,"百顷千楹之家,顷刻羽化"③,"郡被祸惨甚,群佃奴起为盗,屠贵官富户无算,城空月余,生草及檐"。隐士刘光(1228—1308?)作诗云饥民"瘦如鬼"、"亲朋半古人"。如歙县汪仪凤(1207—1290)、方回等家族死于

---

① [元]郑玉:《师山集》卷五《向杲寺重建弥陀殿记》,文渊阁《四库全书》(1217),台湾商务印书馆影印,第40页。
② [元]唐元:《筠轩集》卷十三《本路劝农文》,文渊阁《四库全书》(1213),第588—589页。
③ [元]方回:《桐江续集》卷三十六《善应庵记》,文渊阁《四库全书》(1193),第718页。

寇者数十人的徽州宗族不计其数。对教育、文化破坏亦为严重,自宋德祐乙亥(1275)兵兴,紫阳书院毁之一炬,州学"堂堂学宫以驻戍卒,四壁倾颓,蹂为圜溷,几不可以芘身立足"①,如是夷为蓁棘凡四年。民间文教亦受到致命一击,"家藏书数万卷一空"者又何止方回一家②。后数十年,徽州士人每每提起此事尚心有余悸。归元后,徽州并未安宁,元初的一段时间内,"盗"、"寇"不断,如十八年(1281)春正月,祁门"寇作",总管赵谦、管军甘某讨平之③;二十二年(1285),绩溪"盗起",颍州万户邸泽讨平之④;二十七年(1290),绩溪山民据西坑岩为乱;同年三月,歙县潜口"盗又起",焚四都巨室数十家⑤,朝命起前江淮行尚书省参知政事高兴徂征,至夏六月底平⑥。绩溪的两次影响都比较大,前次,"盗"乱遍及饶、信、宣、徽四地,饶、信受招抚而平,宣、徽"怙恶",绩溪"尤劻勷","盗"据周十里、高二百丈的塘山坚守之,六万官军攻之数月不能下。此次动乱,元廷先后"夷万人"于南陵、旌德、泾县,又"锄万人"于绩溪;官军留下戍守,徽地方安。⑦第二次,郡城几乎失守,官军讨之不克,赖当地乡绅洪声甫团结保甲招抚与用兵并举而讨平之⑧。

　　元末至正十二年壬辰(1352)四月,红巾兵乱烽火蔓延至徽州,至丁酉(1357)七月,朱元璋取徽州,战乱方结束。5年多的动乱,被时

---

① 曹泾:《从仕郎扬州路通州判官弗斋先生陈公宜孙行状》,见《新安文献志(二)》卷八十五,文渊阁《四库全书》(1376),第393页。
② [元]方回:《桐江集》卷八《先兄百三贡元墓志铭》、卷五《刘元辉诗评》、卷八《先君事状》,江苏古籍出版社,1988年,第577、330—331、517页。
③ 汪梦斗:《歙乌聊山忠烈庙享神辞》,见《新安文献志(一)》卷四十九,文渊阁《四库全书》(1375),第624页。
④ [明]宋濂等:《元史》卷一百五十一《邸顺传》附,第3572页。
⑤ 方回:《江南抚干通直郎致仕汪公仪凤墓志铭》,见《新安文献志(二)》卷九十五上,第581页。
⑥ [宋]何梦桂:《潜斋集》卷九《参知政事高公平盗记》,文渊阁《四库全书》(1188),第490页。
⑦ [元]姚燧:《牧庵集》卷十七《颍州万户邸公神道碑》,文渊阁《四库全书》(1201),第576页。
⑧ [元]郑玉:《师山集》卷七《故慈湖巡检洪府君墓志铭》,第60页。

人称为"壬辰之乱",对入元后经过一个多世纪恢复发展的徽州社会造成的创伤几乎是史无前例的。对此,赵汸描述道:"所过名乡甲第,皆荡为丘墟","自井邑田野,以至于远山深谷民居之处,莫不荡为丘墟"①。绩溪舒頔过龙山,叹曰:"昔之彬彬衣冠故老,今无一人焉;昔之渠渠华屋甲第,今皆荆棘焉;昔之朗朗弦诵声振林木,今何寥闃焉。……诗书之泽荡然,几无遗类。"②此次战乱,徽州郡、县城及诸乡村均未能逃脱。"歙之官庐、民舍,焚爇无遗,而学亦废"③;"蕲黄盗乱江东,徽州受害尤大,徽属六邑,惟休宁得祸最深"④;祁门"鞠为茂草,邑之遗黎存者百二三"⑤;昔时"地壤沃,一熟而饱三岁"的黟县,"乱后畊稼失时,沟渠壅底"⑥;婺源有寺观61所,其中56所毁于战火⑦。不仅居室、庐舍、学校、寺观建筑及农业生产等受到破坏,乡民、宗族、文化典籍,亦莫不受重创。郡城南周彦名,祖上自休宁周村迁居以来已八世,而壬辰之乱,其"家学渊源之懿,诗书手泽之传,悉毁"⑧;郑玉"累世藏书,无片纸存者",其亲旧典籍"悉皆煨烬"⑨;唐桂芳也有类似感慨:"家藏书万卷,壬辰涽乱,斯文滨于灭,虽邻里故旧,无一存者"⑩。汪克宽谓"蕲兵之暴,视秦为甚"⑪,似并不过分。

可见,元代的徽州可谓风雨飘摇、灾难重重,但却创造了灿烂的文化教育传统,不得不让人惊叹!从历史发展的前后连续性来看,元

---

① [元]赵汸:《东山存稿》卷五《题耕读堂卷后》、卷四《商山书院学田记》,文渊阁《四库全书》(1221),第291、287页。
② [元]舒頔:《贞素斋集》卷二《胡氏族谱序》,文渊阁《四库全书》(1217),第569页。
③ 宋濂:《歙县庙学碑记》,见弘治《徽州府志》卷十二《词翰二·记》,第399页。
④ [元]赵汸:《东山存稿》卷五《克复休宁县碑》,第318页。
⑤ [元]汪克宽:《环谷集》卷五《重建祁门县儒学记》,文渊阁《四库全书》(1220),第694页。
⑥ [元]赵汸:《东山存稿》卷三《黟令周侯政绩记》,第268页。
⑦ 弘治《徽州府志》卷十《寺观》,第341—344页。
⑧ [明]朱同:《覆瓿集》卷六《书周彦名先生遗后录后序》,文渊阁《四库全书》(1227),第712页。
⑨ [元]郑玉:《师山集》卷三《周易大传附注序》,第17页。
⑩ [明]唐桂芳:《白云集》卷五《送程仲庸序》,文渊阁《四库全书》(1226),第851页。
⑪ [元]汪克宽:《环谷集》卷五《重建祁门县儒学记》,第695页。

代徽州成就的取得无疑离不开宋代徽州的积淀；但如果如全祖望所云元代"无可称者"，认为不过是宋代惯性的延续，则大错特错了，两者有着巨大的差异，它在文化上体现的尤其明显，舒頔的话可以为证："宋之兴，衣冠之士，登仕版者班班可考；元之盛，耕读不辍，见称于时，而家益丰。"①宋之徽州以科举文化昭著，而元则"耕读"并重：读书为士，以学术而"见称于时"；农耕殖业，家族积储"益丰"，家学与家业皆齐头并进。所以，元代不仅是徽州文化的积淀期，也是徽州大族与经济的累积期。而这种积累即是元代徽州社会教化有力的明证，也是继续推进明清教化的动力之源。

二　元代儒化文教政策之变迁

作为中国古代疆域辽阔的统一大帝国，元代的特殊性在于其以少数民族入主中原，在治国策略上面临着是继续沿袭蒙古草原传统、还是改用汉人政治模式的抉择。从历史经验来看，远有北朝，近有辽金，他们或放弃本民族原有的理念而采用中原传统，或将其民族传统融入"中国"治理模式而兼用之；单纯以本民族统治模式治理汉地的做法往往败北。对此，元初的儒者已有清晰的认识，如理学家许衡（1209—1281）谓："考之前代，北方奄有中夏必行汉法可以长久。故魏、辽、金能用汉法，历年最多。其他不能实用汉法，皆乱亡相继。史册具载，昭昭可见也。国朝仍处远漠，无事论此。必若今日形势，非用汉法不可也。"许衡认为进入中原的蒙元朝廷"非用汉法不可"，同时又敏锐地觉察到蒙元采用汉法遇到的阻力之大，"然万世国俗，累朝勋贵，一旦驱之下从臣仆之谋，改就亡国之俗，其势有甚难者"；所以，他将希望寄托于"聪悟特达，晓知中原

---

① ［元］舒頔：《贞素斋集》卷二《胡氏族谱序》，第569页。

历代圣王为治之要"的帝王与权臣上,并断言"以北方之俗,改用中国之法,非三十年不可成功"①。

许衡所谓的用汉法,即以中国传统儒家思想为核心的文教政策治理国家。从国家顶层设计而言,元廷的文教政策应放到行汉化、用汉法的层面考量。即元代统治者在汉儒影响下,在国家治理层面认可并践行儒家思想学说。关于蒙元政府和蒙古人的汉化问题,已有众多学者作了大量研究②,在一些重要问题上基本达成共识,且因不是本文重点,故本篇对此不做系统阐释,仅勾勒(蒙)元代以儒化为中心的文教政策的变迁历程,以为本书展开之背景。

采汉制、用汉法既与蒙古的游牧习俗、理念相违背,同时亦不符合征服者高高在上的身份;因此"舍大朝之法而从亡国政"③,势必受到蒙古守旧贵族的激烈反对。然随着蒙古伐金(始于1211年)和南下的推进,学习汉制、采用儒家治国方略的趋势已不可逆转。《元史·百官志序》对蒙元时期建官制、行汉法的历程曾作简单梳理:

> 元太祖起自朔土,统有其众,部落野处,非有城郭之制,国俗淳厚,非有庶事之繁,惟以万户统军旅,以断事官治政刑,任用者不过一二亲贵重臣耳。及取中原,太宗始立十路宣课司,选儒臣

---

① [元]许衡:《鲁斋遗书》卷七《时务五事·立国规摹》,文渊阁《四库全书》(1198),第393页。
② 如:台湾学者姚从吾《忽必烈对于汉化态度的分析》(《东北史论丛》下册,正中书局,1959年,第376—401页)、《元世祖忽必烈汗:他的家世、他的时代与他在位期间重要设施》、《元世祖崇行孔学的成功与所遭遇的困难》(见《姚从吾先生全集(6)》,正中书局,1982年,第399—416、417—448页),对忽必烈的汉化之态度、政策及其局限作了详尽的分析;萧启庆《论元代蒙古人之汉化》(《台湾大学历史系学报》,第17期[1992],第243—271页),主要探讨移居中原的蒙古人之汉化,修订了过去被学界低估的元朝蒙古人所受汉文化之影响。柳存仁《元代蒙古人汉化问题及其汉化程度》(《新亚学报》,第15期[1986],第113—200页),重点探讨汉、南人儒臣劝说元廷采用汉法及其汉化政策的局限。另外,亦有学者对忽必烈等人的汉化及文化政策有专论,如白钢《关于忽必烈(附会汉法)的历史考察》(《中国史研究》,1981年第4期,第93—107页)、周良霄《忽必烈》(吉林教育出版社,1986年)、罗沙比(Morris Rossabi)《KhubilaiKhan. HisLifeand Times》(Berkeley. University of California Press,1988)等。
③ 苏天爵编:《元文类》(下)卷五十七,商务印书馆,1936年,第834页。

用之。金人来归者,因其故官……草创之初,固未暇为经久之规矣。世祖即位,登用老成,大新制作,立朝仪,造都邑,遂命刘秉忠、许衡酌古今之宜,定内外之官。……于是一代之制始备,百年之间,子孙有所凭借矣。①

自太祖至世祖历经三朝,方完成对汉法中最为重要的制度——官制的采用,其他汉制推行的缓慢程度更是可想而知。在推行汉制的过程中,儒官发挥了关键作用。太祖、太宗朝主张汉化的重要代表人物耶律楚材(1190—1244),是蒙古贵族接触汉制的先驱,对蒙元时期文教政策的转变影响举足轻重。楚材以"行道泽民"为己任,主张用夏变夷、"以儒治国"②。在太宗窝阔台时期,其担任中书令,大力推行汉制,行周孔之教,如:定礼立法,设官置吏,推毂士人,置编修、经籍二所(1335),汰三教,考选儒士,设置儒户(1237)等,被誉为"社稷之臣"③。

此后,忽必烈大量任用儒臣,把蒙元初期的汉制学习推向高潮,终将草原帝国改造成立足中原、承继汉唐的农耕王朝。忽必烈潜邸时,即倾慕于唐太宗招致十八学士之举,"思大有为于天下,延藩府旧臣及四方文学之士,问以治道"④,名士若王鹗(1190—1273)、元好问(1190—1257)、窦默(1196—1280)、姚枢(1201—1278)、杨惟中(1205—1259)、赵复、许衡、刘秉忠(1216—1274)、张文谦(?—1282)、郝经(1223—1275)、廉希宪(1231—1280)等皆见用。他们以挽救斯文为己任,"努力把儒家的哲学,所谓内圣外王之学,尤其是程

---

① [明]宋濂等:《元史》卷八十五《百官志序》,第2119—2120页。
② [元]耶律楚材:《湛然居士集》卷十三《寄万松老人书》,文渊阁《四库全书》(1191),第620页。
③ 宋子贞:《中书令耶律公神道碑》,见苏天爵编《国朝文类》(下)卷五七,商务印书馆,1936年,第830—838页。
④ [明]宋濂等:《元史》卷四《世祖一》,第57页。

朱的性理之学,传播进蒙古汗廷,使他们了解中国治术的窍要,他们不仅要保存中国文化,而且要传道解惑加以发扬","启迪了忽必烈的汉化思想……进一步压制蒙古本位主义的反动"①,奠定了蒙元改弦易张、建立中原王朝的基础。其中,刘秉忠与姚枢对忽必烈的文教政策影响极大。刘秉忠曾上书数千百言,主张法周公之政,行典章、礼乐、法度、三纲五常之教,建三学,设教授,以经义、词赋、论策兼科举择才,恢复庙祭,简施教令。②"汲汲以化民成俗为心"的大儒姚枢亦曾为书数千言③,首陈二帝三王之道,以治国平天下之大经,汇为八目,曰:修身,力学,尊贤,亲亲,畏天,爱民,好善,远佞;次及救时之弊,为三十条,"指陈了作为中原帝王应有的修养和治理汉地必要的方法","后来成为忽必烈治理汉地的蓝图"④。其中有谓:"修学校,崇经术,旌节孝,以为育人才、厚风俗、美教化之基,使士不偷于文华"⑤。

汉化之蒙古、色目人亦有汲汲于教化者。如有"廉孟子"、元色目人中第一理学名臣之称的廉希宪⑥,任京兆宣抚史,用许衡提举京兆学,郡县皆兴校,育人材为根本计,复奴籍之士著籍为儒⑦。成宗铁穆耳朝以崇尚儒学和儒士著称,各族儒士位居高位者亦不乏其人。如世祖、成宗朝宰相不忽木(1255—1300),被誉为元代最著名的非汉人儒官,曾受教于许衡,以天下之重自任,平居服儒素,其理政、居处亦一以儒家伦理教化为本,尝言:"人伦者,王政之本,风化之基,岂可

---

① 萧启庆:《忽必烈"潜邸旧侣"考》,见《内北国而外中国:蒙元史研究》,中华书局,2007年,第126、143页。
② [明]宋濂等:《元史》卷一百五十七《刘秉忠传》,第3688—3691页。
③ [元]姚燧:《牧庵集》卷十五《中书左丞姚文献公神道碑》,第546页。
④ 萧启庆:《忽必烈"潜邸旧侣"考》,见《内北国而外中国:蒙元史研究》,中华书局,2007年,第126—127页。
⑤ [明]宋濂等:《元史》卷一百五十八《姚枢传》,第3712页。
⑥ 陈垣:《元西域人华化考》,上海古籍出版社,2000年,第10页。
⑦ [明]宋濂等:《元史》卷一百二十六《廉希宪传》,第3085、3094—3095页。

容其乱法如是","风纪之司,以宣政化、励风俗为先";曾在至元十三年(1276)与同舍生坚童、太答、秃鲁等上世祖兴学疏,谓"古之王者,建国君民,教学为先。盖自尧、舜、禹、汤、文、武之世,莫不有学,故其治隆于上,俗美于下,而为后世所法",然入元"学制未定,朋从数少。譬犹责嘉禾于数苗,求良骥于数马",建言"如欲人材众多,通习汉法,必如古昔遍立学校然后可。若曰未暇,宜且于大都弘阐国学。……然后续立郡县之学,求以化民成俗",并取平南之君建置学校事例条陈进言之。① 其渐进式的兴学教化言论对于推行儒家教化无疑是大有裨益的。除了不忽木外,成宗朝后期最有影响的人物、丞相哈剌哈孙(1257—1308)以雅重儒术闻名,与儒士交往密切,遇有大事必召引诸儒臣聚议,又奏立大都孔子庙,置国子学于其中,挑选名儒施教,以近臣子弟入学。②

儒臣固然在(蒙)元初的汉制推行中发挥了重要的作用,然皇帝本人对兴学教化之举往往也表现了极大的兴趣,而其颁布的诏令对全国教化的推动产生了巨大的作用。太宗始定中原即议建学,用中书令耶律楚材之请以儒术设科取士,并于癸巳(1233)派蒙古贵族子弟十八人为书生前往燕都宣圣庙,与选出的二十二名优秀汉人子弟编为一班,前者研习汉语文字,后者学蒙古语言与弓箭,蒙古国子学及蒙古贵族精英的涵濡汉化始滥觞于此。③ 但蒙元初期的教化成效并不理想,至"世祖时,尚书留梦炎等奏,江淮行省无一人通文墨者"④,其情状可见一斑。世祖继位后,开始了较大规模而频繁的兴学之举,见诸《元史·学校志》有:中统二年(1261),始命置诸路学校

---

① [明]宋濂等:《元史》卷一百三十《不忽木传》,第3164—3166、3171、3172页。
② [元]刘敏中:《中庵集》卷四《敕赐太傅右丞相赠太师顺德忠献王碑》,清钞本。
③ 萧启庆:《大蒙古国的国子学:兼论蒙汉菁英涵化的滥觞与儒道势力的消长》,见《内北国而外中国:蒙元史研究》,中华书局,2007年,第93—94页。
④ [清]赵翼著;王树民校证:《廿二史札记校证》卷三十《元诸帝多不习汉文》,中华书局,1984年,第687页。

官;至元七年(1270),命许衡重建国子学;至元十九年(1282),命云南诸路皆建学以祀先圣;二十三年(1286),诏江南学校旧有学田,复给之以养士;二十四年(1287),于大都新建国子学,原国子学改为大都路学;①二十八年(1291),令江南诸路学及各县学内,设立小学,选老成之士教之,其他先儒过化之地,名贤经行之所,与好事之家出钱粟赡学者,并立为书院。②

进入元中期以后,元廷在文教政策上表现出"反复"和摇摆不定的现象,汉地文化与草原传统争斗不休,互有消长。武宗海山继位当年,即诏令蠲免儒户差役、兴学校议贡举③;但与其弟仁宗相比,武宗接受儒家教育时间很短,成年后一直统兵生活于大漠,所以在其统治的三年半(1307—1311)时间里,元廷总体上倾向于草原传统,文教政策落实者不多。

仁宗爱育黎拔力八达朝(1311—1320)是整个元代儒化文教政策的高峰期。仁宗早年师事儒官李孟(1255—1321),深受儒家伦理道德和治国理政思想影响,重视采纳儒家治国思想和经验,尝曰:"明心见性,佛教为深;修身治国,儒道为切"④,重用儒士,"为其握持纲常,如此其固也。"⑤除李孟、张珪(1264—1327)外,还召世祖朝董士选、李谦、郝天挺(1247—1313)、刘敏中、程钜夫(1249—1318)等谙知政务、素有声望的耆儒 16 人,同议庶务。又令颁印、翻译儒家经典和政书,编撰法典。同时,为提高官僚队伍文化水平,吸纳更多儒士,他下令采取了一项影响深远的文教政策——恢复停废 40 年的科举。科举的恢复成为元代历史上最为重要的文教政策,对明、清两代的科举

---

① [元]马祖常:《石田文集》卷十《大兴府学孔子庙碑》,文渊阁《四库全书》(1206),第 597 页。
② [明]宋濂等:《元史》卷八十一《学校志》,第 2032 页。
③ [明]宋濂等:《元史》卷二十二《武宗一》,第 479 页。
④ [明]宋濂等:《元史》卷二十四《仁宗三》,第 594 页。
⑤ [明]宋濂等:《元史》卷一百七十五《李孟传》,第 4085 页。

亦有奠基之功。但仁宗英年早逝，延祐儒治难以为继。继位人英宗硕德八剌亲政后，意欲效法、继承其父仁宗，任用出身蒙古勋贵且儒化程度较深的拜住（1298—1323）为相，启用或重用诸如吴元珪（1251—1323）、王约、韩从益、吴澄（1249—1333）等儒臣，推行改革。但因草原旧势力的干预，至治改革戛然而止，英宗和拜住亦在南坡之变中被杀①。尽管仁宗、英宗两朝的儒化努力终以失败告终，但是元廷更加浓厚的中原色彩已成必然之势。

第六任泰定帝也孙铁木儿生长于漠北，没有受过多少儒家教育，汉化程度最浅；其统治下的核心机构也与汉文化隔膜较深，被认为是自忽必烈后历朝中最"非汉化"的②。但为赢取更广泛的支持，在儒家和蒙古旧制之间，泰定帝采取了调和做法：既部分与蒙古旧贵族妥协，放弃仁、英两朝加强中央集权、削弱宗王、权贵特权的努力与做法；又部分地表现了对儒家传统的尊重，甚至恢复了经筵制度。③ 泰定帝的尊儒特别是恢复经筵的举动，曾让汉儒们一度欢欣鼓舞，张珪、吴澄、许师敬（1255—1340）、邓文原（1258—1328）、张养浩（1270—1329）、虞集（1272—1348）等名儒均担任过讲解，时人对此给予了极高赞誉与期望④。但是，在统治的5年里，泰定帝并没有出台任何实质性的文教政策，尊儒也不过是其装点门面、笼络人心的权宜

---

① 萧功秦：《英宗新政与南坡之变》，《元史及北方民族史研究集刊》第五期，1980年，第48—59页。
② ［德］傅海波，［英］崔瑞德：《剑桥中国辽西夏金元史》，中国社会科学出版社，1998年，第543页。
③ ［明］宋濂等：《元史》卷二十九《泰定帝一》，第644页。
④ 如虞集谓：故兹旷典之行，实重真儒之寄。（《道园学古录》卷十二《经筵宣谢表》，文渊阁《四库全书》（1207），第180页）。胡助作诗赞曰："圣心资启沃，旷典开经筵。大臣领其职，诸儒进翩翩。讲成尧舜道，庶使皇风宣。恭惟帝王学，继统垂万千。方将耀稽古，宠遇光属联。"（《纯白斋类稿》卷二《京华杂兴诗二十首》，文渊阁《四库全书》（1214），第559页。）陈栎则寄书邓文原云："（邓文原）三日一进讲，积诚感动，研精敷陈，可谓致主泽民，千载一遇矣。近世明经筵讲义，必推广经义，以达于治道，不徒空谈道理而已。……使是君为尧舜之君，使是民为尧舜之民，此尊先正觉民生。"（《定宇集》卷十《贺邓祭酒书》，文渊阁《四库全书》（1205），第301—302页。）

之计。相较于尊儒,他更加尊崇伊斯兰教和佛教,在朝廷中,有蒙古草原和伊斯兰背景者获得了绝对优势。

文宗图帖睦尔自幼生长于汉地并深受儒家文化影响,汉文化修养甚高,在书法、绘画、诗歌等方面颇具造诣,不仅元朝诸帝无出其右者,即使与中国历代皇帝比较,他也是佼佼者之一。在当政期间,文宗的确采取了不少发展文化、尊崇儒学等推动元朝汉化的措施,如派遣官吏甚至是亲自参加祀天祭孔大典,创建以"进经史之书,考帝王之治"为宗旨的奎章阁①,选聘各族文化精英如虞集、揭傒斯(1274—1344)、欧阳玄(1283—1358)、苏天爵(1294—1352)、巙巙(1295—1345)等,命儒臣整理编撰以《经世大典》为代表的典籍,用汉俗改造蒙古旧俗,旌表孝子节妇等等。出于对其文治的肯定,图帖睦尔死后获"文宗"庙号,该朝亦被誉为"至顺文治",无疑成为元代文化和教化史上又一次高潮期。但也必须看到,因为大权旁落,图帖睦尔几成为傀儡,政治、军事、文化等大权一由蒙古权臣操持;同时政权合法化受到质疑,高层内部躁动不已,朝政纷乱,地方不稳定因素加剧,加之文宗本人佞佛,并未实现匹配其庙号的文治效果,儒化推进非常有限。

作为末帝、也是元代历史上在位时间最长的一位皇帝,惠宗(又称顺帝)妥懽帖睦尔朝(1333—1368)占据了整个元代后期。妥懽帖睦尔汉化程度也较高,仅次于文宗,其文教政策大致可以分为三个时段。第一个时期为权臣伯颜独裁期(1333—1340),政策一出伯颜。该期执政核心是强化蒙古贵族的统治地位、严格民族区分、压制汉人。在这一政策指导下,科举制被取消,当朝的汉人、儒官(包括少数民族)或者被驱逐或者隐退,地位空前下降。第二个时期(1340—1351),伯颜集团覆灭,妥懽帖睦尔亲政前期,力图以改革挽救晚元颓势,"图治之意甚切"②,如整

---

① [明]宋濂等:《元史》卷八十八《百官四·奎章阁学士院》,第2222—2223页。
② [明]宋濂等:《元史》卷一八三《苏天爵传》,第4226页。

饬吏治,加强对地方守令的任用与考核,派遣官员巡视宣抚全国各地,定荐举守令法,颁行新法典《至正条格》,征召隐逸、选拔人才,对汉人和南人施行较为宽松的政策等。文教上实行儒治,恢复科举制度,开经筵,置宣文阁,恢复太庙四时祭,亲自主持郊祀、祭孔大典,编修辽、宋、金三史等。第三个时期(1351—1368)为妥懽帖睦尔后期,元朝走向覆亡。至正十一年农民起义爆发于淮南、浙西、江东南、湖南北以及闽、蜀等地,城池不完者皆陷落①,同时统治上层争斗夺权,地方军阀割据,文教已无法兼顾,也无所建树。纵观妥懽帖睦尔朝的文教政策,仅在第二个时期力度较大,在教化层面也影响深远,获得了汉人和南人儒士的支持与认可;但此时元朝已积重难返,这些做法并未能力挽大厦将覆之颓势。

尽管从史料记载中,我们不难发现元廷采用中原政治和对儒家文教政策以及理学的推崇,但也不应拔高,"终元一代,蒙古人并未放弃其原有认同而与汉人融为一体"②,元朝统治者对汉人始终持有戒备心理和政策,而其真正的汉化,是在元朝覆亡退守漠北之后。如初期的世祖忽必烈虽重用儒臣、颁布了不少儒家文教政策,但仍要求蒙古人和统治者保持自身特色,并不主张蒙古人和汉人之间的亲善关系③,终其时代,也未恢复中土士人视为生命的科举制,对儒学的化身——儒者,似乎并没有给予充分的重视,虽然给了"儒户"待遇,赐予了一定特权,然而这一"礼遇"不过是援引儒、道之例。受儒家文化影响最深的仁宗爱育黎拔力八达朝,即使恢复了科举,但因对科考人数和身份的严格限制④,终元一代,科举在扩充官僚队伍中的地位微

---

① [元]余阙:《青阳先生文集》卷三《合淝修城记》,四部丛刊续编景明本。
② 萧启庆:《论元代蒙古人之汉化》,《台湾大学历史系学报》,第17期,1992年,第243—271页。
③ [德]傅海波,[英]崔瑞德:《剑桥中国辽西夏金元史》,中国社会科学出版社,1998年,第479页。
④ 姚大力:《元代科举制度的行废及其社会背景》,《元史及北方民族史研究集刊》,第6期,1982年,第26—59页。

乎其微。同时,作为元朝民族等级政策下的牺牲品之一①,文人在元代的政治待遇比之宋代无疑是低下的,以致民间有"九儒十丐"之谣②。这一点,也使得元代儒者内心深处蒙上了一层挥之不去的"阴影"。

徽州长期的历史文化积淀、独特的地理环境,元代特殊的执政理念和变迁不居的文教政策,共同构成了徽州社会教化展开和发展的历史大背景。

---

① 按:一般认为元代统治下的民族分为蒙古人、色目人、汉人、南人四等,的确,这种区分在诸如官制、科举考试中均有着体现,但对四等人之制的明确规定并未见诸令甲。
② [宋]谢枋得:《叠山集》卷二《送方伯载归三山序》,文渊阁《四库全书》(1184),第870页。按:"九儒十丐"之说,出自元初谢枋得,且谓"滑稽之雄以儒为戏者曰",可见实为戏谑之言,不足为凭;但也绝非空穴来潮,虽不无夸张,一定程度上也反映了儒者在元代特别是蒙元时期所受的遭遇。

第二章　元代徽州社会教化之基础：蒙学

童蒙出自《易·蒙》："匪我求童蒙，童蒙求我。"朱熹注谓："蒙，昧也，物生之初，蒙昧未明也。……童蒙，幼稚而蒙昧。"[1]即人类或个体早期无知或知之甚少的一种状态，"古者，民童蒙不知东西"[2]，"智能寡少，如童蒙也"[3]，"童蒙无所知也"[4]。就个体而言，此状态与年龄相关。"成童，八岁以上"[5]，"十五以下谓之童子"[6]。可知，童约指八至十五岁之间。之所以谓约指，因八岁为"成"童，说明八岁之前已进入童的阶段，只是到了八岁方谓成。这恰与孔颖达"童而又小，故为童蒙幼末之称"的看法相符[7]。据此可推断，童蒙的大概时段为幼末至十五岁之间。幼末为八岁前的一段时期，但限于史料，无法确定具体时间。在教育上童蒙处于何位置呢？古代教育虽无类似于近代以来较为系统的学制，然亦有阶段之划分。《大戴礼记》谓古人"年八

---

[1] [宋]朱熹：《周易本义·周易上经第一·蒙》，见《朱子全书》(1)，上海古籍出版社、安徽教育出版社，2002年，第35页。
[2] [汉]刘安撰，刘文典集解：《淮南鸿烈集解》卷十一《齐俗训》，中华书局，1989年，第344页。
[3] [汉]班固撰，[清]陈立疏证：《白虎通疏证》卷十《嫁娶》，中华书局，1994年，第490页。
[4] [汉]班固：《汉书》卷八十七下《扬雄传》，"倥侗颛蒙"郑注，中华书局，1962年，第3580页。
[5] 《春秋谷梁传注疏》卷十八《昭公十九年》，"羁贯成童"注，北京大学出版社，1999年，第300页。
[6] [宋]毛晃增注，毛居正重增：《增修互注礼部韵略》卷一，文渊阁《四库全书》(237)，第338页。
[7] 《春秋左传正义》卷十三《僖公九年》，"小童"注，北京大学出版社，1999年，第356页。

岁而出就外舍,学小艺焉,履小节焉;束发而就大学,学大艺焉,履大节焉"①。孙诒让言"外舍即小学"②。八岁入小学,学小艺、履小节,即李贽所云:履揖让进退之节,学礼、乐、射、御、书、数之文,与夫先圣后贤之格言③。束发指十五岁,然后入大学,学大艺、履大节,即宋儒所言穷理、正心、修己、治人之道,或可谓抽象思辨的学问。概言之,童学应指"大学"之前的教育,不仅包括"为童蒙养正之基"的"小学"教育④,亦涵盖幼末的启蒙教育。《礼记》虽系儒家之学说,然后来之社会基本依此而设计,故此界定亦适于本研究。事实上,元廷也的确如此规定:儒户子弟"十五岁以下者,设小学一所,教导二员,逐日依小学规式教导施行"。⑤ 所以,本文所言蒙学即指十五岁以下的儿童教育,既包括公立的小学教育,也包括私立的塾馆教育,还包括家庭的父、兄之教。

宋元时期在教育史研究中往往被作为一个时段对待,如陈东原对宋元之际的蒙学教材——《三字经》《百家姓》《千字文》的作者、成书、流传及书籍本身作了简述⑥;李琳琦,考察了宋元徽州蒙养教育的繁荣及原因,认为宋元时期,徽州大族崇儒重教的文化传统、新安理学的兴起、科举制度的推动,使得徽州地区的启蒙教育相当繁荣⑦;刘祥光则将眼光放得更长,将元代徽州初级教育置于长时段历史下审视,透视了1100—1800年徽州文人、塾师与初级教育⑧,讨论

---

① [清]王聘珍撰:《大戴礼记解诂》卷三《保傅第四十八》,中华书局,1983年,第60页。
② [清]孙诒让:《周礼正义》卷二十五《地官·师氏》,中华书局1987年,第997页。
③ [明]李贽:《续焚书》卷一《与马历山》,中华书局,2009年,第1页。
④ [清]丁日昌:《苏省设局刊书疏》,见[清]葛士浚:《清经世文续编》卷十,清光绪石印本。
⑤ 《庙学典礼(外两种)》卷五《行台坐下宪司讲究学校便宜》,浙江古籍出版社,1992年,第100页。
⑥ 陈东原:《我国宋元两代之小学状况及其教材》,《教与学》,1935年第1卷第5期。
⑦ 李琳琦:《宋元时期徽州的蒙养教育述论》,《安徽史学》,2001年第1期。
⑧ 刘祥光:《中国近世地方教育的发展——徽州文人、塾师与初级教育(1100—1800)》,《中央研究院近代史研究所集刊》,1997年第28期。

了元代徽州文人注解经书、参与训蒙、编写童蒙教科书推动下的朱学抬头与新儒学下渗以及公私教育机构的建立等。考虑到历史的连贯性和学术思想的延续性,作长时段研究本无可厚非。但是,这一研究思路却难免暗含如下预设——元代与宋代教育的相似性,而忽视了元代教育及教育思想的特殊和独创性。事实上,就徽州蒙学教化而言,元代的特殊性与贡献尤大。总体而言,由于研究视角和重点差异,使得对该时期徽州蒙学教化的研究或仅停留在资料和史实的简单梳理上,或因作笼统的概说而缺乏深入系统的考察;另外,对某些概念如蒙养、初级等未作必要界定,对童蒙教材的深入挖掘匮乏。本文正是基于以上研究成果和认识,以教化的视角力图对元代徽州蒙学的状况作一系统分析。

因社会变革和文教政策的变化,以及理学的影响,徽州蒙学在元代获得显著而迅速的发展,形成了以私学为主体的多元化蒙学教化格局;业塾人数众多,出现了塾师的群体化现象和职业化要求;大量儒者参与编撰了数量丰富、形式多样、内容通俗的理学童蒙教材与资源。

一 蒙学教化格局的多元化

据徽州现存最早的方志淳熙《新安志》记载,徽州州学始于唐代,至宋不断修葺扩建,县学也陆续建立。尽管宋廷曾多次诏令各县设小学,然而此时的方志却只字未提,难怪乎弘治《徽州府志》谓宋代新安"教授之设止于州学而已"[1]。至于私学,在时人的文集中也只是偶尔论及,出名的塾师并不多。此时的官、私立蒙学"基本得到实施"的观点是值得商榷的[2]。

---

[1] 弘治《徽州府志》卷五《学校》,第163页。
[2] 李琳琦:《宋元时期徽州的蒙养教育述论》,《安徽史学》,2001年第1期。

但是到了元代，徽州蒙学的记载迅速多了起来，小学、精舍、塾、家塾、西塾、书塾、义塾、塾馆、馆等称谓均见诸史籍。数量之众，形式之多，非此前可比。就性质而言，此时的蒙学教化组织一般分官、私立两种。官立多称小学，层次较为一致，附设于路、州、县学及书院下。见诸史籍的徽州官立小学仅表2所列四所，至于其他州县，据元廷规定及元代蒙学发展之状况，儒学下均应设有小学。但一州县几乎仅有一所官立小学，所收学生有限，上路三十名，下路二十名①，州县小学员数更少，且主要为儒户子弟，实不能满足需要，于是私立蒙学机构的作用凸显了出来。

私立由儒士、乡绅或宗族等开办或出资捐建，层次不一，规模小者为家塾，又称塾馆、精舍、书会等，较大者称义塾、义学、书塾等。家塾在这一时期徽州文献中记载最多。它一般有两种类型：一是东家开馆，延聘塾师教学。如竹溪书院、一经堂、观澜等皆属此类，婺源汪宗臣同居子姓四百余，寓处设有两馆②，赵汸"卯角读书家塾"、"从胡井表学于家塾"③，任鼎筑精舍于休宁富川之上，延汪克宽主师席以授其子任原、任序④；休宁县教谕金元忠，曾坐馆于程鲁瞻家塾⑤；休宁范準弱冠即因朱升推荐，馆授石门曹氏。此塾学一般出现于权势之家，规模多不大，开办时间长短依东家而定，所以较不固定。陈栎（1252—1334）之父、叔、甥、侄及其本人早年均坐此馆。第二种为塾师本人在自家开办。如陈栎晚年"宏开于

---

① 《庙学典礼（外两种）》卷五《行台坐下宪司讲究学校便宜》，第102页。
② [元]胡炳文：《云峰集》卷一《与紫岩汪先生丗宗臣书三》，文渊阁《四库全书》(1199)，第741页。
③ [元]赵汸：《东山存稿》卷五《题妙绝古今篇目后》，卷一《咏蟋蟀》，第297、180页。
④ [明]凌迪知《万姓统谱》卷六十五《任》，文渊阁《四库全书》(956)，第984页。
⑤ [元]赵汸：《东山存稿》卷一《送金元忠赴程鲁瞻家塾兼寄鲁瞻》、《答金元忠》，第181、168页。按：金居敬（1321—1369），字元忠，休宁洲阳干人，资敏学博，从朱升、赵汸游，朱升著《经传傍注》，赵汸《春秋属辞》，居敬校正之力居多，工诗，有《纲目凡例考异》和《元忠集》。

家塾,广纳四方之学子"①,婺源程复心之竹林精舍②、汪德懋万川家塾等。此类塾馆的开办者多为较有声望的塾师,对象以民众子弟居多。因元代特殊的社会现实,多数塾师出于谋生之需要,往往将之视为职业看待;所以,这种家塾较为稳定,具备正规私立学校的性质。当然,童蒙受教于何类塾馆也非绝对,事实上不少人往往有多种塾学经历,如范凖七岁,舅父延聘朱升家塾之,十二岁又从赵汸学于东山精舍。③

较大的塾学,如婺源环溪遗安义学、中山书塾、歙县虹梁程子富所建义学、黟县黄氏厚本庄内所设之集成书院、婺源凤砂克己堂、大畈知本堂,不仅有大规模的教学场所和附属设施,而且还有学田以资助求学者。这些塾(义)学与具有"大学"性质的书院不同,它们主要为满足宗族子弟之需要,带有一定的封闭性。此时因不少村庄已是一姓一族聚居,所以宗族子弟往往等同于乡里子弟,塾学亦成了族塾、乡塾或村塾的复合体,如万川家塾,虽招收乡族子弟,赵汸亦称之为乡塾④。此种形式的塾学推动了一姓一族的聚居和徽州宗族的壮大。还有一些私学,如商山、阆山、翚阳、石丘、查山等书院(堂)⑤,虽依据其自身史料很难明确层次,但它们均以乡族子弟为招生对象(阆山、翚阳、石丘),或由族人"相其成"(商山书院)⑥,比照明经书院规则——"专开小学,以训乡族子弟,大学则生徒不拘远近"⑦,或可推断至少部分属于小学层次;且开办者或教学者也多有塾师经历,亦不能否定其蒙学性质。另外,中山书堂、东山精舍,虽为名儒汪克宽、赵

---

① 金梦岩:《上陈定宇先生启》,见《新安文献志(一)》卷四十三,第557页。
② 弘治《徽州府志》卷九《人物二·隐逸》程中绍传附,第307页。
③ 范凖:《书云溪归隐图后》,见朱同《覆瓿集》卷八,第727页。
④ [元]赵汸:《东山存稿》卷一《赠德懋赴乡塾因怀尚文》,第178页。
⑤ 按:商山书院与阆山书院见第六章之表9。
⑥ [元]赵汸:《东山存稿》卷四《商山书院学田记》,第288页。按:商山书院亦称商山义塾。
⑦ [元]胡炳文:《云峰集》卷一《与草庐吴先生书》,第738页。

访讲肄之所,然从现有史料记载来看,亦有童蒙学习其中,所以亦部分兼具蒙学的性质。

表2:元代徽州路官立小学及私立蒙学机构一览表

名　称	时　间	地点	备注	出　处
徽州路小学	至元二十三年(1286)	歙县	官立,徽州路总管许楫创	弘治《徽州府志》卷十二《徽州路总管许公德政记》
晦庵书院小学	元初	婺源	官立,山长吴梦炎立	民国《歙县志》卷六《人物志·宦迹》
休宁县小学	大德五年(1301)	休宁	官立,总管布伯廉首倡,主簿赵桂、籍士朱震雷等创	嘉靖《休宁县志》卷七《重修休宁县学记》
竹溪书院	元初	祁门	私立,方贡孙创,延师训子	弘治《徽州府志》卷八《人物二·宦业》
初山精舍	元初	歙县石耳山	曹泾讲学于此,邑令方承郁记	康熙《徽州府志》卷七《书院》
明经书堂	约大德五年(1301)	婺源考川	私立,胡淀创,胡万、胡次焱为师,里之子弟,延续十年	《梅岩文集》卷四《明经书堂记》;《新安文献志》卷八十六《元龙泉主簿胡公淀墓志铭》
明经书院小学	至大三年(1310)	婺源考川	官立,位于明经书院内,由明经书堂发展而来,胡澄捐田五十亩为学田,招收乡族子弟	《吴文正集》卷三十七《明经书院记》

(续表)

名　称	时　间	地　点	备　注	出　处
一经堂	元初	休宁璜溪	私立,金应凤创,教金氏子孙,陈栎曾坐馆	《定宇集》卷九《桐冈先生金公墓志铭》、《处士南山戴君行状》
义学	元初	歙县虹梁	私立,程子富创,建义学、置义田	《新安名族志·前卷·程》
遗安义学	至正七年(1347)	婺源环溪松山	义塾,程本中创,屋若干楹,学田三百亩,义田二百亩,招收宗族及乡子弟	《玩斋集》卷八《跋程氏遗安义学本末》
中山书塾	至正八年(1348)	婺源中山	义塾,祝寿朋创,屋若干楹,学田二百亩,招收宗族及乡子弟	弘治《徽州府志》卷五《学校》
集成书院	至正十一年(1351)前	黟县黄村	私立,黄真元(友仁)创黄氏厚本庄,庄内建义学曰集成书院,延致硕师训其子弟,规式凡目具有条理	嘉庆《黟县志》卷十四《黄氏厚本庄记》
观澜	元末	婺源中市溪北	私立,程可绍创,延师教子之所,危素书楣	《东山存稿》卷七《孝则居士程君可绍墓表》

(续表)

名　称	时　间	地　点	备　注	出　处
知本堂	元末	婺源大畈	私立,汪同创,延师教族人子弟	《东山存稿》卷四《知本堂记》
犀阳书院	元末	绩溪仁里	私立,忠显校尉梅州同知程璲创,招收子姓与里之后秀	弘治《徽州府志》卷五《学校》
石丘书院	元末	婺源考川	私立,胡默创并为师,招宗族子弟	弘治《徽州府志》卷五《学校》
万川家塾	元明之际	休宁万安	私立,汪德懋创,集亲族间里之子弟若干人,且夕修读以自勖	《环谷集》卷五《万川家塾记》
克己堂		婺源凤砂	私立,汪仲华创,延师教养族姓	《新安名族志·前卷·汪》

　　名称各异、形式多样的蒙学机构,对蒙学的发展和基础教化作出了重要贡献,其中尤以私立为著。私立蒙学不仅数量众多,有层次之别,且多数较官立成效为著,"附焉者不与校"①。以家塾为例,一般年龄较轻、名气不大的儒者开办、坐馆的塾学,层次多较低,教学内容以习字、句读为主,其塾师往往被称为童子师,汪存正"少习儒书,弱冠曾为童子师"②。而年岁较长、经验丰富、名气较大的塾师虽大小

---

① [元]陈栎:《定宇集》卷九《友山处士程公行状》,第284页。
② [元]陈栎:《定宇集》卷二《送汪瞭翁序》,第181页。

儿童兼收,但在教学内容、方法上趋精致化:授课内容以稍深的经学和儒家伦理为主,从学者多有一定基础,重剖击问难、研磨学问,有"游门"、"修读"之谓。若朱升幼师陈栎,"剖击问难,多所发明"①,戴廷芳亦尝学于陈栎之门②,王季温初从程文游③。而有能力之塾学其职能也渐扩充,如藏书、刊书、交流(书会)等,有向书院看齐之势。程若庸孙于家塾刊若庸《字训批注》以增入吴儆论说④,商山书院刻梓赵汸《春秋属辞》、《师说》、《左氏补注》⑤,汪畴锓梓家塾所藏《曾子》、《子思子》二书⑥。

二 塾师的群体化、职业化

世祖至元二十八年(1291),"令江南诸路学及各县学内设立小学,选老成之士教之"⑦;成宗大德四年(1300),再令"今后每社设立学校一所,择通晓经书者为学师,于农隙时月,各令子弟入学。……除路、州、县学、书院,各设小学教谕教习生员,外据请粮耆儒人,内遴选真材实学、前辈典型、堪为师范之士,在城八隅各设小学书塾一处,训习生徒,作养后进。……其余州、县,拟于各乡每都,依上创设立小学书塾。"⑧至惠宗至元(1335—1340)年间,徽州教育已呈现"郡县有学,乡社有学,门塾有学"的局面⑨。蒙学正是在这种背景下快速发展起来的。但塾学的发展,更得益于业塾者人数之夥。

---

① 朱同:《朱学士升传》,见《新安文献志(二)》卷七十六,第268页。
② [元]赵汸:《东山存稿》卷二《送戴尚文赴句容县教谕序》,第203页。
③ [元]郑玉:《师山集·遗文》卷三《属王季温刊春秋阙疑》,第86页。
④ [元]陈栎:《定宇集》卷三《字训注解跋》,第198页。
⑤ 詹烜:《东山赵先生行状》,见《东山存稿》附录,第369页。
⑥ 俞师贤:《跋曾子子思子》,见《新安文献志(一)》卷二十四,第311—312页。
⑦ [明]陈邦瞻:《元史纪事本末》卷八《科举学校之制》,中华书局,1997年,第56页。
⑧ 《庙学典礼(外两种)》卷六《成宗设立小学书塾》,第134—135页。
⑨ [元]唐元:《筠轩集》卷十三《本路劝农文》,第589页。

这一时期见诸史籍的儒者几乎都有塾师经历,有的甚至一生以塾为业。歙县程一飞,入元后绝笔科举时文,专以经学训诲乡间子弟,负笈来者至不能容。祁门蒋维桢少从乡老先生游而青于蓝,年弱冠即坐馆于桃墅汪氏宗族。① 元代徽州最著名的塾师陈栎十五岁为童子师,"未弱冠已蜚声乡校","乡人皆师之";后吴澄讲学于江西,"以经学自任,善著书,独称陈先生有功朱子,凡江东人来受学,尽送而归之陈先生"②。其他如方回、曹泾、胡次焱、王野翁、胡炳文、唐元、汪炎昶、程文、郑玉、朱升、倪世毅、汪克宽、舒顿、赵汸、唐桂芳等名家大儒,皆做过塾师。休宁程汝器幼从赵汸游,又师金原忠、江彦明、吴汉臣③,转易多师,足见塾师易寻,时论谓"南方儒户,往往皆有门馆,或父兄自教"④,证之徽州亦非虚言。

中国学术自古即重师承,学者往往学有渊源;儒家"道统"说和理学兴起后,愈加看重学者的师承关系。所以,古人的传记、墓志铭文等一般均交代师承、学承,如谓师、师事、师从某某等。因大部分未明言从师时间,故无法遽断教育层次;但也有不少谓幼师某某,或直呼师为乡先生,如程钜夫谓己"少获事徽庵程(若庸)先生"⑤,陈栎言陈光"少从予学"⑥,休宁叶龙"少从乡先生陈定宇学"⑦,这些无疑当属蒙学。另外,结合语境、称谓和师事对象、教师及所居环境等综合考虑,有的也应属蒙学,如王俦"早岁颖悟,师事云峰胡炳文"⑧,汪炎昶"幼有奇志,师江雪矼(凯)"⑨,而呼师为乡

---

① [元]汪克宽:《环谷集》卷六《蒋之翰字说》,第710页。
② 揭傒斯:《定宇先生墓志铭》,见《定宇集》卷十七,第442页。
③ 弘治《徽州府志》卷八《人物二·宦业》,第271页。
④ 《庙学典礼(外两种)》卷三《按察副使王朝请俣申请设立小学》,第56页。
⑤ [元]程钜夫:《雪楼集》卷十四《双峰先生文集序》,文渊阁《四库全书》(1201),第182页。
⑥ [元]陈栎:《定宇集》卷五《实卿字说》,第217页。
⑦ 弘治《徽州府志》卷八《人物二·宦业》,第270页。
⑧ 汪幼凤:《王伯武先生传》,见《新安文献志(二)》卷七十一,第206页。
⑨ 弘治《徽州府志》卷八《人物一·儒硕》,第237页。

先生，则多为蒙学教师，如郑玉十五岁之前"数从乡先生学，意不适辄易师"①。加之古人有"一日为师终身为父"的尊师传统，即便塾师也享有较高地位；同时受社会条件限制，多数人蒙学结束后即以自学为主，塾师影响终其一生。综合考量，查阅钩沉史籍，制作了元代徽州塾师传授图。

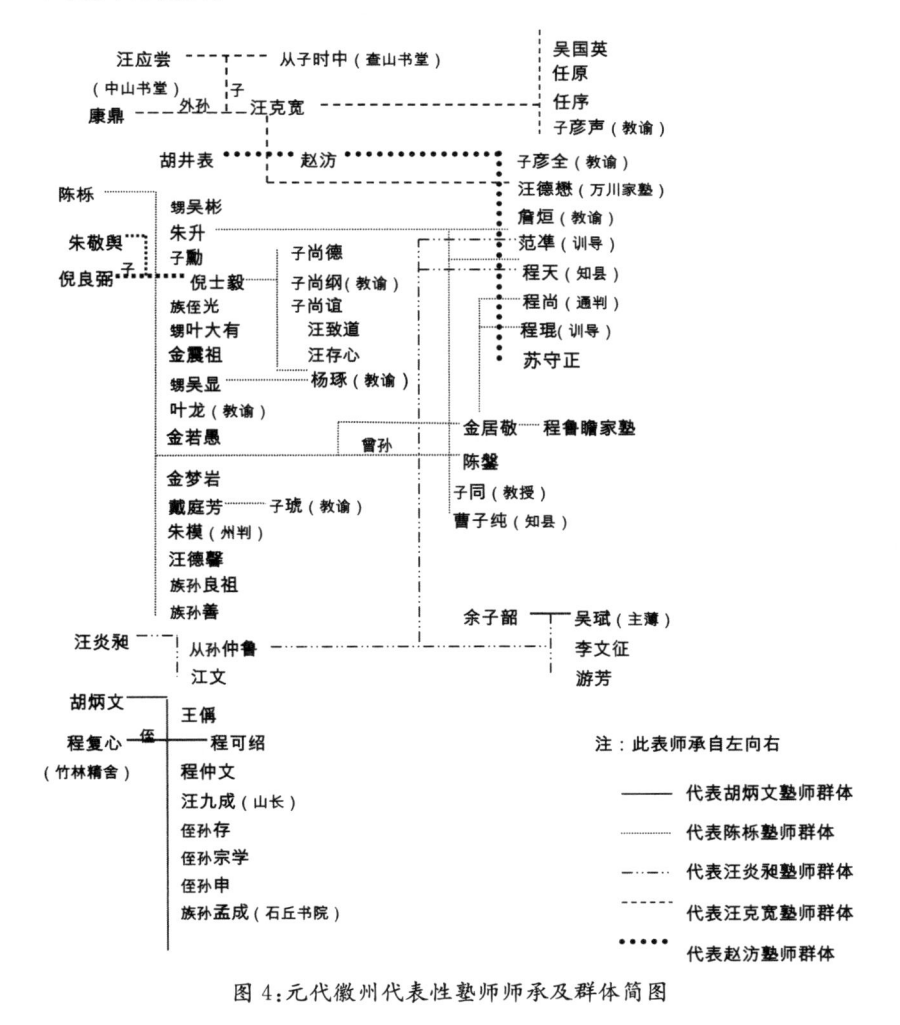

图4：元代徽州代表性塾师师承及群体简图

---

① [元]汪克宽：《环谷集》卷八《师山先生郑公行状》，第723页。

图中人物择取标准为史籍中有相当篇幅和有塾师经历者,主要依据徽州府、县志及胡炳文、陈栎、朱升、汪克宽、赵汸等人著作。与元代徽州 80 余年的塾师历史相比,该表挂一漏万,不仅记载简略与众多民间塾师无法稽考呈现,即便表中塾师的弟子为塾师者也缺漏甚多,然却大致集中反映了塾师师承和群体化状况。

徽州的这一塾师传统渊源有自,"新安自南迁后,人物之多,文学之盛,称于天下。当其时自井邑、田野,以至于远山深谷,民居之处,莫不有学有师有书史之藏"①。陈栎父源长"年十七从诸叔游淮,……因假馆……终身假馆凡六十年,从游二百余人,父子两世从之比比",叔父履正亦以塾馆为生。② 胡一桂父方平,尝馆于休宁新洲。③ 休宁曹泾,咸淳间尝坐馆丞相马廷鸾家,教其诸子,后马端临博学知名,其学实出曹泾。④ 在传统的影响下,加之宋元鼎革,政局不稳,入元后社会政治环境愈加复杂,士子为此多选择了门槛较低的塾师职业,且相互影响,以致形成一家、一族或师徒数人皆为塾师的群体现象。陈栎自幼受蒙,五岁前祖母吴氏口授《孝经》、《论语》、《孟子》及古文歌诗之类,五岁入小学已能背诵《论语》及歌行、古文,自七岁至十四岁侍父游学,十五岁为童子师,十六岁业师乡先生黄智孙学举子业⑤,终身授徒不殆。其业塾既有早年蒙学之影响,亦有父叔辈之熏陶。而受其影响,其子勋、甥吴彬、吴宣、叶大有、族侄光、曾孙鏊等亦先后为塾师,成为典型的塾师世家。⑥ 休宁倪士毅曾祖、祖、父三世皆教授乡里,士毅本人一半的光阴(23 年,其卒年四十六岁)也

---

① [元]赵汸:《东山存稿》卷三《商山书院学田记》,第 287 页。
② [元]陈栎:《定宇集》卷十五《陈氏谱略·本房先世事略》,卷二《汪溪金氏族谱序》,第 390、168 页。
③ 弘治《徽州府志》卷八《人物一·儒硕》,第 236 页。
④ 嘉靖《徽州府志》卷十八《文苑》,见《北京图书馆古籍珍本丛刊》(29),书目文献出版社,1998 年,第 367 页。
⑤ [元]陈栎:《定宇集》卷十五《陈氏谱略·本房先世事略》,《云萍小录》,第 390、394 页。
⑥ [元]陈栎:《定宇集》卷五《叔明字说》,《戴叔永字说》,第 228、227 页。

献给了塾学,其子三人均能传其家学①。胡炳文家族中为塾师者亦数人,除炳文外,侄孙存、宗学、申、族孙默等皆坐馆②,族侄淀、澄合力开办了明经书院与小学。师徒为塾师者亦比比皆是,若陈栎与倪士毅、吴彬、朱升,朱升、赵汸与范準,汪克宽与汪德懋等。形成了塾师的群体化现象。

大批学者尤其是大儒从事蒙学,说明此层教化一定程度上已获社会认可与重视,不仅学术渊源之家会送子嗣入蒙学,即使势力之家也不例外。汪克宽,六岁即从乡先生学,因有家学功底,普通塾师多难以胜任。祁门吴仲实家殷厚,老来得三子,尚幼即送至塾馆。③ 汪德懋,生于仕宦之家,六岁失怙,比入小学,发愤成疾,辟家塾万川之上,延汪克宽为塾师,又从学于赵汸、郑玉、朱升、汪仲鲁、陈光等,业益精进。④ 郑玉子祖泽(1337—1346)师王季温,尝问曰:"《蒙求》故事数十百条,何孝行之事绝少耶?"⑤又从乡先生程文学书。甚者有的家族不止一个塾学⑥。

塾师的群体化,充实了蒙学师资,为东家择师带来了便利,于是一些家族开始注重对塾师的选择,正如陈栎所云"当世择师教子孙甚力","甚力"二字,重视与谨严跃然纸上。若休宁汪士龙"择塾师必谨以才",黟县汪元"择师才其子成以学遗以安"⑦。因塾师数

---

① 弘治《徽州府志》卷八《人物一·儒硕》,第238页。
② [元]胡炳文:《云峰集》卷一《与紫岩汪先生卅宗臣书一》、《与紫岩汪先生卅宗臣书三》、卷二《四勿斋记》、卷四《节夫字说》,第740、741、754、776页。
③ [元]汪克宽:《环谷集》卷六《吴氏三子字说》,第710页。
④ 赵锁:《故城县丞汪先生德懋行状》,见《新安文献志(二)》卷八十九,第474页。[元]汪克宽:《环谷集》卷四《送友人汪德茂归休宁序》、卷五《万川家塾记》,第688、699页。
⑤ [元]危素:《危太朴集·文续集》卷六《郑童子墓志铭》,《元人文集珍本丛刊》(7),新文丰出版公司,1985年,第554页。
⑥ [元]胡炳文:《云峰集》卷一《与紫岩汪先生卅宗臣书三》,第741页。弘治《徽州府志》卷九《人物三·孝友》,第290页。
⑦ [元]陈栎:《定宇集》卷九《桐冈先生金公墓志铭》、《恕斋居士汪公墓志铭》、《傅岩处士汪公孺人吴氏墓志铭》,第288、286、292页。

量庞大,鱼龙混杂,加之社会择师谨严,一些塾师尤其是年轻塾师常常因塾馆难觅,不无"道厄"之叹。于是,年高德劭的推荐,往往对年轻塾师的发展至关重要。正是在此背景下,胡炳文、陈栎等人在荐举年轻者时阐释了对塾师职业的基本观点。首先是对个体道德学识、品性品行的要求,如性行纯正、笃志于学、理学优明、学识行艺可以师表,以及是否习应科举时文、有无名家称赏等;其次是对教学的要求,如笔端俊逸、字画尽楷,以及有无塾馆经历、经验,教学成效如何等。① 另外,坐馆期间还有一些更为详细的要求,如莫妄出,莫闲言,勤而有常,谨审不易;言语简当,从容分明,莫夸张荒诞;认真备课,因材施教,"各人具一日程,而日日谨守之";对学生正色端庄,体罚"不宜施","学生事业与主人商量"。② 涵盖塾师个人修养、读书教学以及与学生、与家长的关系等,反映了塾师职业化的趋势。

三　教材的理学化、通俗化

蒙学机构和塾师群体的扩充为蒙学教材的创作、编纂提供了条件。与中国学术思想转型相一致,宋元时期尤其是元代也是中国古代蒙学教材编纂和内容转型的重要时期,这在徽州表现得尤为显著,主要体现在三个方面。

第一,蒙学教材及资源数量多,品类丰富,据笔者统计即达 40 余种(见表 3),涉及识字、常识、历史、伦理道德、儒家经典和理学教育等诸多方面。

---

① [元]胡炳文:《云峰集》卷一《与紫岩汪先生卅宗臣书三》,第 741 页。[元]陈栎:《定宇集》卷十《与黄求心》、《与中泽程氏》,第 321—322 页。
② [元]陈栎:《定宇集》卷十《与子勋》,第 312—313 页。

表3：元代徽州蒙学教材、教学资源简表

作　者	教　材	作　者	教学资源
程若庸	《增广性理字训》（或作《性理字训讲义》）	胡方平	《易学启蒙通释》
金若洙	《性理字训集义》	胡一桂	《易学启蒙翼传》《十七史纂古今通要》《人伦事鉴》《历代编年》
胡炳文	《纯正蒙求》《朱子启蒙通释》《易启蒙通义》	胡炳文	《四书通旨》《大学指掌图》《四书辨疑》《五经会意》《尔雅韵语》
程直方	《程氏启蒙翼传》	陈　栎	《四书发明》《增广通略》《孟子口义》《尔雅翼节本》《书解折衷》《礼记集义句解》《尚书集传纂疏》
程显道	《孝经衍义》		
陈　栎	《历代蒙求》《论语训蒙口义》《中庸训蒙口义》《小学字训注》（或作《程蒙斋小学训注》）《诗经句解》（或作《诗述传句解》）《百一易略》《批点古文》	程复心	《四书章图》
		洪焱祖	《尔雅翼音释》
		朱　升	《五经四书旁注》《孝经旁注》
		倪士毅	《四书辑释》《历代帝王传授图说》
朱　升	《小学旁注》《小学名数》《小四书》（集方逢时《名物蒙求》、程若庸《性理字训》、陈栎《历代蒙求》各一卷、黄继善《史学提要》二卷）	汪克宽	《六书本义》
		张存中	《四书通证》
		吴　浩	《大学口义》
		汪九成	《四书类编》
方显忠	《广孝启蒙》	吴　程	《四书音义》

关于小学书塾应读书目，成宗大德四年规定，"先读《孝经》、《小学》书，次及《大学》、《论》、《孟》、经史"①。所以，除表中所列教材外，还单列教学资源一栏。这些著作多出自有塾师经历的学者之手，且属童蒙读书范围，故以蒙学教学资源谓之。对此，陈栎的看法可以佐证，他言己"数年来又有《读易编》、《书解折衷》、《诗句解》、《春秋三传节注》、《增广通略》，批点古文之类。……观者其毋以小儿学问，只

---

① 《庙学典礼（外两种）》卷六《成宗设立小学书塾》，第134页。

《论语》哉"①。小儿学问,非只《论语》,其本人五岁入小学即涉猎经史。可见,当时的童学教化内容之广博。另外,其他蒙学书籍和一些目录学家的观点亦可佐证。如被国子监颁行于郡县学的"进学规程"——《程氏家塾读书分年日程》认为,胡炳文《四书通》是"小学"读《大学》的必备参考书之一。《千顷堂书目》和《元史艺文志》均将《尔雅韵语》、《尔雅翼节本》、《尔雅翼音释》、《六书本义》纳入"小学类"②。在中国古代图书分类中,"小学"一般指文字学,它因儿童入小学先学文字而得名,"古者八岁入小学……教之六书,谓象形、象事、象意、象声、转注、假借,造字之本也。"③隋唐以后,尽管"小学"成为文字、训诂、音韵学的总称,但它的本义并未完全消亡,"小学类"著作中不乏初级教育的教材与资源。

祁门汪克宽童蒙所读之书亦可佐证。克宽甫六岁,外祖康鼎实教之《孝经》、《论语》、《孟子》,随口成诵,日记数百言;八岁从乡先生学,每屈其师,日益月异;至十岁,父应新取祖汪华问学于饶鲁讲授之书及当时问答之言授之,克宽玩索有得,遂于理学寖悟,乃取朱子《四书》自定句读,昼夜诵读,知为学之要,自是读《六经》、诸子、历代史、《通鉴纲目》;年方十四,乡人传录江浙秋试三场题目,克宽一见挥笔成篇,乡先生惊异曰:"此天才也。"④汪克宽后来成为理学大家,与其早年的蒙学教化密不可分。

第二,从形式到内容的理学化。表现在思想上以程朱理学为指导,内容上注重体现理学伦理道德,形式上以理学注解为基本表达方式。

---

① [元]陈栎:《定宇集》卷一《论语训蒙口义自序》,第159页。
② [清]黄虞稷:《千顷堂书目(附索引)》卷三《小学类》,上海古籍出版社,2001年,第95、100页。[清]钱大昕:《元史艺文志》卷一《小学类》,陈文和主编:《嘉定钱大昕先生全集》(5),江苏古籍出版社,1997年,第20页。
③ [汉]班固:《汉书》卷三十《艺文志》,第1720页。
④ 吴国英:《环谷汪先生克宽行状》,见《新安文献志(二)》卷七十二,第213页。

以程朱理学思想为旨归,是此时各种童蒙教材编纂的首务,"凡六经传注,诸子百氏之书,非经朱子论定者,父兄不以为教,子弟不以为学也。是以朱子之学……讲之熟,说之详,守之固,则惟新安之士为然"①。一语道破了程朱理学在新安的尊崇。如陈栎谓己《论语训蒙口义》"或有发前人未发者,实未尝出朱子窠臼外"②,又云"不敢求异,一本文公之说"③。当然他们于程朱理学非仅仅修补而已,亦多有发明。如程复心《四书章图纂释》认为《大学》言心不言性、《中庸》言性不言心、《论语》专言仁、《孟子》专言义,多发周、程等未尽之蕴。④ 所以,他们于程朱理学不仅仅是补充,亦多有发明。以理学思想为指导更直接体现在内容的选择和形式的表达上。在内容上,彰显经理学家改造的儒家伦理道德,如程若庸《增广性理字训》取"凡字之有关于造化、性情、学力、善恶、成德、治道者,每字皆以四言释之"⑤。至于在形式表达上,则几乎毫无例外地选择了笺注程朱理学著作。

第三,注重通俗化。教材通俗化是童蒙教学和社会教化的基本要求,而此时期的通俗化还有一个重要任务——理学下渗,进入儿童和普通民众的生活世界。宋代理学家程端蒙撰小学《性理字训》,朱熹谓"甚佳,言语虽不多,却是一部大《尔雅》"。评价很高,却无法掩

---

① [元]赵汸:《东山存稿》卷四《商山书院学田记》,第 287 页。
② [元]陈栎:《定宇集》卷一《论语训蒙口义自序》,第 159 页。
③ 《曹弘斋四书发明序》,见陈栎《定宇集》卷十七《别集》,第 428 页。
④ 汪幼凤:《程教授复心传》,见《新安文献志(二)》卷七十一,第 205 页。按:对于程复心的做法,学者褒贬不一,赞成者如时人袁桷《清容居士集》卷二十一《新安程子见四书图训序》,文渊阁《四库全书》(1203),第 284 页),批评者如薛瑄谓:"过一分为太过,不及一分为不及,此《中庸》所以为难也。程复心《四书章图》破碎义理,愈使学者生疑。"([明]薛瑄:《薛瑄全集》,山西人民出版社,1990 年,第 1228 页)全祖望亦曰:"宋儒自嘉定而后多流为迂腐,其所著书有绝可笑者,程复心《四书章图》亦其一也。每章为一图而为之别白其岐趣,如儒则有君子、小人之分,学则有古为己、今为人之分,达则有上、下之分,但每章如此,不亦愚耶!是亦何劳为之图乎。"([清]全祖望:《鲒埼亭集外编》卷二十七《题程复心〈四书章图〉》,清嘉庆十六年刻本。)
⑤ [明]孙能传:《内阁藏书目录》卷五《子学部》,清迟云楼钞本。

饰该书"言语不多"而含蓄的弱点。所以程若庸以《小学字训》三十条未备,增广为小篇,凡二百四十条,条皆四言韵语,自为注释,撰成《增广性理字训》,完成了以通俗方式传播理学思想的使命。程端礼有云:"此书铨定性理,语约而义备,如医家脉诀,最便初学","以此代世俗《蒙求》、《千字文》最佳"①。与其谓评价允当,不如说是一位童蒙教化实践者切身体验后的感受。因此,该书一经问世,即替代《性理字训》成为蒙学的必读书目。陈栎作《论语训蒙口义》,"涵者发,演者约,略者廓,章旨必揭,务简而明……抑不过施之初学,俾为读《集注》阶梯,非敢为长成言也"②,"以是诏其子,若童子生句释之,章旨亦具不敢繁,欲训蒙也"③。其另一著作《增广通略》"明白简要,将便学史者之初","使盈架之书若可以探诸囊,历代之事若得以指诸掌,于初学诚为有补"④。胡一桂则以迁、固以来,史书汗漫,不便初学,乃撰《十七史纂古今通要》"始乎三皇,讫于五季。纪事则提其要,注事则核其详。关涉民彝世教,必反覆辨论。……以便初学"⑤,均以通俗易懂见长。

以理学思想为指导,以弘扬阐释程朱为使命,以理学家建构的新儒家伦理学说为基本内容,既是这一时期蒙学教材编撰的重要特点,也成为理学普及和下沉不可或缺的重要渠道,是理学学术思想实现从学者、书本走向普通民众和社会生活的重要路径。

四 蒙学教化兴盛因素分析

宋代以来,徽州地区的社会、文化、教育均获得较为迅速的发展;

---

① [元]程端礼:《程氏家塾读书分年日程(附纲领)》卷一,中华书局,1985年,第6、1页。
② [元]陈栎:《定宇集》卷一《论语训蒙口义自序》,第159页。
③ 《曹弘斋四书发明序》,见陈栎《定宇集》卷十七《别集》,第428页。
④ 《龙庐陵增广通略序》,见陈栎《定宇集》卷十七《别集》,第429页。
⑤ [清]周中孚:《郑堂读书记》卷三十五《史评类》,中华书局,1993年,第165页。

而南渡时期,继唐末五代之后,又有不少中原衣冠大族迁居徽州,加之距南宋都城临安较近,这些都为元代徽州地区教育发展奠定了基础。但就元代徽州蒙学而言,结合当时特殊的社会背景来看,其发展乃至兴盛应还有更为直接和独特的原因。

第一,官府对蒙学特别重视,颁布了兴学诏令,鼓励设立书塾。上文已谓,元初中央朝廷屡次诏令地方兴办塾学,这在元以前的朝代是甚为少见的。又禁令地方官吏滋扰私学,"各处乡村小学、训蒙童师,乃训诲人家子弟,与路、州、县别无统摄","所在州、县学官,毋得妄行勾扰,有妨学业"①。在中央的三令五申下,地方政府及官吏亦积极兴学,如许楫(字公度,太原忻州人),至元二十三年(1286)任徽州路总管②,"建立小学,书俾民子弟就傅,而后风俗化"③;至正中,行枢密院判汪同在婺源阆山建阆山书院,"延乡儒赵汸为师,以教乡之俊秀者"。其他如婺源的晦庵书院为知州汪元圭所创、明经书院由主簿胡淀与族人谋建,绩溪翚阳书院为忠显校尉、梅州同知程璲所立。④

第二,科举废兴与蒙学教化的发展。对于宋元蒙学的发展,论者往往谓科举的正向推动。事实上,关于元代科举在蒙学中的作用应具体分析,不能一概而论。两宋时期尤其是南宋,教育在科举的推动下蓬勃发展,读书—科举—仕宦—治国—平天下,成为多数士子的理想追求,徽州读书科考之风阜盛、中榜人数众多即是最好的诠释。然入元以后,科举停废,且长达40年⑤。加之宋元鼎革,期间士人或因政治态度,或仕途受阻,或迫于生计,开始分流:有的教授乡里,有的

---

① 《庙学典礼(外两种)》卷五《行台坐下宪司讲究学校便宜》,第102页。
② [明]宋濂等:《元史》卷一百九十一《许楫传》,第4358页。
③ 方回《徽州路总管许公德政记》,见弘治《徽州府志》卷十二《词翰二·记》,第397页。
④ 弘治《徽州府志》卷五《学校》,第170页。
⑤ 按:南宋最后一次科举为度宗咸淳十年(1274),元朝至延祐元年(1314)方施行科举。

专心研治学问,有的则转治他业。教授乡里者为蒙学教化提供了丰富的师资力量,同时不少乡先生、塾师有着显赫的师承关系和深厚的学术造诣,一定程度上保证了蒙学师资的水平。另外,科举长期停废,读书—科举—仕宦之环节被打破,外在名利诱惑降低,士人心态渐趋平和,"有儒学而不显,安足计哉!"①无论是从教乡里者,还是研究学问者,都能潜心平静专心致志,保证了教育与学术研究的质量,缓解了南宋以来渐为严重的学校为科举的倾向,如陈栎般"慷慨发愤,惟以著书立言为务"的士子自不在少数②。明永乐间政府编《四书五经大全》,多取材于这一时期徽州学者的著作③,即证明了他们的学术造诣。元中期以后科举恢复,程朱理学成为考试内容,但终元之世贡举并不为朝廷所重,每科从全国乡试中仅取300人(蒙古、色目、汉人、南人各75人)参加会试,最后录用者仅百人(四类人各取25人)。在三百名额中,而江浙行省分配28人④,尚不及南宋时徽州

---

① [元]陈栎:《定宇集》卷十五《陈氏谱略·本房先世事略》,第391页。
② 汪炎昶:《定宇先生行状》,见陈栎《定宇集》卷十七《别集》,第443页。
③ 对此顾炎武有论说和批判:"自朱子作《大学中庸章句》、《或问》、《论语孟子集注》之后,黄氏(榦)有《论语通释》,而采《语录》附于朱子《章句》之下,则始自真氏(德秀),名曰《集义》,止《大学》一书,祝氏(洙)乃仿而足之,为《四书附录》。后有蔡氏(模)《四书集疏》、赵氏(顺孙)《四书纂疏》、吴氏(真子)《四书集成》。昔之论者,病其泛溢。于是陈氏(栎)作《四书发明》,胡氏(炳文)作《四书通》,而定宇之门人倪氏(士毅)合二书为一,颇有删正,名曰《四书辑释》。自永乐中命儒臣纂修《四书大全》,颁之学官,而诸书皆废。倪氏《辑释》今见于刘用章(剡)所刻《四书通义》中。永乐中所纂《四书大全》,特小有增删,其详其简,或多不如倪氏。《大学中庸或问》则全不异,而间有舛误。至《春秋大全》则全袭元人汪克宽《胡传纂疏》,但改其中'愚按'二字为'汪氏曰',及添庐陵李氏等一二条而已。《诗经大全》则全袭元人刘谨《诗传通释》,而改其中'愚按'二字为'安成刘氏曰'。其三经后人皆不见旧书,亦未必不因前人也。当日儒臣奉旨修《四书五经大全》,颁饩钱,给笔札,书成之日赐金迁秩,所费于国家者不知凡几。将谓此书既成,可以章一代教学之功,启百世儒林之绪。而仅取已成之书抄誊一过,上欺朝廷,下诳士子,唐宋之时有是事乎?岂非骨鲠之臣已空于建文之代,而制义初行,一时人士尽弃宋元以来所传之实学,上下相蒙以饕禄利,而莫之问也。呜呼!经学之废,实自此始,后之君子欲扫而更之,亦难乎其为力矣!"([清]顾炎武著,陈垣校注:《日知录校注》卷十八《四书五经大全》,安徽大学出版社,2007年,第1007—1008页。)周春健《元代新安学派的四书学》(《中国哲学史》,2007年第2期)对《四书大全》与倪士毅《四书辑释》之关系及优劣亦有讨论。
④ [明]宋濂等:《元史》卷八十一《选举一·科目》,第2021页。

一地进士及第人数,儒者的仕途命运并未见好转,才会有不少儒士辗转于仕、教之间。

第三,社会变革与士阶层身份的变化。受"学而优则仕"思想影响,士人多以出仕作为人生的理想目标与追求。而元朝建立后,不但科举停废,仕进之路堵塞;两宋以来的重文传统也丧失殆尽,朝廷文教政策疾速转向,儒者跌入社会底层,"兵火之后,科举已废,民知为儒之不见用也,去儒而为吏、为商,甚至为盗,儒风十去六七矣"①。加之严重的种族歧视,儒士从政往往并不理想,多数仕进者混迹终生只能讨个无级别的学官或胥吏,永无宋明科举之士攫朱夺紫之望。即便如此,学官或吏职仍供不应求。在这种情况下,为谋生计和应付官差,家道中落和平民出身的士子往往更倾向于选择教授乡里。如休宁曹泾年六十六岁仍"傍人篱落,为分文百陌计",且谓"家无赢财"、"从事蔬食,待尽山中";其同年婺源胡次焱年七十一"家学二蒙,老而益进",子东宇亦经年馆于休宁;二人虽同为儒户,免赋役,却为"一般贫苦人",常不免有"投充编役"之忧,甚至为应客"费钱财"发愁②。陈栎年十五为饥所驱,开馆授徒,尚"羹藜饭糗之不给",花甲之年仍"虽假馆授徒,不能一日舍此以食"。吴彬家落假馆,常叹曰:"进既不得芹吾君,退又不足菽吾亲,且不获从容艾吾徒。"③均道出了塾师职业选择的无奈和生活的窘迫。

第四,理学思想的浸润及理学教育家对童蒙教化地位认识的提升。如果说为谋生而从事蒙学多少还带有些许无奈,那么基于"蒙

---

① 《庙学典礼(外两种)》卷一《省台复石国秀尹应元所献学田》,第 22 页。
② 曹泾:《与贵池县尉胡同年书三》、《与贵池县尉胡同年书四》、《与贵池县尉胡同年书五》,见[宋]胡次焱:《梅岩文集》卷十《附录》,文渊阁《四库全书》(1188),第 583、584 页。
③ [元]陈栎:《定宇集》卷十五《陈氏谱略·本房先世事略》、卷十《上秦国公书》、卷二《送吴甥仲文序》,第 391、298、177 页。

以养正，乃作圣之功"认识而投身蒙学则反映了士人对于儒家教育理想的积极追求和落实。童蒙是人生的起步，蒙学是教化的基础，所以理学的集大成者朱熹尤为重视蒙学，认为它是培养"圣贤坯璞"的教育[①]，"童蒙之时，养正则本立，以此成圣人之功也"[②]，编著了《童蒙须知》、《训蒙斋规》、《训蒙诗》等理学童蒙教材。其后继者如陈淳、程端蒙、董铢、真德秀等人亦受其影响，编纂了诸如《性理字义》、《性理字训》、《学则》、《读书记》等教材。至元代，尤为重视经世实务和道德修养的朱学继承人明明德之教，每每以朱熹"小学"为入德之门[③]。这种思想、行为为生于程朱阙里的新安理学教育家们所继承，如曹泾评价陈栎《论语训蒙口义》说："其于文公之说，如李光弼代子仪军，营垒、士卒、麾帜无所更，而气象加精明焉。寿翁（陈栎——引者）于是为文公忠臣矣！……寿翁宝之，岂惟可以训蒙，将白首纷如者，亦为之醒然，泾其一也。安得并二十篇借抄一通，用自怡玩，以授城南之读。"[④]郑玉则指出了幼学对于穷理的重要性，"幼而学焉，壮而行焉。盖幼而不学，则无以穷天下之理，而致其知；及其壮也，不究之用，则亦何以为学哉？"[⑤]对于当时徽州塾师继承程朱训蒙的概况，赵汸曾描述道："仆之乡先生皆善著书，所以羽翼夫程朱之教者，具有成说，仆自幼即已受读"[⑥]。他们受理学之浸润，服膺于程朱学说，把著书授徒、教化乡里看作是传播实践理学、有功圣门的崇高事业；把力挽颓风、扶持礼教、敦风化俗作为自己一生的使命。他们拾掇程朱蒙学教化之余绪，有的编著童蒙书籍、教材，羽翼、宣扬程朱思想；有的教授乡里，以理学伦理道

---

① [宋]黎靖德编：《朱子语类》卷七《学一·小学》，中华书局，1986年，第124页。
② [宋]朱熹：《论孟精义》卷五下《乡党第十》，见《朱子全书》(7)，第365页。
③ 陈荣捷：《朱学论集·元代之朱子学》，台湾学生书局，1982年，第310页。
④ 《曹弘斋四书发明序》，见陈栎《定宇集》卷十七《别集》，第428页。
⑤ [元]郑玉：《师山集》卷五《养晦山房记》，第38页。
⑥ [元]赵汸：《东山存稿》卷二《留别范季贤序》，第211页。

德教化童蒙、乡民。正是在他们的努力下，程朱理学在徽州地区巩固并迅速发展，新安理学派逐渐壮大并向外扩散，"东南邹鲁"之美誉响彻于外，奠定了明清时期徽州社会、商业繁荣的教育和文化基础。

第三章　元代徽州社会教化之中心:官学

《礼记·学记》有言曰:"君子如欲化民成俗,其必由学乎!"又曰:"玉不琢不成器,人不学不知道。是故古之王者建国君民,教学为先。《兑命》曰:'念终始典于学。'"①汉儒董仲舒亦主张:"立大学以教于国,设庠序以化于邑,渐民以仁,摩民以谊,节民以礼。"②学校为教化之本和主要途径,这一学说是以儒家思想为核心的中国传统社会治理的基本理念和认识。元代徽州学者亦秉承此观念,并进一步具体化,指出学校之内、游息之所、礼乐祭祀、书籍文字、期会说诵、讲学传道等皆系教化之事,"先圣之道,位天地,植纲常,亘万古而无斁。上之所以教,下之所以学,惟是而已。其游息在于庠序学塾之间,其度数寓乎簠簋笾豆、钟鼓管弦之器,其文字则存乎《易》、《书》、《诗》、三《礼》之所纪载。故为之官师以聚天下之俊秀,期会辨说,弦诵歌舞,使之深知其意,以徼成己、成物之功。……吾党之士宜日相与勖其子若弟,讲劘纲常之道,以淑诸身。小则足以作式而善俗,大则推其用施于天下国家,庶无负贤大夫之志,而亦无忝乎生于朱夫子父母之邦矣"③。

---

① [清]孙希旦撰:《礼记集解》卷三十六《学记第十八》,第956—957页。
② [汉]班固撰;[唐]颜师古注:《汉书》卷五十六《董仲舒传》,第2503页。
③ [元]汪克宽:《环谷集》卷五《重建祁门县儒学记》,第695页。

在述及徽州社会历史和人文传统的演进时,嘉靖《徽州府志》谓:"自唐以前如鲍伸(晋太康间由尚书户部拜护军中尉,镇守新安——引者,下同)、程灵洗,以武功著,除恶为武,施德为文,其文不少概见。迄任彦升(任昉,南朝梁时任新安太守)、陆士缋(陆缮,南朝陈永定初任新安太守)诸公,劝驾于上,设学兴礼。宋元以来,彬彬称为东南邹鲁,道系相传,如世次可缀而数,海内诸郡有不能及,至今士人讲学益广云。"①由此可见,学校教化在徽州文风进程中扮演着不可或缺的角色。虽然,徽州地方正式设立官学,弘治《徽州府志》谓为唐代,当时郡、县皆置学,兴盛一时;又曰年代久远,"其制之详及士之出于学者,世远不可考"。唐末、五代至宋初,社会动荡,战乱频仍,书籍散佚,学校不修。入宋,至仁宗始诏诸路州军监各立学,学者二百人以上,许更置县学;但淳熙《新安志》仅载徽州郡治与休宁之学,难怪乎弘治府志谓宋代新安"教授之设止于州学而已",官学教化之效着实有限。至元代,路、州、县皆置学,机构完备;且又有教授、学正、教谕、学录和书院山长等学官之设,管理日益完善。②下面本文将从元代斋舍修复、学官职责、学校祭祀等几个方面阐释官学的教化意蕴。

一 官学兴修与教化

学校是教化的主体,而官学又是学校的中心,其兴废不仅关系到人才的培养,更对包括私学在内的教育系统有着导向作用。元代作为徽州历史发展的一个时期,虽时间较短,然学校兴修频繁,反映了当时官府和士人对这一教化中心的重视。元代官学是元代教育研究的重要组成部分,在各种教育史专著和教材中均有涉及。而其中欧

---

① 嘉靖《徽州府志》卷二《风俗志》,第66页。
② 弘治《徽州府志》卷五《学校》,第163页。

阳周《中国元代教育史》和申万里《元代教育研究》，则是两部较为系统地元代教育专著。前者在元代官学部分，分别研究了中央、地方官学系统及管理，并将庙学作为官学之外"民间的办学形式"之一区别对待①。后者则将学校教育区分为儒学小学、大学教育，并具体研究了生员的数量、游学、出路等问题②。陈高华《元代的地方官学》一文是较为全面论述元代地方官学系统的代表作。关于元代徽州官学的研究，笔者所见仅有陈瑞《元代安徽地区的官学教育》一文。（以上两文均见综述）本文参考前人已有研究成果，将集中挖掘官学兴修过程中的教化价值。

（一）元代徽州官学之兴修

元代徽州官学系统较为发达，从性质上言，主要包括儒学、书院（官立）、蒙古学、医学和阴阳学五大类。其中儒学有路及六邑县学7所；书院3所：紫阳书院（歙县）、晦庵书院（婺源）、明经书院（婺源）；蒙古学2所，分别位于郡城和婺源州；医学、阴阳学各1所。合计各类学校14所，由政府任命学官管理，学官名称、员数及职责见"学官与教化"部分。

路学为元代徽州地区的最高学府，其前身为唐宋州府学，创于何时，史载不详。自唐至宋，位于城东北隅，宋初先后5次迁徙，并一度改为江东道院和紫阳书院。宣和（1119—1125）初，因方腊战乱而焚毁。绍兴十一年（1141），知州汪藻始复营建左庙右学，规制雄丽，愈于他郡，奠定了后世府学的基础。宋末德祐元年（1275），郡将李铨守御，学校建筑半数撤毁。元初，生徒解散，书版、祭器之属无复存，自礼殿以至贡院率为军营。自此至惠宗前，见于史载，共有7

---

① 欧阳周：《中国元代教育史》，人民出版社，1994年，第58页。
② 申万里：《元代教育研究》，武汉大学出版社，2007年。

次修复,而元初期(指世祖、成宗朝)32年共6次,平均每隔5年即有重修,较为频繁。其中最为重要的修复有两次。一次为至元十五年(1278)秋,江东按察副使奥屯希鲁按部①,尽徙军屯于外,以还学舍,礼请前进士陈宜孙充教授。陈宜孙(1231—1297),字行可,号弗斋,休宁南城人,理宗开庆元年(1259)廷对乙科,宋末任常州学教授,入元曾任休宁县尹,三年,乡邑大治,名列"九贤"。宜孙教授任上一年有余,经理田土,大兴工役,凡殿宇、讲堂、楼阁、斋庑,靡不构葺,又重创先贤阁。② 明成化十九年(1483),位于休宁县学东的遗爱堂(又名名宦祠)重修,祀宋至明名宦15人,宜孙名列祀典。这是徽州并入元代版图后路学的第一次大规模修复。第二次为二十八年(1291),教授杨斌请于行枢密院及江东宣慰司,再复军营所占本学贡院基地三十亩,限以崇墉,立文庙、扁表,辟棂星门隙地。至此路学规模始备。而另外几次,则分别在这两次的基础上,或绘或修或增建,如:至元二十三年(1286),徽州路总管许楫建徽州路小学③;约元贞元年前后(1294—1296年),在达鲁花赤侍其同朝的主持下、镇守成弼的辅赞下,教授鲍寿孙及正、录而下皆发廪割俸、哀赀酾材,尽经营之力,绘新塑像,铲斫荆榛,丹艧涂饰,又于殿之右再创周敦颐、二程、张载祠,增祠张栻、吕祖谦,"文公旧祠名藻加严"④;大德四年(1300),教授徐拱辰重建讲堂。至此小学堂、文公祠、景濂、思乐

---

① 按:奥屯(敦)希鲁,女真人,奥敦保和之子。其先世仕金,为淄州刺史,忽必烈兵下山东,保和与其兄迎降,授万户。其他事迹不详。《元史》卷一百五十一《奥敦世英传》,第3578页。关于江东按察使参见《官吏教化》章。
② 曹泾:《从仕郎扬州路通州判官弗斋先生陈公宜孙行状》,见《新安文献志(二)》卷八十五,第393页。
③ 方回:《徽州路总管许公德政记》,见弘治《徽州府志》卷十二《词翰二·记》,第397页。
④ [元]方回:《桐江续集》卷三十五《徽州路修学记》,第700页。按:原文未标明时间,查弘治《徽州府志》卷四《职制·郡邑官属》(第124页)有总管侍其君佐,至元任,应与侍其同朝为同一人。方回《鲍子寿诗集序》(《桐江集》卷一,第67页)谓:大德三年(1299)鲍寿孙携甲午(1294)至丙申(1296)分领乡校应酬之文数十篇拜方回。据此推断鲍寿孙为教授应在此三年,修学亦在期间。

二亭、祭器服、大成乐、雕装从祀、裒助书籍及重刊《九经要义》等书，无不齐备。大德七年（1303）夏四月，郡博士束从周，石绘八百祀版为储，又葺新宫室，严祭祀配享之制，"门庑戟卫，讲肆之位，藏书之室，景先之祠，以至廪积出内之共，鼎镬炊饎之具，罔不饬备。凿池思乐，被以芹藻，植莲其中。面池西南，师燕有阼。峙左屏阜，夹右练溪，是祠文公，乃有别筑。于是庙学之制为始崇矣。"①之后的半个世纪，庙学基本稳定，见于记载的修复仅有两次：约延祐四年（1317），总管朱霁修葺②；至元四年戊寅（1338），姑苏巨家、教授陆德原③，以己赀创大成殿。

紫阳书院由郡守韩补南宋淳祐六年（1246）创建于郡城南门外。至元十三年（1276）冬，因乱迁于南门内江东道院。十五年（1278），按察副使奥屯希鲁谋诸总府，以前进士汪一龙、曹泾为山长，前贡士许豫立为学正，相与经始兴复，至十七年（1279）仲春丁祭方告成。④ 然濒江地卑，岁有泛溢之患，延祐乙卯（1315），山长张炳迁南门外旧基，左侧接乌聊山脉，正对紫阳山，尤为一郡山水胜处，合新旧屋几百楹。后至元三年（1337），又大新孔子庙、增殖学田⑤，为徽州路书院之最。

---

① ［元］任士林：《松乡集》卷一《徽州路重修学记》，文渊阁《四库全书》（1196），第488—489页。
② ［元］苏天爵：《滋溪文稿》卷十七《元故通议大夫徽州路总管兼管内劝农事朱公神道碑》，文渊阁《四库全书》（1214），第200页。
③ 按：弘治《徽州府志》卷五《学校》（第164页），陆德原作陆德明，据黄溍《徽州路儒学教授陆君墓志铭》径改；修学时间作至正戊寅，但至正（1441—1370）并无戊寅年，仅至元四年为戊寅年。黄溍铭文谓其甫里书院秩满任徽州路儒学教授，又据柳贯《甫里书院记》（《待制集》卷十四，文渊阁《四库全书》[1210]，第423页）书院创于元统二年（1334），故其任职徽州应在至元三年（1337），而陈旅《长洲县宣圣庙学记》（《安雅堂集》卷九，文渊阁《四库全书》[1213]，第117页），郑元祐《长洲县儒学记》（《侨吴集》卷九，文渊阁《四库全书》[1216]，第531页）皆谓德原于是年修长洲县学时已称徽州路教授，亦可为证，故其修学时间为至元四年无疑。另按：文渊阁《四库全书》（1209）所收黄溍《文献集》未见此铭文，而元钞本、元刻本《金华黄先生文集》于陆德原铭文部分皆阙失不全，幸而明人朱存理《珊瑚木难》卷五（文渊阁《四库全书》[815]，第169—171页）收录有此文，可补阙佚。
④ ［元］方回：《桐江集》卷二《徽州重建紫阳书院记》，第172—173页。
⑤ ［元］唐元：《筠轩集》卷十《紫阳书院增置学田记》，第557页。

与州(府)学相比,徽州各县学创建较晚,其中仅有祁门和婺源儒学创于北宋,分别为端拱(988—989)和庆历(1041—1048)年间;其他四县儒学均创建于南宋,休宁县儒学建于绍兴六年(1136),绩溪绍兴二十五年(1155),黟县淳熙十六年(1189),而歙县儒学最迟,淳祐十年(1250)。宋元鼎革,各县儒学也不同程度遭到破坏,如歙县学,戎兵后惟礼殿仅存;婺源儒学,既毁于兵,学基又为军营所据,遂迁于县之西隅。入元后,各县学先后进行了修复,然多语焉不详,且多无文记之。就修建频次而言,元代徽州各县学与路学也基本较为一致,前期(1276—1307)相对为多。这是因为,前期恰逢宋末元初,学校毁坏,不得不修;而元初二帝——世祖、成宗屡诏天下崇庙立学,亦是重要原因之一。进入中期(1308—1332),受仁宗和文宗提倡儒学、推行文治的影响,亦有相应的修学活动。就地域而言,前期路府和休宁县比较突出,且有记文;中后期,黟县、婺源、祁门、绩溪、歙县等亦先后出现记文(见表4元代徽州学校修建记文一览表)。

从以上简述可以看出,动荡战乱是学校破坏的主要原因,元初与元明之际(1357—1368)徽州大小学校的兴修几乎皆因此而为。元末情形较之元初更为严重,壬辰(1352)之乱,经过了半个多世纪恢复、重建的徽州学校再次罹难,"比年矛戟抢攘,列城兵燹,学者逃难解散,非唯里闾废学,而郡邑学宫悉为坵墟"[①],不仅乡校废弛,官学也几乎无一幸免。如路学,壬辰兵乱至丁酉(1357)七月,毁坏殆尽,仅存大成殿。各县学也甚为严重,如祁门县学悉毁,"蕲兵蹂躏,鞠为茂草";歙县学被毁后的荒凉之貌,宋濂描述道:"淡烟荒照,荆榛蔽途,而狐兔或莫出冲人,识者为之徘徊太息,如是者十年。"[②]休宁县学独存明伦堂,婺源儒学、文公庙悉毁,绩溪

---

① [元]汪克宽:《环谷集》卷五《万川家塾记》,第699页。
② 宋濂:《歙县庙学碑记》,见弘治《徽州府志》卷十二《词翰二·记》,第399页。

县学仅存大成殿。对学校所造成的破坏,汪克宽称甚于秦暴,"秦毁学宫,燔典籍,坑儒生,废纲常之道,而遂无以立国。蕲兵之暴,视秦为甚"①。

丁酉(1357)七月,朱元璋取徽州,朱明政权实际控制了该地区。之后局势渐趋稳定,徽州各地再次进入了学校恢复、修建的时期,然期间普遍十余年未有学。路学于己亥(1359)冬始修,后又经6次重修,然直至明洪武三年(1370),门廊、斋舍、庖厨仍未备,可见破坏的严重性。歙学于辛丑(1361)九月,重构于紫阳书院之东;至洪武三年,又增创文会堂,至此门廊、斋舍、庖厨悉备。而休宁则长达17年未有学,至洪武二年(1369)方重立。② 婺源县学,甲辰(1364)知州白谦始重建;至洪武四年(1371),知县陈维姜建大成殿、东西两庑、戟门、棂星门、神厨、库房、明伦堂、东西斋、厨房、射圃、仓廪等,学校始备。③ 战乱造成的破坏不仅体现在学校建筑上,更对学校教化产生了极大的冲击,"学者逃难骇散,未安其生,又奚暇治诗书礼乐之事哉?"④

如果说战乱是学校毁坏的首因,火灾则是第二大凶手。木、竹为徽州建筑的基本用料,遇火易燃。就火灾而言,除战乱的兵火外,意外或自然之火亦时有之。如:路学元末3次因火而毁;婺源儒学自宋嘉定壬午(1222)至元延祐甲寅(1314)不到百年间3次重修皆因火灾。再如绩溪县学,至元庚寅(1290),弗虞兵燹,火于盗,"祀无所奠,教尼不行";至大戊申(1308),邑宰张纲倡群士重建,然创屋数间,规制狭隘;至元统二年(1344),"岁且久,旁风上雨,壁堕柱欹",官府又谋划重修。⑤ 再次,

---

① [元]汪克宽:《环谷集》卷五《重建祁门县儒学记》,第695页。
② 道光《休宁县志》卷三《学校·学制》,见《中国地方志集成·安徽府县志辑(52)》,江苏古籍出版社,1998年影印,第58页。
③ 民国《重修婺源县志》卷六《学校·学宫》,民国十四年刻本。
④ [元]赵汸《东山存稿》卷四《商山书院学田记》,第287页。
⑤ 周万石:《绩溪县修学记》,见弘治《徽州府志》卷十二《词翰二·记》,第396页。

每经过一段时期,学校亦须作必要的修缮。有学者曾估算古代学校正常的修缮周期为 10 年①,若经年不修,校舍破败,不仅安全难以保障,且各项功能如教学、祭祀、书会、考评等皆受影响,于教化不利。如休宁县学,绍兴六年(1136)建于县南门②;41 年后,即淳熙四年(1177),"岁益久,欹倾朽折,且濒于坏",主簿傅本、进士王尧佐、朱松等重修之③;又 27 年后,即嘉泰四年(1204),"屋寖坏",县令张抃又为重修④;此后又 38 年为淳祐二年(1242),端明殿学士程珌以己赀更建大成殿,复葺斋舍⑤;又 49 年,至元二十九年(1291),邑人朱震雷出私财重修学宫;至大德辛丑(1301),"学廪之不腆,而有司之疲于簿书期会","礼殿讲堂仅支倾圮,自堂而下,至于门两庑诸斋先贤祠宇,无虑三十楹,上雨旁风,东挠西坏,莫可胜慨",总管布伯廉看后,谓"不亟图,后将噬脐"⑥。大德五年距至元二十九年,仅 10 年时间,已破败不堪,而此前维修周期几乎都在 30 年以上,甚者 49 年,圮坏程度可想可知。

修学的经费来源一般主要有两个渠道:政府拨款与民间筹资。尽管官学都有一定的学田,但因数量有限、官府、胥吏克扣及经营不善等原因,其收入维持正常的教学活动和师生廪膳、释奠已甚困难,

---

① 申万里:《元代教育研究》,武汉大学出版社,第 59 页。
② 洪适:《休宁县建学记》,见道光《休宁县志》卷二十一《艺文·纪述》,第 554 页。
③ 吴儆:《休宁县修学记》,见道光《休宁县志》卷二十一《艺文·纪述》,第 555—556 页。
④ 程珌:《休宁县修学记》,见道光《休宁县志》卷二十一《艺文·纪述》,第 557 页。按:此次修学时间,程珌记文未详,仅谓距绍兴中陈之茂尉休宁立学于南门之左 68 年,之茂迁学为绍兴六年(1136),据此推算应为嘉泰四年甲子(1204);又曰:"国家昭德恢儒今二百五十年",即距赵宋立国已 250 年,准确时间为嘉定三年(1210),但此 250 年似为约指。曹泾《重修休宁县学记》(嘉靖《休宁县志》卷七,嘉靖二十七年刊本)言嘉泰甲子(1204)可与程珌说互证。弘治《徽州府志》(卷五《学校》,第 166 页)作淳祐癸酉,淳祐为 1241—1252 年,并无癸酉年,且与程珌之说相距太远。而虞集《休宁重建学记》(弘治《徽州府志》卷十二《词翰二·记》,第 397 页)谓距淳熙戊戌(1178)主簿傅本修学又"三十年",即嘉定元年(1208)盖不足信,正如其言陈之茂建学,洪适作记在绍兴二十二年一样(洪原文谓"后二十有二年",即绍兴六年后二十二年),为不详查之故。
⑤ 方岳:《休宁县修学记》,见弘治《徽州府志》卷十二《词翰二·记》,第 388 页。
⑥ 曹泾:《重修休宁县学记》,嘉靖《休宁县志》卷七。

不可能有多余的资金;而学校修复又需要投入大量的财力和人力,所以其活动一般需要官府出资或牵头,这就是为什么即便由学官倡议、主事的学校创建、修复活动,在记文中往往会对地方官吏赞赏一番。而对于财政较为拮据的地方官府,常常需要借助民间的力量,如地方乡绅、在籍士子的捐献,学官教师、地方官员之捐俸等等。后一种形式往往成为元代徽州县学修复的重要资金来源,如休宁县儒学,至元二十九年(1292),邑人朱震雷捐资重修①。大德辛丑(1301),总管布伯廉、廉访李某首倡,勉诸儒捐资,朱震雷又独建文公祠,学子吴武、朱彰各理所隶斋舍,其他士子捐献者不可胜数。② 至元元年(1335),婺源汪泰初欣闻知州干文传欲修州蒙古字学,"捐其地之在州治大门东南者,愿自任经营,不烦公家。辟址抡材,蚤夜展力,中为帝师之殿,门堂、斋庑列左右而峙,后先庖庾之细,亦罔不具。"③等等,不可枚举。

(二) 官学修建之教化意蕴

宋元、元明之际,徽州郡县儒学几乎全毁于战乱;局势稍定,官府或教官们即努力恢复学校秩序,尽管没有力量在短期内完成重建,然而他们却尽可能地恢复教学秩序。如绩溪县邑庠至元十三年(1276)毁于寇,虽年余未修,当年教谕胡遂孙即移教于西园。西园为北宋诸儒从苏辙论文讲学之地。胡氏遂依旧屋而粉饰之,列为斋舍庠序,"弦诵有地","召故学子相与摩习其中,不以干戈未息久废诗书礼乐之教也";又邀汪梦斗分掌教习之职,"博士君(胡遂孙——引者)以书来道多士之意,欲俾某分皋比半席而质正所闻"④,后遂孙又与邑人、

---

① 弘治《徽州府志》卷五《学校》,第 166 页。
② 曹泾:《重修休宁县学记》,嘉靖《休宁县志》卷七。
③ [元]吴师道:《礼部集》卷十二《婺源州蒙古字学记》,文渊阁《四库全书》(1212),第 156 页。
④ [宋]汪梦斗:《北游集》卷下《绩溪县学舍冬至开讲》,文渊阁《四库全书》(1187),第 466 页。

广德路学教授张旗共同捐赀买地重建县学。据统计自至元十三年(1276)到至正十二年(1357),在元朝统治的81年内,徽州官学创、修见诸记载者共45次;至正十二年(1357)以后,至洪武元年(1368)前,13次,合计共58次,平均不到两年即有一次修建。

　　学校作为一地文教之中心,其兴建、焚毁、修复,均于教化兴衰关涉极深,为此地方史志会不厌其烦的加以著录,而这也几乎成了府县志关于学校沿革事迹的全部。学校重建、增建、修葺等,无疑是当地的文化盛事,也是一次极好的教化机会,更是官吏表功颂德、宣扬政绩的有效途径。所以,学校建成后,官长或学官往往亲率教师、生员及地方儒士、乡绅等会诸学宫,举办庆典,并在先师殿行释奠礼仪。不但学者、文人、师生鼓舞雀跃,地方乡绅、百姓亦额手相庆。此时,官吏或学官一般会专门邀请名人撰文记颂,并刻石立碑以示久远。其倡导者、创建或修复者、资助者、董役者以及相关人员多亦借此称誉于时、名垂于后,甚或享祀于庙学。所以,地方官长身先士卒,"而士亦釀泉相役"[①],也有部分出于此考虑。

　　就笔者所见,元代徽州修学记文有29篇(见表4),仅数量而言已大大超过了宋代。这些记文或为学官,或为徽州名士,或为非徽籍学者所作,展现了整个元代徽州学校兴建、修复的历史,一定程度上也提升了元代徽州学校和学术的知名度。通览元代徽州的学校记文可以看出,它一般由四部分组成:1.本地的地理、风俗与兴、修学历史;2.修学的背景、经过和概况;3.修学的教化意义;4.倡修者介绍。学校重建、修复的教化意义,往往成为一篇记文最为重要的组成部分;而本该重点叙述的修学事迹却着墨较少,甚者连时间、兴修者之名讳也不见书。下面结合记文,笔者简要探讨其中的教化意蕴。

---

① ［元］方回:《桐江集》卷二《徽州重建紫阳书院记》,第172页。

表 4：元代徽州学校修建记文一览表

序号	篇　名	作　者	修建学时间	撰文时间	出　处	备注
1	徽州重建紫阳书院记	方　回	至元十五年(1278)	至元十八年(1281)	《桐江集》卷二	文存
2	晦庵书院记①	方　回	至元二十四年(1287)		方回《饶州路治中汪公元圭墓志铭》	文佚
3	休宁县修学记	杜与可	至元二十八年(1291)	至元二十八年(1291)	《安徽金石略》卷二	文佚
4	徽州路修学记	方　回	元贞初年(约1295年)		《桐江续集》卷三十五	文存
5	重修休宁县学记	曹　泾	大德四年(1300)		嘉靖《休宁县志》卷七	文存
6	休宁县葺斋舍并建文公祠记	徐拱辰	大德四年(1300)	大德五年(1301)	《安徽金石略》卷二	文佚
7	徽州路重修学记	任士林	大德七年(1303)		《松乡集》卷一	文存
8	明经书院记	吴　澄	至大三年(1310)	延祐三年(1316)	《吴文正集》卷三十七	文存
9	黟县修学记	李鸣凤	至大四年(1311)	至大四年(1311)	《安徽金石略》卷二	文佚
10	徽州路紫阳书院迁造记②	杨刚中	延祐二年(1315)		弘治《徽州府志》卷六	文佚
11	休宁县重修文公祠上梁文	陈　栎	约延祐二年(1315)		《定宇先生文集》卷十一	文存
12	乡贤祠记(婺源州学)	胡炳文	泰定元年(1324)		《云峰集》卷二	文存
13	重修祁门县学记	不　详	至顺三年(1332)	至顺四年(1333)	同治《祁门县志》卷十七	文存

---

① 按：篇名为笔者所加。
② 按：篇名为笔者所加。

(续表)

序号	篇　名	作　者	修建学时间	撰文时间	出　处	备注
14	绩溪县修学记	周万石	元统二年(1334)	至元二年(1336)	弘治《徽州府志》卷十二	文存
15	婺源州蒙古字学记	吴师道		至元二年(1336)	《礼部集》卷十二	文存
16	婺源州学记	吴师道	至元元年(1335)		《礼部集》卷十二	文存
17	婺源州重建晦庵书院记	柳　贯	至元元年(1335)		《待制集》卷十五	文存
18	复紫阳庄基序	唐　元			《筠轩集》卷九	文存
19	紫阳书院增置学田记	唐　元	至元三年(1337)	至元三年(1337)	《筠轩集》卷十	文存
20	复学田记（休宁）	阿思兰	约至元六年(1340)		道光《休宁县志》卷二十一	文存
21	黟县学置田养士记	胡　默	至正元年(1341)	至正元年(1341)	《安徽金石略》卷二	文佚
22	歙县儒学修造记	唐　元	至正四年(1344)		《筠轩集》卷十	文存
23	休宁重建学记	虞　集	至正五年(1345)	至正五年(1345)	弘治《徽州府志》卷十二	文存
24	儒学新增田粮记（黟县）	胡　默	至正六年(1346)	至正六年(1346)	嘉庆《黟县志》卷十四	文存
25	重兴紫阳书院记	陈　浩	庚子(1360)		《朱子实纪》卷十一	文存
26	重修兴安府孔子庙记	唐桂芳	庚子(1360)		《白云集》卷六	文存
27	歙县庙学碑记	宋　濂	辛丑(1361)	甲辰(1364)	弘治《徽州府志》卷十二	文存

(续表)

序号	篇 名	作 者	修建学时间	撰文时间	出　　处	备注
28	重建祁门县儒学记	汪克宽	癸卯(1363)	甲辰(1364)	《环谷集》卷五	文存
29	重修紫阳书院记	唐桂芳	丁未(1367)	丁未(1367)	《白云集》卷六	文存

所谓"建国君民,教学为先",官学从创建、教师任命到教育宗旨制订、目标设立、内容选择等无不由官府决定或参与其中。无疑设学兴教是政府施政的首要任务,也是地方官吏的重要职责。而从某种意义上言,已毁学校的修复即是创设,亦是地方官府的急务,其教化意义自然不弱于初创本身。从记文来看,元代徽州的不少地方官长修学正是基于此认识,如虞集所云"新学之建,下车之始事也"①。至元六年(1340)河间人丁敬尹休宁,"首以学校为己任,与僚佐主簿柴奎、县尉帖灭赤彭普达世理、典史张元嘉、叶松、宾序汪昂、耆儒朱宦,日讲其事。"阿思兰作文亦谓:"学校之设,乃为治急务。"②后至元元年(1335),吴郡干文传守婺源,"首惟学校是究是图,曰:'嘻!婺源,徽国文公之乡也。吾受夫子罔极之恩,微公之教不及此。今吾幸以科第至是,官几于古二千石刺史,而又适临是邦,则学之修否、教之隆替,非吾之责而谁哉?'"③于是,即文公故居为祠,复晦庵书院,又重修州学。所谓乌鸦反哺、羔羊跪乳,干文传之为既深感于教育成就个人之价值,又因兴学乃官长之本职。至正五年(1345)冬,宣城陈真孙为黟县尹,首谒孔子庙,访咨彷徨,谓其乡人教谕李熊曰:"学校者,教养之地。有虞氏之庠曰米廪,孟子曰庠者养也,夫岂无故。"④而宋濂则

---

① 虞集:《休宁重建学记》,见弘治《徽州府志》卷十二《词翰二·记》,第398页。
② 阿思兰:《复学田记》,见道光《休宁县志》卷二十一《艺文·纪述》,第563页。
③ [元]吴师道:《礼部集》卷十二《婺源州学记》,第157页。
④ 胡默:《儒学新增田粮记》,嘉庆《黟县志》卷十四《艺文志·元文》,见《中国地方志集成·安徽府县志辑(56)》,江苏古籍出版社,1998年影印,第438页。

称赞歙令、钱塘人张齐,"下车之初,能汲汲建学于用武之日,可谓知斯道矣"①。见诸府志,其他官长亦以学事为先,如徽州路总管郝思义,"躬奠谒,升堂讲课,左庙右学,易敝构新,又刊《朱文公语类》于学";歙尹宋节"首务劝农兴学,……捐俸倡修县庠,又谕父老遍立乡塾,训诲子弟,使知孝弟忠信"。除县邑官长外,其他官吏亦有此认识和作为。如徽州路推官徐敏夫,"虑狱详谳,人不称冤,暇日进儒生讲说诗书",泰定元年(1324)被论连坐去官,民流涕以送之②;至顺三年(1332)春,祁门县主簿宋也先,到任即谒夫子庙,喟曰:"学校乃治教之本,风化之原。不究其本原,将何以表尊君敬师之。"遂蠲俸募工,建大成殿,祭器焕然一新,镌立加封先圣诏旨碑于学亭内。③ 反之,若学不立、不修,"兹非守吏之过欤?"④但并非所有官吏都能认识到此,故休宁县学教谕石渥有谓:"学校为系甚重,其废兴在乎得人。苟非其人,至有隳堕弗能理也。"⑤

学校创建、修复,从直观上而言是为士子提供藏修游息之所,"工不居肆而欲成其事,不可也,无二,患得专干学上之人,又次第振饬之,使之藏修息游,其至如归,岂不足以收敛身心,真体实践,以不失夫我之良贵而仰答君师之望乎。士于此自任其重,学校愈重矣"⑥。但就深层而言,一些儒官和学者都能认识到,庙学不仅是文化传承和尊贤崇儒的重要场所,亦是政教之本源,"言政则教举,言教则政立。夫子之道在是矣,文公之学在是矣,可不务乎?""夫有国家者,化民成俗之方,莫先于学。而学之为道,又非可以私意苟且而妄为之者。矧

---

① 宋濂:《歙县庙学碑记》,见弘治《徽州府志》卷十二《词翰二·记》,第399页。
② 弘治《徽州府志》卷四《职制·名宦》,第148页。
③ 同治《祁门县志》卷十七《至顺四年重修祁门县学记略》,《中国地方志集成·安徽府县志辑(55)》,江苏古籍出版社,1998年影印,第154页。
④ [元]吴师道:《礼部集》卷十二《婺源州蒙古字学记》,第156页。
⑤ 阿思兰:《复学田记》,见道光《休宁县志》卷二十一《艺文·纪述》,第563页。
⑥ 曹泾:《重修休宁县学记》,见嘉靖《休宁县志》卷七。

新安之学，本乎郡先师者，父兄师友之授受，犹或有传也，其可一旦废而不讲乎？此固大夫君子之所宜尽心，而凡民俗吏以为迂远而阔于事情者也。"①面对学校或毁坏或破陋不堪的现状，服膺于圣贤之说、汲汲于教化的官吏如何不为之堪忧踌躇，"栋宇阙漏，祀肂弗共；涂轨侵塘，臧隶充宇，有司祇旷弗构，固壅德音而贻愧先哲"②。元统二年（1334），绩溪县达鲁花赤驴儿、县尹刘仕毅合众曰："学校者，教化之本，弊陋不治，无以称上崇儒意。易蠹完败，其鲞图乎。"③而壬辰乱后，魏郡锺友谅癸卯（1363）迁宰祁门，访求遗址，俛仰瞻顾，喟然曰："学校，风化之本，而废芜弗治，其何以承宣而布维新之教乎？"④同时，对比佛道寺观宫殿的辉煌，以承斯道、传斯文为己任的学官、儒者，更加愤愤不平于学校的破败，"自西方之教兴而塔庙盈天下，金碧晃耀，虽极侈靡，人无有议之者，由以祸福之说怖于人也。视吾夫子之宫墙，则荒凉卑隘，穿漏夷拔，其悍然而不顾者，亦独何心哉！……吁！世岂无特立之士，力振其久屈之势，而一旦深思有以奋于其上者？"⑤

学校教化是如何深入人心并敦风益俗的呢？虞集作《休宁重建学记》有"化其刚者"之说，从受教者的角度解释此问题，谓无欲而"不屈于物"之士"安有不从吾治教者哉？"即诚能得有行有德之君子令掌教职，受教者气质变化自然水到渠成⑥。而绩溪县儒学教谕周万石则从教育内容和形式两个层面回答了这个问题："学之所教，渐摩之以仁义，防范之以礼乐，皆不远人以为道。"学校以仁义为教，皆本之人道，故有化人之功。由化人再到化俗，万石进一步说道："崇学校所

---

① ［元］赵汸：《东山存稿》卷四《商山书院学田记》，第288页。
② ［元］任士林：《松乡集》卷一《徽州路重修学记》，第488页。
③ 周万石：《绩溪县修学记》，见弘治《徽州府志》卷十二《词翰二·记》，第396页。
④ ［元］汪克宽：《环谷集》卷五《重建祁门县儒学记》，第694页。
⑤ ［元］唐元：《筠轩集》卷九《送余志贤序》，第542页。
⑥ 虞集：《休宁重建学记》，见弘治《徽州府志》卷十二《词翰二·记》，第397—398页。

以敦教也，敦教所以致治也。务先于此，其殆知为治之本乎。孟子曰：善政不如善教之得民也。教化明，则民兴于仁。学校者，教化之本，令人居读圣人之书，明圣人之学，知所向方，善善相劝，则邦无游民，民无尤行，刑罚设而不犯，风俗美而不流，莫不由学校之教以有成也。"①

作为教化的中心，学校不仅培育人才，教授知识、传承文化，还作养士风、使知礼仪，是移风易俗、昌明政治的保障和体现之一，"故教修而理明，理明而后彝伦叙，上帝降衷之心存焉，圣人垂世之教行焉。曰校、庠、序者，乡学也；曰学者，国学也。三代而上，士游于学，故人人有士君子之行。三代而下，士游于客，不幸而狙诈倾侧之俗成。学校之废兴，关乎世运之升降。"②官吏正是认识到学校在兴礼乐、崇教化、厚人伦、移风俗而致善政方面有着其他举措所不可替代的作用，才孜孜以学为急务。事实上，学校兴修后，的确起到了此作用，前举干文传"为政之明年，百度具修，靡废弗举，凡先圣贤之祠、庠序书院之所，咸焕然一新"，又"开南衢，启堂试以激励后进，后数科第者皆日前堂试之士，书声北屋，亦文风一时之盛，治行为诸州最"③。元明之际，唐桂芳在为府学重修作记文时，曾比之鲁曲阜，描述学校礼乐教化对徽州人文和风俗的影响，谓："鲁，圣人父母之邦，虽当刘项干戈之世，而弦诵不绝，故曰：曲阜，阙里也。今紫阳，文公之专祠；婺源，其阙里，兵兴以来将十余禩，大山长谷之中，往往服方领，习矩步，躬修齐之学，明进退之机，曾不以死生祸患丧其守。先生之流风余韵，尚或见于此欤。入其里巷，行避路而耕让畔，庞眉长者，价僕俎豆，雍容乡饮，以咏教化之有成。则思贤之心，庸有既耶。"④所以，兴学已

---

① 周万石：《绩溪县修学记》，见弘治《徽州府志》卷十二《词翰二·记》，第 396 页。
② [元]唐元：《筠轩集》卷十《歙县儒学修造记》，第 557 页。
③ 弘治《徽州府志》卷四《职制·名宦》，第 148 页。
④ [明]唐桂芳：《白云集》卷六《重修兴安府孔子庙记》，第 859 页。

不再是为政治锦上添花,而成为官府政治功能的延伸,"游居易心,瞻视改观,其为作民振俗之助,亦岂小哉!"①这就容易理解,何以在不少方志编纂中,"学校"一栏往往被列入"政事"目,其做法不是降低学校的地位,正表明政府对学校事宜的重视。

二 学官与教化

学官指各级(中央、地方)各类官立学校的教育与管理者。本文所言学官乃指在元代地方——路、州、县级官学系统中官属学校和书院中的教师与管理者,不仅包括儒学、书院,也涵盖蒙古字学、医学和阴阳学。学官由各级官府任命,故具有官的性质;同时他们又是知识的传授者与教化的宣导者,更以师的面目出现。因有着官和师的双重身份,在普通民众眼里,他们不但是知识的化身,也具有政治权力的威严。所以,他们在教化上有着比官吏和文人更多的优势。当然,他们也肩负着更多的教化之责,"开设学校,置立教官,宏圣人之道,谈圣人之经,务以养人材、正彝伦、美教化、移风俗,其意可谓尽善尽美矣"②。

关于元代学官研究,代表者有:周祖谟分析了宋元社会变迁之际儒者出仕学官及其心态③;萧启庆《元代的儒户》④,指出由于品秩低、升迁难,出任儒学教官虽系儒者登仕的主要途径之一,但并非康庄;于金生分析了元代地方学官的设立、任用、考课、升转及其经济地位和社会活动⑤;陈高华《元代的地方官学》论述了地方各类学校提举

---

① [元]吴师道:《礼部集》卷十二《婺源州学记》,第157页。
② 《庙学典礼(外两种)》卷六《行省差设教谕》,第133页。
③ 周祖谟:《宋亡后仕元之儒学教授》,《辅仁学志》,1946年第14卷第1—2期。
④ 萧启庆:《元代的儒户:儒士地位演进史上的一章》,见《元代史新探》,台北新文丰出版公司,1983年,第25—36页。
⑤ 于金生:《元代地方学官的选任与考迁制度》、《元代的地方学官及其社会地位》,《内蒙古社会科学》,1992年第2期、1993年第3期。

司的沿革、隶属、职责,(儒学)学官的来源:宋遗进士、名儒、国学伴读生、科举下第者、茂才卓异、圣裔等,南北学官薪俸的差异及其原因,指出尽管其品秩卑下、升转甚难,但儒者囿于出路,仍趋之若鹜;徐梓《元代书院研究》考察了书院山长的资历、升转、薪俸及职责;申万里《元代教育研究》一书的"元代学官制度"章节,述论了元代江南学官群体的形成、学官的种类、出身、仕进及社会网络等[①]。目前有关元代徽州学官的研究尚为空白,本篇主要结合元代学官的建置与职责分析徽州路学官群体基本概况及其教化职责的行使。

（一）徽州学官设置

两宋时期,徽州地方学校教官仅有教授一职,且仅见设于州级,诸县并无学官,如弘治《徽州府志·学校》所云:"徽之贡士亦日盛,然教授之设止于州学而已。"元代,教官系统趋于完善,路、州、县学及书院皆有教官,其名若教授、学正、教谕、学录、直学及书院山长等。弘治《徽州府志》保存了元代徽州教育的部分史料,现据其所载,制作徽州路学官名额一览表。

表5:元代徽州路学官表

学校＼学官	教授	学正	学录	教谕	直学	山长
徽州路儒学	1	1	1		1	
蒙古字学	1					
医学	1					
阴阳学	1					
歙县儒学				1	1	
紫阳书院(歙县)						1
休宁县儒学				1	1	

---

① 申万里:《元代教育研究》,武汉大学出版社,第476—485页。

(续表)

学校 \ 学官	教授	学正	学录	教谕	直学	山长
婺源州儒学		1				
晦庵书院(婺源)						1
明经书院(婺源)						1
蒙古字学(婺源)		1				
祁门县儒学				1	1	
黟县县儒学				1	1	
绩溪县儒学				1	1	
总计	4	3	1	5	6	3

注：①元代指元朝统治徽州的时代，即1276—1357年，计82年；②元代学官升转条例规定，每三年考核迁调；③紫阳、晦庵、明经三书院分别从至元十五年(1278)、二十四年(1287)和皇庆元年(1312)重建、创建算起；大德五年(1301)前均有两名山长，后仅保留一员。④教授、学正、学录员数，元初朝廷尽管定为两员，然《徽州府志》仅载一员，且有史料亦显示一员，故仅作一员。⑤至元二十三年(1286)，元廷令诸路建立医学，而弘治《徽州府志》卷五《公署·郡邑公署》记载，徽州路于元贞元年(1295)始建学。⑥蒙古字学与阴阳学建立年代不详，姑且认定与紫阳书院重建同时，但壬辰(1352)兵火蒙古字学废；婺源州蒙古字学则至后至元元年(1335)方设立。①

元廷有关江南路学官差额的规定经过了一个较长时期的调整。宋元对峙时期，至元六年(1269)札付河南道按察司谓"合并散府上中州，依旧例设立教授一员，各路作正八品，散府、上中州作从八品"；但至元十九年(1282)，江浙行省"郡县学院官职员数"规定："总管府：教授二员，钱粮官二员，学录、学正各二员，斋长、谕各一员。……书院：山长二员，钱粮官一员，学录、学正各一员，斋、长谕各一员。县学：教谕二员，钱粮官一员，斋长、谕各一员。"②后一规定估计部分根据江南官学和书院实际学官员数而定，如至元十五年(1278)，紫阳书院重建时，以前进士汪一龙、曹泾为山长，前堂长许豫立为学正，此时山长、学正员数与后来的规定基本相符；但是其他学官数却未必一致，

---

① [元]吴师道：《礼部集》卷十二《婺源州蒙古字学记》，第156页。
② 《庙学典礼(外两种)》卷一《设提举学校官及教授》、《郡县学院官职员数》，第14、17页。

如教授,同年主持徽州路儒学重建的仅有陈宜孙一人。至于至元十九年后,徽州路的情况,因史料缺乏,不好妄作论说;而至元二十四年(1287)新创的晦庵书院,起用名士吴觉、江霱为山长,仍与诏令吻合。

大德二年(1298),江东道宣慰司"访闻江浙、江西等处多有滥设员数",估计徽州路亦在此列。该司遂以"学校乃风俗之源,教官不可不备;选法有壅滞之患,冗员不可不除",且既费钱粮,又窒碍迁调,请求合并裁减;朝廷以"江南儒学、书院,各有所管儒户、钱粮,中间多寡不同",令"有钱粮去处,设山长二员,无钱粮处止设一员,其余人数截日革去"①,仍给各地留下了自主权,但亦成为"滥用"的口实。大德五年(1301),中书省重加厘定,路设教授、学正、学录各一员,散府、上中州设教授一员,下州设学正一员,县设教谕一员,书院设山长一员。另外,掌管庙学田产、屋宇、书籍、祭器、一切文簿的直学一名,各路、县儒学可结合自身情况,设置与否。② 依据弘治《徽州府志》卷四《职制·郡邑官属》所制定的上表可以看出,徽州路、县学和书院基本上执行了大德五年中央朝廷的规定。

在学官组成中,教授、学正、书院山长和县教谕于教化之事又最为重要,构成了元代徽州官学发展的支撑力量。然而目前所存著录元代徽州史料最早的地方志——弘治《徽州府志》中,对这一群体却未有专篇记载;相反,宋代仅有教授4人,却列有专目。至嘉靖《徽州府志》,认识到弘治《徽州府志》的不足,始于卷四《郡县职官志》、卷五《县职官志》增加之,列有教授13人(路学12人、医学1人)③、山长19人(紫阳12人、晦庵3人、明经4人)、学正4人(婺源)、教谕48人(歙县8人、休宁24人、祁门4人、黟县6人、绩溪6人)、训导2人

---

① 《庙学典礼(外两种)》卷五《行台监察举呈正录山长减员》,第112—113页。
② 《庙学典礼(外两种)》卷六《山长改教授及正录教谕格例》,第137—141页。
③ 按:路学教授列13人,但王绍乙实际为徽州路学教谕,而非教授,故剔除之。见弘治《徽州府志》卷六《选举·荐辟》,第209页。

（休宁、祁门各1人）。虽然尚遗漏颇多，然至少认识到学官作为一个特殊群体性存在的价值。后康熙《徽州府志》作了个别补遗，笔者又根据其他方志及元代文集中搜遗出嘉靖、康熙两志未见载者，特制作元代徽州官学教授、山长一览表。

表6：元代徽州官学教授、山长名录一览表

学校	嘉靖《徽州府志》	康熙《徽州府志》增	笔者补遗
路学	汪梦斗（绩溪）、陈宜孙（休宁）、方时发（青阳）、鲍寿孙（歙）、程复心（婺源）、梅希说、唐元（歙）、张炳（歙）、黄俊（休宁）、程天佑（休宁）、汪应星（祁门）、陆德原（长洲）	方元善（歙）	吴梦炎（歙）、杨斌、洪亦山（上饶）①、徐拱辰（上饶）②、杨刚中（上元）③、屠约（杭州）④、蔡深（乐平）⑤、叶诜（丽水）⑥
紫阳书院	汪一龙（休宁）、曹泾（歙）、程逢午（休宁）、唐徐卿（歙）、张炳（歙）、程大年（歙）、程元善（歙）、黄麟（休宁）、程愿学（休宁）、张荣（祁门）、张鏾（绩溪）、史仲衡（溧阳）	姚琏（歙）	吴梦炎（歙）、黄宣子（婺源）⑦、倪南杰（上饶）⑧、王国杰（六安）⑨、刘铉（外籍）、赵山长⑩、郑奕夫（鄞县）⑪、孔棣⑫、周仲瑜（松阳）⑬、张珽（徽州）⑭、唐桂芳（歙）、鲍深（歙）⑮

---

① ［元］陈栎：《定宇集》卷五《戴则翁字说》，第220页。
② ［元］戴表元：《剡源文集》卷十七《徐使君墓表》，文渊阁《四库全书》(1194)，第223页。
③ ［元］张铉：至大《金陵新志》卷十三下之上《人物志·列传·耆旧》，文渊阁《四库全书》(492)，第589页。
④ ［元］陈栎：《定宇集》卷十《与徽学屠教授书》，第311页。乾隆《杭州府志》卷九十三，清乾隆刻本。
⑤ 光绪《江西通志》卷一百六十一《列传二十八·饶州府二·元》，《续修四库全书》(660)，上海古籍出版社，第142页。
⑥ 万历《括苍汇纪》卷十二，明万历七年刻本。
⑦ 曹泾：《鄂州太守存斋先生罗公传》，淳熙《新安志》附，见《宋元方志丛刊》(8)，中华书局，1990年，第7778页。
⑧ ［元］吴澄：《吴文正集》卷八十四《倪君立墓志铭》，文渊阁《四库全书》(1197)，第796页。
⑨ ［元］方回：《桐江续集》卷三十三《柳州教授王北山诗序》，第683页。
⑩ ［元］方回：《桐江集》卷一《送紫阳山长刘仲鼎序》、《送赵山长序》，第85、95—97页。
⑪ 嘉靖《宁波府志》卷三十，明嘉靖三十九年刊本。
⑫ ［明］唐桂芳：《白云集》卷七《先兄敏仲训导墓表》，第895页。
⑬ 万历《括苍汇纪》卷十二，明万历七年刻本。
⑭ 陈浩：《重兴紫阳书院记》，见［明］戴铣《朱子实纪》卷十一，《续修四库全书》(550)，第516页。
⑮ ［明］程敏政：《篁墩集（一）》卷三十六《题宗老可所藏元人卷后》，文渊阁《四库全书》(1252)，第632页。

(续表)

学校	嘉靖《徽州府志》	康熙《徽州府志》增	笔者补遗
晦庵书院	吴觉(婺源)、江霑(婺源)、吴舟(婺源)		黄嘉①、邵大椿(寿昌)②、俞魏卿(徽州)③
明经书院	胡炳文(婺源)、戴恕翁(婺源)、余元启(婺源)、金复祖(休宁)		胡世佐(宁海)④

之所以单独列出教授和山长，因为二者在学官系统中级别较高，作用最为重要，且史籍记录相对较多，有一定的代表性。当然，后文在阐释学官在学校和教化发展中的作用时，并不仅限于此群体。

从上表可以看出，在路学和三个官立书院中，徽州籍士人的数量（34人，重复者仅算一次）为外籍（16人）的2倍多；而在下辖的六州县学中，其学正、教谕更几乎清一色的徽州籍，这说明徽籍士人在官学系统中占据着绝对的主导地位，从而主宰着元代徽州官学的学术和教化大势。就书院而言，尽管元代官府对书院的控制加强，山长多由朝廷委派，但从徽州书院山长的籍贯来看，至少可以认为本地官府和士人的荐举起着较为显著的作用，有着较大的自主权。

从士籍数量的对比，我们可以认为：徽州所产之士完全可以满足本地教育发展的需要，并进一步推断出元代徽州文化的昌盛和学术的发达。其实，在蒙学及儒士教化章节中，我们已或将部分说明元代徽州教育的盛况，而还有一个数字对比可以证明这一推断。笔者查阅典籍，搜遗到元代徽州籍士人出任其他路学教授、书院山长者50人，为外籍任职于徽州的3倍多。当然，这一数字及前所列表，都仅

---

① [元]柳贯：《待制集》卷十五《婺源州重建晦庵书院记》，第439页。
② [元]胡炳文：《云峰集》卷七《顾斋铭》，第793页。万历《续修严州府志》卷十五，明万历刻本。
③ [明]唐文凤：《梧冈集》卷八《明故和斋唐公墓志铭》，文渊阁《四库全书》(1242)，第633页。
④ 正德《松江府志》卷十三，明正德七年刊本。按：胡世佐任于元末，据嘉靖《宁波府志》卷三十九《传十五》载，其后升任徽州路学教授。

是粗略的统计,与事实估计有一定的差距,然却足以证明这一时期徽州产出的优秀士人已超出本地官学的需求,处于过剩状态,不得不通过外输以缓解士人仕宦的压力。

以上从学官设置和数量上大体说明了徽州学官的概况,那么他们在教育教化上的作为如何呢?下面结合学官的事迹和讲学、兴学举措谈谈他们在元代徽州官学教化中的具体表现。

(二) 学官教化职责

地方学官政治地位卑下,薪俸微薄,方回谓"贫为州县学官"[①],除教授外,学正、山长、学录、教谕均无品级。即使有品之教授,也仅为从八品或正八品(散府和路的区别),几乎为官秩中最低者。尽管如此,朝廷对学官的选授还是相当严格的。如大德四年(1300),礼部呈循行已久的教授选授格例,要求"年高德劭、学问该博、士行修洁、恬退自处、不求闻达、堪充师范之人充",且须"将本人亲笔文字十篇申部(礼部),行下集贤院司直司,转申本院下国子监考试中程"[②],不仅对选任者之年龄、道德、学识、素行、精神境界有严格要求,且还有经集贤院、国子监的实际文字考察。即使元初为前朝进士出身者,亦要"本路学校公众推举士行修洁、堪充教授者,具解本人年甲籍贯,于何年某人榜下登科,曾无历仕,的是正身,保申本路总管府,移牒按察司体覆相应,令本路缴连的本、牒文,申覆合干上司,移咨都省,依例施行";若非进士,学问该博、年高德劭、为众所推、公众保举等自不必言,还要"经各道提学同本道按察司文资正官公坐出题,当面引试所习经赋各一本,全篇考校文理优长,中程序者,缴连的本,并按察司公文,用印封铨,令总管府保结,申覆合干上司。除所试程文,或本人别

---

① 方回:《监簿吕公沆家传》,见《新安文献志(二)》卷七十九,第319页。
② 《庙学典礼(外两种)》卷六《行省差设教谕》,第132页。

有所业文字,并许缴呈。依上移咨都省,依例施行……不如依格者,别无定夺"①。学正、录、直学并书院山长、县学教谕的选聘也有较高要求和复杂的程序,遇有阙员,选儒业优长、士行修洁、德行才能曾得乡漕荐举、堪为后进师范者,经本路推荐于本道按察司(后为肃政廉访司)体覆,然后备申本道宣慰司,转呈省府照详定夺,毋得滥行保举②;事实上直学"掌管本学田产、屋宇、书籍、祭器、一切文簿"③,显系后勤管理者,然充任者亦需"在前职事人内"、"性行端方、才干通敏"④。

如此之高要求,乃因"随路教授、学正、学录,师范后进,作育人材,撰述进贺表章,考试岁贡儒吏,品级虽轻,责任甚重。若非公选博学洽闻、有德之士,将见幸门一启,贤不肖混淆,虽欲尽革前弊,不可得已"⑤。就教授而言,笔者归纳其主要具体职责有:(1)管领本路学事;(2)讲书会课;(3)荐举学职;(4)主持祭祀释奠礼仪;(5)监管、案验钱粮收支;(6)考选岁贡儒吏;(7)本路官府的文字性工作,如撰写进贺、表章、牒文等。其事务既有狭义教学性的,也有广义教化性的,虽品卑但职重,乃至可与路官抗礼⑥。元代地方学官之设沿袭宋代,然后者仅州级有教授一职,且职责限于狭义教育内,"以经术行义训导诸生,掌其课试之事,而纠正不如规者"⑦,无法与元代学官相俦。下面从传道授业和兴学修学两个方面加以说明。

1. 传道授业

教学是学校的主要任务,讲学是教师的本职工作。在元代学官

---

① 《庙学典礼(外两种)》卷二《学官格例》,第38—39页。
② 《庙学典礼(外两种)》卷二《学官职俸》,第32页。
③ 《庙学典礼(外两种)》卷三《正录不与教官联署》,第46页。
④ 《庙学典礼(外两种)》卷六《山长改教授及正录教谕格例》,第138页。
⑤ 《庙学典礼(外两种)》卷一《革提举司令文资正官提调》,第25页。
⑥ 《庙学典礼(外两种)》卷六《行省差设教谕》,第133页。
⑦ [元]脱脱等撰:《宋史》卷一百六十七《职官志七·幕职诸曹等官》,第3976页。

系统中，就路学而言，教授、学正和学录均从事教学工作，然因教授事多职重，估计具体承担教学工作的应为学正、学录，所以陈栎有"(学)录于侯泮教官，为第二员"之谓①，学录位列学官第三级，若不指教职之任，断不能为第二员。讲学的主要目的之一为培养人才，授经传道，这应是历朝历代学官的通义，如休宁方塘汪深（1231—1304），字万顷，号主静，任湖州安吉教谕，慨然思以作新人，匪徒从事文章，辨传注之得失，达群经之会同，极圣贤之阃奥，推考礼乐制作、刑政因革之文，使学者有所依据，以为日用常行之地；每月朔日升堂，召诸生环立，讲求斯道之要，尝谓："古道修明，人心纯一，后世文艺之工，展转沈痼，几于蠹蚀不存，然而理之在人心者，不容泯也。国朝（时在宋末——引者，下同）诸儒，复振远响，斯道晦而复明。吾州近幸翼之胡公（胡瑗）教授诲泽，尚新在人耳目。尔诸生天资，虽通塞不齐，必求体用一源、显微无间之妙，使高远者不坠于荒忽，循守者不流于滞固，其功用岂不大哉！"诸生遂奋修前哲，潜玩而服行，大小翕然归仰，尊称为"主静先生"，湖州士人莫不曰："前有翼之，后有主静。"②

然在元代，学官的传道又多了几分沉重的心情。元代统治者为蒙古贵族，其族历世以游牧为业，而以农耕为基础的儒家伦理传统与文化对他们本没有多少吸引力，所以其初期治国亦多不用儒术。后随着征服中原和南方的需要，虽敕令保护庙学、恢复发展教育，然不过为统治之需，并非真心向儒，在他们看来，儒家与释、道等宗教并无异同。自汉以后即居于统治地位的儒家，在元代遇到了未有的变局，在此种情境下授经传道的学官怎会熟视无睹？所以，在庙学里，不少传统儒家意识较强的学官，与在野以儒家学术传承为己任的士人一

---

① ［元］陈栎：《定宇集》卷二《送唐长孺赴平江学录序》，第175页。
② ［元］陈栎：《定宇集》卷九《汪主静先生墓志铭》，第290页。

样,言必称孔孟、程朱,孜孜于先贤经典的讲授。如紫阳书院山长程逢午(1237—1303),字信叔,休宁汊川人,宋末两举进士不第即弃举业,泊然不以得失为喜愠,居家教授,接识诸老,习闻绪论,朝订暮考,得其指归,为学益精深,族父程若庸雅敬之,每过谈论终日;元贞二年(1296),郡官荐之行省,遂版授紫阳书院山长,既至为诸生抽绎《中庸》数万言,辑为《讲义》三卷以教学者,该书益畅朱学之旨,多所发明,郡以其文可传,命书院锓梓。名士邓文原尝谓:"今之任师道者得如信叔,其庶几乎!"① 陈栎云:"教授任千里师儒之寄,教谕亦任百里师儒之寄者,而可不知所自重乎?自重如之何?曰深根源以绍正派是也。"② 逢午讲学为学正是"深根源以绍正派",故深得时人认可。从程荣秀官学的实践中,我们亦可以看出学官的这份担当。程荣秀(1263—1333),休宁陪郭人,童子时学于方回,后又从许月卿受《周易》,学成以讲授为事,每自谓"伊洛之后从游考亭,非程朱之书盖不之好也"。延祐(1314—1320)中,邓文原持宪江东,廉其才,举授建康路明道书院山长。荣秀为教官学,率先行义,后课试,钱谷有余即以整濂洛之书,正讹补缺,梓本多完,学者翕然服其教;升平江路儒学录,再调嘉兴路儒学教授,所教一如建康,而于风励学者尤力,复新范仲淹、陆贽祠,订正其遗书,裒集其祀典,为《景行录》;再荐授江浙儒学副提举,时学者多尚文辞,荣秀则语曰:"儒者经史中自有乐地,不愿汝曹之崇此葩藻也。"其为学,一以治心为主,所至必揭程颐所撰视、听、言、动"四箴"及朱熹所作"敬斋箴"于壁以自警;居家接物,动师古人,服食寝处,悉有常度;诸经子史,悉有记录,所勘动数百卷,多发儒先所未发。③ 虽然,许多学官所讲所授于传统学术并未见得有

---

① 邓文原:《故海盐州教授程君逢午墓志铭》,见《新安文献志(二)》卷七十一,第203页。
② [元]陈栎:《定宇集》卷二《送王弥道江宁教官序》,第183页。
③ 陈祖仁:《元故江浙等处儒学提举程公荣秀墓志铭》,见《新安文献志(二)》卷七十一,第193—194页。

多少创新,然而这份保存传承文化的意识和做法在那个特殊的年代是值得肯定和颂扬的。

学官传道授业的同时,亦注重以儒家伦理尤其是新儒家——以程朱理学为代表的两宋新思想观念,陶冶化育士人和普通百姓。"教谕提举,身为百里之师"①,以及上所引陈栎之语,都在强调教授、教谕化育一方之责。授业固然重视学问之传授,然作为实用性极强的儒学和在强调学以致用儒家传统的熏陶下,士人在讲学传道的同时多致力于儒家伦理学理的实践,前举汪深、程荣秀的事例均能说明这一点。再如休宁忠孝乡人汪士逊,字宗礼,至元十八年(1281),举授南轩书院山长,尤勤教育,尝谓人曰:"凡读书以践履致用为本,立身以孝弟为先,苟不由此,非圣贤之道。"化洽乡间,人多悦服。② 歙县汪奕庆,历任平江路长洲县学教谕、衢州路清献书院山长、平江路嘉定州、太平路二学教授,推善教之心,"登讲座,进诸生,导诱谆恳,羽翼纲常,表章道义,使先王遗教之懿,入耳而著心";在太平尝仿科举式,大兴堂试,所选多髦俊,文风乃振,当地士人谓"望其表仪而起敬,知其长育文献之邦,父兄师友,渐陶有素"③。歙县吴梦炎任处州路教授时,讲行乡饮酒礼;信行汪维祺(1242—1326)初任建德路淳安县石峡书院山长,所甄陶者率皆成名;后升杭州路学教授,严立条约,以身示教。

讲学、传道、教化作为学官生命的重要组成部分,不少人终身事之而不辍,其子孙亦为之不辍,成为元代徽州的学官世家,如前举休宁汪士逊,其子安甫为黟县直学,孙衮为国子学录,皆世守其为教遗训;歙县汪奕庆父汪逢辰,字虞卿,号古学,早厌科举之学,研究义理,

---

① [元]陈栎:《定宇先生文集》卷十一《休宁重修文公祠上梁文》,《元人文集珍本丛刊》(4),新文丰出版公司,1985年,第407页。
② 弘治《徽州府志》卷九《人物三·隐逸》,第307页。
③ [明]陶安:《陶学士集》卷十四《送汪教授序》,文渊阁《四库全书》(1225),第747页。

年四十教谕乡校,调饶州路鄱江书院山长,转嘉兴路崇德州学教授,"化雨滋鄱水,文风振语溪"①,学识渊博,著有《鸣求集》、《忠孝集》、《稽古编》、《七经要义》、《太平要览》等②。方回称其学,谓《鸣求集》考经"归于至当"③。元初紫阳书院山长汪一龙仲子艮,德庆路儒学教授;季子巽元(1262—?)④,漳州、饶州路儒学教授。巽元长子孟坚,仕为饶州初庵书院山长;次子希,字仲罕,尤嗜古好学,曾任慈湖书院山长;婿郑绍,荐为鄮山书院山长。元初祁门县尹方贡孙子玲为江阴州学教授,另一子瑞为抚州学教授。绩溪坊市人高阳祖,字明叟,至元间举明经任南安教授,子四人:若弼,号忠斋,任桐庐县教谕,至正十四年(1354)领绩溪学事,辟士修学,克复旧规;若水,任淳安;若川,任海门;若困,任南陵,俱教谕。⑤ 再如歙在城人唐元(1269—1349),字长孺,号筠轩,浸灌经术,探赜史籍,学号该博,中年屡举进士不第,即弃举子业,以古文鸣世;发已纷白始仕吴庠,泰定丁卯(1327),年五十八始以文学起为平江路学录,再任建德路分水县教谕,升集庆路南轩书院山长,寻以徽州路学教授致仕,遇春秋祭祀,苹藻洁虔,犹训迪生徒,侃侃讲说无怠。⑥ 其父唐虞,号梅膴,以《周礼》中亚选,讲学紫阳书院,一时宗之⑦;堂兄李龙(1264—1349),字仲良,号深谷,曾任祁门县儒学教谕⑧;长子徐卿(1290—1356),字敏

---

① [明]陶安:《陶学士集》卷四《追挽主簿汪古学》,第631页。
② 弘治《徽州府志》卷八《人物二·宦业》,第268页。
③ [元]方回:《桐江续集》卷三十四《汪虞卿鸣求小集序》,第693页。
④ 按:汪巽元,字复心,又字称隐,号退密老人,休宁西门人。其《琴所序》谓"至元己卯(1339)三月望日,七十八岁老人汪巽元书"(《新安文献志(一)》卷十九,第269页),结合其父生平推断其生年为景定三年(1262)。而郑玉《送汪仲罕主簿序》"称隐汪先生,生先先君子一年",郑玉父千龄生于咸淳元年(1265),非一年也。郑氏误。至正五年(1345),助修休宁县学(虞集《休宁重建学记》,见弘治《徽州府志》卷十二《词翰二·记》,第397页),此为史籍中最后一次出现巽元,其卒年应在此后。
⑤ 弘治《徽州府志》卷六《选举·荐辟》,第209页。
⑥ 杜本:《徽州路儒学教授唐公元墓志铭》,见《新安文献志(二)》卷九十五下,第594页。
⑦ [明]鲍应鳌:《瑞芝山房集》卷十《唐赠公行状》,明崇祯刻本。
⑧ [元]唐元:《筠轩集》卷九《李氏族谱序》,第546页。

仲,号见梅居士,受紫阳山长孔棣、路学教授陆德原踵门币聘为训导,"申明教条,与学者恳恳讲说不休",后其徒巴尔斯布哈任浙东宣慰副使、丘察罕为唐州奕总管①;第五子桂芳(1308—1381),弱冠贡于有司不利,客金陵聘明道书院司训,后以文行荐闽南教职,擢建宁路崇安县教谕,入讲堂,师道严肃,诸生云集,学子不远千里来从游,翰林待制杜本尝曰:"内附以来,崇安教官,当以唐公清才懿德为第一人。"②

讲学是传道、化俗的主要方式,不仅是学官的基本职责,亦是非学官——儒士的基本工作之一。儒士自出现起即注重以此种方式教化受教者,尽管后来大量的儒者借助选举而入仕,多了一条化民的方式,然而讲学作为儒者之本业却从未中断过,有时甚至成为士人干政的重要方式之一。宋元易鼎,世变纷纭,儒士仕途受阻,儒者更加强调以讲学传道、化俗。同时,元廷为加强对士人的管控,对其按身份、年龄讲学、受学有着明确的规定:"在学儒人,除前廊耆旧,皆亡宋登科贡舍之人,逐月朔望轮次讲书;东西序耆儒内,请每日登堂讲《通鉴》一章,然后会食。"③"在学儒人"即纳入官学的儒户,他们虽不担任学官之职,但须按规定赴官学讲书或学习。其讲书的主要对象为官学儒生,而其他非主讲儒户以及学官、州县官吏、地方儒士亦会旁听。所讲之内容由主讲人根据个人的学术旨趣和偏好,选取儒家经典或程朱著作的个别篇章、节目引申发挥,类似于现在的学术报告。所以,它与学官有计划的教学和系统的知识传授均不同,更注重发挥文本中的教化意蕴和主张。如在元初担任路学教授的汪梦斗,其仅存的著作《北游集》两卷中即有一卷为讲义。内中包括至元十四年(1277)十一月为绩溪县新学所开讲之《复其见天地之心乎》、为华亭

---

① [明]唐桂芳:《白云集》卷七《先兄敏仲训导墓表》,第 895 页。
② 锺亮:《南雄路儒学正白云先生唐公桂芳行状》,见《新安文献志(二)》卷八十九,第 469 页。
③ 《庙学典礼(外两种)》卷五《行台坐下宪司讲究学校便宜》,第 100 页。

县九峰书院所讲之《子曰古之学者为己今之学者为人》《心》，以及二十一年（1284）五月朔在紫阳书院所讲《天理人欲》。几篇讲书主旨均在揭橥程朱理学之关枢，如《子曰古之学者为己今之学者为人》一文，有感于其祖汪晫"天下事惟天理、人欲两涂，出乎彼则入乎此，人最患路头之差"之说，将孔子"所以为古今之学，而致辩于理欲之分，以先正其所由之涂"①；《心》篇则教导受教者"于本心上加防范、涵养之功，使虚灵不昧，存之而勿失"②；《天理人欲》篇用理学天理、人欲论，阐释传统儒学之命题及思想。各篇虽在于发挥理学学说，但又非单纯的思辨和说教，而是勉励诸生"蕴之为德行，发之为事业"，"知行互进"，切不可"讲而不听，听而不思，思而不行，行而不力"③。《复其见天地之心乎》，谆谆教导后生毋自我暴弃，以传圣道、明教化为职志。在梦斗看来，儒学不仅仅是学（学说思想）与术（利禄之径），更是"敕天命纪民彝"的"人生日用常行之道"：无论学者、百姓，在日常生活中，子尽孝、臣尽忠、夫义妇顺、长令幼从、同门合志即是履行、传承斯道。梦斗虽谦虚谓己学道而不足以传道，然透过其文观其内心深处，知其当仁不让地于世变之际主张、扶持和纲维圣道并以之教化受教者作为使命。

2. 兴学修学

元代徽州官学创修较为频繁，在官学兴修专节中已讨论此问题。在官学的创建和修复中，学官发挥着巨大的作用，事实上，元代徽州学校的兴修几乎每一次都有学官的身影。以路学为例，在壬辰（1352）兵乱前，共有大小修复8次，教授所为者6次，其中至元十五年（1278）陈宜孙重建郡学、二十八年（1291）杨斌复贡院基地、大德四

---

① ［宋］汪梦斗：《北游集》卷下《华亭县九峰书院开讲·子曰古之学者为己今之学者为人》，第469页。
② ［宋］汪梦斗：《北游集》卷下《华亭县九峰书院开讲·心》，第470页。
③ ［宋］汪梦斗：《北游集》卷下《天理人欲》，第471—472页。

年(1300)徐拱辰重建讲堂、至元四年(1338)陆德原以己赀创大成殿，均见载于弘治《徽州府志》学校志中，足见其重要。而另外两次：元贞(1295—1297)初，鲍寿孙及正、录而下捐俸增创祠殿；大德七年(1303)，束从周石绘祀版、葺新宫室，则有方回《徽州路修学记》与任士林《徽州路重修学记》以记事。路总管所为者仅2次，即许楫、朱霁分别建小学与修葺学宫，既不见载于学校志，也无专门记文，仅见于时人所作的德政记和铭文中，其在路学沿革中似不重要。再如歙县儒学在元代有记载的修复4次，其中3次，教谕或主持，如元初时戎兵撤毁，仅存礼殿，吕泰初等兴复；或"相其成"，如至正四年(1344)与辛丑岁(1361)，县丞叶琛、尹张齐修复，皆有教谕吴兴赵某、江材为辅。[①] 其他县学、书院亦多如此。即使官学的主持修复者为路、县官吏，而教授或山长、教谕在其中也起着一定的作用，他们或始倡其事，或捐资筹款，或出谋划策，或主持工程，或为文记颂，参与并见证了兴学的整个过程。

在学官职责部分，笔者曾归纳教授的主要职责，但其中并未见有修建学校一项。教授总领一路之学，尚无此任，比教授低的学官无疑更无需对此负责。事实上，一地学校兴废，官长应负有根本责任，这是从自两汉以来儒家对官吏形成的基本认识，也是政府考核的主要依据；而学官作为地方教育教化的具体承担者，仅是官长责任分担中的一员，完全受制于后者。但在史料所呈现的学官事迹中，我们看到不少学官都有兴学修学甚至创学的做法，在官学兴修及学校祭祀章节中，笔者已略有涉及，只是未突出此点，下面再略举徽州学官及本地士人在外地为学官的事例以明其义。

歙县丰南吴梦炎，字文英，号南窗，宋景定五年(1264)举于乡，江

---

① [元]唐元：《筠轩集》卷十《歙县儒学修造记》，第558页。宋濂：《歙县庙学碑记》，见弘治《徽州府志》卷十二《词翰二·记》，第398—399页。

南内附,始自休宁教谕为紫阳书院山长,任上新文公祠,兴小学,勤于化导,迁本路教授。时朝廷将以儒户入民籍,梦炎奔走行省,力求脱免之,六邑儒家实受德惠;转处州路教授,复学田四百亩,建石门书院,教治士和,讲行乡饮酒礼,累迁浙江道廉访,为人率履惇慎,居官处室,严正不阿,著有《周易集义》、《补周易集义》、《朱文公传》。① 绩溪胡竹洲(?—1296),粹德硕行,但求立身行道无愧而已,无德色于人,施药济众、辟路筑堤,尤以教养不辍为急务,初教乡邑,相地创学,择师训生徒;为教浮梁,充廪给,构黉宇之将坠,葺敝补罅,归民田之久讼者百余亩。② 上饶倪南杰(1249—1317),至元十八年(1281)任徽州路学正、紫阳书院山长,黾勉供职,究朱陆异同,捐俸以修黉舍,士众悦服。③ 歙县洪焱祖(1267—1329),历任平江路学录、浮梁州长芗书院山长、绍兴路学正、衢州路儒学教授,兴修学舍。婺源石枧人俞师鲁(1269—1333),字唯道,初任龙兴路儒学教授,籍钱粮,选直学之廉谨者掌之,斥逐奸蠹,凿泮池,新斋舍,礼师儒,增弟子员,士风翕然,过者叹曰:"此教官,朱子乡人也。"转广德路儒学教授,举职如龙兴。④ 歙长龄人郑绍(1288—1353),字仲贤,师学曹泾,从外舅汪巽元游宦吴、楚,经赵孟頫荐为鄞山书院山长,书院栋宇倾圮,教养久废,修治惟谨。⑤ 婺源州学正余志贤,自居职,"拓其土田,饱其徒众,偿其宿逋,洁其祀事;庙学斋垣则焕然以新,花木果蔬则植而就列;尊耆艾以厚风化,行课试以勖俊茂"⑥。唐桂芳初为建宁路崇安县学教谕时,生徒星散,学宇倾圮,乃重修孔子庙庭,建斋舍,筑杏坛。紫阳

---

① 民国《歙县志》卷六《人物志·宦迹》,《中国地方志集成·安徽府县志辑(51)》,江苏古籍出版社,1998年影印,第215页。
② [元]舒頔:《贞素斋集》卷三《跋竹洲胡君行述后》,第589页。
③ [元]吴澄:《吴文正集》卷八十四《倪君立墓志铭》,第796页。
④ 程文:《松江府知事俞公师鲁行状》,见《新安文献志(二)》卷九十五下,第596页。
⑤ 危素:《郑公绍墓志铭》,见《新安文献志(二)》卷九十二上,第521页。
⑥ [元]唐元:《筠轩集》卷九《送余志贤序》,第542页。

书院壬辰时毁于兵燹,庚子(1360),桂芳摄山长,倡移建于东关县学旁,士人皆劝相植草木、捐瓦石,构正祠三楹,两庑十楹,门屋三楹。①

由以上事例可以看出,学官的教育活动包括诸如讲学、管领所辖儒士、祭祀、修学、增置学田,而修学创学只是其中的一部分,但已成为不可缺少的重要组成部分,甚至可谓"天职",如前举余志贤,为婺源学官前,曾任杭州仁和县学谕,顾学敝甚,慨然谓曰:"胡为而然哉?吾职所在,而以人责所不及而旷然可乎?人纵不吾责,吾能谴无愧于心乎?"遂与士自任劳役,又以私钱作居室于学北隙地,使后之为校官者得以有守而勿废。② 其婺源修学亦可看作对"天职"的履行,故唐元认为其使"四方官于学之士有所矜式,用儒之效,其特立表见如此"。他们的做法俨然已取代了一地官长的基本责任,而这正是儒家"士以天下为己任"思想在新时代背景下的再造及其在学官身上的具体体现。

学官何以为此?个中原因在官学修建的教化价值章节中,笔者也已有所阐释,然仍需强调的是,学校是教育的基本场所,校舍状况直接关乎学事的兴废,学官任于斯、教于斯、业于斯,对此较之郡县官长体会为深,故不为此,何无愧于心乎?另一方面,讲学传道能否被对象所接受,还需要受教者经由内在的再体认,它是一个漫长的过程,所谓"百年

---

① 按:对于后一次修学事件,陈浩《重兴紫阳书院记》(《朱子实纪》卷十一,第516—517)记载道:"徽士唐桂芳请于部使者黄公庭桂,卜地东门,适走里豪鸠材僦工,凡六阅月而成。殿三楹两庑三门,衣冠肖像焕然可观。主者郡守魏珍,董役者县丞胡拱辰,赞助则前山长张斑也。……桂芳其有功于名教也……"唐桂芳本人为丁未(1367)再修所作《重修紫阳书院记》是这样追述的:"庚子(1360),部使黄公庭桂卜东关,鸠材就工,阅六月成,协谋知府魏珍、歙县丞胡拱辰,董役则张斑、唐仲也。"(《白云集》卷六,第866页)洪武十二年(1379),桂芳又为本年度修学作《重修紫阳书院记》谓:书院"一建于城南门,知府韩公思轩(韩补——引者,下同)、魏公靖斋(魏克愚)也;再迁于南阜,山长张公仲文(张炳)也;三迁于东关,金宪黄公德芳(黄庭桂)、知府魏公均祥(魏珍)也"(《白云集》卷六,第876页)。由前一篇记文可以看出桂芳既是庚子年修学的倡修者,又因时任山长故亦是主持者;而可能是谦虚或撰文体例之故,再作记文时隐晦了个人功劳,却不经意间拔高了时任官吏的作用,而钟亮《南雄路儒学正白云先生唐公桂芳行状》出于行状体例之需要,以致忽略了官吏的作用。
② [元]陈旅:《安雅堂集》卷六《婺源州学正余志贤之官序》,第75页。

树人"实含此意。这样看来,官学修复较讲学而产生的直接教化价值似是更快,然实施起来实非易事。因为在元代,中央朝廷对地方学校尤其是江南几乎没有任何投入,地方政府亦投入有限。学校的运行维持一般仅靠学田所得,而其所入亦需开支学校运转、学官薪俸、春秋释奠、朔望祭祀、资助生徒、儒户等,剩余者才能用于学校修理。元代徽州学田本就甚少,加之经营不善、胥吏中饱私囊,基本用途已很难保证,焉能有盈余以为学校兴修之大事。所以,学官修建校舍多要借助官府的力量,不然则要靠募捐或自掏腰包。事实上,不少学官往往选择了后一条道路。如元初,绩溪县教谕胡遂孙与广德路学教授张旗捐赀买地建县学。歙上路人张炳,字文虎,延祐二年(1315)任紫阳书院山长时,时书院在南门内,溪水泛涨,书院栋挠不支塌圮,欲迁于南阜,然书院田租仅三百石。张炳朝夕勤劳,倾己帑,又募路、县官僚俸佐之,筑御书碑亭,建大成殿、讲堂、文会堂、文公祠、庖湢、仓廪及亭百余楹①,于书院发展实功不可没。陆德原(1282—1340),字静远,平江路长洲县甫里人,少知学,治别室延宿儒与居游,尚义好礼,歉荒岁发廪全活甚众;每见浮屠老子之居金碧辉煌,而儒宫往往摧毁,慨念世俗谀于福报之说,不知圣人道德仁义之泽被于无穷,故于学校之事尤致意,捐田创义塾,重聘名儒如陆文圭、龚璛、柳贯等为师,户屡无所容;元统二年(1334),创甫里书院②,朝廷命为山长,摄事不阅月,新学道书院殿宇;长洲县学久废,又捐资复之。秩满,调徽州路儒学教授。时路学久废,礼殿缺圮最甚,德原"以徽为儒薮泽,朱子阙里在焉,不宜坐视其坏,谋改作而财用不足,乃大发私囊以资土木之费,仍身任其役,沿郡檄来平江购良材,募善工以往"③。礼殿成,"高敞雄峙,为东南最"④。当然,学官能否捐资兴

---

① 弘治《徽州府志》卷六《选举·荐辟》,第209页。
② [元]柳贯:《待制集》卷十四《甫里书院记》,第421—423页。
③ 黄溍:《元故徽州路儒学教授陆君墓志铭》,见[明]朱存理《珊瑚木难》卷五,第170页。
④ [明]唐桂芳:《白云集》卷六《重修兴安府孔子庙记》,第858页。

学，一要看其家庭经济情况，二则是个人的品质与境界。事实上，愿意为此的学官，家资多富庶，且有着一贯的兴学义行，如前所举绩溪胡竹洲、长洲陆德原，特别是陆德原创义塾时即捐学田千亩，许多路学皆不能望其项背。当然更为重要的是个人的境界，所谓富而好义者是也。此种学官因兴学之义举，小则见诸时人文集，大则地方志甚至正史留名，如陆德原殁后，诸生因之成学者，咸相与为文以祭，时人诔曰："居家庭为孝子，处州里为善人，官学校为良师。"不少时人的文集及地方志书中均见载其兴学教化的事迹，而这也对后世学官、士人形成潜移默化的感染与号召力，成为教化的楷模。

三　官学祭祀之教化

中国古代的官学，或称为儒学，而唐以后又称之为庙学，"学之尊先圣也，自汉以来未有一定之制，亦未有通祀之典；唐开元间定孔子为先圣，庙而衮冕南面，每岁春秋祀焉，由是庙学之礼益备，凡有学者必有庙，示其尊也"①。庙以祭为职，学以教为事，庙、学并称足见祭祀和教学的合一。事实上，这构成了古代官学的两大基本职能。对于从庙到庙学的转变，方回有谓："古功臣与食于大烝，而后世享先圣也，以其门弟子及贤者侑之。汉孔庙不出阙里，许天下建原庙，以唐正（贞）观始。唐释奠惟侑颜子，加以孟子，自宋元丰始。宋初止有四书院，诏郡县皆立学，自庆历中始。近世所至有庙学、书院，而又升曾、思之侑，自濂溪至东莱，俱列从祀，而又无不专为之祠，益从今尚损与古违世也。"②方回所述的庙学发展轨迹，独独指出祭祀配侑制

---

① ［元］吴澄：《吴文正集》卷五十《崇仁县孔子庙碑》，第517页。
② ［元］方回：《桐江集》卷二《徽州重建紫阳书院记》，第174页。

的变迁,而这正构成了宋以来庙学最为重要的职能,欧阳玄的看法亦可以为证:"古之学校为教事设而政事出焉,辟雍、泮宫、习射、养老、出师、受成,皆在其地,何莫非政事也? 后世学校虽治教事,而特以祀事重焉。"①《元史》也称:"国家化民成俗,莫先于学校。而学校之设,必崇先圣先师之祀者,所以报功而示劝也。"②强调祭祀圣师报功示劝的教化意义,虽与方回、欧阳玄的视角不同,然同样看重学校的祭祀职能。

圣贤和祖先祭祀是儒家最具教化意义的祭祀活动③,然就元代学校祭祀而言,目前以教育史的视角研究者甚少,除徐梓、申万里外,未见其他学者作专门探讨。徐梓在《元代书院研究》中简要勾勒了书院祭祀的形式、时间、服饰、祭器、对象等大致状况;而申万里则考察了庙学的祭祀,认为朔望祭祀、讲书是儒学教学活动的重要内容之一,元代文庙祭祀制度的发展主要体现在祭祀礼仪的完备、祭器的普及、大成乐的推行等,春秋祭丁、朔望祭祀及平时庙谒是其主要形式,学官、生员、地方吏员以及民间儒士、耆旧是主要参见者,其对发展教育、传承文化、稳定社会及净化社会风气等产生了积极的影响。④ 关于元代徽州的学校祭祀则尚无学者涉猎。

从文献记载来看,元代徽州官学和书院亦以祭祀为重,如休宁县学初立时,"即其治之东街,为屋数间,以奉先圣先师之祀"⑤,后方设学;婺源明经书院初建时礼服、祭器悉备,以学田收入充祭祀、师生廪俸、修学费,由山长奉祀主教。从学校结构来看,官学及官立书院一般前庙后学或右庙左学,歙县学于壬寅(1362)八月修成后,"中峙王寝,

---

① [元]欧阳玄:《圭斋文集》卷五《贞文书院记》,文渊阁《四库全书》(1210),第 34 页。
② [明]宋濂等:《元史》卷七十七《祭祀六·宋五贤从祀》,第 1921 页。
③ 黄书光:《论儒学社会化的若干途径》,《纪念〈教育史研究〉创刊二十周年论文集》(3),2009 年。
④ 申万里:《元代文庙祭祀初探》,《暨南史学》,2004 年第 3 辑。
⑤ 虞集:《休宁重建学记》,见弘治《徽州府志》卷十二《词翰二·记》,第 397 页。

象厥正配,黼座朱几……旁图从祀于两庑间。……庙左别筑论堂、直斋,以处讲师暨弟子员"①;明经书院,"右先圣燕居之殿,左诸生会讲之堂"②。当然,因徽州庙学往往均建有朱子祠,所以亦有右庙左祠之结构,如方回所云:"独徽学先圣殿之左,又专为吾徽国太师文公祠"③。庙即大成殿,亦称之为殿或礼殿、文庙、孔庙,为祭拜先圣先师之所,中塑孔子像,四配十哲等分列左右、两庑。庙学内还建有宰牲房、神厨等存放祭物之所,配有各类祭祀用品,如簠簋笾豆等祭器具、祭服、大成乐等。即使私立书院多亦如此,如元末汪同所创的休宁商山书院,"其庙学之制,释奠之仪,师弟子供亿之节,教学之规,一切皆使学者相时考礼,以序为之"④;程本中建于婺源环溪松山的遗安义学,为屋若干楹,中祀先圣先贤。可见,庙学祭祀制度并不仅限于官学。

元代徽州官学和书院祭祀以先圣先师居首,其次则为朱熹、二程以及众多乡贤、名宦。如元初徽州路学重修后,"殿之右再创周(周敦颐——引者,下同)、二程、张(张载)祠,增祠广汉(张栻)、东莱(吕祖谦),吾文公旧祠名藻加严"⑤。休宁县学内有端明祠,祀宋端明殿学士程珌;祁门学西有甘棠祠,祀前知县陈过、徐拱辰、傅褒、潘金;绩溪有三先生祠,祀前县令苏辙、崔鷗、胡舜陟。除专祠外,在路学及各县学还建有企德堂,东祀州、县名宦,西祀乡贤。书院除祭祀孔丘、朱熹外,也有专祠对书院有重要贡献者,如胡炳文逝世后,学者立祠于明经书院内奉祀之。当然,对于名人的祭祀,古人是十分讲究的,符合四种情况之一者方能致祭:其乡,其寓,其所仕宦之邦,有秩祀之文。⑥ 不

---

① 宋濂:《歙县庙学碑记》,见弘治《徽州府志》卷十二《词翰二·记》,第 399 页。
② [元]吴澄:《吴文正集》卷三十七《明经书院记》,第 394 页。
③ [元]方回:《桐江续集》卷三十五《徽州路修学记》,第 700 页。
④ [元]赵汸:《东山存稿》卷四《商山书院学田记》,第 288 页。
⑤ [元]方回:《桐江续集》卷三十五《徽州路修学记》,第 700 页。
⑥ [宋]朱熹:《晦庵集》卷七十九《徽州婺源县学三先生祠记》,文渊阁《四库全书》(1145),第 635 页。

然，于礼不符。所以，婺源建乡贤祠专祀二程时，针对不同声音，胡炳文就作了考证释疑。

专祠祀朱熹、二程是元代徽州官学、书院祭祀的特色。淳祐元年（1241）正月，宋理宗下诏令周敦颐、程颢、程颐、张载、朱熹五人从祀学宫。① 此后，天下学校皆以周、张、二程、朱从祀孔子，程朱理学获得政府支持而愈益尊显。但徽州作为"朱子阙里"，在祠祭二程与朱熹上，却与其他地区不同，不仅有朱熹专祠，且建祠时间较早，数量众多；二程亦建有专祠。

（一）朱子祠及其教化意蕴

据明人戴铣《朱子实纪》记载，在元代各府县官学（不包含书院）中，徽州有朱子祠者最多，共6处，其中5处设在官学②。加之紫阳、晦庵两所官立专祠书院，以及载于弘治《徽州府志》的黟县学文公祠，整个徽州设在官立学校、书院的朱子祠共8所。其中6所创建于宋，即路学、紫阳书院、婺源、祁门与绩溪、黟县学；2所创于元，休宁县学和婺源晦庵书院。也就说，只有作为倚郭县的歙县儒学内没有文公祠。虽多数创建于宋，但无疑至元代方具备一定的规模，如绩溪县朱文公祠，本位于文庙西庑下，置小祠以奉神主；丁未（1367）年，随县学一起迁于县东旧儒学故址，创堂屋、门庑，中塑文公像，以黄榦、蔡元定配，方成为正式的朱子祠③。

徽州学校祠祭朱熹始于何时？黄榦《徽州朱文公祠堂记》谓，朱熹"殁也，徽之士相与言曰：'公之系兹土，吾郡之盛事也。'即郡之学绘而祠焉"；至嘉定七年（1214），朱熹门人赵师端

---

① ［宋］李心传：《道命录》卷十《濂溪明道伊川横渠晦庵五先生从祀指挥》，《丛书集成初编》本，中华书局，1985年，第117页。
② ［明］戴铣：《朱子实纪》卷七《祠》，第439页。
③ 弘治《徽州府志》卷五《学校》，第170页。

为徽州太守,视祠褊狭,"不足以称邦人思慕之意",改创于讲堂之北。①徽之士于州学绘朱熹像而祠之,弘治《徽州府志·学校》作庆元六年(1200),即朱熹逝世的当年。此时,"党禁"尚未除,"道学"仍为"伪学",士子科考涉义理者即遭黜落。乡梓士子在恶劣的政治环境下敢为此,足见对朱熹及其学术的信奉与尊仰。而早在官府明文朱熹从祀的27年前,徽州太守赵师端即大张旗鼓地于州学创建朱子祠堂,亦见其胆量见识超俗。婺源县学则于嘉熙三年(1239)建朱文公祠②,徽州两处较为特殊的朱子祠皆早于政府诏令。

唐桂芳谓:"文公书院有四:建安考亭,仕宦之邦也;崇安武夷,讲学之地也;婺源晦庵,父母之乡也。……紫阳,文公父母之乡也,则专而祠之,尸而祝之,其制礼之当然者也。"③桂芳以考亭、武夷、晦庵、紫阳四书院并称,因它们在朱子祠中地位比较特殊。其中后两个皆位于徽州。紫阳书院"地辟紫阳,祠儒先而立教"④,"前为祠堂,坐文公像于其上,勉斋黄公榦、西山蔡公元定侑之。乃为堂,中揭'明明德'三字以来学者。六斋并设,书楼立其前,披云阁峙其后,庖湢廪厩左右夹置,所以尊师道而昭地灵也。圣上(宋理宗——引者)表章《六经》,亲洒宸翰,作'紫阳书院'四大字以赐"⑤。何以取名紫阳书院?紫阳山在徽州城南五里,朱熹《名堂室记》云其父故家婺源,少学于郡而往游之;赴闽后,未尝一日忘归,故尝以"紫阳书堂"刻其印章,然卒不能归。朱熹承父志,以印章所刻榜其所居之厅。⑥故后之学者称朱熹为紫阳夫子,此紫阳书院名之由来。

晦庵书院亦是为祠祭朱熹而建。婺源为朱熹乡邦,旧县学虽有

---

① [宋]黄榦:《勉斋集》卷十九《徽州朱文公祠堂记》,文渊阁《四库全书》(1168),第215页。
② 汪应辰:《县庠朱文公祠堂记》,见《朱子实纪》卷十一,第485—486页。
③ [明]唐桂芳:《白云集》卷六《重修紫阳书院记》,第877页。
④ 韩补:《御书紫阳书院四字谢表》,见《朱子实纪》卷十一,第532页。
⑤ 诸葛泰:《紫阳书院记》,见《朱子实纪》卷十一,第514页。
⑥ [宋]朱熹:《晦庵集》卷七十八《名堂室记》,第618页。

文公祠,然为附祀,于礼制非宜。至元二十四年(1287)①,知州汪元圭创书院于县学之东,里之闻人巨室乐助其役,复捐田以养士,起里人前进士吴觉、江靁为山长。提刑按察副使卢挚行部深嘉之,上于行省,乞以"文公书院"为名,符下名曰"晦庵书院"。初有屋百楹,先圣殿居中,文公祠、讲堂斋序居左右,以滕璘、滕珙配侑。对于晦庵书院的创建,方回高度颂扬道:朱熹梦奠,"其四十七年丙午(1246),而州之紫阳书院兴焉,郡守韩公补实为之;其八十八年丁亥,而县之晦庵书院兴焉,县尹汪公元圭实为之。紫阳之书,晦庵之学,前有光先圣,后有功来哲。而创二书院者,俱大有功斯文,足与文公同不朽"②。延祐元年(1314),书院毁于火灾,元圭嗣子南台监察御史良臣、同知福建都转运盐使良壸,复买北关汪氏园宅为新祠,侨立书院。③ 然"其处占地庳下,神弗宁止,生师所庐,亦窘燥湿",后至元乙亥(1335),知州干文传、汪元圭诸孙思礼、思仁,以及山长黄嘉等返旧址重构,位夫子庙于右,而祠文公于左,讲舍中峙,列庑翼舒,藏修游息,无不具宜。④ 其与先圣居中、文公祠列旁的一般庙学、书院均不同,在晦庵书院中,孔庙与文公祠分居右左,前者仅比后者稍尊,但已有平起平坐之意。而至元明之际,唐桂芳摄紫阳书院山长,重建毁于壬辰兵乱的书院时,构正祠三楹,两庑十楹,门屋三楹,中肖文公,傍肖弟子黄榦、蔡元定以配享⑤,孔子庙似乎在该书院中业已不存在了。

据徐梓的研究,在元代,书院广为祭祀朱熹,在其随意抽取的50所书院中,有33所是祭祀宋元理学家的,而其中与朱熹有关的祭祀

---

① 按:关于晦庵书院的创办时间,方回《饶州路治中汪公元圭墓志铭》与弘治《徽州府志》(卷五《学校》,第168页)皆谓至元丁亥(1287),独柳贯《婺源州重建晦庵书院记》(《待制集》卷十五,第439页)谓至元二十六年(1289)。
② 方回:《饶州路治中汪公元圭墓志铭》,见《新安文献志(二)》卷八十五,第396页。按:方回谓其本人有专文记载晦庵书院兴建一事,但查方文并未见,盖已佚失。
③ 弘治《徽州府志》卷五《学校》,第168页。
④ [元]柳贯:《待制集》卷十五《婺源州重建晦庵书院记》,第439页。
⑤ 锺亮:《南雄路儒学正白云先生唐公桂芳行状》,见《新安文献志(二)》卷八十九,第469页。

占 67％。可以说,朱熹是当时书院祭祀的核心。① 各地书院祭祀朱熹,主要因其在儒学发展与教育上的独特贡献,"文公既没,凡所居之乡,所任之邦,莫不师尊之,以求讲其学,故书院为尤盛"②。这一点徽州官学与书院概莫能外,徽州学者对此认识亦与时人一致,如方回谓:"吾乡大儒先生近世天下第一品人,绍濂纂洛传孔孟之不传。"又谓:"吾徽学专祠吾文公,岂私于乡先生乎? 自羲画以来,有孔、颜、曾、思、孟之言,不可无周、二程、张之言。吾文公陟衡岳,沿婺渚,参考互订,无一书无论著。由吾文公之言,上达于周、二程、张之言,又上达于孔、颜、曾、思、孟之言,心学也。吾文公于《中庸》首章具言之。此心未发,人所不睹,己亦不睹,人所不闻,己亦不闻,以敬存养,而非寂灭之静,于以涵位育之全体。此心既发,人所不睹,己则独睹,人所不闻,己则独闻,以敬省察,而无过差之动,于以充位育之极功。所赋之命,所受之性,所由之道,所得之德,粹美不杂,浑完无亏,学者于斯而不尽其心可乎?"③朱熹之学接继周、张、二程,上达于孔、颜、曾、思、孟,集儒学之大成,得儒家"道统"之真传。

但是,徽州在庙学中为朱熹建祠,甚至建书院专祠,还因为朱熹祖籍徽州,为乡贤中影响最大者。徽州,朱熹之故里;婺源,"徽国文公之乡"④:已成为徽州人和时人的普遍共识。如方回谓:"歙,今鲁也;紫阳,今洙泗也。"胡炳文亦谓:"歙婺源,鲁洙泗之邦也"⑤,"嗣邵、周、张、程者,新安朱子也。《易》《诗》《四书》之说,千载以来之所未有。其书衍溢乎天下,况新安其乡,遗风余响犹有存而未泯者乎?"⑥由此很

---

① 徐梓:《元代书院研究》,社会科学文献出版社,2000年,第158页。
② [元]任士林:《松乡集》卷一《重建文公书院记》,第491页。
③ [元]方回:《桐江集》卷一《鲍子寿诗集序》,第65页;《桐江续集》卷三十五《徽州路修学记》,第700页。
④ [元]吴师道:《礼部集》卷十二《婺源州学记》,第157页。
⑤ [元]胡炳文《云峰集》卷三《送文公五世孙序》,第763页。
⑥ [元]吴澄:《吴文正集》卷三十七《明经书院记》,第395页。

自然地将朱子祠与夫子庙等而观之:"盖新安以书院奉朱子祠,如鲁之事孔子。孔子庙遍天下,皆原庙也,鲁为重;朱子祠遍天下,新安为重。"①虽曰"倡道东南,明伊洛以绍洙泗",但在当时一部分徽州人心目中,朱熹的地位已仅次于孔丘,"以真知实践之学,绍圣贤不传之绪","夫子不生,万世纲常何以赖!文公不生,笺注诸经何以明哉!"②

(二) 二程祠与乡贤崇拜

除朱熹有专祠外,婺源州于泰定元年(1324)建有乡贤祠,专祀程颢、程颐。事实上,早在南宋淳熙八年(1181)春,知县周师清即作周程三先生祠堂于婺源县学,"肖其道德之容,使学者日夕瞻望而兴起焉",并请朱熹为作记文。祠位于讲堂北壁下,周敦颐南乡坐,程颢、程颐东西乡以侑。此祠所为,乃出于周敦颐"之学性诸天,诚诸己,而合乎前圣授受之统;又得河南二程先生以传之,而其流遂及于天下……天下学士靡然乡之,十数年来……所在学官争为祠室,以致其尊奉之意"③,即既有尊崇周程学术之因,又有从俗之嫌;然不可否认,其"所以迪后人、厚里俗者,用意远且大"④。而元代建乡贤祠专祀二程则意义并否仅止于此,也与同时其他地区为表彰忠孝、净化风俗、提倡纲常而供奉对庙学有功的先正达官的乡贤祠不同⑤。

乡贤祠由士人程鼎新发起,知州史光祖主建。程鼎新,字炜

---

① 方回:《定斋先生汪公一龙墓铭》,见《新安文献志(二)》卷九十五上,第590页。
② [明]唐桂芳:《白云集》卷五《紫阳书院开讲序》、卷六《重修紫阳书院记》,第843、876、867页。
③ [宋]朱熹:《晦庵集》卷七十九《徽州婺源县学三先生祠记》,第635页。
④ 汪应辰:《县庠朱文公祠堂记》,见《朱子实纪》卷十一,第485页。
⑤ 胡务:《元代庙学的兴建和繁荣》,见《元史论丛》(第6辑),中国社会科学出版社,1997年,第121页。

文,一字晞说,号草庭,婺源清源人,为二程远孙,宋末两贡补生,仕为京学谕,著有《随笔稿》《学稿》《复稿》《读书管见》《讲议》二十篇。[①] 婺源为朱熹阙里,设有专祠,理所当然;然州学设乡贤祠又复并祠二程,在当时尚未被多数士人所接受。对此,元代徽州学者作了许多努力,其中乡贤祠专祭二程及后来程氏统宗谱的编纂,对于推动"程朱阙里"的确认起到了不可忽视的作用。在乡贤祠设立后,胡炳文作《乡贤祠记》,重点考证了二程的祖籍。通过研究程颐所撰《明道纯公行状》[②]和欧阳修《程文简公父冀国公元白神道碑铭》[③],炳文逆推了二程先祖的迁徙路线:河南程氏——中山博野——程灵洗。即程灵洗后裔一迁中山博野[④],博野程氏又迁河南,由此推断出河南程氏实为新安黄墩灵洗之后,新安为河南所出无疑。但是,何以朱熹自书新安,而二程不书?胡炳文认为:"盖由新安而建宁,一世而近,故书。由新安而河南,凡二十余世,中间迁徙不常,故不得独书。"因世系历久,后世不知祖籍者多有之,其解释有一定的合理性。又认为二程可以不书新安,但新安纪新安人物而不书二程,"是谱宋之后而不书孔子,系鲁公族而不书孟子,非阙典与?"可见,其考虑着眼点首先在于二程为本地乡贤。而另一个原因则在学术,胡炳文谓:"近有为道统之说者曰:圣贤之生,天地气化,相为循环,冀在北,岐周在西,鲁在东,舂陵、新安在南。夫斯道绝续,天也。自北而南,迭生圣贤,以续道统之传,非偶然也。方今程朱之学,行天下,薄海内外,遐陬僻壤,犹有学其学者,况兹大好山水,乃其云之泰山、河之昆仑也哉?此乡贤祠之所由作也。

---

① 曾策:《草庭程先生鼎新墓志铭》,见《新安文献志(二)》卷八十九,第460页。
② 按:即《明道先生行状》,见[宋]程颢、程颐:《二程集·河南程氏文集》卷第十一《伊川先生文七》,中华书局,2004年,第630—639页。
③ 按:即《袁州宜春县令兼尚书令冀国公程公神道碑铭》,见[宋]欧阳修:《文忠集(一)》卷二十一《居士集二十一》,文渊阁《四库全书》(1102),第170—172页。
④ 按:即元代保定路博野县,汉时曾属中山国,故有中山博野之称。

《诗》不云乎:'维岳降神,生甫及申。'吾新安以之。又不云乎:'高山仰止,景行行止。'吾新安之士当以之。"①即程朱为近世道统所系,其学术遍布天下,而新安作为宗派源流之地理应建祠表彰。可见,乡贤祠建立的目的乃为表章先贤、阐扬学脉、激劝后学、敦风厉俗。至明代成化十九年(1483),休宁遂以乡贤祠为基础于县学设立二程夫子祠②;万历四十年(1612),歙县又将二程与朱熹并祠一处建三夫子祠——程朱阙里③。可见,徽州地区尊贤右学敦俗的传统一脉相承。

(三) 庙学祭礼的教化功能

祭祀先圣贤师之传统,其来久远。《礼记·文王世子》曰:"凡学,春官释奠于其先师,秋冬亦如之。凡始立学者,必释奠于先圣、先师,及行事,必以币。……始立学者,既兴器用币,然后释菜,不舞不授器。……天子视学……乃命有司行事,兴秩节,祭先师、先圣焉。"郑玄注谓:"凡有道者、有德者,使教焉,死则以为乐祖,祭于瞽宗。此之谓先师之类也","先圣,周公若孔子。"④祭奠先圣先师,体现了古人尊师崇贤、敬道劝学的价值取向。大凡圣贤不仅于学术有贡献,然于人心世道亦为有功。若周公旦制礼作乐,孔丘裁剪"六经",孟轲接周、孔,朱熹溯周、程,"继绝学于人心陷溺之余,振坠绪于世衰道微之后;放淫距诐而天下一治,扶世立教而经籍大明"⑤,建专祠以祀之,既是对其道德人格的认可,又是对其社会价值的肯定。学校为养才、育才之所,于此建祠,用意更为明确,广崇儒之意,开后学向道之心,

---

① [元]胡炳文:《云峰集》卷二《乡贤祠记》,第750页。
② 弘治《休宁志》卷三十一《休宁请立二程夫子祠堂奏词》,见《北京图书馆古籍珍本丛刊》(29),书目文献出版社,1998年,第668—669页。
③ 吴士奇:《新建程朱阙里记》,见民国《歙县志》卷十五《艺文志·记》,第629—630页。
④ [清]孙希旦撰:《礼记集解》卷二十《文王世子第八》,第559—576页。
⑤ [元]柳贯:《待制集》卷十五《婺源州重建晦庵书院记》,第439页。

鼓励后生承继、弘扬先贤学说思想。

乡贤为地方贤达之士,亦可称之为乡先生,"大贤生于其乡,殁于其乡,祭于其乡,所谓乡先生者也"①。本地学校祠祭圣贤、侑飨乡哲,于风教不无裨益,"婺源故梓,则春陵之营道;而武夷晦庵,则溢浦之莲峰也。尸而祝之,比诸阙里,使读其书、为其学者,诵弦于斯,禴祠于斯,则祠塾之建,其视礼之高堂,乐之制氏,孰为轻重哉!……二滕公以乡后学,列于高第弟子,并设主登侑,重乡学也"②,无疑为桑梓后学树立了良好的示范与榜样。孔子曰:"安上治民,莫善于礼;移风易俗,莫善于乐。"③在时间上,元代徽州官学、书院承袭传统祭典,或开学释菜,"大学始教:皮弁祭菜(郑玄注谓:皮弁,天子之朝朝服也;祭菜,礼先圣先师也),示敬道也"④,"春入学,舍采(郑玄注曰:舍即释也,采读为菜。始入学必释菜,礼先师也),合舞"⑤;或朔望及春秋仲月丁日⑥,祭先圣先师;或文公生辰祠祭。在诸如此类的学校祭典仪式中,官长亲与,师生毕至,士绅咸往,百姓观礼遮道;官员、师生皆着礼服,尊卑长幼有序,行礼奏乐,舍奠释菜。所谓礼缘义起,礼导志,节民心,乐和声,通伦理,"礼乐刑政,其极一也,所以同民心而出治道"⑦,教道结民心,其化民成俗之意实不可小觑。唐元曾记载此一盛事:

至正二年壬午(1242)九月既望,为我徽国文公始生之辰。

---

① [明]唐桂芳:《白云集》卷五《文公生日祭礼序》,第845页。
② [元]柳贯:《待制集》卷十五《婺源州重建晦庵书院记》,第439页。
③ [汉]班固撰;[唐]颜师古注:《汉书》卷二十二《礼乐志》,第1028页。
④ [清]孙希旦撰:《礼记集解》卷三十六《学记第十八》,第960页。
⑤ [清]孙诒让撰:《周礼正义》卷四十二《春官宗伯下·大胥》,第1815页。
⑥ 按:祭祀先圣先师,一般在每年春、秋仲月,即阴历二月、八月第一个丁日,故又称丁祭。若《礼记·月令》曰:仲春之月,"上丁命乐正习舞释菜(郑注:释菜以礼先圣先师),天子乃帅三公九卿诸侯大夫亲往视之。"
⑦ [汉]司马迁:《史记》卷二十四《乐书第二》,第1179页。

书院率循旧典,修舍菜礼。初献则广信张公景范,亚献则番阳朱公克用,终献则三衢张公仲亨。祼荐有临,昭答灵贶。退而燕于明明德堂,盏斝序行,酬酢有仪,雍雍于于,髻冠侍列,笑谈交作,芝兰芬袭,神人欢喜。于是新安唐元赋诗以彰盛集。明日,属和继至,克用公且命元为引首,将刻梓以传。①

张景范,名纯仁,信州路弋阳人,至治元年(1321)进士②;张仲亨,名宗元,衢州路开化县人,至顺四年(1333)进士第③,高古博雅,初任徽州路知事,力赞前总管更新孔子庙,又买田土以养多士,举课试以诱英俊。后景范至任,二人拔憸邪、履王道、用儒术,潜驱默化,不亟不徐。④朱克用,名公选,饶州乐平人,读书有大节,尚气义,有古人风,时领兵戍守新安,曾为诗会。⑤可见,祭祀献礼之人均为当地要员,且有科举功名者,足见对祭祀礼仪的重视。礼毕,官员、师生退居燕坐于讲堂(明明德堂),为文会之事,并刻梓以传。事实上,元廷对庙学祭祀典礼及其程序有详细规定,曾颁布《官吏诣庙学烧香讲书》,内谓:

各路……如遇朔望,自长次以下正官同首领官,率领僚属吏

---

① [元]唐元:《筠轩集》卷九《徽国文公生旦致祭诗序》,第536页。
② [元]虞集:《道园学古录》卷八《蓝山书院记》,第128—129页。按:张纯仁官历不详,唐元《送知事张仲亨序》(《筠轩集》卷九,第538页)谓张宗元任徽州知事,"居有间,会景范张先生任大府元僚",元僚意为贤佐、重臣,估计为同知或治中之类,《徽州府志》未见载。而同治《弋阳县志》卷九《儒林》(清同治十年刻本)谓其由繁昌县尹历仕至江浙行省中书左右司郎中,郎中为从五品,则徽州任职应在同知或治中(正四品)下,似为判官(正六品),因只有判官以上官员方有资格坐于一堂上参与郡政,判官之下推官专治刑狱,再下经历、知事等皆幕官。
③ [元]吴师道:《礼部集》卷十五《送张州判序》,第195页。
④ [元]唐元:《筠轩集》卷九《送知事张仲亨序》,第538页。
⑤ [元]唐元:《筠轩集》卷九《朱克用总管诗会序》,第534页。按:吴舜举《故元帅朱侯哀辞》谓朱克用,"至元间以龙潜旧知授忠显校尉唐州翼上千户,戍新安"(见《新安文献志(一)》卷四十九,第636页)。

员,俱诣文庙烧香。礼毕,从学官、主善诣讲堂,同诸生并民家子弟愿从学者,讲议经史,更相授受。日就月将,教化可明,人材可冀。外据所在乡村镇店,选择有德望学问可为师长者,于百姓农隙之时,如法训导,使长幼皆闻孝悌忠信廉耻之言。礼让既行,风俗自厚,政清民化,止盗息奸,不为小补。①

庙学典礼,官吏上至首领官长,下至僚属吏员,一路、县大小官僚皆应到场,足见祭礼的神圣及朝廷对文事的重视。礼毕会诸讲堂,不仅有说书传经之事,亦是官吏与百姓交流、体察民情、议政议事的绝好时机②。元廷以诏令形式对庙学祭祀典礼作明确的规定,正是深感于其作育人才、彝伦厚俗、廉政化民、止盗息奸的教化价值。

总之,祭祀礼作为一种仪式,自产生之日起即被赋予了神圣的权威和诸种社会教化功能,参加者正是在仪式的实践中不断自我暗示、理解、接受其价值与功能,并潜移默化为个体社会、政治和学术生活的指针,从而塑造了一代又一代的儒官和士绅群体,导引着中国古代儒家伦理社会的基本走向。

四 官学教化的限制因素

官学作为学校的主体,在学校教化方面发挥着举足轻重的作用;然而由于多种原因,使得官学发展受限,比如学校兴修不及时、学田不足、学官选授良莠不齐、权力有限等,教化难免受到一定影响。

学校之责不仅在于教,且须养,元廷虽然提倡兴学,但实际投

---

① 《庙学典礼(外两种)》卷一《官吏诣庙学烧香讲书》,第133页。
② 申万里:《元代庙学考辨》,《内蒙古大学学报(人文社会科学版)》,2002年第2期,第25页。

入很少,甚至连学官的俸禄,政府也不过问。在元代江南,学校运转主要依靠学田,学官廪俸、学生食宿、庙学祭祀,以及接济本地儒户、耆儒等皆出自学田收入。尽管元初朝廷曾诏令给复江南学校旧有学田①,但据记载徽州学田状况似乎并不理想,与临境"浙右一区之校,积廪如山"不可同日而语。除路学外②,其他官学,学田较多者如晦庵书院初建置田六顷③,明经书院三顷五十亩④,婺源州蒙古字学于至元元年(1335)初创时,知州干文传核在官之田、豪民所占射者二百十二亩有余以畀学⑤。有学者认为,如果只仰赖学田收入,一所书院一般要有学田五百亩方能维持⑥。按此标准,也就说晦庵学院仅可自给,而明经书院已较为不易,其他更甚者,如休宁县学,元后期"田亩间为豪家占据,学不得而理者,兹有年矣"⑦;至正四年(1344),歙县修学时,唐元不无感慨地说:"邑学在万山间,犹恨屯膏视他学最号单弱。前乎此,非倚席不讲,则假途在告,坐视荒芜,弗思弗谋。"⑧学官的不作为更使得学事雪上加霜。至正五年(1345),胡默谓黟学久废,"其学校庚积米,岁仅十三石,粢盛不给,官师禄膳弗可言矣"⑨。

尽管这一时期官学亦间有增置学田的记载,如黟县学,元贞元年(1295),邑之诸儒合钱,增置侧近民田⑩;至正六年(1346),县尹陈真

---

① [明]宋濂等:《元史》卷八十一《选举一·学校》,第 2032 页。
② 按:据弘治《徽州府志》卷五《学校》(第 164 页)记载,路学自宋初迄于元初,前后郡守教官,经画增置田、地、山,共一十八顷八十八亩有余,岁之入八百余石。房、地、山租赁,以元中统钞五贯为锭,计之为钞八锭二十三两六钱四分。凡教官师生廪禄,及耆儒之养,百需之供,咸仰给之。古代百亩一顷算,路学合田、地、山1888余亩,仅此一项收入即比较可观。
③ 方回:《饶州路治中汪公元奎墓志铭》,见《新安文献志(二)》卷八十五,第 396 页。
④ [元]吴澄:《吴文正集》卷三十七《明经书院记》,第 394 页。
⑤ [元]吴师道:《礼部集》卷十二《婺源州蒙古字学记》,第 156 页。
⑥ 徐梓:《元代书院研究》,社会科学文献出版社,2000 年,第 106 页。
⑦ 阿思兰:《复学田记》,道光《休宁县志》卷二十一《艺文·纪述》,第 563 页。
⑧ [元]唐元:《筠轩集》卷十《歙县儒学修造记》,第 558 页。
⑨ 胡默:《儒学新增田粮记》,嘉庆《黟县志》卷十四《艺文志·元文》,第 438 页。
⑩ 弘治《徽州府志》卷五《学校》,第 169 页。

孙倡导再增田粮①。紫阳书院,至元三年(1337),郡守浩善命学官节缩浮费市田三十亩有奇②。约至元六年(1340),休宁县尹丁敬,复县之南等处水田若干亩与县学③。癸卯(1363),祁门邑宰锺友谅劝奖邑民,助田三十五亩一角一步半④。绩溪高阳祖,捐塘四十亩入于学。⑤ 然增殖有限,甚者连具体田亩数都不见书,可知甚少,所以远不能满足需要。

学田是此时期学校的生命线,亦是教养的基础,"夫能复其田而能养其士,养其士而能厉其俗,厉其俗而能善其政",环环相扣。田不足则学校运转难免困难,教养成效定会受到影响,"屋之弊风雨,不能有所居;田之失廪膳,不能有所给"⑥,基础环节都断了,养士、厉俗、善政又从何谈起,诚如黟学教谕胡默所云:"士无恒产,贫者反不若农工商。救死不赡,安能裹饭以务于学?"⑦

至元二十一年(1284),中书省谓:"南方前进士可为师范者多,兼所在学校、书院俱有钱粮,足以赡给,使学校得人,职业修举,作成人材,以备他日选用,其于治化本原,所系甚重。缘自归附之后,老成前辈恬于进取,各处保充教官者,其学问才德往往不厌人望。"⑧从表6所列教授、山长可以看出,元初徽州学官亦多为胜朝耆儒,如吴觉、汪梦斗、汪一龙、陈宜孙、吴梦炎、曹泾、程逢午、江霱等,以及为教于外地官学之学官:吴龙翰、汪士逊、赵然明、汪维祺、汪逢辰等。他们淡泊名利,才德不厌人望,政绩显著,兴学之举载诸史册。"学校为系甚重,其废兴在乎得人;苟非其人,至有隳堕弗能理也"⑨,正是学官选

---

① 胡默:《儒学新增田粮记》,嘉庆《黟县志》卷十四《艺文志·元文》,第438—439页。
② [元]唐元:《筠轩集》卷十《紫阳书院增置学田记》,第557页。
③ 阿思兰:《复学田记》,道光《休宁县志》卷二十一《艺文·纪述》,第563页。
④ [元]汪克宽:《环谷集》卷五《重建祁门县儒学记》,第695页。
⑤ 弘治《徽州府志》卷六《选举·荐辟》,第209页。
⑥ 阿思兰:《复学田记》,道光《休宁县志》卷二十一《艺文·纪述》,第563页。
⑦ 胡默:《儒学新增田粮记》,嘉庆《黟县志》卷十四《艺文志·元文》,第438—439页。
⑧ 《庙学典礼(外两种)》卷一《革提举司令文资正官提调》,第25页。
⑨ 阿思兰:《复学田记》,道光《休宁县志》卷二十一《艺文·纪述》,第563页。

人得当,故元初至中期,徽州学修教兴,培养了不少人才。但延至中期,各种问题也暴露了出来,"年来老成凋谢,后学荒唐,寖不如前,良可慨叹。而又任庠序之教责者,多非其人"①。

上文已言,因学官职重,"教授任千里师儒之寄,教谕亦任百里师儒之寄",故选授较为严格;但执行起来仍不免问题重重,如程序不公、弄虚作假,"各路止凭儒人保举,别无儒学正官保结,上下相蒙,关节附会,将年少晚进保充,虽有文十篇,亦未知是本人亲作,或假手于人"②,故朝廷三令五申严格、规范学官授予。加之,元代仕进较难,士人多借径学官,致使此群体良莠不齐,有名无实者多有之。进入元中后期,徽州情况也不容乐观,如陈栎谓:"近年以来,多借径于斯,牵补架漏,选任不如前之重,任之者亦鲜知自重。"③唐元亦云:"窃怪学校进人,法屡变而弊愈深。近岁以来,于寒畯之士,绝不与焉。"④富家子弟、刀笔文吏甚至非儒士等多阶身学官行列。此种情况的出现与元廷企图显示其优待儒士的政策有关,延祐二年(1315)"赐会试下第举人七十以上从七流(品)官致仕,六十以上府、州教授,余并授山长、学正,后勿援例"。因这一规定有年龄限制,且谓"后勿援例",应是首次恢复科举后的特例。但至后期,至正三年(1343)监察御史成遵等上言:"可用终场下第举人充学正、山长,国学生会试不中者,与终场举人同。"⑤连年龄限制也没了,"科举即标甲乙,为学官"成了普遍的社会现象,这在徽州及第士子的履历中也得到了证实。及第士子虽系儒士出身,但因年轻学薄,多"德不足以称其位,才不足以符其名,往往取败姗笑于时"⑥。不但如此,后来连儒士的身份都可以不

---

① [元]陈栎:《定宇集》卷十《上许左丞相书》,第296页。
② 《庙学典礼(外两种)》卷四《保勘教授》,第81—82页。
③ [元]陈栎:《定宇集》卷二《送王弥道江宁教官序》,第183页。
④ [元]唐元:《筠轩集》卷九《送余志贤序》,第542页。
⑤ [明]宋濂等:《元史》卷二十五《仁宗二》,卷四十一《顺帝四》,第569、867页。
⑥ 杜本:《徽州路儒学教授唐公元墓志铭》,见《新安文献志(二)》卷九十五下,第594页。

用了,"由多资之子弟进,则不知谦逊;由素习吏文之徒进,则多怀险谲;由非儒而儒进,则遂昧廉隅。一署楮尾,而私意鸱张;危据讲席,而肆无忌惮,何吾道之不古也!……谓世无人,则公道泯矣!"①直接影响了教化成效,导致了不良的后果。"表仪乎学校,尤关系于纲常",本应"岿然山斗"的学官,却"泛观人物,厌着旧如家鸡;但喜功名,视教化如刍狗",所以婺源胡初翁认为"欲敦末俗,先籍多人"②,足见时人对学官不称职的强烈不满和欲亟除之而后快的心情,这也难怪乎弘治《徽州府志·学校》云元代徽州官学有"有教人之名,而无得人之实"。当然,《徽州府志》的说法值得商榷,其一笔抹杀元代教育功绩的做法亦不可取,不可否认,从史籍记载来看,多数学官还是能尽职履责的;在生员培养上也是值得肯定的,不少著名学者如郑玉、汪克宽等也多有官学教育背景。

另外,就教化职责的行使而言,学官往往亦需借助当地官吏的权力来促成。所以,学官一般都能认识到,首先要处理好与长官的关系,得到他们的支持。虽然儒者普遍认为"学校之设,乃为治急务";但地方官长未必认可,他们"往往不久其任","学之田粮岁计,视之他务甚微"。正因为此,一旦官长"首以学校为己任",有兴学、为教之举动,学官、士人总是"侑书以币"③,或撰文或求文勒碑颂扬。且记文中,对地方官的着墨往往超过实际捐资者。对此,不能以逢迎视之,这里寄予着以教化为己任的学官们无限的期望:"彰既往之美,贻方来之谋"④,希望后之官者"由兹兴起";反之,"不亦可愧乎?"⑤可见,对于学官的"誉笔",我们不能一味嗤鼻,亦应该理解其良苦用心。

---

① [元]唐元:《筠轩集》卷九《送余志贤序》,第542页。
② 胡初翁:《贺胡云峰先生归教星源启》,见《新安文献志(一)》卷四十三,第556—557页。
③ [元]胡炳文:《云峰集》卷一《代族子淀上草庐吴先生求记明经书院书》,第738页。
④ [元]吴澄:《吴文正集》卷三十七《明经书院记》,第394页。
⑤ 阿思兰:《复学田记》,道光《休宁县志》卷二十一《艺文·纪述》,第563页。

第四章　元代徽州社会教化之堡垒:宗族

　　宗族作为宋以后徽州社会的基本特征之一,在元代获得了较为突出的发展,不仅体现在表层的数量和规模上[①],更表现在对家族发展至关重要的深层因素的探索上,这种探索已不是个别家族无意识的模仿和沿袭行为,而几乎成为所有家族普遍的自觉行为。它主要在四个层面展开:家教的重视与家学的传承,族谱的修纂与体例的完善,祠堂的创建与"展省"礼的规范。而这些内容也正是作为基层社会教化基本单位和民间教化堡垒——宗族——教化的集中体现。

　　在元代,陈栎即撰有《新安大族志》[②],至明代,戴廷明、程尚宽等因陈氏旧本复采辑、序补纂有《新安名族志》一书[③],稍后曹嗣轩编撰《休宁名族志》;而宋末、元、明徽州学者的文集笔记、明代及以后成书的徽州地方史志和族谱材料均为元代徽州宗族研究提供了必要的资

[①] 按:就数量而言,陈栎所撰《新安大族志》所列宗族 76 个(按:《新安大族志》的唯一存世本收藏于日本东洋文库,数字据多贺秋五郎著、刘淼译《关于〈新安名族志〉》,见《徽州社会经济史研究译文集》,黄山书社,1988 年,第 96—124 页),而明人戴廷明、程尚宽等撰《新安名族志》列有宗族 92 个(《新安名族志》,黄山书社,2007 年),仅增加了 16 个。

[②] 按:关于《新安大族志》是否为陈栎所作,学界有着争议,多贺秋五郎、朱万曙(《新安名族志·整理前言》)等人持肯定态度,而郑利民持否定态度(《〈新安大族志〉考辨——兼谈〈实录新安世家〉》,《安徽史学》,1993、1994 年第 3 期)。

[③] [明]戴廷明、程尚宽等撰:《新安名族志·新安名族志凡例》,黄山书社,2004 年,第 15—16 页。

料。至于当代学者的研究在文献综述部分已作了相应的梳理，文中将根据需要另作说明。

一　元代徽州宗族演化及动因

后人研究徽州宗族，多引清初赵吉士的名言："新安各姓，聚族而居，绝无一杂姓搀入者，其风最为近古。出入齿让，姓各有宗祠统之。岁时伏腊，一姓村中千丁皆集，祭用文公《家礼》，彬彬合度。父老尝谓，新安有数种风俗胜于他邑：千年之冢不动一抔，千丁之族未尝散处，千载之谱系丝毫不紊。"[①]且谓此明清时期徽州宗族的基本写照。其实早在元明之际，赵汸即发出了类似的感叹："然今之士大夫，论天下氏族，必以新安为首称。承传则有数十世之胄，居处则有数百年之家，蕃衍则有数千指之人。矧业以诗书，显以衣冠，永以文献，此其所以喜谈而乐道欤。"[②]唐桂芳于明初谓歙县洪氏："子孙蕃盛至数千指，咸习诗书，敦礼让，登名仕版者相望。"[③]可见，数十世之胄、数百年之家、数千指之人的徽州宗族至迟到元末即已成型。当然，其成型绝非单单元代百年的历史可以成就，然元代却是徽州宗族发展中不可绕开的特殊时期。

（一）宗族发展举例

经济、仕宦和读书治学、修德是宗族发展不可或缺的基本要素，分别在宗族的发展壮大中发挥着不同的作用。宋至元，虽政治上发生了些许变化，然经济环境变动不大，与明代徽州重商显著不同。宋代，徽州士人多借径读书——科举——仕宦之路，子弟著仕版不但提

---

① [清]赵吉士：《寄园寄所寄》卷十一《泛叶寄·故老杂纪》，黄山书社，2008年，第872页。
② 赵汸：《汪溪金氏族谱序》，《古今图书集成·明伦汇编·氏族典》卷三百六十二《金姓部·艺文》，第367册之21页，中华书局影印。
③ [明]唐桂芳：《白云集》卷五《洪氏宗谱序》，第849页。

高了家族的政治地位,亦产生了无限的荣耀和经济价值。元代,在科第停废、仕宦之路拥塞的情况下,徽州士子并未放弃读书;相反,在理学与程朱阙里的双重影响下,反而愈加重视对子弟的教育,成就了元代新安理学"大明"的学术盛况。① 加之,理学下渗,理学所重塑的伦理道德与对孝善义举的提倡成为宗族竞相追求的标杆。所谓"忠孝传久远,诗书继世长",元代徽州宗族在此两个方向均有着非凡地表现。由此可认为,元代是徽州宗族人文积淀和伦理重塑不可或缺的重要时期。下面以两个家族的发展为例,来说明此问题。

先看歙县棠樾鲍氏。棠樾鲍氏源于郡城西门,至宋有二府君鲍荣始迁棠樾。荣孙玠为明经教授;玠子居美,南渡文学;居美有两子:汉、泳。汉妻郑氏,汉之子闻诗妻王氏,两世贞节表门。泳受荐举,补宋上舍,有高行,日后子孙繁衍:鲍元为都尉,鲍庆云试漕闱,为登仕郎;鲍宗岩②,字傅叔,世号长者。宗岩子寿孙(1250—?),字子寿,号云松,咸淳丁卯(1267)年十八,江东漕举第一。至元丙子(1276),郡乱,群贼窃发,富者皆不能免,宗岩、寿孙父子亦被执,子曰:"此吾父也,请兵我。"父曰:"吾唯一子,幸生之以存吾后,我请受兵。"父子愿互为代受死,终俱垂危得免,乡人惊异以慈孝所感,遂称为"慈孝鲍氏",后七十余年,人过其门,犹谓此慈孝鲍氏家。③ 归元后,寿孙尝为徽州、宝庆二路教授。寿孙子周(1270—1352),字景文,乐善好施,雅爱吟诗,尤工五、七言律,所为诗号《芎林集》④。鲍周子同仁,字国良,尝与郑玉"相共讲学"⑤,泰定元年(1324)试蒙古翰林院第一,以

---

① 嘉靖《徽州府志》卷二《风俗志》,第 66 页。
② 按:《新安名族志·前卷·鲍》谓鲍宗岩仕宋为提干,府志及其后人墓志铭均不见载。此类现象较为普遍,其他如《新安名族志》为进士者,但郡县志书中并不见载。概《新安名族志》所依据者多为家族宗谱资料,后人修谱时为抬高本宗本支地位,难免会出现参加乡贡者即为贡士,中乡贡者妄称进士,死后因子孙封赠之荣誉官职亦谎称实授者。
③ 程文:《记鲍氏宗岩寿孙慈孝事》,见《新安文献志(二)》卷六十六,第 121—122 页。
④ [元]郑玉:《师山集》卷七《有元封黟县尹鲍先生墓志铭》,第 58 页。
⑤ [元]郑玉:《师山集》卷四《邵武路泰宁县重建三皇庙记》,第 36 页。

会昌州同知致仕；所至皆有治迹，又旁通针砭之术，凡癃疽瞋眩，治无不中，著有《通玄指要赋注》《经验针法》等。同仁子深，字伯原，于所居前建耕读堂，延名士为讲读、诵习之所①，后历任师山、紫阳书院山长②。鲍深子颖（1332—1371），字尚褧（一作尚絅），从学于乡先正张文在③、胡默、郑潜诸先辈，加之朱升、唐桂芳、周彦明等人提携，见益明而识益高；其中耿外和，与人言辨而婉，能使横者直、逆者顺，稍研小学，喜为人作传隶；至正中，事祖父处乡，大得人心，虽科差数十倍于平时，俭勤供给，家事不甚落④；洪武初荐入尚宾馆编修《元史》，授博士厅典籍，改除编修官，又升翰林修撰、承直郎同知制诰兼国史院编修官，后出为耀州同知，因坐事卒于狱。⑤

寿孙另一子鲁卿（1281—1335），字景曾，幼即好学，夜读至鸡鸣，曙分声又起，后虽家务丛杂，仍手不释卷；为学专以讲明心法为主，而以修饰行义为先；施政于家，治产有方，又乐仁三族、赒乡里。⑥鲁卿子元康（1309—1352），字仲安，从郑玉受《五经》《四书》，率从子深、观创师山书院，延聘郑玉讲授其中，节行义举亦为时所称。⑦

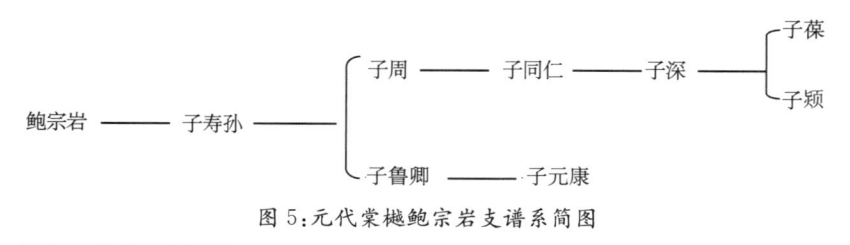

```
鲍宗岩 ── 子寿孙 ──┬─ 子周 ── 子同仁 ── 子深 ──┬─ 子葆
                  │                              └─ 子颖
                  └─ 子鲁卿 ── 子元康
```

图 5：元代棠樾鲍宗岩支谱系简图

① [元]郑玉：《师山集》卷四《耕读堂记》，第 33 页。
② [明]程敏政：《篁墩集（一）》卷三十六《题宗老学可所藏元人卷后》，第 632 页。
③ 张文在，字子经，号紫阳山樵，婺源溪东人，善琴好作诗，蕴籍闲雅，尝游吴、浙间，人有小东坡之称。见弘治《徽州府志》卷九《人物三·隐逸》，第 307 页。约泰定四年（1327），张文在于歙县乡里横经开讲席，从学者甚众。见郑玉《师山集》卷三《燕耕读堂诗序》，第 23—24 页。
④ [明]朱升：《朱枫林集》卷四《送鲍尚褧序》，黄山书社，1992 年，第 65—66 页。
⑤ [明]唐文凤：《梧冈集》卷八《明故耀州同知尚褧鲍公行状》，第 627—629 页。
⑥ [元]郑玉：《师山集》卷七《鲍景曾墓志铭》，第 56—57 页。按：《新安名族志·前卷·鲍》（第 89 页）谓鲁卿曾任歙县教谕，铭文未见载。
⑦ [元]郑玉：《师山集》卷八《鲍仲安墓表》，第 63—65 页。

第四章　元代徽州社会教化之堡垒：宗族　131

除此外,元代棠樾鲍氏事迹可道者尚有:鲍周卿,歙县教谕;鲍伏,河南教授;鲍元凤,元末负母逃难,以孝名乡邦;元凤曾祖庆云,祖珪,父回,皆雄于产。① 鲍观,字以仁,讲学郑玉之门,后摄师山书院山长事。而与棠樾同源之歙枫口有鲍云龙,居乡授徒,后祀乡贤祠。鲍屯有:鲍琚、璨兄弟,同学于鲍云龙,鲍琚元初曾任歙学教谕,学者称"立本先生",编有谱系。大址有:鲍万六,号笏山,究心理学,构庵于旧居鲍坦,日就姻友曹泾考订所疑,扁其庵曰"就正",著有《日新录》;鲍百五,学有渊源;鲍子华,乐义好施,复新向杲原东祠;鲍时昌,明初举贤良不就,捐资开筑燕坑偈长塘,以兴水利。新管有鲍杞、鲍楳,并皆儒硕,元末不仕。② 蜀源鲍琪妻吴息,元末孝烈死难。③ 其他尚有鲍元蒙,至大(1308—1311)年间任徽州路医学教授④。鲍尚文,积学好古,沉潜六籍,且读且修。⑤ 等等。

以棠樾鲍氏为代表的鲍氏家族在宋代虽已繁衍二十余世⑥,然无论仕宦抑或学术,均未有突出表现,事迹如元诸鲍氏族人可圈可点者甚少。而从宋末至明初,见诸史籍,鲍氏代不乏贤者,保证了整个家族的长久不衰。在家学上,如此多之人担任教授、教谕或开门授徒、以学为志,表明鲍氏对读书治学的重视。特别是元后期,棠樾鲍宗岩支,筑耕读堂,"耕田以养其亲,读书以修其身"⑦,延贤士名流,如张文在、郑玉、朱升、唐桂芳、周彦明等讲学其间;后又构师山书院,专为郑玉讲授之所,一时鲍氏宗族子侄及乡里秀士皆受学其中,对整个家族的兴盛起着举足轻重的作用。可以看出,家学成为家族发展

---

① ［元］赵汸:《东山存稿》卷七《鲍孝子传》,第355页。
② ［明］戴廷明、程尚宽等撰:《新安名族志·前卷·鲍》,第89—97页。
③ 周原诚:《蜀源鲍孝妇传》,见《新安文献志(二)》卷九十九,第676—677页。
④ 鲍元蒙:《徽州路李总管德政记》,见弘治《徽州府志》卷十二《词翰二·记》,第395页。
⑤ ［元］舒頔:《贞素斋集》卷四《谦益斋铭》,第600页。
⑥ 按:元初鲍琚、鲍璨为二十二世,见《新安名族志·前卷·鲍》,第92页。
⑦ ［元］郑玉:《师山集》卷四《耕读堂记》,第33页。

延续中极为重要的组成部分。

再看婺源回岭汪氏。回岭位于婺源县邑北百里,据《新安名族志》载,唐御史大夫汪濆之孙程始迁于此,厥后至南宋有应桂,淳祐九年(1249)补太学生,祭酒荐其才,授景献太子府讲书;元龙,景定三年进士,元初为徽州路治中;元奎,宋末武学舍选,入元知婺源事,升奉直大夫、饶州路治中;汪会,至元间为太平县教谕;良臣,以荫历官南台监察御史;良垕,官至常州路总管府治中;次焱,仕至吉州路龙泉县尹;茂春,休宁县尉;思礼,承事郎行诸路金玉府副总管。① 从《新安名族志》的记载来看,回岭汪氏虽于五代初徙居于此,但在两宋该支几乎不显,见载者虽有3人,然却有2人成名于元。入元后,除汪元龙、元奎兄弟外,另有5人有勋爵;入明后,该支却未见著录,不知何因。无疑元代成为回岭汪氏发展的关键时期。

（二）宗族发展因素分析

元之前,伴随着中原战乱和历史朝代更替,中原民众大量南迁,其中规模较大的有四次:第一次,东汉末年,三国对峙,中原居民大量南迁;第二次,两晋之际,八王之乱,五胡内迁,大量中原世家大族南渡;第三次,唐朝中期和末年,先是安史之乱,后有黄巢起义,大族避乱南徙;第四次,两宋之际,宋金对峙,中原战乱,北民再次南迁。在这四次大的移民迁徙浪潮中,每次都有不少民众、大族选择地理环境相对封闭的徽州作为定居地,这在徽州族谱和碑志铭文中多有反映,其中第三与第四次,徙来的人口相对较多②。几次大规模的移民潮奠定了元代徽州宗族发展的历史基础。

---

① [明]戴廷明,程尚宽等:《新安名族志·前卷·汪》,第220页。
② 按:唐力行通过对《新安名族志》中72姓始迁祖迁徙时间的记载,统计出汉及三国两晋南北朝迁入者占11.3%,隋唐五代占54%,宋元29%,不明者5.7%(《徽州宗族社会》,安徽人民出版社,2005年,第4页)。

具体言之,元徽州宗族的发展主要得益于四个因素。一是自然的繁衍。至元代,距离最近一次迁徙也已过去了一个半世纪,经历了大约5—6代人,完成了五世一迁的小宗传承。更何况,徽州许多大姓迁于更早的时代,如汪氏始迁祖汪文和于东汉末为始新令避地新安①,程氏祖程元谭于东晋任官而定居于此。休宁吴氏,至南宋中期已繁衍有十余族,其中既有数十家组成的小族,亦有数百家构成之大族。② 当然,随着时间推移而繁衍是宗族发展的必要因素,但不是充分因素,在时间长河的淘沙中消亡者亦不在少数。

二是徙来大族自身的经济和文化实力。罗愿《新安志》卷一《风俗》谓:"其人自昔特多以材力保捍乡土为称,其后寝有文士。黄巢之乱,中原衣冠避地保于此,后或去或留,俗益向文雅。"罗愿所指陈者盖多为一般非仕宦财力之家,另有一类徙居者乃为仕宦而留居者。据赵华富的研究,仅《新安名族志》一书所载即有三四十人因仕宦留居于此。③ 此类迁徙者因自身有着一定的经济和文化实力,在迁徙地比前者更易获得较快的发展。事实上,至元明而成名的大族其始迁祖多为仕宦者,除前举程、汪外,如鲍氏,东晋咸和(326—334)间,鲍弘任新安郡守,因占籍郡城西门,隋末有迁居鲍屯者,宋又有徙居棠越、枫口、古溪等④,至清末达二十九派之多⑤。东晋黄积,随元帝渡江出任新安太守,卒葬郡西姚家墩,子黄寻庐于墓,遂家焉,改称黄墩。⑥ 休宁隆阜戴氏之祖安,为南唐银青光禄大夫检校国子祭酒兼监察御史上柱国,南唐保大(943—957)间始迁休宁东由山乡之隆阜里。⑦ 休宁陪郭叶

---

① [明]戴廷明,程尚宽等:《新安名族志·前卷·汪》,第182页。
② [宋]吴儆:《竹洲集》卷十一《隐微斋记》,文渊阁《四库全书》(1142),第259页。
③ 赵华富:《徽州宗族研究》,安徽大学出版社,2004年,第19页。按:唐力行统计的具体数字是28.2%,仅次于战乱和不明者(二者同为29%),(《徽州宗族社会》,第4页)。
④ [明]戴廷明,程尚宽等:《新安名族志·前卷·鲍》,第88—95页。
⑤ 鲍源深:《歙新馆著存堂鲍氏宗谱序》,见赵华富《徽州宗族研究》,第46页。
⑥ [明]戴廷明,程尚宽等:《新安名族志·前卷·黄》,第152页。
⑦ [元]陈栎:《定宇集》卷九《处士南山戴君行状》,第281页。

氏始迁祖叶尚,为南唐新安教授,遂家此;闵口叶氏始迁祖霸公,本世居江西,仕宋历官相位,致政归道经休宁油潭,见山川之形胜,遂家居焉。① 尚书罗汝楫,绍兴中始居城东北,子鄂州愿、孙似臣,俱擢第。② 至元代更有不少少数民族贵族仕宦新安而留居者。如元初嘉议大夫徽州路总管府达鲁花赤仇悬,本名大都,蒙古贵族,有善政,严风纪,慎令出,厚养士,薄取民;经理一郡六邑之田,蠲赡学之庄税,奏减铁冶课征,岁旱率属祷于祠而复稔;爱慕徽州山水之秀③,新郡西陈塘寺,建弥陀殿,以祈亲寿;卒后,子孙奉葬寺北,立祠寺中。子八人,占籍歙县王充;孙保珍别居王塘,守约别居仇家塘。至明中期,各房子孙,不下四千指,成为徽州一大望族。④

三是借助于科举仕进这一较为理想的阶梯,不少家族都出现了科举进士子弟,为家族的发展起到了莫大的推动作用。北宋时徽州籍进士有188名,南宋时达到432名,如汪氏,仅婺源一县,两宋内共有41人及第,而整个徽州有98人,占徽州两宋总进士数的15.8%。再如休宁吴氏,出了28名进士⑤,在休宁居首,与"吴氏在休宁族最蕃"的地位亦较相符⑥。

四是家族对教育的重视和理学的浸润。上文已以鲍氏宗族为例

---

① [明]戴廷明,程尚宽等:《新安名族志·后卷·叶》,第422页。
② [元]方回:《桐江集》卷八《先祖事状》,第490页。
③ 仇自坚《记先祖嘉议公遗事》云:"歙州山水似桐乡,先子神游岁月长。乌府落成存旧柏,黄山遗爱说甘棠。名题梵宇祈亲寿,文刻丛祠祷岁穰。百世图经公论在,已闻名字入循良。"
④ [明]程敏政:《篁墩集(一)》卷十九《陈塘寺弥陀殿重修记》,第342页。按:仇悬,《篁墩集》、弘治《徽州府志》(卷四《职制·郡邑官属》,第124页)均作"仇铉",但其五世孙仇自坚《记先祖嘉议公遗事》(《新安文献志(一)》卷五十四,第721—722页)诗自注谓:"先祖讳悬,为新安监郡,有惠政,卒葬于歙。尝岁旱,祷黄山及汪王祠而雨。又建廉访公署及新陈塘寺以祈亲寿,遗迹尚存。"《新安名族志·前卷·仇》(第273页)亦作"仇悬",此处《记先祖嘉议公遗事》、《新安名族志》。弘治《徽州府志》卷四《职制·郡邑官属》(第124页)元"治中"栏下亦有奉议大夫(正五品)仇铉者,至元任;而"本路达鲁花赤"有嘉议大夫(正三品)大都者,延祐任。可知两人实为一人,而程敏政谓"考郡续志及诸传记"以仇悬延祐初至郡,应有误。
⑤ 按:以上数字据弘治《徽州府志》卷六《选举·科第》名单统计得出,第189—194页。
⑥ [宋]吴儆:《竹洲集》卷十一《隐微斋记》,第259页。

说明了宗族对家学的重视和家学在宗族历史发展中的作用,而前文所言科举及第人数之多,也都一再证明了教育在宗族发展中的价值。正是认识到教育和家学对于保证宗族长久不衰的重要性,宗族才会不遗余力地投入教育。事实上,元代徽州家族重视教育已成为风尚,此时包括书院、义学、塾学在内的所有私学几乎皆由大族创办并以宗族子弟为主要招收对象即是最好的证明①,而陈栎所云"户有《诗》、《书》,人有德业"②,虽不无夸张,但无疑反映了徽州家族的文化程度之高。元代徽州宗族教育和家学最为重要的部分甚至可以说是几乎为全部即是程朱理学,南宋以后,新安以朱子桑梓之邦,益重朱子之学,"读朱子之书,服朱子之教,秉朱子之礼,以邹鲁之风自待,而以邹鲁之风传之子若孙也"③,遂有"理学第一"之誉④,当时及后来学者的看法都不断地强化并证明着这一历史事实,笔者在其他篇章尤其是"元代徽州社会教化主体之一:儒士"中将作进一步分析,此处不作详述。

除以上因素外,明清时期推动徽州宗族发展的重要因素——经商,个别资料显示元代已初现,如婺源丰洛俞氏十六世曰稳乡,商于淮,富有十三庄,乐善好施,人咸德之;子子张,慷慨有大节,善继父志,值红巾乱,自淮西间关险阻,保全族人二百余指以归,拓业振家声。⑤

综上,元代是徽州宗族的重要积淀期,无论是社会历史发展的客观因素,抑或是宗族自身的主观原因,甚或是徽州地区独特的因子,均成为元代徽州宗族发展的动力,并为明清徽州宗族的发展奠定了

---

① 按:具体内容见"元代徽州社会教化之基础:蒙学"、"元代徽州社会教化主体之一:儒士"章节。
② [元]陈栎:《定宇集》卷二《汪溪金氏族谱序》,第169页。
③ 李应乾:《茗洲吴氏家典序》,见[清]吴翟辑撰:《茗洲吴氏家典》,黄山书社,2006年,第3页。
④ 许承尧:《歙事闲谭》卷六《为黄山寄远方游客书》,黄山书社,2001年,第186页。
⑤ [明]戴廷明,程尚宽等:《新安名族志·前卷·俞》,第241页。

良好的基础。但是,良好基础的夯实和未来的绵延,更需要宗族自身深层次的探索与实践,而族谱与宗祠规范、制度化的努力及对其中教化意蕴的体认则是探求的结果。

二 族谱修纂与家族教化的互动

随着宗族发展壮大和建设的需要,修谱遂成为元代徽州宗族最为重视的活动之一。然因年代久远,元代所修族谱流传下来的甚少,为研究带来了困难。但透过保存在元人文集中的谱序和传记、墓铭中有关修谱活动的记载,仍可管窥此时族谱修纂活动及谱牒所呈现的特征,如较为重视溯源迁徙和体例的探索,强调笔法和对道德价值的体认,通谱编纂的兴起等。而这些特征无不体现着明本源以敬祖、合亲疏以收族、敦风俗以益世的教化价值,是族谱走向成熟的重要过渡期。

(一) 族谱修撰之背景

谱乘是家族建设的重要组成部分,徽学向以谱牒资料丰富著称。南北朝至隋唐以来,因士族维护门阀的需要,谱牒之学成为风尚。唐末、五代,随着士族门阀制的衰亡,以门阀制为基础的谱牒学告一段落。北宋以来,在士人的提倡下和欧、苏谱法的出现,新形式的家谱修撰逐渐活跃起来,并成为大族建设中不可或缺的重要组成部分。至迟到两宋之际,后世的主要徽州大族均已徙来,受新谱法的影响和家族建设的需要,在南宋更多的宗族开始编撰新族谱。元代则在此基础上,进一步增修或续修。至明初,这一以族谱为特色的新安宗族已得到了士人的认可,"有识君……仿史为书,联其世次,详其履历,谨其迁徙,此家乘、宗谱所由重也。然今之士大夫,论天下氏族,必以新安为首称。……矧业以诗书,显以衣冠,永以文献,此其所以喜谈而乐道欤。"①

因时间久远、战乱、火灾、迁徙和子孙贤愚与否、后世续修频繁等主客观因素,元代所修族谱保存下来的并不多见,《北京图书馆古籍善本书目》所载3种,《中国善本书目》著录4种,其中重复者1种。赵华富《元代世家大族谱牒之最——徽州汪氏谱牒》②一文列举现存元代汪氏宗谱6种,其中有2种不见于前两书中,也就说目前存世者仅8种。但这些存世族谱都为各图书馆或档案馆的"镇馆之宝",一般人很难接触到。另外,还有一些虽保存下来但已成为后世续修族谱的重要组成部分,很难作出区分。如此,研究元人文集中为修谱所作的序言,以及墓志碑铭中所见传主修谱行为,或可一定程度上展现元代徽州的修谱活动和族谱状况(详见表7)。

这一时期的谱牒就名称而言,有称谱、谱系、世谱、族谱、家谱、石谱、家乘、家传、家录、世系、谱系图、渊源录、水木根源等,其中族谱最多。而有一些题名中虽无"谱"字,但就其内容而言,亦应视为谱牒之作。如婺源游冲古所为《游氏家传》,从曹泾的转述来看,主要述及游氏世次、家学、著述、交游等内容,虽谓之"家传",实为一部族谱。③就性质而言,这时的族谱修撰,有始修,有续修,有补修,其中以续修为多。如休宁汪溪金氏,自南宋至明初,科第显名,人物隆盛,足称休宁著姓,在宋末、元初和明初,金氏族人金若洙、金玉相、金译等曾三次续修族谱,并分别请程若庸、陈栎、赵汸与宋濂作序。修谱者请名人代写谱序,其目的既为本族增辉,又以传示教化子孙,"增辉寒族"、"非印正于名公,难灼示于来裔"。所请之人一般学识渊博且富有名

---

① 赵汸:《汪溪金氏族谱序》,《古今图书集成·明伦汇编·氏族典》第三百六十二卷《金姓部·艺文》,第367册之21页。
② 赵华富:《元代世家大族谱牒之最——徽州汪氏谱牒》,《中国历史文献研究会第26届年会论文集》,2005年。
③ 曹泾:《游君务德克敬墓志铭》,见《新安文献志(二)》卷一百下,第706—707页。

表7：宋末至明初徽州族谱纂修一览表

谱　名	里籍	时　间	纂修者	作序跋者	备　注	出　处
李氏族谱	婺源岩田	宋末	山泉先生	山泉先生		唐元《筠轩集》卷九《李氏族谱序》
汪溪金氏族谱	休宁汪溪	宋元之际	金若沐	程若庸、金若沐		《汪溪金氏族谱序》，见《古今图书集成·明伦汇编·氏族典》第三百六十二卷《金姓部·艺文》
徐氏家乘	休宁五城	宋元之际		江恺		陈栎《定宇集》卷三《徐氏族谱跋》
都昌程氏世谱	绩溪仁里	宋元之际			三十卷，吴门、开化二支。	程敏政《篁墩集》卷三十六《跋绩溪仁里程氏谱》
璫溪金氏族谱	休宁璫溪	约元初	金革		十二世。	金瑶《金栗斋文集》卷一《璫溪金氏族谱序》
孙氏谱系	休宁草市	约元初	孙廷瑞		十卷，原文作"谱系"。	《新安名族志·后卷·孙》
曹氏家录	歙南叶村	至元甲午（1294）	曹泾	曹泾		洪焱祖《曹主簿泾传》，见《新安文献志》卷九十五上
游氏家传	婺源济口	元前期	游冲古		南唐至元中期游吉彰十六世。	曹泾《游君务德克敬墓志铭》，见《新安文献志》卷一百下

(续表)

谱　名	里籍	时　间	纂修者	作序跋者	备　注	出　处
陈氏族谱	休宁陈村	元前期	陈栎	曹泾		陈栎《定宇集》卷十一《谢曹弘斋撰族谱序启》
五城黄氏族谱	休宁五城	元前期	黄求心	陈栎		陈栎《定宇集》卷三《跋五城黄氏族谱》
汪溪金氏族谱	休宁汪溪	元前期	金玉相	陈栎		陈栎《定宇集》卷二《汪溪金氏族谱序》
徐氏族谱	休宁五城	元前期	徐伯英	陈栎		陈栎《定宇集》卷三《徐氏族谱跋》《族谱赞》
孝芝曹氏	休宁孝芝			陈栎		陈栎《定宇集》卷二《送曹仁仲为饶州路学录诗序》
戴氏族谱	绩溪前山	约元中期前	戴瑢	林荣、俞晔		舒𪩘《贞素斋集》卷二《戴氏族谱序》
汪氏渊源录	休宁石田	至治年间	汪松寿		十卷。今谱尚存。	李祁《云阳集》卷四《汪氏族谱序》、《新安名族志·前卷·汪》

（续表）

谱　名	里籍	时　间	纂修者	作序跋者	备　注	出　处
鲍屯鲍氏族谱	歙县永丰乡鲍屯	元中期	鲍琚	郑千龄	新修。二十余世。序文作于延祐五年（1318）。	郑千龄《鲍屯鲍氏族谱序》，见《新安文献志》卷八十八《处士鲍公椿行状》附；程敏政《篁墩集》卷二十《立本堂记》
马氏家谱	婺源	约泰定四年（1327）前	马临翁	吴师道		吴师道《礼部集》卷十七《马氏家谱后跋》
龙陂程氏世谱	婺源龙陂	约元中期	程龙、程枢	程龙	会通。	程龙《书婺源龙陂程氏谱枢》《程公龙家传》，见《新安文献志》卷二十四、卷九十五上
婺源武口王氏世系	婺源武口	元中期	王传	戴表元	唐以下十五世。序文作于大德初年。	戴表元《剡源集》卷十八《题婺源武口王氏世系》
李氏族谱	婺源岩田	元中期	仲氏	唐元		唐元《筠轩集》卷九《李氏族谱序》
李氏族谱	婺源岩田	元后期	李龙	唐元	序文作于至正五年（1345）。	唐元《筠轩集》卷九《李氏族谱序》

第四章 元代徽州社会教化之堡垒：宗族

（续表）

谱　名	里　籍	时　间	纂修者	作序跋者	备　注	出　处
水木根源	歙县洪源	至正中	洪伯祥、洪震	唐桂芳、徐旭	自洪经纶（唐德宗时人）至洪伯祥计三十四世。	唐桂芳《白云集》卷五《洪氏宗谱序》，程敏政《篁墩集》卷二十一《洪氏族谱序》
詹田孙氏家录	休宁詹田		孙仁远	朱升	序文作于至正十一年（1351）。	朱升《朱枫林集》卷四《詹田孙氏家录后》
胡氏族谱	绩溪龙山	至正十二年前		舒頔	二十二世。	舒頔《贞素斋集》卷二《胡氏族谱序》
汪氏族谱	婺源大畈	元后期	汪泽民、汪德馨			弘治《徽州府志》卷九《人物三·隐逸》
程氏世谱	婺源甫安	元后期	程复心、程可绍			赵汸《东山存稿》卷七《孝则居士程君可绍墓表》
程氏世谱	休宁陪郭	元后期	程朅		会通。自始迁祖程节至程朅凡十六世。	管䢇《见山居士程君朅墓铭》，见《新安文献志》卷八十九
程氏族谱	休宁富溪	约元后期	程尝		程尝为程恕从子，编刻族谱，建祠堂，收族贻后。	程敏政《篁墩集》卷十七《保训楼记》
吴氏宗谱	歙县向杲	元后期	吴新			《新安名族志·后卷·吴》

(续表)

谱　名	里籍	时　间	纂修者	作序跋者	备　注	出　处
方氏谱	歙县	元末	周原诚			程敏政《篁墩集》卷四十八《义官方君墓志铭》
吴氏家谱	新安	约元末		吴海	十七世。	吴海《闻过斋集》卷二《新安吴氏家谱叙》
溪南吴氏族谱	歙县丰南	元末		唐桂芳	刊刻。自始迁祖至重刊者明初吴寿祖十八世。	唐桂芳《白云集》卷五《重刊溪南吴氏族谱序》
朱氏流芳图	歙县竭田	元末		唐桂芳	十四世。	唐桂芳《白云集》卷六《朱氏族图序》
方氏族谱	歙县	元末	方某	郑玉		郑玉《师山遗文》卷一《方氏族谱序》
石门陈氏族谱	歙南石门	元末	陈子华	朱升	北宋以来十五世。序文作于至正庚寅(1350)。	朱升《朱枫林集》卷三《石门陈氏族谱序》
郑氏石谱	歙县双桥	元末	郑玉	郑玉	辑十五世为图谱，刻于祖郑安墓碑之阴。序文作于至正乙未(1355)。	郑玉《师山遗文》卷一《郑氏石谱序》

第四章　元代徽州社会教化之堡垒：宗族　143

（续表）

谱　名	里籍	时　间	纂修者	作序跋者	备　注	出　处
程氏家谱	婺源香山	约元末	程宗任、程之光			《新安名族志·前卷·程》
俞氏族谱	休宁溪西	元明之际		李祁	自唐三府君至俞士英盖二十四世。序文作于乙巳(1365)。	李祁《云阳集》卷三《俞氏族谱序》，卷八《新安节士俞君墓志铭》
汪氏族谱	婺源回岭	元明之际	汪士章	李祁	自鲁成公至士章凡七十四世。	李祁《云阳集》卷四《汪氏族谱序》
长干许氏族谱	休宁长干	约元明之际	许显宗	黄楅		黄楅《后圃黄先生存集》《书长干许氏族谱序》
涧溪朱氏族谱	休宁涧溪	元明之际	朱升	朱升		朱升《朱枫林集》卷四《重修本宗族谱序》
汪溪金氏族谱	休宁汪溪	元明之际	金泽	赵汸、宋濂		《汪溪金氏族谱序》，见《古今图书集成·明伦汇编·氏族典》第三百六十二卷《金姓部·艺文》
李氏族谱	婺源岩田	元明之际	李宗义	唐桂芳	序文作于壬寅(1362)。	唐桂芳《白云集》卷七《题先人序李氏族谱后》

(续表)

谱　名	里籍	时　间	纂修者	作序跋者	备　注	出　处
吴氏族谱	婺源富坡	约元明之际	梅岩	唐桂芳	重修。自始祖八十九世。	唐文凤《梧冈文稿》卷八十九《吴氏族谱序》
苦竹朱氏族谱	休宁苦竹	元明之际前	朱模	朱升	十一世。序文作于丁未(1367)。	朱升《朱枫林集》卷四《苦竹朱氏族谱序》
潜溪汪氏族谱	休宁潜溪	洪武中之前	汪桂	朱同	十六世。	朱同《覆瓿集》卷五《永慕亭记》
潭渡黄氏宗谱	歙县表绣乡	明初	黄彦康			《新安名族志·前卷·黄》
戴氏族谱	绩溪前山	洪武初之前		舒頔		舒頔《贞素斋集》卷二《戴氏族谱序》
戴氏谱系图	绩溪前山	洪武初之前	戴珦辑，戴廷伟图	唐桂芳		唐桂芳《白云集》卷六《绩溪戴氏谱系图记》
章氏族谱	绩溪龙山	洪武初之前		舒頔		舒頔《贞素斋集》卷二《章氏族谱序》
古林黄氏族谱	休宁古林	洪武庚戌(1370)	黄叔宗	汪仲鲁		程敏政《篁墩集》卷三十二《古林黄氏续谱序》

(续表)

谱　名	里籍	时　间	纂修者	作序跋者	备　注	出　处
北门张氏族谱	绩溪北门	洪武初	张德成	舒頔		舒頔《贞素斋集》卷二《北门张氏族谱序》
黄氏族谱	绩溪市东	洪武初	黄克敬	舒頔	始迁祖以下九世。序文作于洪武五年(1372)。	舒頔《贞素斋家藏集·补遗》
板桥杨氏族谱	休宁板桥	洪武初前	杨琢	杨琢	宋初以来十四世。序文作于洪武六年(1373)。	杨琢《心远楼存稿》卷七《族谱疑辨序》
章氏族谱	绩溪西关	洪武中期	章同	程通	与昌化觅村章氏谱会通。序文作于洪武二十一年(1388)。	程通《贞白遗稿》卷二《章氏族谱序》

望,若所谓"儒宗"、"寿俊"。补修者,若陈栎家族,自先世已修族谱正续三编,藏于宗庙,"家乘正续三编,爰笃宗祊已先一著";然却只有图,无文行,"本支所贵于有图,文行岂容于无纪?故族谱法明允,自先世而已传;然事状效履常,亦后人之当务"。盖陈氏族谱虽仿苏、欧谱式,却仅有简单的世系图,所以陈栎认为作为陈氏后人当务之急是补修族谱。陈栎所加以修补者,主要为先代的"事状效履常",即先祖之履历、事迹、行状、功绩,以及能够体现、彰显伦理道德之内容。值得一提的是,陈栎还特意补充了先世科第射策之情形,"拈策第之相仍,使其知本乎祖;悼决科之悠邈,勉以不惭乎天,药石意深",既以自勉,亦以勉励后辈积极进取、为祖争光,"某敢不益加刻励,期称奖题。不亢身,焉亢宗?惕若绵力薄材之惧,自成已,以成物"①,可谓用意深远。明洪武初歙县洪源之洪伯祥,"虑支裔之涣散,谱牒之残阙,遂据亲疏,重加厘正",与其弟震合编洪氏族谱,自洪经纶(唐德宗时人)至洪伯祥计三十四世,题名曰《水木根源》,"以警族人,使之咸知自勉",而"将以为天下之宗未合者告也",合宗收族的目的,已跃然纸上。②

徽州族谱修、补之原因,从消极面言之则因族谱损坏。如歙县鲍屯、棠越鲍氏,于东晋咸和(326—334)迁至新安郡西门,唐以后"厄于五季,世系无传"③,朱熹"家谱亦残缺,自九世祖茶院府君以下,渐失其坟墓。今不敢必信其地,亦传其旧而已",休宁程大昌谓自家"家谱亦残缺,自五世祖石椁府君以上,莫知其名讳。今不敢妄加一字,亦阙其疑而已"。④ 入元,方回言其"家世谱牒散亡,先祖

---

① [元]陈栎:《定宇集》卷十一《谢曹弘斋撰族谱序启》,第336页。
② [明]唐桂芳:《白云集》卷五《洪氏宗谱序》,第849页。按:程敏政《篁墩集(一)》卷二十一《洪氏族谱序》,作"洪氏木本水源录"(第370页)。
③ 郑千龄:《鲍屯鲍氏族谱序》,见《新安文献志(二)》卷八十八《处士鲍公椿行状》附,第448页。
④ 金朋说:《汪溪金氏族谱序》,《古今图书集成·明伦汇编·氏族典》第三百六十二卷《金姓部·艺文》,第367册之20页。

墓铭、墨本,诸叔父家皆屡厄于火,今或不存",乃追思先祖大概以遗后人①。元末,徽州陷入五年多的战争中,"世变抢壤,故家甲第往往销铄,至一跌而赤其族者不少"②,更何况是族谱? 如绩溪北门张德成谓:"至正壬辰,大纲不振,兵戈四起,弃我室庐,遯于岩谷;诗书之泽几废,先世谱系逸遗靡存。"绩溪市东《黄氏族谱》亦残于元末兵燹,仅遗图系,洪武初族人黄克敬乃将自始迁祖以下九世之世系源流、坟墓处所、生殁年月、人事出处以至婚娶名氏,区分类聚,裒为一集。③ 舒頔"家藏谱、画、书籍与所作旧稿荡然无遗"④。可见,战乱和火灾是损坏的主要客观原因,而子孙不肖又使得族谱散佚和无法传继的情况雪上加霜,"近世故家大族,兵燹之后,谱牒悉多散逸,而又子孙卑微不学,其能存先世之谱者,百无一二焉"⑤;"谱牒,重事也。三世不修,古者以为不肖,奈何世之人多忽之而弗讲也?"⑥婺源岩田李氏族长李龙,谓表弟唐元曰:"族谱之不讲久矣,吾恻然以相视如涂人是忧。"⑦遂于至正五年(1345)年续修《李氏族谱》。该宗族上次修谱时间概在元中期,据此不过 20 余年,李氏即谓"不讲久矣",且以为忧。可见,序谱之频繁,而 17 年后,李龙孙宗义再续修族谱,作序者唐桂芳也发出了"族谱不明久矣"的感慨。⑧ 而朱升则因世远先祖名若字不能知,"悲夫谱之不蚤也",明确表示"谱之不可以缓也"⑨。

---

① [元]方回:《桐江集》卷八《先祖事状》,第 492—493 页。
② [元]黄枢:《后圃黄先生存集》卷四《书长干许氏族谱序》,《续修四库全书》(1325),第 226 页。
③ [元]舒頔:《贞素斋家藏集·补遗》,清道光二十九年舒正仪等校刊本。见李修生主编《全元文》(52),凤凰出版社,2004 年,第 224 页。
④ [元]舒頔:《贞素斋集》卷二《北门张氏族谱序》、《贞素斋集序》,第 579、548 页。
⑤ [元]胡助:《纯白斋类稿》卷二十《吴氏谱牒序》,第 679 页。
⑥ 宋濂:《书赵子常序金氏谱后》,《古今图书集成·明伦汇编·氏族典》第三百六十二卷《金姓部·艺文》,第 367 册之 21 页。
⑦ [元]唐元:《筠轩集》卷九《李氏族谱序》,第 546 页。
⑧ [明]唐桂芳:《白云集》卷七《题先人序李氏族谱后》,第 885 页。
⑨ [明]朱升:《朱枫林集》卷四《重修本宗族谱序》,第 53 页。

从积极面而言,元代徽州理学发达,文化阜盛,家族繁衍,成为族谱修撰的直接动因。元代徽州理学发达、家族文化昌盛,此前章节及案例已作证明。此处再以休宁璜溪金氏为例。休宁璜溪金氏源自休宁洲阳干金氏,八世金文藻为宋王宫府判谕,始迁于此;九世修和,为严州户曹参军;十世金革(1214—1293),字贵从,咸淳四年(1268)登武举进士第,授武冈新宁县簿,后辞官老于家,撰有族谱。十一世应凤(1247—1316),金革子,字朝阳,号桐冈,自幼熟庭训《书》学,宋元易代未仕,"平生立身行己,兴家裕后,乐仁义之善,敦孝友睦姻之行"①。弟应贵,号竹所,荫授宣教郎。十二世:南庚,巴图尔民户副总管,尝输粟赈济数郡,时号"江东富民","孔北海、陈元龙莫能过之,结交豪俊,殆满东南"②;南仲,丞相府咨议参军;南召,江南行宣政院宣使;南周,绩溪教谕。十三世:震祖(1299—1362),先后从学于陈栎、胡炳文,官至徽州路治中③;随祖,休宁县簿;观祖(1318—1273),婺源州同知④;复祖,婺源明经书院山长;升祖,遂安县簿;晋祖,徽州路税司大使;艮祖,岳州府松阳湖大使。⑤ 十四世:符午,袭授常熟正千户;符申,至正末因平盗,授宁国等处榷茶副提举,旌表金氏"忠义之门"⑥;符丑,洪武初举贤良孝弟,授山西大同府同知。⑦ 金氏自宋迁徙璜溪,虽即以仕宦称于世,然只能以家庭称之。从十一世开始,生活于元初承平之世,家族开枝散叶,渐成规模;十二世不仅仕宦,且家族饶赢;十三世主要活动于元末,虽受战乱影响,家族益众;十四世

---

① [元]陈栎:《定宇集》卷九《桐冈先生金公墓志铭》,第288页。
② [元]黄枢:《后圃黄先生存集》卷四《懒斋记》,第229—230页。
③ 金符午:《元忠翊校尉十字路万户府镇抚金公震祖行状》,见《新安文献志(二)》卷九十七,第648页。
④ [元]黄枢:《后圃黄先生存集》卷四《故徽州路婺源州同知金公行状》,第234—235页。
⑤ [明]戴廷明,程尚宽等:《新安名族志·后卷·金》,第650—651页。
⑥ 赵东山:《赠金彦直授官序》,《新安文献志(二)》卷九十七《元忠翊校尉十字路万户府镇抚金公震祖行状》附,第648—649页。
⑦ 弘治《徽州府志》卷六《选举·荐辟》,第211页。

成长于元末，至明初崭露头角。在金氏家族的发展中，与棠樾鲍氏一样，存在一个重要的潜在推动因素——文化教育。该族从迁居以来，即不乏仕宦、举第者，说明向来重视对子弟的文化教育。而入元以后，该族更是自延祐元年（1314）至天历二年（1329），聘理学名师陈栎坐馆长达十五六年之久，直接教育了十二、十三世，并影响至十四世。元末，震祖又礼聘婺源贡士王伯、宣州判朱克正下帷教子孙，而汪会、朱升、郑玉、赵汸等诸老儒，则相与谈礼乐说诗书，以师表后进。尤其是朱升曾馆于璜溪①，金氏十四、十五世子孙不少从学者。他们虽未能在学术上显赫，然以所学或仕于朝，或施之家，整个家族影响愈大，至明代终成为金氏诸宗中最"著望"者②。璜溪金氏的案例也再次证明了元代作为徽州宗族积累期的重要性。

（二）族谱修撰的新特点

元人所作的序跋文虽能部分呈现该时期族谱修撰的一些特点，然毕竟较为简略，非族谱原文较为直观。以此研究族谱，乃不得已而为之。为进一步更好的呈现元代徽州族谱的面貌，笔者以一份尚保留的介于序跋文和族谱之间的简谱——《陈氏谱略》为例。透过此谱，或能更确切地窥视元代徽州族谱的面貌。

《陈氏谱略》系陈栎所作，为陈氏族谱的简化版。据陈栎所言，之前陈谱乃是仿苏洵谱式，较为简略，以致高祖以上卒年、享年均不见载。有鉴于此，陈栎续修时，在体例上作了较大规模扩充，分为：陈氏本始、前代姓陈人、始祖鬲山府君、本房先世事略、福州通判、杂识、云萍小录等七个部分。《陈氏本始》追述陈姓之源。《前代姓陈人》，钩沉前代见诸史籍的同姓名人，辟为专篇，欲使子嗣知前代陈姓有如许

---

① ［明］朱同：《覆瓿集》卷八《范平仲书云溪归隐图后》，第727页。
② ［明］汪道昆：《太函集》卷二十一《璜溪金氏族谱序》，《续修四库全书》（1347），第49页。

人,产生对本姓氏的荣耀感。《始祖鬲山府君》述始迁祖的迁徙、事迹、繁衍、庙享。《本房先世事略》撰自六世祖(高祖之祖)至陈栎本人之生卒、婚娶、行迹、家教、术业、治生、家境等情况,最后是陈氏家训。值得一提的是,因其母舅早世,外祖无孙,陈栎还把外祖、母舅写入族谱,以修外祀,为族谱修撰的变通之笔。无独有偶,休宁五城徐伯英续修《徐氏族谱》,为高、曾世谱外,兼谱异姓之亲,于父族、母族、妻族的解、吴、王三氏皆有记,较之陈栎做法更为开明,陈亦不禁叹服"其惇九族、厚彝伦之义尤笃敬"[1]。《本房先世事略》为《陈氏谱略》之重点,着墨最多,"因续编族谱,而略述祖考遗事,以示儿辈,使知予家数世儒学之相继,庶几其能善继"[2],目的相当明确。《福州通判》述陈氏族人科举及第者、陈栎族叔祖——陈庆勉之出身、官历、学术、人品、遗文等。《杂识》为杂著,包括陈氏子弟读书习举业之盛况,陈氏族人逸事一条以广祖谱之传,辨明藤溪、陈邨之地名称谓,勉励子孙发扬祖德宗业。《云萍小录》述陈栎本人家世、子孙及交游。

《陈氏谱略》以"重德不重势"为典型特征,体现在两个方面:第一,修谱不以彰显家族为目的。一般家族修撰族谱,总是想方设法寻找前代名人以为远祖,"郭崇韬拜汾阳之墓"之流者屡见不鲜,而如"狄武襄谢梁公之谱"之人却少见之。虽有后世公议在,然毕竟很多族谱传自家族内部,刊刻公布于世者甚少,这就使得不少家族为抬高本姓氏、本支的地位,而刻意甚至明目张胆地"拉拢"前朝闻人,拜他人为祖。此种做法,从历史上言,实系晋唐以来,世家大族讲求门第、"士大夫务以世家相高"之遗毒[3]。明洪武中,程通即谓:"非其祖而祖之,其失也诬;是其祖而弗祖之,其失也矫。本源所在不可不知也。"[4]而观《陈氏

---

[1] [元]陈栎:《定宇集》卷十二《族谱赞》,第 347 页。
[2] [元]陈栎:《定宇集》卷十五《陈氏谱略·本房先世事略》,第 391 页。
[3] [宋]欧阳修:《文忠集(二)》卷一百三十五《集古录跋尾二·后汉太尉刘宽碑阴题名》,文渊阁《四库全书》(1103),第 370 页。
[4] [明]程通:《贞白遗稿》卷二《章氏族谱序》,文渊阁《四库全书》(1235),第 738 页。

谱略》所述陈氏家族绝无此弊,不但不显赫,如陈栎一支累世无仕者,且常为饥贫所迫,若非陈本人以学术显和有着较强的修谱意识,该支派估计不会在陈氏宗谱中占有太多的篇幅。第二,注重对先人优秀道德传统的颂扬和传承,寓道德说教于先祖事迹中,如安贫志道、读书不为名禄、重德行、丧葬参用古今礼、不尚佛、毋作佛事等,"自始祖府君,十有八世而至栎,他房有以儒学显者,而本房独无有。然《洪范》五福贵不与焉,数世以来,寿皆八九十,无下七十者,祖与妣偕老无再娶者,父子皆亲传无祝螟者,皆称善人,无一为人所指者,良可表于道曰'处士陈君之墓'。有儒学而不显,安足计哉! 又自曾祖以上,世润其屋,降是窭殊甚,然家虽空而行颇实,口虽羹藜饭粝之不给,而经炊史酌之味无穷,贫亦安足计哉!"俨然有颜渊箪食瓢饮、身处陋巷而"乐在其中"之风。对此,清人陈弘谋有谓:"述家世者,无不竞尚贵显,人亦以此艳称之,甚则比附而粉饰,以为非是,则举无足述也矣。定宇先生所述先世,绝无贵显,而清白家风,吉祥善事,难能而可贵,莫大于此。区区一时之贵显,均不足以拟之。家之可久也,不以势而以德,不信然哉! 至不作佛事一节,学士大夫,类能言之,兹乃推明所以不能行之,故力挽颓风,更于礼教有补。"[①]不为显赫、不尚显贵,鼓励子弟读书治学,对于激励一般家族修谱产生了不小的影响,这是徽州家族和新安理学发展较为关键的因素。

除了《陈氏谱略》所体现的特点外,通过时人所作的谱牒序跋文,亦可以发现这一时期谱乘呈现了许多新特点,有诸多共通之处,列其中主要者以发教化意蕴。

第一,溯始祖,述迁徙。这一时期的族谱,无论是新修者,抑或是续修者,均会追祖溯源。如鲍琚修《鲍屯鲍氏族谱》,旁询博访,始自

---

① [清]陈弘谋:《五种遗规·训俗遗规》卷二《陈定宇先世事略》,经纬教育联合出版部,1935年,第28页。

得姓祖鲍叔牙,郡望古青州,再述鲍氏迁徙:西晋永嘉迁江南,再迁于新安郡之西门,隋继迁于郡西十五里牌,并以十五里牌为墓(元帝前墓),再迁今居,以姓名地,曰鲍屯。① 再如歙县《溪南吴氏族谱》以周太王次子仲雍为得姓始祖,因长沙王吴芮子孙始散处饶、歙,所以歙溪南吴氏又以长沙王为始(或谓始迁祖之祖),而谱托始于宣义公吴光,即始迁祖。② 因年代久远,这些关键人物变得十分模糊,为此修谱者需要广征博引,详细考辨,如休宁石田汪松寿(字正心,号石田)所著《汪氏渊源录》十卷,旁搜远取,"考古验今,细大不遗",自鲁成公凡七十四世,"其间世次,考据明白,非臆说者",特"有功于汪氏"③。这些考辨均发前人所未发,且被后世修谱者继承以为成说,其对于宗族探源而言,价值当不可小觑。《汪氏渊源录》虽"详其(休宁石田派——引者)所自出,而于他族不能皆详",然于谱中亦列有《诸支代表》,以明诸支之迁徙:歙县唐模诸支派、石岗分支派;婺源大畈支派、大畈分支派、浯溪大畈分支派、回岭支派、回岭分支派;休宁西门支派、彭护源本支派、程村支派;饶州德兴县银港支派、□□五镇分支派、鹤林下坑分支派。④ 再看婺源武口王氏,第一次修谱是在北宋嘉祐戊戌(1058),七世孙国子监主簿、抚州崇仁知县王汝舟,作《九族图》;第二次为嘉定辛未(1211),十世孙中奉大夫、婺源县开国男王炎(1138—1218),撰《世系录》。距前次几近九十年,元大德(1297—1307)间,王炎曾孙王传,又搜讨缀绢,增为五卷。王氏人口众多,源头淆杂,而《婺源武口王氏世系》述自始迁祖唐尚书郎玄暕以下凡十五世,又自唐上溯东汉祁县隐士烈,再上则源于齐大夫王子成父,直

---

① 郑千龄:《鲍屯鲍氏族谱序》,见《新安文献志(二)》卷八十八《处士鲍公椿行状》附,第448页。
② [明]唐桂芳:《白云集》卷五《重刊溪南吴氏族谱序》,第844页。
③ [元]李祁:《云阳集》卷四《汪氏族谱序》,文渊阁《四库全书》(1219),第672—673页。
④ 转引自赵华富:《徽州宗族研究》,安徽大学出版社,2004年,第57页。

至太原王氏,长达二千余年,支脉清晰。其世系分明,一方面在于有前两次的族谱为基础,其宗因之而不散。对照他族乱离窜徙、谱牒散亡,王氏却能于三百余年、时有战乱之际完整地保存族谱,着实令人叹服,戴表元亦惊叹王氏"前后贤子孙,能为人之所难",赞该族世德之长、义风之美,"知尊祖合族之道"①。另一方面则反映了修谱人的学术修养。王传,字伯远,学识广博,精通《易》学,广录古今文字,乡人称为"书厨",明初年九十六卒于家。②

　　第二,体例的扩充。就体例而言,仍以欧、苏谱式为本,但已有较大的突破,开创了一些新体例,上文所举《陈氏谱略》已有说明,下再举两例以明之。南宋中期金朋说修《汪溪金氏族谱》③,以统宗各枝为目的,据于原谱,仿照欧、苏谱法,详本支而略旁支,上断自始迁祖,分述各支派迁徙与居处,于先祖事迹不详者以"备录"存疑。至宋元之际,其从侄金若洙续编《金氏族谱》时,"本家藏先公纪乘,参世行欧苏谱例法,《汉》《史》班马表记","谨世次之传,列迁徙之派,详生没之节,编为内外二纪:以得姓祖汉日磾公而至于唐,为外纪;以始迁祖唐博道公而至于今,为内纪。前乎数十世,可以上接其传;后乎数千年,可以下衍其派。列图分卷,装潢成帙"④。叔侄两谱差别甚巨:后谱虽同参照欧、苏谱法,但又考之《史记》、《汉书》表纪例,体例上更丰富;世系上,又自始迁祖上溯至得姓祖,延长了千余年,但为体现详近略远的谱法,又参照前谱存疑之"备录"体例,将此列于外纪,以与本支的内纪相区别。时间虽延伸,但在关键世系上,后谱毫不含糊,突

---

① [元]戴表元:《剡源文集》卷十八《题婺源武口王氏世系》,第242页。
② 弘治《徽州府志》卷九《人物三·隐逸》,第309页。
③ 按:金朋说,生卒年不详,字希传,休宁汪溪人,曾师从程大昌、吴儆、朱熹(《宋元学案》未载),与邑俊朱权、程卓、许文蔚等同学卓越,时称八达,以《诗经》举淳熙十四年(1187)特科进士,知鄱阳县时,因党禁解职,著有《碧岩诗集》。(乾隆《江南通志》卷一百六十四《人物志·徽州府》,文渊阁《四库全书》(511),第702页。)
④ 程若庸、金若洙:《汪溪金氏族谱序》,《古今图书集成·明伦汇编·氏族典》第三百六十二卷《金姓部·艺文》,第367册之20页。

出了始祖、得姓祖、始迁祖、本支祖、上世祖等的特殊性；详明了迁徙始末：京兆—南阳—建康—姑苏—桐庐—休宁。这一做法已大大突破了欧谱"断自可见之世"的修谱原则。因体例的创新、世系的延长、迁徙始末的清晰，所以金氏不无自豪地说："取式于古先，而昭告于来许；参同于众论，而断裁于一心；垂法于当时，而征信于百世，此若洙所以不敢避僭妄之嫌，而夙夜兢兢急成是谱，以为族告也。"[①]前无古人后无来者、功成名就之心态见诸言表，而后来者也的确只是"遵旧谱以续后编"[②]，没有多少发挥和创新的余地了。当然，由于所追世代过于久远，难免受后人诟病。朱升亦不同意苏洵"详焉其所自出"的谱所作乃"分殊之义"的观点，重修《朱氏族谱》，凡"族之人生岁、飧年、出娶、子女、身世、穷达，凡见而知者、闻者、传闻者，靡弗载"[③]，从内容上而言，金、朱两谱已大大非欧、苏谱所可及，为适应内容上的增加，必然要变更或新增体例以囊括之。

第三，注重笔法。元代族谱修撰普遍采用北宋欧阳修、苏洵谱法，距离元代尚不久远，谱牒的修撰体例尚不完善，处于探索发展中；同时，因时过境迁，许多新因素在修谱中需要考虑。所以，这一期的谱乘修撰都较为注重对"笔法"的探讨。上文谓金朋说修《汪溪金氏族谱》，"先世谱乘，阙疑传旧，谨书备录"，谓"不敢附会以误后世……承学所当法"[④]，即体现了不详者存疑的态度和笔法，而其从侄金若洙编为内、外二纪的做法则是对存疑笔法的变通。元中期鲍琚修《鲍屯鲍氏族谱》时，"祖自安国始以下二十余世，坟墓生卒，悉为条注本

[①] 金若洙：《汪溪金氏族谱序》，《古今图书集成·明伦汇编·氏族典》第三百六十二卷《金姓部·艺文》，第367册之20页。
[②] 赵汸：《汪溪金氏族谱序》，《古今图书集成·明伦汇编·氏族典》第三百六十二卷《金姓部·艺文》，第367册之21页。
[③] ［明］朱升：《朱枫林集》卷四《重修本宗族谱序》，第53页。
[④] 金朋说：《汪溪金氏族谱序》，《古今图书集成·明伦汇编·氏族典》第三百六十二卷《金姓部·艺文》，第367册之20页。

图之下……而或无所考据者，宁缺之，慎矣哉！"慎缺之，较存疑更为谨慎。同时，鲍氏又以"郡中大家，程必祖忠壮，汪必祖越国，方必祖鉴湖，吴必祖少微，疑其太泛"，而仅序鲍屯一枝，又"疑其太拘，因质于先师，曰：'与其泛也，宁拘。'"舍"太泛"而取"太拘"，于笔法虽非善，却系不得已而为之，且较之"太泛"，尚为可取，"呜呼！拘岂中道哉？顾人力量，如交一乡、一国、天下之善士，苟亲亲弗能及五服，泛何益于事哉？详而味之，即盈科后进，拘岂徒拘哉？"①。元末歙县方氏所修《方氏族谱》则注重两方面的笔法：一，不妄取名人为祖，"世之奸人、侠士妄取前代名公卿以为上世，自诧遥遥华胄，以诬其祖，以辱其身，如郭崇韬拜子仪之墓者，其亦可诛也已"；二，不限于可见之世，"至若以为谱系有限，高、曾之外即不复著，而不知先王制服以情，后世著谱以考其源，二者义实不同。如苏明允之序其族谱者，其亦隘矣"。所以，郑玉称此谱"可谓善于书法者"。②

第四，通谱编撰的初现。"自远而近，自疏而戚，由受姓而至于己身，详悉具载"，乃后世子孙修谱的大愿；但随着宗族的繁衍、世系的延伸、支系的增多，在编撰族谱时已很难再将所有宗派囊括殆尽，"盖族之盛者，久则必分，分则益众，众则不胜书矣，此理势之自然也"③，此为客观原因。主观原因则有二：首先，修谱者见闻所限，如至正庚寅(1350)陈子华修《石门陈氏族谱》，自始迁祖陈旭至八世陈说，所有分支，"著其始而略其世，闻见所不悉也。自其高祖以下，则名字、第号、仕隐、年寿、配姓、卒葬，往往得而书，盖幸乎其逮事与夫传闻所未泯者也"④；其次，族疏服尽，"远者、疏者略之，近者、亲者详之，此人

---

① 郑千龄：《鲍屯鲍氏族谱序》，见《新安文献志(二)》卷八十八《处士鲍公椿行状》附，第448页。
② ［元］郑玉：《师山集·遗文》卷一《方氏族谱序》，第70页。
③ ［元］李祁：《云阳集》卷四《汪氏族谱序》，第672页。
④ ［明］朱升：《朱枫林集》卷三《石门陈氏族谱序》，第41页。

情之常也";简言之,谱为吾作而详吾所出,体现了宗法关系以"我"为中心的亲疏、等杀原则。如歙县郑氏,以姓名村者四五处,村自为谱,不能相通。① 详亲略疏,详近略远,是为族谱编撰的一般原则。理论上而言,此原则自有道理,"各详其亲,各系其所出,是详者不繁,而略者不遗也,凡诸房子孙各纪其当纪者,使谱谍互见,亲疏有伦"②;但实际上并非诸房子孙皆有图谱而"于所亲各致其详"③,"互见"也就无从谈起;且各详自出,久之则族疏如途人。所以,出于收族睦族之目的,这一时期的修谱亦有注重会通者。如程氏自东晋程元谭为新安太守居篁墩,其后宗族繁衍为徽州最大的姓氏,至元"子孙众多,已难数计。然而或以仕宦,或以流移,彼出此入,此出彼入,互不可考,有如江淮河汉之水,同源异派,及流而至于海也,亦莫别其为江淮河汉之水矣"④,所以,婺源龙陂人程龙与其侄程枢远而河南、江西、湖湘,近而休、歙、饶、信、开化、金华,博采文籍,考索备至,于元中期编撰了具有会通性质的族谱——《龙陂程氏世谱》,已大大超出了徽州一地的限制。⑤ 休宁陪郭程氏徙自歙县黄墩,与河南二程同出梁将军忠壮公程灵洗后;北宋末,程颐子端彦避乱南迁,与陪郭程氏始通谱互继,但谱未能续。⑥ 元中后期陪郭程岘(1290—1354),字和卿,乃会宗人歙西教授程傅岩、闵川宣使程盘斋及休宁会里孝隐翁程天经、汉口处士程可大等,参考订定,为《程氏世谱》三十卷,又约为《程谱提要》二十篇,亦为会通之作。⑦ 赵华富谓在已发现的 14 种宋元时期徽州谱牒中,虽仅有 1 种以统宗谱名之,然另有 3 种以内容言之

---

① [元]郑玉:《师山集·遗文》卷一《郑氏石谱序》,第 73 页。
② [宋]欧阳修:《文忠集(一)》卷七十一《外集二十一·欧阳氏谱图序》,第 564 页。
③ [元]黄溍:《文献集》卷十九《族谱图序》,文渊阁《四库全书》(1209),第 396 页。
④ 程龙:《书婺源龙陂程氏谱》,见《新安文献志(一)》卷二十三,第 306 页。
⑤ 程枢:《程公龙家传》,见《新安文献志(二)》卷九十五上,第 588—589 页。
⑥ 陈祖仁:《元故江浙等处儒学提举程公荣秀墓志铭》,见《新安文献志(二)》卷七十一,第 193 页。
⑦ 管瑾:《见山居士程君岘墓志铭》,见《新安文献志(二)》卷八十八,第 457 页。

实为统宗谱。①

（三）修谱的教化意义

修撰谱乘的主要目的,不外有二:尊祖敬宗,收宗睦族。宋末至明初,徽州的族谱亦基本如此,如金若洙结合家谱明氏族本源、祖考流派、迁徙始末之作用,认为:"以仁率之,而联族属、缀亲疏谱焉;以义行之,而尚行检、重名教谱焉;以礼齐之,而崇明祀、敦嘉会谱焉;以智成之,而比经训、寓劝戒谱焉。"②若洙以儒家仁义礼智思想统领之,概括了族谱联族属缀亲疏、尚行检重名教、崇明祀敦嘉会、比经训寓劝戒的目的及其教化意义。郑玉取郑氏高池府君而下至族之曾孙,凡十五世,辑为图,刻之其祖父墓碑之阴,以使子孙知遡流寻源、尊祖睦族之义③。赵汸则以家乘、宗谱"联其世次,详其履历,谨其迁徙"的重要功能,而强调其"和亲而联族,尊祖而敬宗"之价值④。下分而述之。

1. 明本源以敬祖。尊祖之途,除生死祭葬外,即是修谱。族谱以溯源追祖为其主要目的,元代徽州亦是如此,学者所作的族谱序跋文,几乎都会提到始祖和迁徙经过。始祖乃一姓氏血脉之源,远者包括源祖、得姓祖、始迁祖、各宗之祖,近者为五服之内诸祖。源祖为姓氏之最早的源头,它可能是后世许多姓氏的始源祖,如西周姜尚,后世之齐、尚、丘、高、骆、国、崔、卢等皆祖之。五服内祖,则为父、祖、曾、高诸祖。另外,徽州族谱中还出现了南渡祖或渡江祖。族谱寻祖溯源的目的很明确,即明本宗所自出,记世纪之传承;若谱之不修或

---

① 赵华富:《徽州宗族研究》,安徽大学出版社,2004年,第56页。
② 金若洙:《汪溪金氏族谱序》,《古今图书集成·明伦汇编·氏族典》第三百六十二卷《金姓部·艺文》,第367册之20页。
③ [元]郑玉:《师山集·遗文》卷一《郑氏石谱序》,第74页。
④ 赵汸:《汪溪金氏族谱序》,《古今图书集成·明伦汇编·氏族典》第三百六十二卷《金姓部·艺文》,第367册之21页。

修之不及时,则诸祖世系难明,生平事迹隐晦,"上无以志本原之所自,中无以志枝条之所分,下无以志流派之所系"①,成为修谱者最大的遗憾。于个体而言,何以须明祖源,元代一些徽州学者给出了自己的看法。唐元《李氏族谱序》谓:

> 天地有初乎?曰函三为一是已。生民有初乎?曰气化而孩是已。由气化而形禅,前乎千万世,其孰知为吾祖耶?后乎千万世,其孰知为吾子吾孙耶?然其初一本而已。知其一本,则知吾所自出,推之为吾同出,可不敬欤?②

《汉书·律历志》云:太极元气,函三为一。注引孟康语曰:"元气始起于子,未分之时,天地人混合为一,故子数独一也。"③意即天地之初乃天地人混合之时,是为混沌之"太极元气"。太极元气分而有天、地、人,所以生民亦"气化形禅"而已。千万世之前祖与千万世之后孙,皆由一本之"气"贯穿,祖与孙不仅血脉相连,亦气脉相通。由此一本之气,乃可知吾所出,敬之义油然而生。人能知尊其身之所自出,正是人为万物中最为高贵之处。唐元一本之气观念是将程朱理学思想实践于伦理社会的具体体现,同时亦借鉴了北宋苏洵"兄弟其初一人之身"的观点。元代徽州谱牒编撰的目的多出于此,如舒頔亦有类似的看法:

> 君子修身必本于孝,孝莫大于敬亲。自吾亲推而至于高、曾,同此一气;下而及乎曾、玄,传此一气也。《传》曰:"身也者,亲之枝也。"敢不敬乎?自高、曾至于吾身几世矣,由吾身而及乎

---

① [元]吴澄:《吴文正集》卷三十二《横冈熊氏族谱后序》,第341页。
② [元]唐元:《筠轩集》卷九《李氏族谱序》,第545页。
③ [汉]班固撰;[唐]颜师古注:《汉书》卷二十一《律历志上》,第964—965页。

曾、玄,又不知几世矣。传愈久,支愈远,厌宗纪系,此家谱所由作也。①

上而高、曾祖,中而吾,下而曾、玄孙,皆同此一气,并传此一气。舒頔所论较唐元更为明白易晓。一气相同、相通并相传,乃知孝亲敬祖之义。体现在族谱的修撰中,敬祖不仅要追远,弄清各类之祖,且须详述祖宗之迁徙、统系之传承、亲疏远近之别,乃至先祖之名讳第号、年寿卒葬、仕隐穷达、文字学行、出娶配姓、子嗣身世等等,皆得而书,如朱同所云:"祖父之于子孙,精神之融会,一气之贯通,虽百世犹一朝者,惟相传以心而已。然心者存乎中者也,发而为言动语默、衣冠仪表、文辞之传、札翰之著,俱此心之用见于外者也。为子若孙者,不于是致意焉,亦何由见迹而知心哉?"②以使祖宗不泯,子孙藉此对祖宗生孝悌、崇敬之情。反之,一些行为:耻先之贱而攀援显人,耻先之恶而私附闻人,表面看是护祖、尊祖,其实不然:有征不书是弃祖,无征而书是诬祖。所以,尊所知,阙不知,详可征,不强述难考,等等,似乎是笔法问题,但内中亦隐含着深刻的敬祖之义③。北宋韩琦之语:"谨家牒而心不忘于先茔者,孝之大也。……若家谍之不谨,祖先文字之不传,虽有孝于祖先之心,欲究其宅兆而严事之,其可得乎?后世子孙不能勤而知此,则与夫世之绝也何异?"④时常被此时的徽州学者引用,正是要表达后世修谱溯源敬祖、示不忘本之意义。

2. 合亲疏以收族。"谱也者,所以示一本也。定亲疏,维远近,敦孝敬,莫近于谱",尊祖孝宗莫过于谱,修谱乃示不忘祖,不忘祖然

---

① [元]舒頔:《贞素斋集》卷二《章氏族谱序》,第577页。
② [明]朱同:《覆瓿集》卷六《书周彦名先生遗后录后》,第713页。
③ [明]方孝孺:《逊志斋集》卷一《宗仪九首·重谱》,文渊阁《四库全书》(1235),第74—75页。
④ [宋]韩琦:《安阳集》卷四十六《重修五代祖茔域记》,文渊阁《四库全书》(1089),第493—494页。

后能谨言慎行,以无愧于祖;不忘祖,更要知晓先祖之支脉,百世之下,四海之远,"合堂同席而坐……犹曰吾宗人也,情谊之厚蔼然如一家"①,从而实现收族睦族。此为孝道之扩展,是修谱的另一重要目的——纪族人之繁衍、合亲疏以收族,亦是对古人修养的基本要求之一。

由一祖而至千百子孙,播迁散佚分处,流远服尽,服尽则亲尽,亲尽则情尽,情尽则喜不庆、忧不吊,喜不庆、忧不吊,则视若涂人②,苏洵的这一推断正是告诫人们亲情的单薄和伦理在现实中的尴尬。但是另外一种情形是,"庆喜而吊忧,近自乡党州间,远而至于四海九州之内,苟有一日之情者,莫不皆然,而况于同祖共宗者乎?"③也就是说,完全可以避免苏洵式推论不良后果的出现,那就是族谱的价值所在。

统系异同,传承远近,戚疏尊卑,谱乘所载,派系分明,百世之下可逆知百世之上。族人诚能稽诸谱,推求其本原所自,"虽百其世、万其子孙,如相与昭穆,序于一堂之上,庶几观者有所感焉"④,然则何不喜庆忧吊、尊敬而亲爱?以谱乘统摄人心、人情,后代几不至相视如途人。所以,元代徽州士大夫、学者与修谱者均较为重视谱牒"奠世系,序昭穆",收涣散、敦亲睦、以礼训家之价值。如赵汸谓:"丈夫生有四方之志,不以家食为吉。或策仕上国,或行旅远方,或卜宅乐土,于是离散纷然,而故乡旧族,徒寄一慨,末如之何矣?故有识君子忧之,仿史为书,联其世次,详其履历,谨其迁徙,此家乘、宗谱所由重也。"⑤婺

---

① 程文:《书河南上程氏宜振录后》,见《新安文献志(一)》卷二十四,第310页。
② 苏洵:《苏氏族谱引》,见[宋]吕祖谦《宋文鉴》卷八十八,文渊阁《四库全书》(1351),第36页。
③ [元]李祁:《云阳集》卷三《俞氏族谱序》,第654页。
④ [明]朱升:《朱枫林集》卷三《石门陈氏族谱序》,第41页。
⑤ 赵汸:《汪溪金氏族谱序》,《古今图书集成·明伦汇编·氏族典》卷三百六十二《金姓部·艺文》,第367册之21页。

源岩田李龙修谱时,作书遍告族人,一时族人"粲然如南箕北斗之相向也。夫然后知天伦之重,则知礼义之所当先。盖不谱则亲尽易以忘本,不辨则传久而易以庞",此其修族谱之意。① 唐桂芳则认为"有天下国家"之士大夫恃大宗之法以保昭穆不紊,而力单势微之小宗小族若不作宗谱,"子孙邈如涂人者,势也"②。

以修谱为契机开展收族睦族的活动,在元代徽州族谱序跋中亦屡有体现。谱乘修撰时将已过继为其他姓氏的子孙仍囊括其中,是收族的一大体现。如上文所言婺源岩田李氏于至正乙酉(1345)、壬寅(1362)两次修谱时,均将已经出继郡城唐氏的唐虞——唐元——唐桂芳——唐文虎、文凤收入族谱中,而唐文虎、文凤已出为唐氏后四世了。③ 若因唐元父子声名在外,李氏族人以此显族亦未可知;但新安吴氏,则绝非如此。新安吴氏十二世天麟,以甥出继于舅已五世,"在郑则知其为吴也,在吴则见其非郑也",即虽已改姓郑氏五世,但吴氏族人仍未以外族目之;且吴氏修谱,天麟支在谱中亦不绝续,"既著其继郑之由,又纪其子孙之名以系世次,至于今未尝废,故权也,得以有考而复之"。所以,吴海作《新安吴氏家谱叙》谓其观是谱得两善:"夫为是谱者,不既仁矣乎?仁者,不遗其亲,亦不间人之亲;权之,复其故也,其亦仁者之心乎?吾于是得二善焉。"④ 虽改姓他氏,作谱者仍不遗漏,记之以为其子孙将来归宗之据。此例收族的意图更为明显。另外,前文所云元中期婺源程龙所修《龙陂程氏世谱》与元末休宁陪郭程岘等人所编《程氏世谱》,均体现了合族、收族之目的。此不赘言。

---

① [元]唐元:《筠轩集》卷九《李氏族谱序》,第546页。
② [明]唐桂芳:《白云集》卷七《题先人序李氏族谱后》,第885页。
③ [元]唐元:《筠轩集》卷九《李氏族谱序》,第546页。[明]唐桂芳:《白云集》卷七《题先人序李氏族谱后》,第885页。
④ [元]吴海:《闻过斋集》卷二《新安吴氏家谱叙》,文渊阁《四库全书》(1217),第169页。

3. 敦风俗以益世。族谱因其具有溯源敬祖、合亲收族等功能，本身就是宗族伦理教化的重要组成部分。元末明初学者、义乌人王祎(1322—1373)作宣城《陈氏族谱图序》谓："宋世言族谱者二家，曰：庐陵欧阳氏，眉山苏氏。而二家之法，厥各不同。欧阳氏则世经人纬，取法于史氏之年表。苏氏则系联派属，如礼家所为宗图者。及论其所为同，则皆使人均重其本之所自出，有尊尊之义焉；各详其支之所由分，有亲亲之道焉。尊尊亲亲之意尽，而谱法备矣。是故宗法既废之后，圣人叙天伦、系人心、明教原、敦政本之遗意，犹粲然于族谱见之。君子之有志于存礼者，其忍复置而弗讲乎？"[①]尊尊亲亲，叙天伦、系人心、明教原，敦政益俗，不仅是欧、苏谱式的共同之处，亦是后代所有族谱的共同目的，这从元代徽州士人的族谱序跋中亦可以部分反映出来。

元代徽州谱乘体例扩充、内容充实，已不再是简单的谱图和世系了，从前文所述陈栎著《陈氏谱略》可以看出，有关其先辈及其本人的行实、学殖、修身、治家、为人、格言训诫，乃至其宗族、乡党之杂事亦备录无遗。但是，细细品味又会发现，其中所载先人、事多择其关于世德世教者，且多赞美颂誉之辞，即便是一般事迹的叙述，似乎也赋予一定的伦理价值取向。对于这些做法，我们不能简单地目之为为尊者、亲者讳，应看到修谱者的良苦用心：扬善隐恶，为宗族子嗣立下行为处事的道德标杆和修身治学的圭臬，更是出于对后代、对宗族、对社会道德伦理教化的考量。对此，郑玉的看法或可佐证："聿修厥德，人之所以念其祖也；全而归之，人之所以孝其父母也。然修德以显身而体无不全，全身以道而德无不修。盖修德然后能全其身，全身所以为修其德。则念其祖考，孝其父母也，亦非有二道也。"[②]郑玉此

---

① [明]王祎：《王忠文公集》卷七《陈氏族谱图序》，文渊阁《四库全书》(1226)，第149页。
② [元]郑玉：《师山集·遗文》卷一《方氏族谱序》，第70页。

论,由念祖、孝亲与修德、显身,非有二道,至推而广之,乃为重伦纪、厚风俗之起点,天下后世之丕训,亦非仅施之一家一族而已。《歙西溪南吴氏世谱》亦谓:"家之有谱,犹国之有史也。国而非史,则君臣之贤否,礼乐之污隆,刑政之臧否,兵机之得失,运祚之兴衰,统绪之绝续,无由以纪;家而非谱,则得姓之源流,枝派之分别,昭穆之次序,生卒之岁月,嫁娶之姓氏,出处之显晦,无由以见,国何以治,而家何以齐哉?"①

族谱敦风益俗的形式是多样的,其中正面宣扬以福庆报德之说较为显著。如舒頔作绩溪《章氏族谱序》述始迁祖章运之自昌化迁绩溪瀛川,"以信义结乡人,乡人无老幼贵贱,咸仰其为丞相(章得象,北宋仁宗朝宰相——引者)苗裔,指其居则曰'丞相之第也',指其墓则曰'此丞相家之墓也',最为乡人所尊重。今几世矣,流风遗韵,犹有存者,岂非祖宗之积德有渐而致然欤?"并证之《传》"积善之家必有余庆"之语②,宣扬保德之说。黄枢《书长干许氏族谱序》则谓战乱之后,"许氏乃独安其田里,守其先庐,规模气象,无异昔者,其故何哉?岂长干山水之胜,其锺于人者自有不同与?抑其先屡世积善,天之报之其在子孙与?然培其根则枝愈茂,浚其源则流愈长,为许氏之子若孙者,益积善而不替,则炽而昌、寿而康,必与是乡山水之胜相为无穷也"③,将许氏的兴盛归结为祖上积德所致,并谓若许氏宗族继承祖德而不替,其子嗣之昌寿必与长干山水同在。

唐桂芳则以历史比较的视角,指出族谱合亲疏以收族对宗族和社会教化的意义,谓"古者,大宗之法,施于有禄之家则可,无禄者异于是。犹幸谱系以厘其亲疏,明其长幼,谱所以有功世教,不为无助矣。"④又

---

① 《歙西溪南吴氏世谱》,转引自赵华富《徽州宗族研究》,安徽大学出版社,2004年,第217页。
② [元]舒頔:《贞素斋集》卷二《章氏族谱序》,第578页。
③ [元]黄枢:《后圃黄先生存集》卷四《书长干许氏族谱序》,第226页。
④ [明]唐桂芳:《白云集》卷五《重刊溪南吴氏族谱序》,第844页。

谓:"上古之世,教化易行,风俗淳厚,虽由上之治隆,其亦在下者各知亲其所亲,敦睦之风隆,维持之具存,而致然也。是以君子之善睦族者,恒以谱牒为先务。夫始焉一身之所出,末焉散而为千百身。始焉同居,共爨而食,庆吊欣戚之相关,取舍好恶之同趣;末焉散而离井以耕,异邑而处,近数百里,远而数千里,邈然若秦人视越人之肥瘠。苟不清谱牒以明之其流,不至于相残者不止,以故欲宗族之相亲而不至于相残,必先示其身之所自出,使之熟观注视之,顷森然孝敬之心生,沛然亲睦之情笃。行一不义,惟恐吾宗人闻之见黜。履一非道,恐玷吾之宗族,不足以光前人。使天下之人皆若此,则比屋之封,岂难见哉?惟其支离涣散,至于疏薄斗阋,而卒无以匡维之。然后民俗愈偷,人情愈丧矣。"①桂芳所论,不仅指出修谱在厘亲疏、明长幼、生孝敬、笃亲睦的宗族教化意义,更升华了其对社会厚风益俗的教化价值。

另外,族谱亦会勉励宗族子弟努力读书治学。受理学熏陶,金若洙以理学思想作为修谱的主导思想,主张以"济人利物"的"圣贤之学"为学,以"合疏和亲"的"圣贤之志"为志,把修谱作为修身、讲学、明理之一部分,"讲学,所以明理也,非笃学无以明其理;明理所以养心也,非通理无以养其心;养心所以修身也,非正心无以修其身。然推吾身所出则为吾父,又推吾父所自出则为吾祖,又推吾祖所自出则为吾曾祖,又推吾曾祖所自出则为吾高祖,又推吾高祖而上及吾始迁之祖,其源汇流派,而欲其贯通,此理不可以不明也。推吾始迁之祖而上及吾得姓之祖,其久近疏密,而欲其联属,此学不可以不讲也。"②如此,治学与修谱则密切联系起来:治学须讲谱学,修谱为治学之重要组成部分。舒頔认为世儒业学是宗族昌盛并延续不断的重

---

① [明]唐桂芳:《白云集》卷五《洪氏宗谱序》,第849页。
② 程若庸:《汪溪金氏族谱序》,《古今图书集成·明伦汇编·氏族典》第三百六十二卷《金姓部·艺文》,第367册之20页。

要保障,"为邑望族,自先世来,以儒业进者,前后相望,绵绵延延不绝如缕,岂天降善于儒门,如是其久且远乎?抑儒之业可以衮延后嗣衍而蕃耶?……诗书一脉,虽百世不可废,后之子孙思夫祖宗创业,思贻祖宗令名,秋霜春雨,怵蒿凄怆之心,宁不勃然有感、思继先世者乎?"①唐元亦期望族人读书不坠祖业,"为父兄者能以不欺心以培子孙之厚禄,为子孙者又能读诗书以不坠清白之传,是不肖拳拳所仰望也"②。

总之,族谱修纂对宗族而言其教化意义是不言而喻的,时人和后人在修谱活动和谱牒本身皆能得到不同的教化启迪;而以上笔者所论仅就其显著和大者而言,其他若朱升所概况为"一举四得"③:尽孝诚,彰祖德,鉴后人,有功于身心家国之理。正是族谱所暗示的深层价值,笔者文中亦多有阐释,兹不再论。

三 祠堂祭祀及其教化

祭祖与修谱一样,是宗族的重要活动之一,亦是敬祖收族的主要途径之一。而祠堂作为祀祖的重要场所,是祭祖制度化的产物。嘉靖《徽州府志》卷二《风俗志》谓徽州:"家多故旧,自唐宋来数百年世系,比比皆是。重宗义,讲世好,上下六亲之施,村落家构祠宇,岁时俎豆。"嘉靖《徽州府志》对徽州"家构祠宇"现象出现时间说得较为模糊,而现代学者多认为徽州宗祠兴起于明代中后期④,虽然不少学者的研究已触及元代宗祠,但认为此时宗族祠堂的兴建是个别现象,还

---

① [元]舒頔:《贞素斋集》卷二《北门张氏族谱序》,第579—580页。
② [元]唐元:《筠轩集》卷九《李氏族谱序》,第546页。
③ [明]朱升:《朱枫林集》卷四《詹田孙氏家录后》,第65页。
④ 按:郑利民较早提出此看法(《徽州社屋的诸侧面》,《江淮论坛》1995年第4期)。常建华亦主张明代中后期徽州宗祠大规模兴起,但又认为徽州宗祠的出现并且与社祭发生兼容可以追溯到宋元时期(《明代宗族组织化研究》(上),故宫出版社,2012年,第86页)。

未形成一种社会风气①。王鹤鸣《中国祠堂通论》认为,元代宗族组织发展的标志是庶民阶层中出现了更多自建祠堂的现象,一般乡里、村落也开始兴修祖祠,很多家族完全按照《家礼》的设计来修建本族祠堂。② 笔者赞同其观点的前半部分,但对很多家族完全按照《家礼》的设计来修建祠堂说法持保留态度。固然明代中期徽州宗族普遍设立祠堂,但笔者通过翻阅典籍,发现了大量有关元代徽州宗族祠堂和具有祠堂性质的建筑的记载(见表8),认为家祠在元代至迟到后期已成为典型的社会现象,而宗祠也在这一时期获得较为显著的发展;所以,元代在徽州祠堂发展史上,应是家祠和宗祠并存的时代,并进一步认为元代祠堂在徽州宗族发展和社会教化中扮演着重要的角色,是徽州宗族社会向近古转变的重要特征之一。

何谓祠堂?清人钱大昕对祠和祠堂有过专门考证,谓:

> 古者宗庙之祭,春礿夏禘,秋尝冬烝。周公制礼,以禘为殷祭,改夏为礿、春为祠。祠本宗庙之祭,秦、汉以降,神祇群祀之通称。故祠于坛,谓之祠坛;祠于城,谓之祠城;祠于堂,谓之祠堂。典祠之官曰祠官,太常有祠曹,其仪式则曰祠令。祠者,祭之名,而非祭之所。……后人习焉不察,以祠为祀神之所。古礼,大夫、适士、官师,俱得立庙,而以宗子主祭,故有百世不迁之宗。三代以后,仕者不世禄,大宗不能收族,而宗法废,虽贵为大夫,犹祭于寝,于是有祠堂之设,以祀其先祖,俾族姓不忘其所自出,犹有宗法之遗意焉。③

---

① 如赵华富《徽州宗族研究》中列出宋元时期徽州宗族祠堂8例,其中宋代3例,元代5例,以此认为系个别现象。《徽州宗族研究》,安徽大学出版社,2004年,第140—141页。)
② 王鹤鸣:《中国祠堂通论》,上海古籍出版社,2013年,第124页。
③ [清]钱大昕:《嘉定钱大昕全集·潜研堂文集》卷二十一《钱氏祠堂记》,江苏古籍出版社,1997年,第328—329页。

表8：元代徽州宗祠、墓祠、附祠及祭祀建筑一览表

名称	氏族或地点	时间	建设人	撰文者	撰文时间	备注	出处
善应庵	歙县航口	元初	孙居士	方回		新建。庐母墓侧，田十亩，筑室十间，田以供粢，屋以祀先，时延道友饭之，绘观世音奉之。	方回《桐江续集》卷三十六《善应庵记》
著存观	休宁瑶溪金氏	元中期	金应凤	程纯祖		新建。建于父革葬前，后为瑶溪金氏宗祠。	弘治《徽州府志》卷十《寺观》，金瑶《金粟斋文集》卷二《重建省观瑶溪金氏世馆祠记》
朝阳楼	休宁瑶溪	延祐丙辰(1316)	金子西	陈栎		新建。于祖宅东建楼三层，以父字名楼，示不忘亲。	陈栎《定宇集》卷十二《朝阳楼记》
春先亭	休宁瑶溪	延祐丙辰(1316)	金子西	陈栎		新建。鼎新旧亭，取祖父旧扁而扁之，标以遗后人，示不忘祖训，并勉子侄。	陈栎《定宇集》卷十二《朝阳楼记》
如存庵	歙县联墅	至大年间	方巨山等			宋嘉熙间，方山甫偕弟渊甫建，以奉其亲藏。吕午记。大间，裔孙巨山、巨川、鸣岗重建，合祀先世于中。	弘治《徽州府志》卷十《宫室》

(续表)

名称	氏族或地点	时间	建设人	撰文者	撰文时间	备注	出处
吴氏长虹先祠	歙县溪南吴氏	元中期	吴崧高	曹泾		新建。于高祖、祖、父三代墓地东偏筑屋，奉三茔合并一堂而祠。	曹泾《溪南吴氏长虹先祠记》，《新安文献志》卷八十七《吴益谦自牧墓志铭》附
金紫院	歙县黄罗峰北麓	约元中期	汪维祺等	汪泽民	延祐己未(1319)	宋初汪若谷、若思兄弟等本庙制立祠墓东以祀父，历百五十余年，汪维祺率宗亲经营复旧。	《新安文献志》卷九十一《右朝散大夫汪君叔散墓表》附
眉寿庵	歙县石门陈氏	元中期	陈一德	陈栎	延祐七年(1320)	新建。寿藏之所，庙祠合一。	陈栎《定宇集》卷十二《眉寿庵记》
李氏祠	婺源严田	约元中期				家祠。祠名为笔者所加。	揭傒斯《李隐君森墓志铭》，见《新安文献志》卷八十八
汪氏墓祠	歙县信行汪氏	约元中期	汪维祺			新建。祠名为笔者所加。庐于大富山亲墓傍，葺重屋祀祖若父，寓守者于侧。	郑千龄《元故青阳县尹汪君维祺行状》，见《新安文献志》卷八十五

(续表)

名　称	氏族或地点	时间	建设人	撰文者	撰文时间	备　注	出　处
思庵	婺源环溪	约元中期	程万善	胡炳文	天历三年(1330)	新建。庐于墓旁。	胡炳文《云峰集》卷二《思庵记》
许氏祠堂	婺源许昌许氏	约元中期	许汧	刘岳申	约至顺元年(1330)	新建。祠祖上四世。	刘岳申《申斋集》卷五《许氏祠堂记》
许氏睢阳祠	婺源许昌许氏	约元中期	许汧		至顺元年(1330)	新建。大族宗祠。祀睢阳太守许远，以始迁祖配享，岁立春率五世以下子孙敬祭，割田奉祀事。	揭傒斯《许处士汧墓铭》，见《新安文献志》卷八八
汪氏祠	婺源	约元中期	许汧	刘岳申	至顺元年(1330)	新建。羊父母祠。祠名为笔者所加。	刘岳申《申斋集》卷五《许氏祠堂记》
思存堂	婺源吴氏、靖安里存山	元中期	吴希颜祖父、希颜重修	吴澄		重修。即家舍作堂，为岁时"展省"养生之所。	吴澄《吴文正集》卷四十四《思存堂记》，黄谱《新安文献集》卷四《跋思存堂记》
李氏祠	祁门李溪盘田	约元后期	李与廉			新建。大族宗祠。祠名为笔者所加。田若干亩，立祠于十世祖，刻谱系真壁间。	黄谱《祁门李君与廉墓志铭》，见《新安文献志》卷八十九

续表

名　称	氏族或地点	时间	建设人	撰文者	撰文时间	备　注	出　处
孝则堂	婺源高安	元后期	程可绍	黄元承		新建。居之左起屋立龛，奉高曾祖称之祀。	赵汸《东山存稿》卷七《孝则居士程君可绍墓表》
永思亭	休宁陪郭程氏	元后期	程觇、程文贵等	朱升	至正八年(1348)	新建。建于祖墓旁，置膳茔之田，定合族之约。	朱升《朱枫林集》卷六《永思亭记》
黄氏祠堂	黟县黄村	元后期	黄真元	汪泽民	至正十一年(1351)	新建。大族宗祠，祠名为笔者所加。祀始祖而下。	汪泽民《黄氏厚本庄记》见嘉庆《黟县志》卷十四
著存祠	婺源大畈汪氏	元末	汪仲鲁			新建。宗祠祭享一如古制，田四十亩，立定规。	程汝器《明故承务郎左春坊左司直郎贞一汪先生畈行状》卷七十二献志
心田道院	歙县棠樾鲍氏	元末	鲍周	郑玉	至正十一年(1351)	新建。墓葬旁筑宫，居道士守之。	郑玉《师山集》卷三《心田道院设醮诗序》
东山寓舍祠堂	休宁龙川赵氏	至正十三年(1253)	赵汸			新建。祠考四世神主。	赵汸《东山存稿》卷五《东山寓舍安神主祝文》

170　社会变迁中的元代徽州社会教化研究

(续表)

名称	氏族或地点	时间	建设人	撰文者	撰文时间	备注	出处
程氏祠	休宁怀仁	元末	程仁			新建。祠名为笔者所加。	朱升《程氏国英墓志》，见《新安文献志》卷八十九
戴氏宗祠	婺源桂岩若戴氏	约元末	戴察罕			祠名为笔者所加。	《新安名族志·后卷·戴》
乳溪道院记	绩溪洪富山乳村胡氏	元末	胡宗文	舒頔		住宅与祠堂合一。胡庆云构屋十余楹，祀其先世，六世孙胡宗文率诸任重建。	舒頔《贞素斋集》卷一《乳溪道院记》
许氏义祠	婺源三溪	元明之际	许溥化	朱公迁		新建。祠名为笔者所加。祭族之无祀者，有义田。	汪叡《处士诚斋许公溥化墓志铭》，见《新安文献志》卷九十七
许氏睢阳太守祠	婺源三溪	元明之际	许溥化			新建。祠名为笔者所加。建于住所旁，设龛立睢阳太守许远像以奉之，每春首率子侄罗拜祭奠，集饮而退。	汪叡《处士诚斋许公溥化墓志铭》，见《新安文献志》卷九十七
施水庵	休宁黄石			郑玉	约至元末年(1340)	初建于壬未末。墓庵。	郑玉《师山集》卷五《黄石施水庵记》

(续表)

名称	氏族或地点	时间	建设人	撰文者	撰文时间	备注	出处
崇福庵	歙县古城	元末	汪佼德	周原诚		南宋中期，汪时中于其父汪择善墓下立祠，割田创庵；元僧易庵为寺，撤其祠，七世孙汪佼德闻官复之。	《新安文献志》卷九十八《夫人金氏墓志铭》附
汪氏墓亭	婺源凤亭里凤岭		汪明初、汪元伟等	郑玉		新建。墓祭之所。屋四楹，为拜扫之所，又为重门，祭十三世祖以下。	郑玉《师山集》卷五《凤亭里汪氏墓亭记》
著存	休宁会里程氏	元代	程天经			新建。祀先之所。	弘治《徽州府志》卷九《人物三·孝友》
南山道院	休宁会里程氏	元代	程天经			新建。居丧庐墓，亦称孝隐院。	弘治《徽州府志》卷十《寺观》
报德庵	歙县灵山	元代	方莹	朱升		初为七世孙方莹建庵以祀始迁祖，后倾颓；明初十世孙进卿重修。	弘治《徽州府志》卷十《宫室》
昼锦堂	绩溪瀛川	元末	章运之	舒顗		新建。住宅与祠堂合一。章运之始迁瀛川，乃大其阖同，以奉先祀，取祖上故居之旁一诸厅事，示不忘其本。	舒顗《贞素斋集》卷一《昼锦堂记》

第四章　元代徽州社会教化之堡垒：宗族　173

（续表）

名称	氏族或地点	时间	建设人	撰文者	撰文时间	备注	出处
致思楼	歙县	约元末	郑伯康	王祎		新建。作楼于居室之偏，朝夕望母墓，以志思而不忘。	王祎《王忠文公集》卷十《致思楼记》
泽存祠	婺源大畈汪氏	约元明之际	汪同	李祁		新建。构祠于七世祖之墓，以废祭扫。	李祁《云阳集》卷六《泽存祠记》
永思堂	婺源回岭汪氏	元明之际	汪惟德夫人俞氏	李祁		大族宗祠。新建于千里之古溪，祠产包括旧尝供墓之山泽，田池及新入田二百亩，先世忌日行祭礼，清明大会族人致祭，余费延师训族子弟。	李祁《云阳集》卷七《汪氏永思堂记》
青莲寺	婺源孝川	元明之际	俞茂			新建。别建青莲寺于父墓左，买田以供祠祀。	李祁《云阳集》卷八《新安节士俞君墓志铭》
知本堂	婺源大畈汪氏	元明之际	汪同	赵汸		新建。大族宗祠。屋南为庙，重屋奉祖十余世，屋东祀典祠，配以子孙之有封爵在祀典者，像753下有堂，斋舍，买田给费，以族人尊而年长者主祀事。时享月荐，功德者；重屋下有堂、斋舍，延师教族子弟。	赵汸《东山存稿》卷四《知本堂记》

续表

名称	氏族或地点	时间	建设人	撰文者	撰文时间	备注	出处
永思堂	婺源大畈汪氏语村故居	元明之际	汪同	赵汸		新建专祠于故居，祀高祖以下四世，其田与祭，则继高祖者主之。	赵汸《东山存稿》卷四《知本堂记》
双节堂	歙县乌聊山	明洪武初之前	马良	朱同		新建。作堂奉祀父母。	朱同《双节堂记》，见《新安文献志》卷十六
永慕亭	休宁潜溪汪氏	明洪武中之前	汪桂	朱同		新建。率族建于六世祖墓前，田若干亩，春以拜扫，秋以荐新。	朱同《覆瓿集》卷五《永慕亭记》
敬思堂	婺源中山		祝泰宇	祝泰宇		祀先之所。	弘治《徽州府志》卷十《宫室》
思本阁	休宁草市		程仁叟	林思和		新建。	《新安名族志·前卷·程》
孝思亭	休宁黄原		吴纯中	汪仲鲁		新建。	弘治《徽州府志》卷十《宫室》

可见,祠初为宗庙祭祀名称之一,后成为神祇群祀之通称,再后来为祭神之所,最后定格于祀祖于寝的祠堂。至于祠堂在近世即唐宋以后的情况,钱大昕并未说明。赵翼则认为"近世祠堂之称,盖起于有元之世"①。据《礼记·王制》的规定,儒家理想的宗法社会,士人以上皆得立庙祀祖,而庶人则祭于寝。这一理想在唐代的《开元礼》中得以制度化并一度在社会中施行。北宋以来,随着贵族官僚荫任制的消亡,庙制不复存在。宋代虽企图恢复庙制,然因世变时移,以贵族制为基础的宗庙制度终难实行,"虽贵为大夫,犹祭于寝"成为一样普遍的现象。虽然如此,宋代士庶却发展形成了多种形式的祭祖,如家祭、墓祭或借助于寺庙等②。

(一) 墓祭与家祠

元代徽州的祭祖形式和名称,基本沿袭宋代,多以观、庵、寺、亭、堂、楼等命名,且由僧、道等负责看管。如歙县联墅如存庵,本由宋嘉熙(1237—1240)间方山甫、渊甫兄弟所建,以奉其亲像;元至大(1308—1311)间,裔孙方巨山、巨川、鸣岗等重葺,合祀其先世于中③,祭祀对象由一世而为若干世。歙县信行汪氏之金紫院、休宁黄石施水庵、歙县古城崇福庵等也均出现于宋代。即使到元末,此种墓祭形式的墓祠仍不绝于书,歙县棠樾鲍周于预卜葬之墓旁筑宫,居道流以守之,正一教主天师大真人为题曰"心田道院"④。休宁溪西俞士英(1303—1356)卒后,其仲子俞茂尝别建青莲寺于墓左,又买田以供祠祀⑤。与宋代一

---

① [清]赵翼:《陔余丛考》卷三十二《祠堂》,商务印书馆,1957年,第692页。
② 常建华:《宋代以后宗族的形成及地域比较》,人民出版社,2013年,第41—44页。
③ 弘治《徽州府志》卷十《宫室》,第330页。
④ [元]郑玉:《师山集》卷三《心田道院设醮诗序》,第26页。
⑤ [元]李祁:《云阳集》卷八《新安节士俞君墓志铭》,第723页。

样,元代祭祖仍以墓祭为主要形式①,唐桂芳的话可以佐证:"上古有死而无葬,中古有葬而无墓祭,后世尤重墓祭,得非由野祭之说而启之也与。"②而墓旁建观、庵、寺或附祭先人于观、庵、寺等祠祭形式,实受佛道影响,"世教日衰,礼法寖废,为孝子顺孙者,既不能稽诸典礼以尽夫追远之诚,则于其中有不能自已者;于是乎有假释老之教,而立所谓庵若观者于墓旁而附祭焉,虽非先王制礼之经,而秉彝之极,天罔坠者,于此亦可见矣。"③

虽然如此,元代祭祠和宋代比较,已出现了分化,新特点、新形式孕育并发展起来。如休宁率溪程心宇,葬母闵口,又筑屋买田以具祠事,且置赡守;心宇卒葬歙县颍源,其子筑屋买田亦如闵口④;休宁瑢溪金应凤建著存观于父金革墓前⑤;唐桂芳居父母丧,哀戚号泣,毁瘠若不能为生,尝以报亲未足,买田附祀于西山庵,又买田构祠于藤源亲墓旁,以奉祀事。⑥ 上述几例似仍是墓祠,但除了于墓旁建有祭祀场地,还有支撑的祭田和守祠之人,已具备了明清祠堂的雏形,尤其是瑢溪金氏著存观后来直接成为该族的宗祠。⑦ 还有一些,如吴

---

① 按:对于这种于庐于墓旁的祭祀,方回在考察了祭祀形式的演变后,认为庐于墓而祭已不是单纯的墓祭,而是"混庙墓祭为一"的新形式,他说:"古有庙祭,无墓祭。骨肉毙于下阴,为野土之死,而致生之,不智也,故不祭于墓。其气发扬于上,为昭明焄蒿,凄怆之生,而致死之,不仁也,故祭于庙。其祭也,荐血腥之礼,燔燎膻芗以求诸天,报气也。馈食之礼,黍稷肺心醴酒以求诸地,报魄也。反始用情,谓之二礼,故有阳厌,有阴厌。于庙不于墓,而孝子之心尽矣。且祭必用尸,周之东而废尸而用主。今之礼无一而古,重墓祭而轻庙祭,卜尸迎尸,懵莫之晓,以纸若木书其先之称谓近于主,稍饰则画素肖形曰影堂,又过是则凡鬼神无不刻梓冶金为像,而其事侈矣。子贡庐孔子墓,三年而去,后世有以终身庐先墓、废庙不祀为孝者,皆非古也。居士即墓为庵,若混乎庙墓之祭为一,为善而应,理所必然。"(《桐江续集》卷三十六《善应庵记》,第718页。)笔者则进一步认为"混庙墓祭为一"的祭祀形式正是近世祠堂的初期形式。
② [明]唐桂芳:《白云集》卷六《重建乳溪道院记》,第873页。
③ [明]朱同:《覆瓿集》卷五《永慕亭记》,第703页。
④ 曹泾:《肯堂程公心宇墓志铭》,见《新安文献志(二)》卷八十八,第445页。
⑤ 按:弘治《徽州府志》卷十《寺观》作"在县西五十里,宋瑢溪金桐冈竹所,为父进士金革墓前建"(第341页),似乎建于宋代,但金革逝世于至元三十年(1293),不可能是建于宋代。
⑥ 锺亮:《南雄路儒学正白云先生唐公桂芳行状》,见《新安文献志(二)》卷八十九,第469页。
⑦ [明]金瑶:《金粟斋文集》卷二《重建著存观瑢溪金氏世宦祠记》,续修四库全书(1342),第517—518页。

崧高于歙县溪南高祖、祖、父三代墓地东偏筑屋,奉三茔合并为一堂而祠,曹泾称之为"吴氏长虹先祠"①;歙县信行汪维祺,庐于大富山亲墓旁,葺重屋祀祖若父,寓守者于侧②;婺源高安程可绍(1296—1356)于居左起屋立龛,奉高、曾、祖、祢神主而祀之,取《大雅》诗语题曰"孝则堂"③。这三例的共同特点是祭祀世系的增加,已不仅限于某一代;而信行汪维祺无疑借鉴了其宗祠——金紫院的建置,可视为小宗之宗祠。第三例与宋代在居室之正厅设牌位或绘先祖图像之影堂的家祭形式并不同,不仅有独立的祭祀建筑,且所祭世系增至四代,已是典型的小宗祠堂。

以小宗为主体的祠堂在元代徽州地区比较多见④,有的地方甚至较为普遍,如揭傒斯志婺源严田人李森(1278—1318)铭文谓,其邻起火,森惟号泣求保先祠,环祠皆火,而祠独不及。⑤ "环祠"说明当地祠堂建筑密集且较多,如此当为小宗祠。至迟于元后期,小宗祠堂在徽州已成为较普遍的现象,如元统二年(1334),郑玉为修复五世祖妣墓,誓于天地,告于祖宗,曰:"此坟之不复,玉不敢见乎庙,见乎日月矣!"⑥壬辰之乱,赵汸谓己"家庙不在,势既不得群居;兄弟散处,不容别安灵座",至正十三年(1253),"乃即兹山(东山——引者)新成隙宇为四龛,南向作主之式,神位之次,大略取法先贤"⑦,祠祖考四世神主。以上两例虽称"庙",但为小宗祠无疑。再如休宁县黎阳乡

---

① 曹泾:《溪南吴氏长虹先祠记》,见《新安文献志(二)》卷八十七《吴益谦自牧墓志铭》附,第435页。
② 郑千龄:《元故青阳县尹汪君维祺行状》,见《新安文献志(二)》卷八十五,第403页。
③ [元]赵汸:《东山存稿》卷七《孝则居士程君可绍墓表》,第363页。
④ 按:宋卫湜《礼记集说》卷十四注"支子不祭,祭必告于宗子"句引蓝田吕氏语曰:"古者有大宗,有小宗,别子为祖,继别为宗。百世不迁者大宗也,继祢继祖继曾祖继高祖,五世则迁者,小宗也。"(文渊阁《四库全书》[117],第287页。)本文小宗取此说,指五服以内,大宗或大族则指出五服者;小宗所建之祠堂称小宗祠,或家祠,合族之宗祠称宗祠或族祠。
⑤ 揭傒斯:《李隐君森墓志铭》,见《新安文献志(二)》卷八十八,第446页。
⑥ [元]郑玉:《师山集》卷八《修复先坟石表》,第62页。
⑦ [元]赵汸:《东山存稿》卷五《东山寓舍安神主祝文》,第313页。

怀仁里人程仁(1314—1367),字国英,于壬辰兵乱后,重建居室,朱升后来描述道:新居且完,祀有祠堂,客有馆矣。① 描述新居,独谓祠堂与馆舍,一方面暗示祠堂在当时徽州人心目中的地位,同时亦说明其与居室一同构成了民间建筑中不可或缺的组成部分。元末明初婺源怀金乡三溪里人许溥化(1337—1398),字次诚,尤乐善好义,资贫乏,助葬娶,葺桥道,又割私田为资,建义祠以祭族之无祀者,朱公迁尝重其举②,而为之记。③ 无后者尚有义士为之立祠奉祀,而子孙若不祠祀先祖,盖难免会受到社会舆论的谴责,从反面证明当时小宗立祠祭祖已成为较为普遍的社会现象。本例中,传主还于住近地东偏,设龛立远祖唐睢阳太守许远像以奉之,每春首率子侄罗拜祭奠,集饮而退。无独有偶,比许溥化稍早之同县许昌人许汻,约元中期亦建许氏睢阳祠,以始迁祖配享,岁立春率五世以下子孙敬祭,割田奉祀事④。比较起来,后者规模较大,且有陪祭、祭田,参加者为五世子孙,人数众多,已是典型的小宗家祠。可以看出,当时小宗亦非仅祀五服内诸祖,亦有仿照大宗建置的。小宗建家祠祀祖的普遍化,在时人的墓志铭文中多有反映,兹不赘述。

(二) 宗祠及特点

与此同时,元代徽州的大族宗祠也出现或发展起来。大族宗祠或由宋代寺观、墓庵、小宗祠等祭祀形式发展而来,如歙县潜口汪若容、若思兄弟皆科举及第,宋绍兴二十七年(1157),其父叔敖丧葬后,若容、若思及未仕之仲氏若虚兄弟三人,本先庙制立祠于歙县黄罗峰

---

① 朱升:《程氏国英墓志》,见《新安文献志(二)》卷八十九,第473页。
② 按:朱公迁,字克升,饶州乐平人,承家得闻饶鲁所传之朱学,至正元年(1341)领乡荐,为处州学正,从学常数百人,兵乱迁徙无定所,后寓于婺源,乡邦擅兵者屡请不就,著有《四书通旨》、《四书约说》、《诗义疏》等。嘉靖《江西通志》卷九《饶州府·人物·元》,明嘉靖刻本。
③ 汪叡:《处士诚斋许公溥化墓志铭》,见《新安文献志(二)》卷九十七,第651页。
④ 揭傒斯:《许处士汻墓志铭》,见《新安文献志(二)》卷八十八,第455页。

北麓墓东,中建梵宇宗会楼,其左像叔敖祠,其右重门修庑及燕享栖释之处,名汪大夫祠,朝廷赐额金紫院,召僧焚典,置田畀之,为歙诸刹之冠。至元中期,历150余年,汪氏金紫院楼宇浸复圮坏,祭田多为邻院氏所有,院僧欲募他氏立钟楼,割其祀之半以供他姓,奉二姓神主①,裔孙汪维祺曰:"院乃制额,以奉先大夫者,异姓何预焉?"遂率宗人经营复旧。维祺(1242—1326)字寿甫,父师俭由潜口徙信行,叔敖为其高祖之父,即五世祖,由叔敖至维祺已六代,超出了五服之限,加之维祺子嗣辈,无疑金紫院已成为歙潜口、信行等地汪氏的大宗族祠。再如绩溪洪富山乳村胡氏之乳溪道院,本胡庆云构屋十余楹祀其先世,至壬辰毁于兵,乱后六世孙宗文率诸侄,为屋凡若干楹,敞而不隘,朴而不华,复其旧而新是图②。由乳溪道院始建者胡庆云至宗文子侄,该族已历八世,加之庆云所祭之先,至少十世约二百余年的历史,与前谓金紫院时间相当,信哉为大族宗祠!歙县古城崇福庵,本南宋中期汪时中于父墓下割田创庵所立,元末僧易庵为寺,撤其祠,七世孙汪俊德讼于官乃复。③ 亦有一些为新建者,著名者如祁门孚溪盘田李氏祠、休宁陪郭程氏永思亭、婺源大畈汪氏泽存祠、婺源回岭汪氏永思堂、婺源大畈汪氏知本堂等。这些大族宗祠至少有四个共同特征。

第一,祭祀的世系较长,祭祀对象为四世祖以上,参与的族人已超出了五服的限制,是区别于小宗宗祠的首要特点。对此,前文两例已有分析,再举几例以明。如祁门孚溪盘田李与廉(1292—1347),字子常,以祖墓世远多芜废,率族人访求之,割己田若干亩,立祠于十世祖,刻谱系于壁间。④ 歙县方莹于灵山立报德庵,奉祀始居者七世祖

---

① 《新安文献志(二)》卷九十一《右朝散大夫汪君叔敖墓表》附,第508页。
② [元]舒頔:《贞素斋集》卷一《乳溪道院记》,第560页。
③ 《新安文献志(二)》卷九十八《夫人金氏墓志铭》附,第668页。
④ 黄溍:《祁门李君与廉墓志铭》,见《新安文献志(二)》卷八十九,第459页。

方杰兴,后庵倾颓,杰兴十世孙进卿于明初重修,十一世孙至功请朱升为记。① 休宁陪郭程岘、程文贵等,以"自南节(始迁祖)至和卿(程岘字)凡十六世,坟墓众多,不可无修谒之规;子孙蕃硕,不可无统葬之处",故立亭祖墓之旁,题曰"永思",以飨其先,"而后岁时之间,奠献可施,昭穆可序,诚可谓永言孝思者矣!"又置膳茔之田,定合族之约,俾后人世守之。② 建于元明之际的婺源大畈汪氏知本堂,不但祭祀世系较长,且有详细的昭穆配享制度,后文将作详细分析。诚然,关于这些案例祠堂祭祖的具体情况,限于史料,无法作进一步的研究,但从祭祀对象来看,已超出四世祖五服的限制,无疑参与者不可能仅限于小宗,其祭祀亦非只为家祭。

第二,有诸如祠田之类的祠产。为保证基本职能——祭祀活动的开展和其他职能的执行,举凡大宗宗祠均会有一定的祠产。在元代,徽州祠堂的祠产主要是土地、山林等收入。如位于古溪的婺源回岭汪氏永思堂,由汪惟德夫人俞氏本其家小宗墓祭祠堂而扩建,祠产主要包括昔日供墓祭之山泽、田池和新入田二百亩,以及族人割己田附入者。不同来源的祠产用途不同:新入二百亩田之收益,用于清明合族致祭和祭毕拜扫诸远茔之费;旧尝供墓之山泽、田池之岁租,由惟德一支祀亲支配;而族人所割之己田,或用作其私亲忌日之祀费,或用于公祭,悉听割入者自行决定。祠产登记在簿,选任能干者司簿,稽较出入,不得妄用。③ 可见,由小宗祠发展而来的汪氏永思堂兼备了大、小宗祠堂的综合功用,这在大族祠堂尚未普遍设立的元代徽州社会,类似的祠堂应该不在少数。但也有作出明确区分的个例,如婺源大畈人汪同,除设立汪氏知本堂外,还同时于故居浯村建永思堂,祀高祖以下四世,其田地与祭祀

---

① 弘治《徽州府志》卷十《宫室》,第 330—331 页。
② [明]朱升:《朱枫林集》卷六《永思亭记》,第 101 页。
③ [元]李祁:《云阳集》卷七《汪氏永思堂记》,第 709 页。

事宜，由继高祖者（小宗主，或谓五服内宗主）主之。知本堂"以明大宗之事"，永思堂"则小宗之遗意"①，两者意义自然不同。汪同的举措可能受到其兄汪仲鲁（名叡，以字行）的影响。据程汝器所作行状记载，汪仲鲁建有著存祠，依古制奉宗祠祭享，割田四十亩立定规，俾子孙永守。② 关于著存祠之年代虽不详，然应早于永思堂。盖壬辰乱时著存祠毁，乱稍定，汪同遂以著存祠为样板而新立大、小宗两祠。

第三，祠堂祭祀和管理制度的形成。虽然，因资料所限，目前笔者尚未发现元代徽州有关祠堂管理的规约，但借助时人所作之祠堂记文或碑铭文，可知当时祠堂已经制定了包括诸如祠产、祭祀制度等的约定或规定，如前所举婺源回岭汪氏永思堂对祠产使用和合族祭祀日期的规定，而大畈汪氏知本堂的建置及昭穆配享之制是笔者所见元代徽州祠堂中最具代表者。其创建者汪同（1326—1362），字仲玉，汪仲鲁之弟，幼好骑射，娴武事，至正壬辰因功累迁至资善大夫、淮南行中书省左丞，年三十七被张士诚所害。知本堂建于婺源大畈田中，建置和享祀详情如下：

> 重屋为楹间者五，其上通三间以为室，奉始得姓之祖（春秋鲁成公之子颍川侯姬汪——引者，下同）神主中居，及初渡江者（汉龙骧将军汪文和）及始来居大畈者（汪中元），而昭穆序列左右者，十有余世。又为庙于屋南，像其祖之有封爵在祀典者（唐越国公、元封昭忠广仁武烈灵显王汪华），配以其子孙之有功德者四人（分别是：御史大夫端公汪濆，顺义军使检校司空汪武，西京文学四友先生汪存，端明殿学士招讨制置使汪立信）。重屋之

---

① ［元］赵汸：《东山存稿》卷四《知本堂记》，第281页。
② 程汝器：《明故承务郎左春坊左司直郎贞一汪先生叡行状》，见《新安文献志（二）》卷七十二，第216页。

下有堂有斋舍，延师其中，聚族人子弟而教之。庙有庑有门，时享月荐，买田以给凡费者若干亩，合而名曰'知本堂'。以族人之属尊而年长者主祀事焉。①

据赵华富的研究和调查，明清徽州宗族祠堂一般都是三进：第一进为仪门；第二进为享堂，为举行祭祖活动和祭祀礼仪之所，由古代"庙"演变而来；第三进为寝室，或称寝、室，乃供奉祖先神主之地，由古代的"寝"发展而来。② 而知本堂由室、庙、堂、斋舍、庑、门等组成，较后来祠堂多出用于延师教族子的堂和斋舍，由此也反映出元代祠堂功能的多样化和宗族对子弟教育的重视。知本堂建筑宏丽、祀制详备、建制严密，在元代徽州宗祠中绝无仅有。毫无疑问，知本堂在建设前，具体负责人与族人对此有过深入的研究和商讨，应当也借鉴了当时徽州社会其他宗族的祠堂建制。"以族人之属尊而年长者主祀事"，即宗子或族长主持祭典，明清的徽州宗祠祭祀亦承袭而来。

第四，实际职能的扩大化。既然有坟墓，何以另立祠堂摆放神主，这是因为在徽州人的传统观念里，墓为先人体魄存藏之所，而祠堂乃先祖魂灵依存之地（妥先灵而隆享祀）；所以祠堂祭祖与墓冢"展省"一样，同为追慕先祖、表达后人孝思的重要方式。然宗祠不仅是祭祀之所，亦是宗族集体所属的重要公共场所，从而延伸了不少新的功能，如婺源回岭汪氏永思堂和大畈汪氏知本堂均附设有祠塾、馆之堂舍，用于延师教育族中子弟。再如黟县黄村黄真元，一名友仁，讲学力行，念祖宗积德数百年，"今展墓弗时，刍牧弗禁，责将安归"，元末效法范仲淹，择膏壤六百余亩，立庄建祠，赡族祠先，曰厚本庄，祀

---

① ［元］赵汸：《东山存稿》卷四《知本堂记》，第281页。
② 赵华富：《徽州宗族研究》，安徽大学出版社，2004年，第167页。

自"始祖而下,冢木翁郁,祭膳膻芗;族之众百余口,日食、岁帛、婚嫁、丧祭,给支有等";庄内建义学曰集成书院,延致硕师训其子弟。① 祠堂与书院同位于黄氏厚本庄内,似为并立者。元代塾学发达,不少大族均有塾馆,而数量可观的士人充当塾师,保证了塾馆的延续,笔者对此在蒙学教化章节中已有专篇探讨。然在祠堂中设塾馆,就目前所掌握的资料来看,尚不多见,可视为祠堂发展中的新现象。一些祠堂还是宗族保存谱牒和先祖遗物的重要场所,如婺源大畈泽存祠,由汪周建于七世祖汪介然(宋绍兴初人)之墓旁,既为祭扫之所,又藏有七世祖之手泽——所受宣敕、诏诰,并历仕批书、往复书帖等,故取名"泽存"②。还有祠堂,从事社会救济和慈善,如前举许溥化建义祠收族中无祀者,而黄石施水庵之举亦是此类。休宁县东南三十五里黄石,四通八达之衢,为行旅之趋闽广、渡淮浙之必经之地。咸淳庚午(1270),寺僧某未祝发时,因里人王竹牕父母墓立庵三间,夏秋于此设茗饮待行者,王女兄程四娘家饶富,又买田园为斋粥之费,百具始备,僧徒勤苦不懈,王氏诸孙佐之不废,至元末郑玉作记时已有约七十年。③ 能够数十年如一日地从事善举,诚非不易。

(三) 异姓祠及教化价值

元代徽州宗祠建设处于过渡的复杂期,既有宋代寺观、墓庵、祠堂祭祖形式的遗迹,又兼具明清以来祠堂的一些特点。小宗祠、家祠是这一时期祠堂的主体,是宋明祠堂过渡时期典型特征的反映;大族宗祠以合族为目的,由小宗宗祠发展而来,并吸收小宗祠经验的基础上在探索中获得较为迅速的发展,它们共同构成了元代徽州家庭、宗族和社会教化的重要介质。另外,这一时期还有一些独特的宗祠,反

---

① 汪泽民:《黄氏厚本庄记》,嘉庆《黟县志》卷十四《艺文志·元文》,第 442—443 页。
② [元]李祁:《云阳集》卷六《泽存祠记》,第 699 页。
③ [元]郑玉:《师山集》卷五《黄石施水庵记》,第 42 页。

映了过渡时期的特点并蕴含着深层的教化价值,如异姓祠即是一例。异姓意味着异族,异族则无血缘关系,若为异姓立祠则与宗法制度有悖,但元代徽州不仅多见立异姓为后继,且为异姓立祠大有人在。

如前举乳溪道院,唐桂芳所撰记文还为我们提供了舒頔文中所隐晦的信息。据唐文可知,乳溪道院的设立者应为方庆云,以田园广袤殷富起家,不幸无嗣,于是收继胡有庆为后。后子嗣繁衍茂盛,庆云子孙,皆祔殡于乳溪道院,这是以异姓为后的典型案例。经庆云子嗣数世的经营,乳溪道院美不胜收,唐桂芳描述道:"藩而篱焉,翰而垣焉,基而堂焉。有桥幽幽,有舟浮浮,虽洛阳之牡丹,西蜀之海棠,徂徕之松,淇园之竹,莫不环奇丽巧,繻红翔碧。丝者奕者,抃而歌者,醉而渔者,扬扬意都甚。"然遭壬辰之乱,兵燹延烧,殆为灰烬。乱后,裔孙宗文鸠工重建,合二氏而烝尝,谓:"以祖宗视之,荣枯不伦,两家皆其子孙也;以子孙推之,盛衰攸异,三世皆其祖考也。"①即胡氏虽后方氏,亦以胡氏自视,所以乳溪道院方、胡并祀,实为二氏之合祠。这是子孙对自身血缘的认可,亦无可厚非。而早期另一案例的主人许汻则分建两氏祠堂,与之亦为类似。

婺源许昌许汻(1285—1339),是元中后期致力于宗族、宗祠建设的重要代表人物,除上谓许氏睢阳祠外,还另建两祠。许汻早年过继姑父母汪氏。姑夫妇爱之不啻己出,尝曰:"我死,非汝祭必不尝。"②"汪氏育之有恩,教之有道,许氏子亦事之有礼,父慈子孝,一不知父汪子许也"。及汪氏夫妇卒,族人贪图其遗产,重立同姓子为后,许汻曰:"立同姓,礼也。吾其归奉许祠乎。"许归,寸田尺宅无所取;为报汪氏养育之恩,取"汪"左"许"右合而名之曰"汻",字元思。元中期,许汻既为许氏祠堂以祠四世祖,又仿范仲淹别祀朱氏之做法,于许氏

---

① [明]唐桂芳:《白云集》卷六《重建乳溪道院记》,第873页。
② [元]刘岳申:《申斋集》卷五《许氏祠堂记》,文渊阁《四库全书》(1204),第232—233页。

祠旁别为汪氏祠祀养父母。许汧事迹,经程文的大力宣传,当朝名士若奎章阁授经郎揭傒斯、艺文少监欧阳玄、国子助教陈旅等皆作文颂之。江西吉水人刘岳申作《许氏祠堂记》,称赞许汧说:"汧以父命为姑后,时汪氏未始有为后者也,是为人后非与为人后者也,非贪财者也;夫汧以汪氏子有与为人后者,而已去之复于宗焉,非贪财者也;夫汧以不忍汪氏姑夫妇不祀,而别祠于许氏之旁,是为义者也。以财则不贪,以义则为之,是不倍。不贪,让也;不倍,忠也;不贤而能之乎?"揭傒斯则后来为铭文道:许汧归宗后,许氏"子弟有终身之师宾,客有忘归之馆,邻里乡党无馁死之民,无不举之丧,无后时之婚嫁,陆无危道,水无病涉,人之戴之若父兄"。许汧尊祖睦宗、蹈德执礼、惠施乡里的义举,也许和其家庭背景、家学渊源有着些许关联:"元思之学,宗伯祖(许月卿——引者)而敦重守法度;元思之行,本长者(其高祖许琳,宋时尝活饥民万余众,朝廷旌之曰长者)而力所及无不为"①。所以弘治《徽州府志》谓:"汧之行如此,纪之于册,可以敦薄俗矣。"②

此两例是徽州宗族发展和早期祠堂建设的独特案例,它向我们展示在元代徽州宗族宗法尚不甚严厉的时代,宗族之间并没有绝对的阈限。以今日的视角,我们无法评说其对宗族发展的价值是正面抑或反面。然而,就家庭、宗族和社会教化而言,其却有诸多可取之处,是以受到当时学者文人的极力称颂。

祠堂或祭祖建筑,作为祭祀先人的场所,不仅寄予了后代对先人的无限思念之情,还是传统社会对宗族子弟进行明彝伦、序昭穆、正名分、辨尊卑等观念教化的重要基地,以历史的眼光视之,其于当时或后世的教化意义远大于建筑本身,诚如赵汸评价汪同建知本堂之举说:"欲因四时之享,以寓合族之义,使其族人之登斯堂者,思世家

---

① 揭傒斯:《许处士汧墓志铭》,见《新安文献志(二)》卷八十八,第455页。
② 弘治《徽州府志》卷十二《词翰二·拾遗》,第425页。

之远如彼，而有功德者之盛又如此，则必不肯一日自同于凡民。子弟之学于是者，晨夕瞻敬，知千百人之身，本同出一人，则亲亲之念蔼然自生，必将力求所以无负于先王之教者矣。"①赵氏所论为其于宗族之教化价值，而弘治《徽州府志·宫室》序言则更为强调它的道德教化意义，云："为义区以庇人，作专构以祀先，揭名扁以垂后，且以自适而自警，虽华陋不齐，要之皆可道者。……庶后人慕而效之，不在润屋之富，而在润身之德，所谓'斯是陋室，惟吾德馨'者也。"

表达孝思先人的情感，这在祭祖建筑的名称上即可得到充分地体现。这时不少家祠的名称比较灵活，多数并不直接以某某祠命名，其名称里有着相似的字眼，诸如孝、思、存等，皆取自祭礼之书或古人之言，如"思"取《礼记·祭义》"斋之日，思其居处，思其笑语，思其志意，思其所乐，思其所嗜"，"存"取孔子"事死如事生，事亡如事存"慎终追远之意，等等，皆是要表达孝思和追先之情。如婺源环溪程万善在父良金（1262—1300？）没后三十余年，庐于墓旁，建思庵以致其思。② 休宁金子西闻其父金应凤之讣，自江陵官所至璜溪水陆三千里，一月内而至，又二月即其祖宅之东建楼三层，不二三月事竣，以父字名楼，亟承先志和示不忘亲之情见诸行动。同时，又鼎新祖居旁之旧亭，取祖金革旧扁而扁之曰"春先"，祖父游国学、登上第，"春先事业受用未尽"，标以遗后人，示不忘祖训，以之期子侄。陈栎谓："朝阳之楼，不忘父也；春先之亭，不忘祖也。虽一楼一亭，而伦纪关焉。"③ 休宁率东程仁叟，从学于郑玉、赵汸，有解难济贫之行，建思本阁于休宁草市，立有家规以为后式；又捐金倡建世忠庙，力复程元谭墓地。④

---

① ［元］赵汸：《东山存稿》卷四《知本堂记》，第281页。
② ［元］胡炳文：《云峰集》卷二《思庵记》，第751—752页。
③ ［元］陈栎：《定宇集》卷十二《朝阳楼记》，第341—342页。
④ ［明］戴廷明、程尚宽等撰：《新安名族志·前卷·程》，第64页。按：原书作任叟，据弘治《徽州府志》（卷十《宫室》，第333页）改。

歙县郑伯康，葬母于所居之南不百步，事后构致思楼于居室之偏，朝夕而望，以志思而不忘其母。①

综上，元代徽州的祠堂虽系由宋到明的过渡形式，然其作为宗族祭祖和教化建筑的意义毫不逊色于后代。事实上，时人在记录某一祠堂及评论其价值时多着眼于对于宗族和整个社会的教化意义立说，对于建筑本身着墨并不多，教化语言的表达多于事实的记载和现象的描述，为后人研究此时祠堂、仪式以及建筑本身所赋予的教化深意增加了不小的难度。同时，也正是认识到祠堂在宗族发展和社会教化中的特殊作用，以小宗为主体的家祠才普遍地建立起来，孕育并推动着宗族祠堂的发展。

四 墓祭与"展省"礼

《礼记·祭统》有云："凡治人之道，莫急于礼；礼有五经，莫重于祭。夫祭者，非物自外至者也，自中出，生于心也，心怵而奉之以礼。是故唯贤者能尽祭之义。"②古代礼制有五，曰吉礼（祭祀之事）、凶礼（丧葬之事）、军礼（军旅之事）、宾礼（宾客之事）、嘉礼（冠婚之事），合称"五礼"。其中，吉礼居首，足见古人对祭祀之事的重视。元代徽州祭祀先祖主要有祠祭和墓祭两种，祠祭及其教化前文已作分析，而墓祭顾名思义乃为祭于墓坟之前。

对于宗族而言，集体墓祭一般祭于始迁祖或远祖墓地。但是，由于时迁、战乱、耕种和修路、筑房等等原因，不少宗族的墓地往往不同程度地受到破坏。所以，局势稍定，条件允许，各宗族都会对祖墓进行不同程度的修复，如大德元年（1297）程氏族人修复始迁祖晋太守

---

① ［元］王祎：《王忠文公集》卷十《致思楼记》，第223—224页。
② ［清］孙希旦：《礼记集解》卷四十七《祭统第二十五》，第1236页。

程元谭墓;八年(1304),陈栎作《约族人葺鬲山祖墓疏》,谓始迁祖鬲山府君"庙貌虽严,丘坟渐圮。夫以总总林林之里社,尚致敬于鸡豚。岂有绳绳蛰蛰之子孙,乃不如于豺獭?"约族人于季春谷雨同行葺祖墓。郑玉五世祖妣墓坟位于居之厅前,元初兵变,屋毁坟亦湮,其父千龄因宦游而忘其所,族人故老亦皆不能识,坟不能修复,父子尝以为"无穷之痛"。元统二年(1334)十二月,郑玉誓于天地,告于祖宗,曰:"此坟之不复,玉不敢见乎庙,见乎日月矣!"遂凿地三尺,卒现祖妣砖椁,"乃积土其上,高及四尺,广围二丈四尺,罗以圆石,立表刻辞,告于后之君子与我子孙:'凡有人心、天理者,幸相与葺之,毋坏毋夺。'"[1]至治三年(1323)秋,朱熹曾孙晋臣率其侄友桂暨诸孙文明、文鉴、文德归婺源,省祖墓,"顾瞻徘徊,泪下如雨,凡为他人所有者,必欲复之乃已。友桂、文德复不辞五岭之险,控告于府"[2]。歙县王干里洪氏始祖政徙自遂安,元末里中数百家洪姓皆以为祖,其墓因"世次既远,历年滋多,萧茅筱簜蒙翳其上,墓道茔域芜秽不治,重以埋葬侵陵,几不可识",十七代孙洪斌,每过墓下辄重感伤。至正六年(1346)十二月,洪斌"始克伐石甃,砌列以阶级,聚土版筑,缭以垣墙,立表其上"[3]。元末婺源凤亭里汪汇父子,见里中凤岭十三世祖妣程氏之墓"或创为宫室,或开为道路,或犯以犁锄,……侵陵之祸至有不忍言者",遂与宗族修复之,"又惧久而复有斯祸也,围以垣塘,周五十丈,负土封之,累石砌之,创屋四楹,以为拜扫之所。族人让德,又建重门"[4]。其中,晋太守墓的修复在元初宗族修复祖墓的案例中极具有代表性。

至元初,据方回称,歙县虽小,尚有四座古墓:方氏仙翁墓,始于

---

[1] [元]郑玉:《师山集》卷八《修复先坟石表》,第62页。
[2] [元]胡炳文:《云峰集》卷三《送文公五世孙序》,第764页。
[3] [元]郑玉:《师山集》卷五《王干里洪氏始祖墓记》,第43页。
[4] [元]郑玉:《师山集》卷五《凤亭里汪氏墓亭记》,第43页。

汉,本在古歙州东乡,后因区域调整,划归睦州,位于淳安县学前;汪氏有忠烈庙汪王墓,始自唐,在郡北七里云岚桥;程氏有晋太守墓,始于东晋;梁忠壮公墓,始于南朝梁,在郡西南黄墩。① 所以,元代徽州歙县实际仅有三座古墓;而三座古墓的主人正是后来徽州两大著姓——程、汪的祖先。

东晋元帝大兴二年(319),襄州刺史程元谭为假持节新安太守,有善政,受代民请留,赐第于郡西黄墩,永昌元年(322)卒于郡,葬于郡城西十里驿路之旁,徽州程氏自此始。东晋以后,新安程氏独盛天下,至南朝萧梁有仪同忠壮公程灵洗以武勋显,为太守十三世孙;至唐有忠壮公十三世孙检校御史中丞都使公澐、检校祭酒岩将公洮,兄弟八房,愈盛硕茂。都使房又十世,有端明殿学士赠少师珌为嘉定、宝庆名词臣,有《洺水集》行世。太守墓,为徽州程氏的共同祖墓,时间最为久远,墓前有双石人,土人因名其地曰双石。但至元初,因时代久远,双石为浮土所覆,墓坟难辨,且其地已被族人售于别姓耕植。大德元年(1297)秋,岩将房十三世孙深甫归乡汛扫先茔及忠壮公墓,与族党亲戚访求久之始获其处,又以金币赎归,约期会集宗族和里社父老,指画疆界,铲除耕植,属近墓宗人程崧作祠给守,收其地入为岁时"展省"之资。但是,这一次修复并没能延续多久,至后至元四年(1338),据郑玉记载,太守墓"今唯双石人可识,然沉沦土中殆尽矣;陈仪同程灵洗墓在郡西南,曰黄墩,相传即墓为坛,因坛为庙,今亦不知其墓之所在"②,尚不到半个世纪,修复一新的古墓已不可识,而四十年前深甫所汛扫的忠壮公程灵洗墓亦不知所在。徽州有"一程二汪"之说,其地程氏为第一大族,后裔遍及各乡村落,祖墓尚如此萧寂;且这半个世纪内,并未出现战乱等大灾

---

① [元]方回:《晋新安太守程公墓碑》,见《新安文献志(一)》卷四十五,第576页。
② [元]郑玉:《师山集》卷四《重修忠烈陵庙记》,第33页。

祸,尚且如此,其他时间其他宗族更可想而知。所以,祖墓需经常"展省"、祭扫,诚如郑玉所谓:"予闻葬者必诚、必信之道,古之人封之若堂、若坊、若夏屋、若斧者,所以表而识之,欲其既坚且固,久而不忘也。坊墓之崩,圣人为之泫然流涕,况于侵陵惊犯乎? 然非有拜扫之礼,世次既远,不至于遗忘者,几希矣。故墓祭非古也,自近世以来莫之能废也。"①

祖墓乃祖先体魄所藏、魂灵所居,葺祖墓与修宗祠一样,是尊祖收宗睦族的重要表现形式。然祖墓整修不需年年进行,但祖墓"展省"却要年年举行。两宋以来,中原百姓,频遭辽、金、蒙元侵扰,虽高、曾之墓已有不可考者。而徽州地僻处江南万山中,承平日久,祖宗坟墓多无所遗逸,子孙世守,百世可知;然知其所在,而不知所守,子孙罪莫大焉,他日又何颜面见地下祖宗②;且"吾身之于父若祖,虽有远近之分,一气流传,百世一身耳。祖父之体魄,阴为野土;祖父流传之气,实在吾身。乃至斩丘木以宫其身,或薪之货之以利其身,而视祖父之丘墓旷土为朽骨,为与吾身相秦越,斯人也,不学无识故耳。豺獭之不若,杀触松之鹿之兽之不若,非人矣!"③岁时"展省",不忘祖宗,知其所在而守之,"凡有人心、天理者",皆应如此,以陈栎、郑玉为代表的元代徽州士人正是不断用程朱理学的观点强化着宗族子弟对先祖的态度。据史籍所载,元代徽州宗族多岁时"展省"祖墓,且已成为表达子孙哀思先人的重要仪式之一。如元初婺源考川胡氏宗族,宋元之际,每年春正月哉生明(初三日),七世祖以下随例省墓。④ 祁门孚溪盘田李与廉(1292—1347),字子常,将终前一岁,语其子曰:"为人子者,孰无雨

---

① [元]郑玉:《师山集》卷五《凤亭里汪氏墓亭记》,第 44 页。
② [元]郑玉:《师山集》卷五《王干里洪氏始祖墓记》,第 43 页。
③ [元]陈栎:《定宇集》卷三《跋张普心哭墓诗文》,第 191 页。
④ [元]胡次焱:《梅岩文集》卷三《明经先世省墓序》,第 546 页。

露之思？我旦夕且死，其割田二十亩，岁取所入，给汝祖墓祭。自汝祖而上，岁时"展省"，不可废也。"①

元代徽州的祖墓"展省"礼是相当隆重的。"展省"即省视祭扫先墓，与家庭四时、忌日等墓祭祖考不同，宗族共同参加的"展省"一般每年进行一次，不参加往往会受到舆论的谴责。陈栎曾举朱熹之例，谓朱熹投牒婺源，讼族子伐祖墓树木，其人被抓而自我辩解说："某信有罪矣，编修久不归省墓，庸非罪乎？"邑宰以此言复朱熹，朱熹闻之曰："某之罪也。"复信于宰请释之，亟归展墓。② 其时间一般为春季正月初某日，即所谓"岁正"。古人四时必登墓，"今惟正首相率"，胡次焱认为是从简之故；而选择正月，乃因正月为一年之始——岁首，且"春王正月，群行省墓，东风解冻，迟日融怡，岸容山意，梅柳漏春，非有疾风甚雨之弗便，非有大寒剧暑之当避，非有虎狼蛟龙吞噬之可忧，车屦从容，亦足行乐"③，自有一番风味。其参加者为族中成年男丁，即"冠者"；然有四种人可以例外：年逾六十者，有不测之祸者，有不时之疾者，宦游于外者。除此之外，所有宗丁皆当去。当然不少已徙居或宦游外乡的族人亦时有回乡省墓者，如朱熹就曾两次回婺源"展省"，再如至正八年（1348），已70余岁的汪泽民仍回婺源"展省"④。但事实上，胡次焱在参加数次之后，发现其族人"乐去者三之一，勉强不容不去者半之，养安不去，吝费不去，奔香逐臭而不去者，间亦有之"⑤。加之天灾、饥荒、战乱等客观因素，久而久之，此礼断难继续。对于"展省"礼的具体程序，婺源凤亭里汪汇曾这样描述道："岁正之朝，族人子弟会拜族长

---

① 黄溍：《祈门李君墓志铭》，见《新安文献志（二）》卷八十九，第459页。
② ［元］陈栎：《定宇集》卷三《跋张心哭墓诗文》，第192页。
③ ［元］胡次焱：《梅岩文集》卷三《省墓后序》，第548页。
④ ［元］汪泽民：《王仲仪文集序》，见《新安文献志（一）》卷十九，第271页。
⑤ ［元］胡次焱：《梅岩文集》卷三《明经先世省墓序》，第547—548页。

之家,然后以鼓乐前导,省谒墓下;还宴于家,明日以次谒先世诸墓,遍而后止"①。可见,其基本"展省"程序是:确定日期,当日早晨族丁在族长家集合,然后在鼓乐的引导下,省谒始祖墓下,拜罢中午还宴于家,第二日以次遍谒先世诸墓而止。而有的宗族,族长会委托族中有名望的士人事前作祭祀祝文,事后作文记事。

元初婺源考川明经胡氏族人胡次焱曾受托作序文,今保存于其著作《梅岩文集》中的三篇记文——两篇《明经先世省墓序》和一篇《省墓后序》,成了我们研究元初徽州宗族"展省"的重要史料。关于胡次焱的生平事迹,在儒士教化章节中有详细介绍,此不赘述。

第一篇《明经先世省墓序》作于至元十三年(1276),该年胡次焱仕宦还乡后第一次参加宗族"展省"礼。全文主要分析了宜以时"展省"的五点理由,最后谓:岁时省墓"有二善焉:一以追远,一以睦族。曾孙笃之俾勿坏,乃若故家上冢,丕阐幽光,存乎其人,毋徒责之阴阳流泉之说可也。"第二篇《明经先世省墓序》作于己卯(1279)正月上元日,指出"省墓之礼非特子孙之所当行,而亦祖宗之所深望也",并针对宗族省墓出现的不良现象,重点分析了其中的伦理教化意义。第三篇《省墓后序》,盖与第二篇作于同年,作者看到"展省"时宗族人心不齐而忧心忡忡,反复申明其中的教化价值和该教化形式所面临的困境。结合次焱的分析,笔者认为岁时"展省"对宗族、乡里的教化价值主要体现在追远、睦族两个层面,同时又延伸出对个体尤其是子孙的人伦教育和示范性意义。

第一,人区别于万物者,以其有伦道德观念,知其有祖并懂得敬祖。祖没后,其遗体存于丘墓,省墓之行,正为追远祖而展孝敬。省墓时,族中男丁皆当行,因成人应知且须知祖之当尊、墓之当省,"圆冠方屦,人则人矣,岁首省墓,大欠整齐,是人也,岂独无孝敬之天

---

① [元]郑玉:《师山集》卷五《凤亭里汪氏墓亭记》,第43页。

哉?"不参与"展省",则被斥之有悖于人伦大道。"岁月悠邈,埏隧漫灭,牛羊之所陵轹,狐兔之所窟穴,僻者或樵或苏,坦者或畦或圃",经年累月,荒冢累累,殡宫戚戚,墟墓坍塌,子孙恝然不顾、不修,与"其颡有泚,睨而不视"者何异?追远、敬祖之义不存,人伦之基本丧失,又何以别于物而为人?且夫邻里乡民,岁首尚冠带沿其门;亲戚友人,岁首必涉远而踵其门;神祠佛宇,祸福不应,岁首执香信而俯伏其门,"至于祖宗,乃吾身之所自出,吾受其肢体之遗,吾藉其衣冠之荫。有堂构者,承其堂构;有箕裘者,习其箕裘。其待子孙,尝欲福之而未始祸之也。穷未达,贫未裕,岂祖宗之咎哉!"从人伦和人情关系层面而言,岁时不"展省"亦不应该。

第二,恤宗睦族。元代徽州,大族皆族繁人众,子孙众多,贫富之别、贤愚之异在所难免,同族之人忽视根源本同、秦越相视者亦殊为多见,"往往富者奴视其贫者,智者讦弄其愚者";而岁时"展省",共同拜于祖墓下,时时提醒族人:"某与某贫富虽殊,皆根斯墓而枝分耳。则其尊而贫者,胡可以不敬?……某与某智愚虽异,皆源斯墓而派别耳。则其卑而愚者,胡可以不恤?今之视如路人者,其初一人之身。"斯礼之行,岁谨彝典,有尊卑、少长之序,无贫富、智愚之分,恤族睦族之义油然而生。

第三,示范子孙,仪刑后世。胡次焱谓人之常情,皆希望后世子孙蕃衍昌盛而香火不绝,"吾今日以此心而望吾之子孙,当思吾先世尝以此心望于吾;吾为先世之子孙,而不能时省先墓,何以责吾之子孙它日能时省吾之墓哉?梗莽累累,貌焉视之,不但天道报施捷于影响,亦非所以习子孙之闻见而教之孝也",虽难免有封建善恶报应迂腐之说,然于情于理亦极为自然。此理人人皆能通晓,然不少人一年三百六十五日"辍一二日之暂而少知有祖乎"亦为不肯。相反,当人们遇到词讼官司,不必吏卒来,"富者不俟车,贫者不俟屦,冲风沐雨,破雾戴星,仓遽赴限,惟恐时刻差池,何则?惧于刑也";商人逐什一之利,暑寒不避,"或月店听鸡,而山谷间关,虎狼噬啮,或风竿俟马,而波涛澎湃,蛟龙出没,生死一瞬息,尔方汲汲焉不为惮,何则？竞于利也";山鬼水怪,土偶人,木居士,恍然为无稽之谈,然巫觋云:"某祟宜禳,某庙宜祷。"人皆"矍然斋戒,袖香奔走,为父母、妻子者,又交口从臾之,何则？畏灾而邀福也"。祖宗之灵非土木象罔者,先祖松楸亦非远在千里百里者,又有族人谆勤邀约,不少人仍养安托故,不肯前往,"曾不若巫觋之片言,何则？无灾可畏,无福可徼也",不若有如官、商、巫等皆有"诱人权柄",道出了伦理教化的尴尬困境。虽然,子孙习闻见而受教,"则固有不斧钺之刑,非锥刀之利,而隐然他日之祸福存焉。何则？习其闻见而教之孝,彼固以尊祖敬宗为当然,而他日还以施诸我,亦不敢不肖也。福与利孰大于此。习其闻见而教之不孝,彼固以养安托故为当然,而他日还以施诸我,亦不敢不肖也。灾与刑孰大于此？""展省"礼不行的负面后果可立至,"近年以来,省墓之礼既废,坟墓之失随之矣"①,而更为重要的教化功效却是漫长、持久且深远的。正是基于此,在省墓序文中,胡次焱才不厌其烦地谆谆教导宗族,使知"展省"的价值与重要性。陈栎亦曾告诫祖墓树木皆被子孙砍伐的德兴人张普心:"终子之身,岁时必率群从以扫松楸,护视惟谨,积孝诚哀思以感动之,毋徒追咎其既往焉,其与以空言聒之者相百矣。"②

省墓所征兆者岂唯一家之废坠,实流俗之轨范,它既是宗族教化的重要方式,亦是风俗教化的重要盛事。正是宋元徽州宗族重视"展省"礼和对祖墓的修复、保护,明清之世,徽州宗族世守祖宗坟墓无所遗逸,子孙虽数百世仍可历识先冢之所在才成为可能。"经国序民,莫急于礼。礼有五经,莫重于祭。祭有二义,或祈或报,报以章德,祈以弭害"③,随着时间的推移,时代的变迁,在"展省"之礼的反复强化

---

① [元]郑玉:《师山集》卷五《凤亭里汪氏墓亭记》,第43页。
② [元]陈栎:《定宇集》卷三《跋张普心哭墓诗文》,第192页。
③ 《白石神君碑》,见[清]严可均辑:《全上古三代秦汉三国六朝文·全后汉文》卷一百四,商务印书馆,1999年,第1052页。

下，不少宗族、乡里已将对先人的祖宗崇拜转化为某种神灵信仰，如程姓始祖程元谭、程灵洗，汪姓始祖汪华、汪濆等，生世因入籍仕版且有功德，在徽州的不少地方建有祠庙，香火不绝，成为一方的神祇信仰。而无入仕版者，如休宁藤溪陈氏始祖陈禧，唐末避乱休宁西藤溪里，没后葬之县南鬲山，岁久，当地百姓创庙墓傍，神而祠之，尸而祝之，水旱必祷，"东作不祀府君，不敢兴；西成不祀府君，不敢食"；虽"生无位于时，托为烟波之钓叟"，"没乃神于后，永为树艺之田祖"①，俨然成为神祇的化身而享祀一方。祖宗成为当地思想信仰和风俗崇拜之重要部分，被赋予了更多的身份象征，进一步强化了子孙在信仰层面和思想教化上的认同。

---

① ［元］陈栎：《定宇集》卷十五《陈氏谱略·始祖鬲山府君》，第388页。

第五章　元代徽州社会教化主体之一：儒士*①

儒士，亦称士，他们作为古代文化的传承者、思想观念的建设者和社会教化的传播实践者，比之其他群体，具有普遍较高的道德使命感和社会责任意识①。而儒兼具师之身份者，本文称之为师儒。"师儒"一词，昉于《周礼》，其《地官·大司徒》云："以本俗六安万民：一曰媺宫室，二曰族坟墓，三曰联兄弟，四曰联师儒，五曰联朋友，六曰同衣服。"郑玄注曰："师儒，乡里教以道艺者。"贾公彦疏云："以其乡立庠，州党及遂皆立序，致仕贤者，使教乡间子弟，乡间子弟皆相连合同就师儒，故云连师儒也。"又《天官·大宰》曰："以九两系邦国之民：一曰牧，以地得民；二曰长，以贵得民；三曰师，以贤得民；四曰儒，以道得民；五曰宗，以族得民；六曰主，以利得民；七曰吏，以治得民；八曰友，以任得民；九曰薮，以富得民。"注云："师，诸侯师氏，有德行以教

---

* 本章为安徽省哲学社会科学规划项目"宋后期至明初（1200—1400）徽州教育的师承机制研究"（AHSKY2016D35）的阶段性成果。
① 按：关于中国古代的"士"，较有代表性的研究者当推余英时。氏著《士与中国文化·自序》（上海人民出版社，1987年）认为士是中国文化传统中的一个相对的"未定项"，他在中国史上的作用及其演变是一个十分复杂的现象，绝不是任何单一的观点所能充分说明；他虽然和西方学者所刻画的知识分子的基本性格极为相似，却不能划等号。葛荃则不赞同余英时的看法，认为作为一个历史概念，士人所表现出来的诸如理想抱负、责任感、价值立场和献身精神，尽管与现代意义上作为"社会良心"的人文知识分子有着表层上的相似性，却有着本质的不同。（《权力宰制理性——士人、传统政治文化与中国社会·导言》，南开大学出版社，2003年。）

民者。儒，诸侯保氏，有六艺以教民者。"①师"以贤得民"，儒"以道得民"，师与儒结合则成为"乡里教以道艺者"。可见，比之儒士，师儒所增加的不仅是师的身份，即授业的责任，更多了份传道教化的使命，其教化意识较之一般儒士也更为强烈。

就元代徽州师儒组成和学术来源而言，既有学脉清楚、学术身份较为显赫的程朱理学传人，亦有隐没乡间以教学为职的乡师，且两者不断合流，共同塑造了元代新安理学。元代新安学术以经术和气节为典型特征，前者得益于师道风尚；而后者既和经术有关，又与社会风气密不可分，更因有前哲楷模。授徒和学术研究是师儒的两个基本使命，元代徽州师儒的教学经历也为其研究学术创造了条件。学术研究固然需要天分，更在于勤勉积累，而剽窃他人学术成果则为学者所不齿，亦是学术道德、风气不纯的表现。除了授徒、教学和研究外，儒士亦以多种方式参与社会教化活动，其中为普通士绅撰写行状、墓志、碑铭，突出和颂扬其中的教化思想和内容，则是较为典型的体现。

元代徽州学术发达，无疑为徽州学术的鼎盛期。汪克宽曾形容说："吾邦儒风之丕振，俊彦之辈出，号称东南邹鲁，遐迩宗焉。"②这一看法外地学者也较为认同，如元末太平路学者陶安谓："江浙为天下理学之统会，而新安者又江浙理学之统会也。自晦庵既出，名儒继兴，穷演著述，阳辉而玉粹，列圣之心，群籍之道，洞无遗蕴，挈四海为洙泗者，以新安之书迭出，旁流不可忘所自也。"③陶安指出了徽州学术繁荣的两个表现：名儒辈出，著作富产。以明代休宁东门外所立的理学九贤坊为例，其九贤分别为：程大昌、吴儆、程若庸、陈栎、倪士

---

① ［清］孙诒让撰：《周礼正义》卷十七《地官司徒上·大司徒》、卷一《天官冢宰上·大宰》，第748—750、109 页。
② ［元］汪克宽：《环谷集》卷五《万川家塾记》，第 699 页。
③ ［元］陶安：《陶学士集》卷十一《送金梅窗序》，第 709 页。

毅、朱升、赵汸、范准、汪循。其中宋代三人：程大昌、吴儆、程若庸。元代四人：陈栎、倪士毅、朱升、赵汸。明代两人：范准、汪循。且范准（1339—1385）虽生于元末仕于明，然其先后从学于朱升、赵汸、汪仲鲁等人，就学术而言实成于元。也就是说在九贤之中，元代占了五人。再以清初赵吉士《寄园寄所寄》卷十一《泛叶寄·新安理学》为例，该篇赵氏正文共列新安理学家14人：朱熹、程大昌、吴儆、汪莘、程若庸、胡方平、胡一桂、胡炳文、陈栎、倪士毅、汪克宽、赵汸、潘荣、郑玉。其中，胡一桂、胡炳文、陈栎、倪士毅、汪克宽、赵汸、潘荣、郑玉等8位皆为元代人，而程若庸、胡方平生活于宋元之际，亦不能算纯粹的宋人。可见，虽不到百年，但元代的徽州学术无疑成为徽学历史上的高峰期。更值得一提的是，这些士人均有"师"的经历，甚者兴学建书院，大规模地培养弟子。

明中晚期休宁人程曈《新安学系录》对元代徽州理学家的行迹、著述有过勾勒；后《宋元学案》受此影响，亦专列有"新安学案"一篇。这些资料为本论文的创作提供了必要的参考。在综述部分，笔者已对今人的研究作过概述，并指出过于集中著名学者，而师承及人格风范只是士人成长中不特别"显眼"的组成部分，至于整个师儒群体、典型人格风范的教化力量以及儒士社会服务的形式，往往被忽略。本文的研究正着眼于此。

一 师弟子传承

师承是古代士人学术生涯的开端和学术的起点，亦是学术史与教育史研究的重点领域之一。由师承传授不但可以发现个体的学术渊源，亦可展现其学术交往的社会网络，对于研究个体的学术活动状况亦有一定的帮助。同时，师弟子不仅是文化学术传承的重要表现，亦是教化展开的重要过程。然而就教育史而言，目前关于这方面的研究还甚少。传统研究多集中于单个学者或学派的师承,而忽略了众多师承所形成的学术和教化网络。所以,为反映宋末至明初,整个徽州的学术传承关系和教化网络,本文依据时人文集、笔记、碑铭、徽州府、县志以及后代学术史典籍,勾稽、制作了元代徽州师徒传授图(见图6)。

该图以元代徽州著名师儒为中心,以师承和家学为主线,以众多弟子为展开面。因主要目的在于反映士人的师承情况及教化规模,

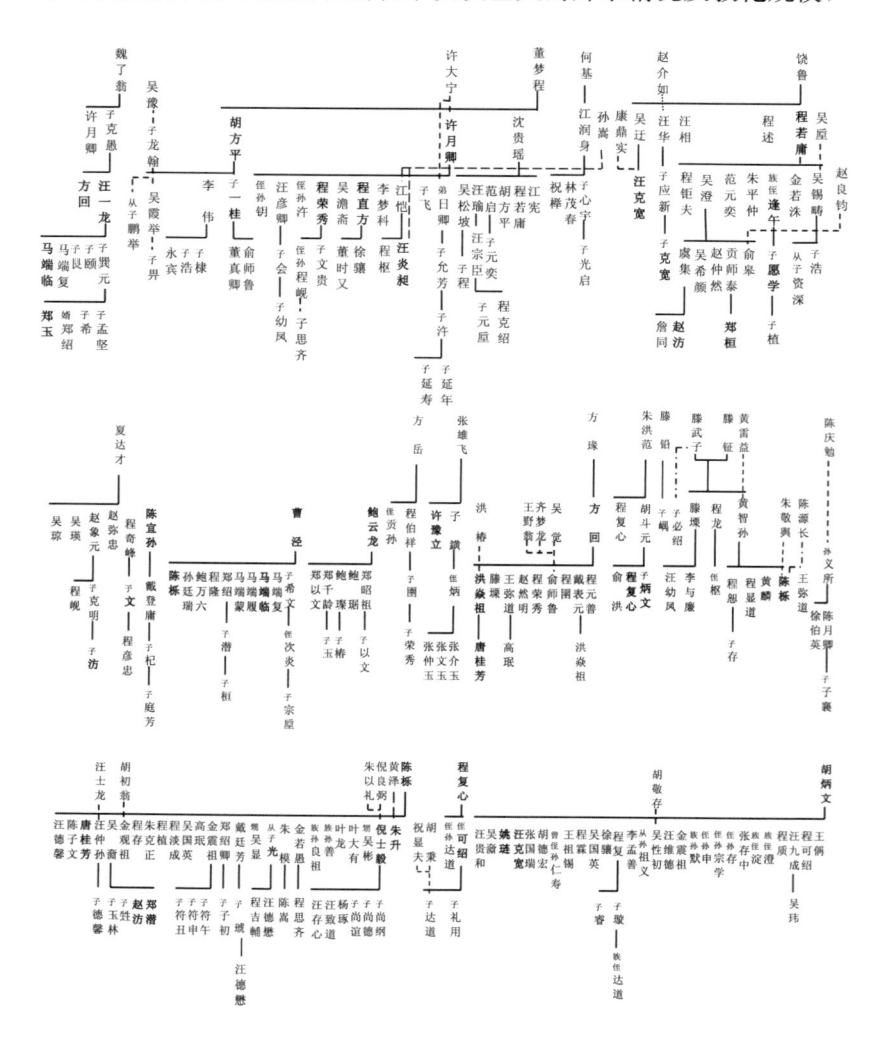

图 6：元代徽州师弟子传承图

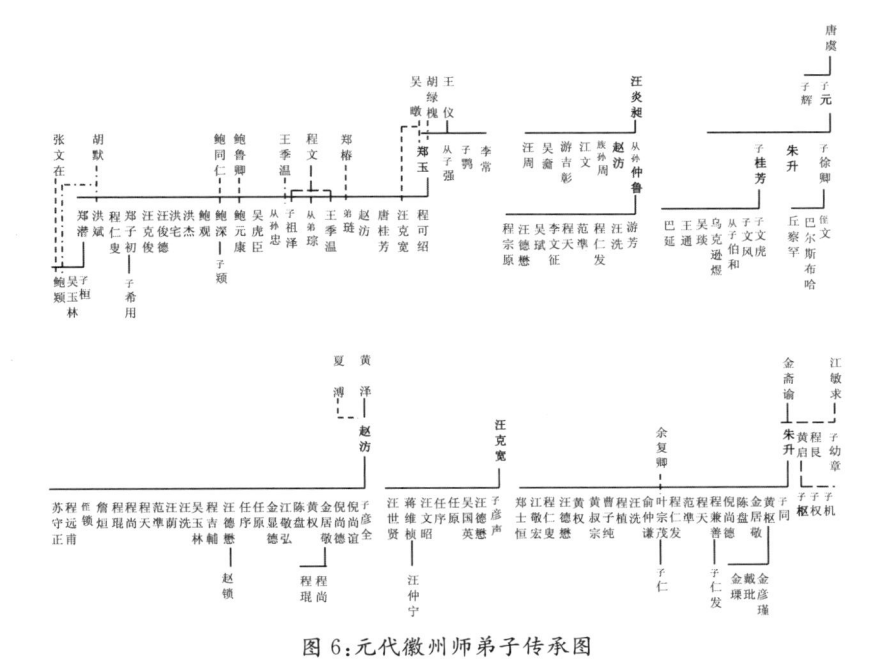

故有的弟子可能后来并非儒士，且亦无任何授徒教学经历，甚者仅有名字见载，但也着于此图。本文所谓师儒至少应满足下列条件：一、学术背景明确，或以经学起家，或因文学而名，在经学或文学学术史上有一定影响者；二、有授徒教学之经历。因古代中国读书——科举——仕宦成为多数士人的理想追求，以致仕宦与学术研究往往有交集，对于这类兼具官吏身份的儒士，本文的取舍标准是：入仕后虽政绩显赫，但没有任何著作或授徒经历者不取；入仕前后有一定授徒经历，或曾担任学官，皆以师儒目之。

需要指出的是本文在元代徽州师儒人物的认定上，并不以后人所标示的著作年代或儒者自我认同的朝代为标准，而以其典型事迹、活动为据。在师承和弟子传授上，宋元之际、元初学者的师承，无疑要上承至宋代；而元末、元明之际的师儒的弟子又可能延伸至明代，这样做并不妨碍元代师儒的中心地位。古人从师，并没有严格的年龄界限，"道之所存，师之所存"。如郑玉、程可绍、赵汸三人年龄相近,但程可绍、赵汸皆执弟子礼,游郑玉之门①,所以师的年龄与弟子年龄相近甚至晚于弟子的情况亦不足为奇。另外,父子同时或先后从学于同一师者亦不少见,而同一师门之弟子年龄相差十余岁或数十岁者亦有之。

根据师弟子传承表格和笔者已掌握的材料,可以认为宋末元初徽州的师弟子学术传承主要在两个方向展开:一是徽州籍士人师承朱熹,后代以此为家学并授徒者;二,师自非徽州籍朱熹弟子,即学术由外传入徽州。因前一种方式主要限于徽州内部,且多以家学的方式承继,故这里称之为"内传"。后一种方式则是徽州士人以非徽州籍朱熹著名弟子的再传人为师,学术传承由外而内,故称之为"外传"。在宋元之际,"外传"名师声望较大,弟子较多,在元初徽州学术上影响也较为显赫。然随着"内传"突破家族、弟子的成长和"外传"的本土化,进入元中期,"内传"占据优势。进入元后期,因郑玉、朱升、汪克宽、赵汸等著名学者辗转易师,融内、外传于一身,塑造了元末徽州最后一代著名师儒。他们皆借书院授徒、治学,故书院传承占据主导,本文特称为"书院传承"。另外,在整个宋末至明初徽州师承传授中,还贯穿着一条隐线,即乡间师儒传承,本文简称"乡师"。与前三种相比,乡师地位并不显赫,知名度也不高,他们多数也不以培养高深的学问为目标,然而正是他们的默默奉献,保证了乡间教化的延续。

(一)"内传"

元代新安学术一本程朱,这主要体现在外在学术师承和内在学术思想阐发两个层面。从师承关系上看,徽州籍朱熹弟子的传承是元代新安学术的主要源头之一。据明人戴铣《朱子实纪》卷八《朱子

---

① [元]赵汸:《东山存稿》卷七《孝则居士程君可绍墓表》,第364页。

门人》所载，徽州籍得朱熹亲传的弟子有：李季札、滕璘、程先、程洵、吴昶、程永奇、汪莘、滕珙、汪清卿、汪端雄、谢琎、许文蔚、汪楚材、程榾、滕玶等。其中，较为出名者有程洵与从子程榾①、吴昶（？—1219）②、程永奇（1151—1221）③和滕璘（1150—1229）④、滕珙兄弟⑤。然至宋末元初，此数脉几近衰微，有影响的人物较少，其中盖以吴昶和滕璘兄弟支脉尚有一定影响。

吴昶一脉至宋元之际以吴龙翰较为出名。吴龙翰（1233—1293）⑥，字式贤，号古梅，歙向杲人。曾祖吴昶，父吴豫（1209—1281），字正甫，号场圃居士，能守祖训，读书不求甚解，不为训诂章句声病帖括之学，为堂曰延芬，储书万卷以待学者，嘉禾守余安裕与其论阴阳动静，机锋交契，即起席拜称"伯父"，足见其家学渊源根底。龙翰幼承家学，于宋末景定甲子（1264）亚乡贡⑦，用荐授迪功郎编国史院实录文字。元至元丙子（1276），礼请充乡校教授，典乡校逾四年，又任临容书院山长。从时人评论及其本人的著作来看，龙翰似乎更因诗擅名，《家乘》所谓"以诗名一时，而行尤高古"，而王应麟、刘克庄、方岳、方回等

---

① 程洵，字允夫，号克庵，婺源韩溪人，父鼎，朱松内弟。程榾，字文伯，谒文公于精舍，求为学之要。汪师泰：《程知录洵传》，见《新安文献志（二）》卷六十九，第171页。
② 吴昶，字叔夏，歙向杲人，淳熙三年丙申（1176），朱熹扫墓归婺源，率先执经馆下。《家乘·友堂吴先生昶小传》，见《新安文献志（二）》卷六十九，第176页。
③ 程永奇，字次卿，自号格斋，学者称格斋先生。叶秀发：《格斋先生程君永奇墓志铭》，见《新安文献志（二）》卷六十九，第177页。
④ 按：滕璘，字德粹，号溪斋，婺源人。方回《故家名阀说赠滕宾日》（《桐江续集》卷三十，第635页）谓卒于绍定元年（1228），而真德秀《朝奉大夫赐紫金鱼袋致仕滕公璘墓志铭》（见《新安文献志（二）》卷六十九，第174页）则云绍定二年（1229），今以铭文为准。
⑤ 滕珙，字德章，号蒙斋，滕璘之弟，入太学，登淳熙进士，终合肥令。按：清人夏炘《述朱质疑》卷十六《新安理学自朱子再至婺源始有传人说》（清咸丰景紫山房刻本）可参考。
⑥ 方回《场圃处士吴公墓志铭》（《桐江集》卷八，第536页）谓己长吴龙翰六年。方回《与曹宏斋省东二》云："至元癸巳十一月二十三日回呈，久知元京、式贤相继下世。"（《桐江集》卷五，第358页）元京即孙嵩，逝世于壬辰（1292）年末，据此推算吴龙翰逝世于癸巳（1293）年。卒年六十一，与《家乘》互证。
⑦ 按：《家乘·友堂吴先生昶小传》作"咸淳甲子"，误，咸淳无甲子。见《新安文献志（二）》卷六十九，第176页。

人皆交口赞其诗作。但实际上其为文"深孝悌之根,窥性命之奥","大篇短章,儒林丈人行见之,色惊意屈"①。其子霞举(1257—1306),字孟阳,号默室,益究心家学,又从师胡方平,领歙县学十余年,著有《读易管见》六十卷、《筮易》七卷、《太玄潜虚图说》十卷、《皇极经世书说》、《四图混一论》、《讲义》百篇②,而其《文公丧礼考异》一编,曹泾作序极称之,以为朱文公忠臣,书当与张淳《仪礼识误》并行。③ 可见,吴氏所传朱学数代内皆限于家庭内传授,其后难免不继,不得外求;而滕氏所传则越出家学,并最终与徽州师儒传统会和。

滕氏兄弟从学朱熹后,其家子弟皆传朱学,著名者若滕璘子铅④、钲以及从子武子、平子(字德玉)⑤。其中滕钲、滕武子因开门授徒,在

---

① [元]方回:《桐江集》卷八《场圃处士吴公墓志铭》,第540—545页。
② 曹泾:《吴教谕圹记略》,见《新安学系录》卷十三,第245页。
③ 曹泾:《文公丧礼考异序》,见《新安文献志(一)》卷十九,第264—265页。
④ 按:真德秀《朝奉大夫赐紫金鱼袋致仕滕公墓志铭》(《西山文集》卷四十六,文渊阁《四库全书》(1174),第731页)于滕璘之子嗣记载较为模糊。方回《故家名阀说滕宾日》(《桐江续集》卷三十,第635页)谓"溪斋之第三子曰切斋,仕至饶之傍县,宰名与予祖名同",方回祖名安仁,切斋即指安仁令。又《次韵滕君宾日》(《桐江续集》卷十五,第405页)序称:其"先四人登科,恺、璘、珙、武子,有四桂堂。璘曰溪斋,祖也;父峄(据古人名字偏旁推断,此字盖有误——引者)曰切斋,至邑宰"。安仁令切斋为滕璘第三子,系滕璘之孙、切斋之子嵋所言,应该无误。而后来弘治《徽州府志》卷八《人物二·宦业》滕珙传却谓:"子铅,字叔和,为安仁令,早得所授,学有源委,注《尚书》行于世"(第260页),以安仁令即滕铅为珙子,并注《尚书》。这一条被稍后的《万姓统谱》(卷五十七)照抄,而《宋元学案》(卷七十《沧洲诸儒学案下·德章家学》)、《经义考》(卷八十三《滕氏铅尚书大意》,文渊阁《四库全书》(678),第142页),以致诸多郡县志,均沿袭不查,既导致了史实的错误,也给学术史带来了诸多问题。关于此误,有两点证据:其一,生活于明正德(1506—1521)、嘉靖(1522—1566)之际的程曈撰《新安学系录》(卷七)时,作《滕蒙斋事述》未采弘治《徽州府志》之说谓铅为珙之子。其二,民国《重修婺源县志》卷二十一《儒林》滕珙传曰:"《府志》云子铅,字叔和,为安仁令,早得所授,学有源委,注《尚书》行于世,此亦误也,铅乃璘之二子,为安仁令。璘之季子钲,字和叔,注《尚书大意》,皆非珙之子也,旧志失考,承其误,今正之。"民国《重修婺源县志》此段话指出了两处错误,即滕铅为珙子和注《尚书》。以铅为璘之第二子虽与方回第三子之说仍不同,但已明铅为璘子。可惜的是,该书未给出明确的证据,若铅为珙之子也成立,笔者认为不无另一种可能:铅本为璘子,后过继与珙。此推测只能查验谱牒了。
⑤ 据朱熹《滕君希尹墓志铭》(《晦庵集》卷九十四,文渊阁《四库全书》(1146),第211页),滕璘父滕洙有五子,除璘、珙外,琇早卒,瓘、珵皆业进士。故武子、平子应为瓘或珵之子,而民国《重修婺源县志》(卷二十一)谓为玶之子,不知所据。

宋元程朱理学的传承中尤为关键。滕钲①,字和叔,滕璘季子,幼于家庭素闻朱学,务为实践,淳祐七年(1247),在婺源朱塘建晦庵祠堂,中祠朱熹,以滕璘、滕珙配享②;景定(1260—1264)初诏举孝廉,数荐之,皆不就,后辟为紫阳书院山长,不久辞归。至元二十五年(1288)仍在世③,寿九十一;著有《尚书大意》一书传世④。滕武子,子文叔,号万菊⑤, 专精

---

① 按:方回《次韵滕君宾旦》谓滕嵎"叔父堂长钧,作晦翁亭于其家之朱塘"(第405页);又《故家名阀说赠滕宾旦》(第635页)谓璘第四子为堂长钧,约与方回识于宝祐六年(1258),至元二十五年(1288)其已老矣。再结合许月卿《婺源朱塘晦庵亭祠堂碑》(《新安文献志(一)》卷四十五,第574页),可知方回所言钧与弘治《徽州府志·人物三·孝友》中璘季子钲为同一人。
② 许月卿《婺源朱塘晦庵亭祠堂碑》谓:"上(指理宗——引者)即位之十有八年,始以公从祀孔子,则天下皆得祀,况婺源乎? 二十有三年,滕和叔以书来,曰:'先君从游于朱塘之上,钲兄弟子侄既沿文公昨梦之语,作晦翁亭,又立祠,其西为屋若干楹,文公南乡(向——引者)坐,先父溪斋先生告院君、季父蒙斋先生合肥君东西乡以侑焉。"(《新安文献志(一)》卷四十五,第574页)。稍晚戴铣编《朱子实纪》(卷十一,第486—487页)亦采入此文。而明嘉靖十三年(1534)刻本许月卿《先天集》卷九《婺源朱塘晦翁祠碑》,滕和叔却作滕叔和、钲作证,显误。弘治《徽州府志》卷五《祀典·祠庙》"晦庵祠堂"条谓"后滕溪堂先生之子和叔,创祠以祀文公,以溪堂、蒙斋配焉,郡人方回记"(第177页),以方回为许月卿,亦误。
③ [元]方回:《桐江续集》卷三十《故家名阀说赠滕宾旦》,第635页。
④ [宋]方岳《秋崖集》卷三十六《滕和叔尚书大意序》,文渊阁《四库全书》(1182),第589页。按:《滕和叔尚书大意序》中云:"溪斋先生与其弟合淝令君同登晦翁之门,学者谓之新安两滕,和叔渐涵于二父之渊源。"虽未言及和叔为二滕谁之子,但结合语境来看应是璘之子。另方岳《次韵滕和叔投赠》两首,其一首曰:"犹及溪斋说老成,万琅环外一溪清;诸郎与我雪灯共,两眼观书霜月明。"其二首云:"举世共知名父子,此身莫负晦翁门。"(方岳《秋崖集》卷六,第197页。)两首对读,亦可证和叔应为滕璘之子。程瞳《新安学系录》卷八"滕和叔"条亦云:"名钲,溪斋之子,行实无传,惟所著书传汪行世,今见《书经大全》。"(明绿荫园刊本,见《安徽丛书》第1期)再加上前引民国《重修婺源县志》"璘之季子钲,字和叔,注《尚书大意》,……旧志失考,承其误,今正之。"此三处证据可明注《尚书》者乃滕钲,非滕铅。
⑤ 弘治《徽州府志》卷八《人物一·儒硕》滕璘传附,第235页。按:弘治《徽州府志》并未言及武子号万菊,关于滕武子的生平事迹,较早的记载见诸方回集中,其一《赠滕君必绍》,乃赠诗武子之子必绍,谓武子嘉熙戊戌(1238)入太学,宝祐癸丑(1253)"对集英",不及禄,三十余年前与方回相遇于余杭旅舍,击节称赏伯作"新笋小松"诗句(《桐江续集》卷三,第243页);其二《故家名阀说赠滕宾旦》,戊子(1288)春夏间方回至婺源,滕璘孙嵎来访,言璘、珙兄弟"皆入学登第,并朱文公门人。其父行有恺登第,信州司户,曰逸堂;其侄行有武子入学登第,不及禄,曰万菊,天下所共知"(《桐江续集》卷三十,第635页)。程瞳《新安学系录》卷八"滕文叔"条亦云:名武子,溪斋从子……号万菊。武子号万菊,滕璘从子,当时"天下所共知"者,后来却问题百出。《宋元学案·沧洲诸儒学案下·德章家学》(第2341页)张冠李戴,以为万菊即滕铅;其校注者王梓材在《沧洲诸儒学案下·万菊门人》"黄章窗先生智孙"条下按语道:"汪氏炎昶状陈定宇行踪云:'后从乡先生黄公常甫游,黄公之学,出于星溪万菊滕先生。滕之先璘、珙二伯仲,皆为朱子高弟。'是先生为万菊弟子之证,亦可(转下页注)

义理,通贯于经;开门授徒,倾心以教学者,唯以经传,深求义理,立身为文,必有法度,后进赖之①,入太学两举试皆魁选,登宝祐元年(1253)第,调绍兴府曹,未赴卒。休宁五城黄智孙与婺源龙陂程龙(1242—1322)从学于滕钲、武子兄弟②,而黄又传陈栎,后来随着栎的知名,此支脉渐受学者重视。

黄智孙(1226—?)③,字常甫,号草窗,其弟子程恕(字以忠)虽言智孙年十四通诸经、弱冠游乡校,后承二滕之学,又开门授徒,远近云集,并著有《易经要旨》十卷、《四书讲义》二百篇、《春秋三传会要》三十卷(未脱稿)、《草窗集》八卷,纂辑折衷滕钲《书传注》之力居多,"籍籍有声称",入元后,结茅庐于深山穷谷中,日与门生子弟讲明正学为事;但事实上其知名度似并不高,只为众多乡儒中的一员,与当时名儒几乎没有交集。宋、元典籍有关其记载近乎零(其弟子陈栎也仅提到而已),明代成书的徽州重要典籍《新安文献志》、弘治《徽州府志》、弘治《休宁志》以及众多的郡县志均无其一席之地,仅存的关于其事迹的详细资料、程恕所作的行状若非《新安学系录》载入(清末道光《休宁县志》方从《新安学系录》转引此文),估计后人甚难了解他。但是,也正是如其一般无数乡野师儒

(接上页注)知万菊为二滕后人,盖即安仁令云。"(第 2350 页)可见,万菊即滕铅说,乃系推断,没有任何依据;而后人亦有以武子乃璘之子者(解光宇《朱子学与徽学》,岳麓书社,2010年,第 125 页)。

① [明]程曈:《新安学系录》卷八,见《安徽丛书》第 1 期,民国二十一年影印南陵徐氏藏明绿荫园刊本。
② 按:程枢《程公龙家传》(《新安文献志(二)》卷九十五上,第 588 页)谓程龙,初就学于故曾祖母家汉东滕氏,其先为溪斋滕璘,文公畏友;弱冠馆于故祖母家德兴程村道西坑口董氏,其先叔重先生,亦文公门人,故所学最有源委。以此推断程龙幼时概从学于滕钲或滕武子,弱冠盖师从德兴董鼎,为董铢(字叔重)族侄,皆为朱熹二传,而程龙应为朱熹三传或四传(待考)。
③ 程以忠《行实略》(《新安学系录》卷十)谓其生于宋宝庆壬戌,误。宝庆(1225—1227)计三年,即乙酉、丙戌、丁亥,而前后较近者壬戌年则是嘉泰二年(1202)和景定三年(1262),智孙景定五年(1264)补太学,其前后壬戌皆不可能,盖宝庆壬戌为宝庆丙戌(1226)之误。入元后,结茅于深山穷谷中,日与门生子弟讲明正学为事,卒于至元年间。以下黄智孙之行实除标注外均出自程以忠《行实略》。

的默默奉献才成就了新安理学。智孙之学不仅有传自滕氏者,亦与其家学渊源密不可分。休宁五城黄氏亦为新安望族,智孙祖黄发为时耆儒,筑翠岩书院讲学,从学者常百人,郡邑屡以明经辟之不就;父黄雷益,以乡贡补太学上舍。宋末,黄氏有雷奋、雷利、雷复三人进士及第;其中雷奋为智孙叔父,雷利、雷复为族叔;入元,陈栎同学好友黄麟,字求心,号行叟,至治(1321—1323)间授紫阳书院山长,亦为时宿儒①。足见五城黄氏门第之显赫。因同居五城,故陈、黄两家族不仅重婚叠媾,且父兄子弟往往交互切磋学问,陈栎父源长尝"参请"问学于漕元黄弥昌,而陈栎(1252—1334)不仅从学于智孙,也间蒙赏识于主学黄山。② 但对于智孙在陈栎学术发展中的作用,也不应过分夸大。

陈栎曾师从黄智孙,而智孙又从学于朱熹再传滕钲、武子兄弟,从朱熹到陈栎有这样一个学术谱系存在:

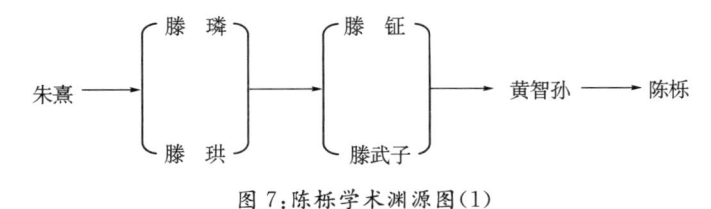

图 7:陈栎学术渊源图(1)

然事实并非仅如此,陈栎本人对此作了明确的交代:

> 栎之幼也,未尝学前,祖妣已口授之《孝经》、《语》、《孟》矣,故栎五岁已能背诵《论语》及歌行、古文,实祖妣之训也。……栎年七岁,先考则挟以自随,教之靡不至;年十五,已为饥所驱,束父书以出;年十六,始请举子课于黄常甫先生,固赖先生点化之。而父子自师友,实为之本也。先考少习《书》外家,诸舅有《春秋》

---

① [明]程敏政:《篁墩集(一)》卷三十四《五城黄氏会通谱序》,第 602 页。
② [元]陈栎:《定宇集》卷三《跋五城黄氏族谱》,第 187 页。

学,因改习《春秋》,熟于《春秋三传》,于《左氏》尤熟。栎每问事不休,应口辄答,某公某年也。栎年未三十,时尝仿柳子非《国语》体,作一书是非《左氏传》,以首数条质之先考。先考谓曰:"汝未洞究《春秋三传》、《国语》,未可为此。欧阳公曰:'著述须待老,积勤宜少时。'汝其戒之。"①

在十六岁之前,陈栎所受的教育皆源于家庭,后始求教于智孙;然从黄氏所学并非通常所认为的理学,而是科举时文。黄氏游太学时,尚独用心于朱学,不苟同世俗,不屑以辞藻为工、以时文为志;然时过境迁,三年后竟教以科举时文②,亦可见为世俗所染、为生活所迫耳。当然,于陈栎之理学,智孙亦有点化之功,加之亦友亦师之乡贤方回、曹泾,好友黄黄麟、胡一桂、胡炳文尤其是一桂等互相切磋③,方才成就了陈氏之理学宿儒之地位,"所谓父兄之教诏,师友之讲磨,盖两得之。栎……实亦内得之父,外得之师,旁得之友"④。但就学术根本而言,无疑主要得自家庭,"为学得于家庭之讲贯为多"⑤。至是,陈栎的学承应作如下修改:

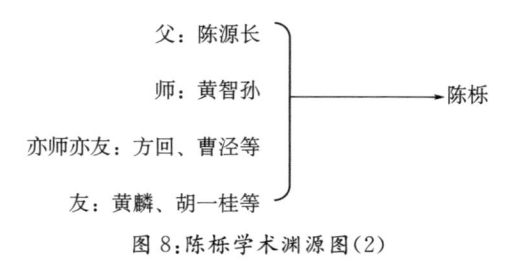

父:陈源长　┐
师:黄智孙　│
亦师亦友:方回、曹泾等　├→陈栎
友:黄麟、胡一桂等　┘

图 8:陈栎学术渊源图(2)

---

① [元]陈栎:《定宇集》卷十五《陈氏谱略·本房先世事略》,第 390 页。
② 程以忠《黄常甫行实略》(《新安学系录》卷十)谓智孙景定甲子(1264)由郡庠贡入太学,而陈栎十六从学于智孙,应系咸淳三年(1267)。
③ 见《谁是抄袭者——从一桩学术公案看学术道德》。
④ [元]陈栎:《定宇集》卷三《跋五城黄氏族谱》,第 187 页。
⑤ 汪炎昶:《定宇先生行状》,见陈栎《定宇集》卷十七《别集》,第 444 页。

陈栎的家庭之学主要来自乃父陈源长。源长亦是一名普普通通的在乡间以教授为业的乡野儒师，"年十七从诸叔游淮，因假馆焉……终身假馆凡六十年"，若不是因为后来陈栎的记载与名望，其无疑与众多的乡先生一样，销声匿迹于茫茫的历史长河中。源长之学承自其外家诸舅——休宁渭桥吴氏；吴氏以《春秋》教授，亦名不见经传。由前言黄智孙，加之渭桥吴氏、陈源长等事例，可知在宋元的新安理学传承中还有一条虽不显但却不可或缺的重要的线索——乡师，这亦是徽州学术内部传承的重要线索之一，事实上其在徽州乡间教育和教化的贡献应该最大。此问题待"乡师"部分讨论。

（二）"外传"

"外传"即徽籍学者师从外籍程朱理学的传承人。入元后，一批在宋末业已成名的学者仍占据着新安学术的高地。明初解缙曾谓："新安齐国文公阙里也，遗风余韵，奕世犹存。自宋亡元兴，时则有若程勿斋（若庸——引者，下同）、吴义夫（浩）、汪古逸（炎昶）、赵子常（汸）、郑彦昭（潜）、汪德辅（克宽）、倪士毅、朱允升（升）、郑师山（玉）、唐三峰（桂芳），传至国初，以性命义理之学讲淑诸人，皆不失为文公之徒也。"①。其排列元代徽州诸儒顺序虽有不当，然却指出了整个元代徽州儒师的主要使命。元末赵汸追忆其祖赵象元于元初贰令婺源时，曾与许昌许月卿、考川胡次焱、梅溪吴觉（字孔昭，号邋斋，淳祐元年[1241]进士）等人游。② 此外，可断定较有影响的在世儒士，婺源尚有考川胡斗元、大畈汪宗臣、□坑江恺，歙县有北乡鲍云龙、武溪王野翁（1240—1300），休宁有野山孙嵩、璜原吴应紫，祁门有汪华、汪

---

① 解缙：《吴处士伯冈墓志铭》，见《新安文献志（二）》卷九十二下，第525页。
② [元]赵汸：《东山存稿》卷七《汪古逸先生行状》，第336页。

相兄弟,绩溪有汪梦斗等。而歙县官睦方回(1227—1306)、丰南吴梦炎(景定五年[1264]举于乡)、叶村曹泾(1234—1315)以及休宁西门汪一龙(1230—1282)、城南陈宜孙、汉川程逢午、婺源□坑江矗(1241—?)①、龙陂程龙等,均在元初任有官、学职,自不待言。至元中期,胡一桂(1247—1315)、胡炳文、程直方、陈栎、程复心(1257—1340)、汪炎昶(1261—1338)、程荣秀、洪焱祖、唐元等执徽州学术之牛耳;而后期至明初,程文、郑玉、朱升(1299—1370)、倪士毅、汪克宽(1304—1372)、舒頔(1304—1377)、唐桂芳、赵汸(1319—1369)、汪仲鲁(1323—1401)、姚琏等名士、大儒亦不断涌现。可见,自宋末至明初,徽州儒学之盛。

这些人中有的是纯粹的儒者,如胡斗元(1224—1295),字声远,号免斋,门弟子私谥曰孝善先生,少孤,师朱熹从孙朱洪范,壮年乡荐不中,即闭门读书授徒,且长达五十余年之久,遐迩慕名从之游者如归,在元初即已奠定了学术影响。② 而他们更多的则是在宋末已背负功名,如许月卿淳祐四年(1244)、朱洪范宝祐元年(1253)、陈宜孙开庆元年(1259)、方回景定三年(1262)、程龙咸淳元年(1265)③、程

---

① 按:洪焱祖《江先生矗传》(《新安文献志(二)》卷一百下,第705页)谓矗"今年七十九"。此文出自洪焱祖所撰《新安后续志》,又据《新安后续志序》(弘治《徽州府志》卷十一《词翰一·序》),序文作于"延祐六年(1319)八月丁酉",文中有曰"盖历数月而成"(第382页),全书应该起始于延祐六年;而胡炳文言《新安后续志》……己未年(1319)太守朱自斋(朱霁——引者)相聘至郡,洪潜夫为此事已成"亦可佐证。由延祐六年(1319)上推七十八年(古人计算年龄虚一年)应为淳祐元年(1241)。据最后一次出现江矗的时间,即胡长孺《元龙泉主簿胡公淀墓志铭》(《新安文献志(二)》卷八十六,第405页)"延祐五年二月戊午,前吉安路龙泉县主簿胡公卒家婺源州,十一月己未葬其州高仓里。龙泉族父炳文具书,前进士江矗所次行状一通,授龙泉从子宗海"推算,其卒年应在延祐五年(1318)以后。
② 戴表元:《剡源文集》卷十六《孝善胡先生墓志铭》,第216—217页。
③ 按:方回《跋程舜俞诗》谓程龙"乙丑阮榜进士"(《桐江集》卷四,第275页),即咸淳元年(1265),而程枢《程公龙家传》(《新安文献志(二)》卷九十五上,第588页)却谓咸淳七年(1271),弘治《徽州府志》卷六《选举·科第》(第193页)、卷七《文苑》均作咸淳元年(第246页),清邵远平《元史类编》(卷三十六,清康熙三十八年刻本)又称景定进士。《程公龙家传》谓程龙延祐五年(1318)冬致仕时已居官五十余年,若以咸淳七年方进士,尚不够五十年,而景定说孤证且晚出不足信,故取咸淳元年说。

若庸、胡次焱、汪一龙、曹泾皆咸淳四年(1268)、江囘咸淳七年(1271)进士,鲍云龙宝祐六年(1258)、吴梦炎景定五年(1264)贡士、汪梦斗景定二年(1261)漕贡,汪华亦被称为进士。不但如此,他们几乎均有开门授徒之经历,并在其一生占据着极为重要的地位,可谓亦官亦儒亦师。之所以如此,这与他们早年的程朱理学教育背景和对理学的忠贞坚守密不可分,而这也成就了他们后来在新安学术史上的重要地位。

从师承图可以看出,宋末元初的新安学者多系朱熹的三传弟子。如程若庸①、汪相、汪华、吴迁从学于饶鲁,许月卿、胡方平师董梦程,方回、汪一龙师从魏了翁子克愚。饶鲁,字伯舆,号双峰,饶州余干人,师从黄榦、李燔②。董梦程,字万里,号介轩,饶州德兴人,董铢从子,先后师从董铢、程端蒙、黄榦。③ 黄榦、李燔、董铢、程端蒙等皆从学于朱熹,而闽县人黄榦(字直卿,号勉斋)更是得朱学之正统,正如黄震所云:"乾、淳之盛,晦庵、南轩(张栻——引者,下同)、东莱(吕祖谦)称三先生,独晦庵先生得年最高,讲学最久,尤为集大成。晦庵既没,门人……独勉斋先生强毅自立,足任负荷。……晦庵于门人弟子中,独授之屋,妻之女,奏之官,亲倚独切,夫岂无见而然哉!"④魏了翁,字华父,邛州蒲江人,庆元五年(1199)进士,虽非朱熹亲传,但私淑朱氏,于程朱理学造诣颇深,全祖望谓:"嘉定而后,私淑朱(熹)、张(栻)之学者,曰鹤山魏文靖公。兼有永嘉(以薛季宣、陈傅良为代表的永嘉之学)经制之粹,而去其驳。世之称之者,以并之西山(真德

---

① 按:据洪焱祖《程山长若庸传》(《新安文献志(二)》卷七十,第188页),程若庸,字达原,休宁汊川人,咸淳四年与胡次焱、汪一龙、曹泾等同榜进士,以此推断入元应该尚在世。但其在中进士之前已经成名,淳祐丁未(1247)为湖州安定书院山长,庚戌(1250)任抚州临汝书院山长,咸淳四年又为福建武夷书院山长;及门弟子最盛,在新安学者称勿斋先生,如范元奕、金若泺、吴锡畴,皆其高弟;在抚州学者称徽庵先生,如吴澄、程钜夫,皆其高弟。
② [清]黄宗羲:《宋元学案》卷八十三《双峰学案》,第2812页。
③ [清]黄宗羲:《宋元学案》卷八十九《介轩学案》,第2971页。
④ [宋]黄震:《黄氏日钞》卷四十《读本朝诸儒理学书·勉斋先生文集》,元刻本。

秀),有如温公(司马光)、蜀公(范祖禹),不敢轩轾。梨洲则曰:'鹤山之卓荦,非西山之依门傍户所能及。'予以为知言。"①世人虽魏了翁、真德秀并称,但黄宗羲、全祖望却以为魏实非真所可比,从时间上看视为一传也当无问题。

  以上徽州学者所师事的外籍程朱理学家,其籍贯多为饶州。饶州位于徽州西南,隋以前称鄱阳郡,下辖六县:鄱阳、余干、浮梁、乐平、德兴、安仁。②元至元十四年(1277),改称饶州路,仍辖六州县,即鄱阳、德兴、安仁三县及余干、浮梁、乐平三州。③饶州与徽州紧邻,而德兴与婺源、浮梁与祁门犬牙,两地人多互往迁徙婚媾,如马端临父丞相马廷鸾,字翔仲,号柏梧精舍,本乐平人,因赘于婺源夹路张氏,遂寓居此,后其五子还居鄱阳,惟季子端益子孙繁衍仍居夹路④;而学者亦往往互为师友,如董铢师朱熹,亦从学于婺源程洵⑤;胡方平从学于德兴董梦程,而梦程族侄、董鼎之子真卿师从方平子一桂;马廷鸾聘汪一龙、曹泾为家庭教师,教其诸子端复、端临等;程龙从学于故祖母家德兴董氏——董铢后人,婺源程直方与德兴傅立为莫逆之交,尽得邵氏不传之秘;祁门桃墅汪华(字荣夫,号东山)初与群从昆弟学于浮梁乡先生赵永如⑥,后又与族兄汪相(字魏夫)学于余干饶鲁,两人叩击问难,悉得蕴奥,祁门理学之盛自二人发之⑦;元中期,婺源明经书院也多有饶州学子⑧,等等。两地学

---

① [清]黄宗羲:《宋元学案》卷八十《鹤山学案·序录》,第2650页。
② [元]脱脱等撰:《宋史》卷八十八《地理志四·江南东路》,第2187页。
③ [明]宋濂等:《元史》卷六十二《地理志五·江浙等处行中书省》,第1500—1501页。
④ 弘治《徽州府志》卷十《人物四·寓贤》,第314页。
⑤ [清]黄宗羲:《宋元学案》卷六十九《沧洲诸儒学案上·沧洲诸儒学案表》,第2247页。
⑥ 虞集:《中山处士汪君应新墓铭》,见《新安文献志(二)》卷九十二上,第519页。按:《宋元学案》作赵介如,字元道,浮梁人,从江万里游。(《宋元学案》卷七十《沧洲诸儒学案下》,第2346页。)
⑦ 吴国英:《环谷汪先生克宽行状》,见《新安文献志(二)》卷七十二,第212页。
⑧ [元]胡炳文:《云集》卷一《答定宇陈先生栎并辞求遗逸诏五》,第745—746页。

术在宋元时联系紧密，不可分割。如果说元代之前饶州理学以家名者人才济济，那么入元后则大家寥落矣；反观徽州，则由宋历元而不衰。

在饶州籍学者中，有一人在外传新安程朱理学的传承中地位不可忽视，即德兴人董梦程。由图 6 可以看出，董传理学支脉在宋末元初直至元中期仍蔚然大观，出产了诸如程若庸、胡方平、许月卿、胡一桂、程直方、汪炎昶、程荣秀等重要学者。以致后来全祖望在补编《宋元学案》时，竟将黄宗羲原本的"新安学案"，易为"介轩学案"①。依据黄宗羲、百家父子本意，《新安学案》断自程端蒙、董铢、王过，后来《宋元学案》的校刻者、清人宁波朴学士王梓材发现《新安学案》更名《介轩学案》后仍断自程、董、王，于理不符："程、董二先生，为介轩所自出，原底冠介轩卷，特《介轩学案》当断自介轩，故二先生及王拙斋并入是卷。"②于是其三人被放入《沧洲诸儒学案》晦翁门人卷。如此一改，似乎称"介轩学案"就完满了。殊不知，表面看似乎合理了，其实经全、王两人之手后，黄氏父子心目中的"新安"学术已面目全非。

董梦程固然重要，然其尚不够冠名之格，因其并无甚大贡献或独到过人之处，黄百家说得明白："新安为朱子之学者不乏人，而以程蒙斋为首。蒙斋之后，山屋以节著，双湖以经术显，其后文献蒸蒸矣。"③新安理学以程端蒙为首，而后许月卿以气节闻名，胡一桂因经术而显赫，此后新安名家代不乏其人。也就说，在《新安学案》中，许、胡两位徽籍学者在不同方向上将传自朱熹而始于端蒙的新安学统发扬光大，这构成了新安学术群体的中心要义。百家指出了南宋至元

---

① ［清］黄宗羲：《宋元学案》卷八十九《介轩学案·序录》，第 2970 页。
② ［清］黄宗羲：《宋元学案》卷六十九《沧洲诸儒学案上·晦翁门人·县尉董盘涧先生铢》，第 2280 页。
③ ［清］黄宗羲：《宋元学案》卷六十九《沧洲诸儒学案上·晦翁门人·太学程蒙斋先生端蒙》，第 2279 页。

初"新安"学术的三个典型特征,其中对梦程却只字未提,其似乎仅为一链接人物。这里有个问题需要点出,新安为朱子之学者何以以程端蒙为首?且程端蒙并非徽州人。其实这要从三个层面理解:第一,端蒙祖籍徽州,朱熹为其祖程能所作的墓表云:"鄱阳之程,皆祖梁忠壮公灵洗。唐乾符间,有名维者,以金紫光禄大夫海州盐铁使将兵讨巢贼不利,始居饶州乐平之银城,后徙新建而地析为德兴县,故今为德兴人。"[①]即鄱阳之程源于新安程氏,这是程曈编著《新安学系录》将端蒙纳入的原因之一。第二,端蒙与众多徽州籍新安学子一样,拜师于朱熹婺源省亲之时,此事成为端蒙学术人生的开始,于其本人而言意义重大[②];第三,更深层的原因,新安朱学并非仅指徽州籍学者,而是以徽州为中心涵盖附近地区从事程朱理学的研究者。事实上,区域史研究既因行政上的地域划分而存在,又往往成为地域学术史研究中一大难以逾越的隐形障碍;不仅会割裂学术本身的联系,亦使得地域学术研究陷于极其狭隘的视界而难以自拔。程端蒙(1143—1191),字正思,号蒙斋,从其主要的学术成果《性理字训》、《程董二先生学则》来看,其学术旨趣乃义理之"小学"。此学术往往受到一般儒者的歧视,所谓蒙学难登大雅之堂;然而朱熹却十分看好端蒙的著作,以为童蒙施教乃是人生教化之起点,又因其著作之通俗性,于理学普及甚便。而这一学术路径恰恰被徽州籍朱学研究者所重视,并得以充分挖潜。[③] 所以,从此三方面理解,也就可以明白何以端蒙居新安朱学之首。

董梦程在黄氏本"新安学案"中仅仅是一名传承者,而在全祖望调整后的学案中却跃居首位。全氏谓:"勉斋之传,尚有自鄱阳流入新安

---

① [宋]朱熹:《晦庵集》卷九十《程君公才墓表》,第118页。
② 朱熹《程君正思墓表》谓端蒙"荐书既乃见于于婺源,闻诸老先生所以教人之大指,退即慨然发愤,以求道修身为己任。"(《晦庵先生文集》卷九十,第118页)。
③ 详见"元代徽州社会教化之基础:蒙学"章。

者,董介轩一派也。鄱阳之学,始于程蒙斋、董盘涧、王拙斋,而多卒业于董氏。然自许山屋外,渐流为训诂之学矣。"①为弥缝"新安学案"改为"介轩学案"所带来的疑问,全氏又添上一个所谓的"鄱阳之学",且言其学始于程端蒙、董铢、王过,而多卒业于董梦程。鄱阳与新安对举,显然指代饶州。这样一来,他们几人在饶州如此高的学术地位,置余干的饶鲁于何地?所以,全氏的"介轩学案"序言,本为突出介轩的重要性,反而暴露了此学案设置的不合理性,愈益远离黄氏父子本意了。再从梓材定本《介轩学案》的人员组成来看,图表中共38人,而真正的介轩门弟子只有14人,仅占1/3多。介轩同门处于其中尚可勉强,其他如朱洪范—胡斗元—胡炳文系、曹泾—马端临系等非介轩门学者,被以"同调"目之,并以"介轩学案"冠之,又置他们于何地?只能给人以"拱卫"介轩之感罢了!而现代学者又以"介轩学派"代"介轩学案",谬误益甚!

由"新安学案"到"介轩学案"的变化,所体现的不仅仅是名称的变更,而是对元代徽州学术影响的无视甚至是抹杀。

(三)"乡师"传承

"乡师"即乡野儒师②,或称"里儒"、"先生"、"乡先生",他有广义和狭义之分,前者指一切与学官对应的私学教师,后者则仅指与著名学者对应的在乡间默默从师授徒教学的教师,本文取后一意。另外需要指出的是,"乡师"亦包括塾师。在新安理学的传承系谱中,无论是"内传",抑或是"外传",都有较为明确的传承脉络,且此种传承较为重视理学学术熏陶与旨趣培养。但是,事实上,这种以高深学问教

---

① [清]黄宗羲:《宋元学案》卷八十九《介轩学案·序录》,第2970页。
② 按:《周礼》谓:"乡师之职,各掌其所治乡之教,而听其治。"孔疏云:"'各掌其所治乡之教'者,掌乡学之政,凡乡学以乡人之有德行道艺而高年者为之师,《乡饮酒礼》所谓先生是也。乡先生以三物教乡之子弟,此官则察其教之善否,而兴其贤能,与乡老、乡大夫为官联也。"([清]孙诒让撰:《周礼正义》卷十七《地官司徒上·乡师》,第819页。)可见,其所谓乡师是一种乡官,本文所云乡官与此有根本区别。

授的学者毕竟是少数,即便以理学为鹄的儒师也不可能将所有弟子培养成理学家或学者,绝大多数儒士在社会中往往以乡儒或儒绅的面貌呈现。他们或以教学作为生存的手段,或以授徒作为"枯燥"学术生活的点缀。这里,我们姑且称之为"乡师"。在历史长河中,极少数乡师的事迹或姓名因依傍于著名学者及其文集而得以保留一二,但大多数则淹没于历史洪流中,他们中的多数也没有明确的师承渊源。就教化而言,乡师群体的作用较理学名师往往并不逊色;甚至有时在学术地位上,他们也有可圈点的表现。所以,对于著名学者学术传承成就新安理学的作用,我们也不应作过高的颂扬,也应该看到乡师的价值。其实在"内传"部分,笔者所举的陈栎也是乡师一例,只不过其后来的学术影响"逃脱"了乡师的身份。这一点亦可证明,不少著名学者往往自乡师中成长起来。

再以方回从师的经历为例。方回自五六岁至十七岁,一直从学于其叔父方璆。方璆治《小戴礼》,记问淹贯,精诗粹文,与方岳同学,乡贡不第,即以教授为业。其所教多为族中子弟,初从学者众,但因教学方法不当,学生"对偶、训诂、议论,诱不进,辄遭诃叱棰挞",久之学生多散去从他师。后来仅剩方回一人从教,"特留回一人听,朝往暮还,教不俱时,亦不如世俗为具文课业。风日稍佳,府君(方璆——引者)心无事,小楼面山临树,信手展几间书,且诵且说。回立而听,听竟,俾回自诵自说。或回所说有新意,大喜;或窒滞涩缩,立谯责不少恕,必至于融液贯通而后辍",教法亦有可赞之处。方璆教学内容丰富,据方回后来回忆说:"不专为科举之学,学性理自真西山《读书记》入,学典故自吕东莱《大事记》入,学五七自张宛邱入,学四六自周益公入,而时文之进自州教授天台诸葛公泰始。"[①]成年后,又从学于

---

① [元]方回:《桐江集》卷八《先君事状》,第513页。

魏了翁之子、郡守魏克愚①，遂成就了宋元之际经学、诗文俱佳的方回。但无疑，乡师方瑑的教育是关键性的。方瑑虽系乡先生，却堪与大儒媲美，方回晚年不无赞叹地说："然于时名师，岂有出府君（方瑑——引者）右者"②。

比之宋元时期徽州数量较少且尚不算发达的官学教育，乡师在乡村教育界占据着绝对的优势，"文公阙里，乃古建、古歙二州。二州儒士，素盛于东南，实赖父兄师友之教，耳濡目染，有素而然"③，赵汸所言"当是时海内儒者各以所学教授乡里"④，应非虚言，很多无力进入官学的学子多数均有此经历。史籍所见众多，拈几例于下。歙县张雄飞，字宏甫，里之长者第一人，乡人称为"张先生"，循规蹈矩，隐德冠乡里；家居素朴，竹篱为门，门之内皆花竹，花竹之后为讲舍，常聚徒三五十人讲学其中。方回称赞道："尊严乡先生，师授六十年，眼不到朝市……纸田以笔耕，有秋过耘耔。书堂荫高林，篱门花竹美……长男称善人，有后真是似。次男领乡书，雌甲愧初揆"⑤。雄飞卒，门人许豫立等私谥曰明善先生。其子孙能世家学，子鐄以《礼记》擢乡贡，孙炳曾任教谕。四世孙介玉、文玉、仲玉三人刻苦自树，不坠先业；而文玉训导乡校多年，郡太守欲辟为吏员，不就，士辈咸异之。⑥ 歙在城人刘光，字元辉，号晓窗，幼孤力学，工诗赋，乡试屡居亚选，弃场屋，忍贫不仕，性恬淡，不与物竞，闭门授徒五十余年，多所作成。郡守许楫深敬之，暇日辄访之语终日，家故贫勉请主乡邑文学，乃捐己俸增筑斋舍；行省差充宁国路学正，不赴。⑦ 休宁汊川人

---

① ［元］方回：《桐江续集》卷二十五《读魏鹤山先生渠阳集五首》，第548页。
② ［元］方回：《桐江集》卷八《叔父八府君墓志铭》，第566—567页。
③ ［元］陈栎：《定宇集》卷十《上许左丞相书》，第296页。
④ ［元］赵汸：《东山存稿》卷二《滋溪文稿序》，第206页。
⑤ ［元］方回：《桐江续集》卷三十三《送张仲文教谕还宣城序》第685—686页。
⑥ ［元］汪克宽：《环谷集》卷一《三友堂赋有序》，第659—660页。
⑦ 弘治《徽州府志》卷九《人物三·隐逸》，第305页。

江敏求(1284—1332),服膺德言,清苦力学,诱掖后进,授徒不辍,日以急贤渴义为心;承家学,开后人,惠弟子,虽年寿仅四十九,已弟子满门,若朱升、黄启、黄枢等辈皆其门弟子,既卒门人私谥"明安先生"①。陈栎从侄陈光,字寔卿,博洽群经,时人以"书厨"目之,朱升、赵汸多从质正,隐居教授,遇书辄录,至老不倦。② 休宁古林人黄启,师江敏求,与朱升为友,馆于师山,郑玉亟称之。其从兄黄伯固以《易》名家,朱升称为畏友。黄启三子,皆能克世其学,其中:黄枢(1318—1377)③,字子运,承家学,又从学朱升,得其端绪,辟后圃以教授,元末浙江道监察御史戴舭、明初大同府同知金彦瑾等皆其徒④,学者称后圃先生;黄权,字子中,赵汸著《春秋属辞》诸书,与有参订之力。伯固孙叔宗,从学朱升,手编《古林黄氏族谱》。⑤

事实上,即使前两种较为显赫的内传或外传,一般经历了两代之后也就成了一些承传者的家庭之学,其后代往往以之教授乡里;但因史籍语焉不详甚者阙如,多数仅著录其作品而已,但透过这些著作的名称,我们仍可以简单判断他们的乡师经历。如题名"讲义""口义"或"问答""字训"等的著作,多为面向弟子的授课素材,借此可判断作者的教学经历,若休宁汪溪人金若洙,字子方,师从程若庸,宋亡不仕,号东园,著有《性理字训集义》⑥;曹泾子希文(1259—1313),字仲垫,"懿行奥学,高文妙画"⑦,著《诗文讲义》二卷;江恺《论语讲义》、吴锡畴子吴浩《大学口义》、吴彬《性理问答》等。另外,在胡炳文记录的一次明经书院考评中,有 4 名被炳文称为"乡间人"的学生的"课

---

① 弘治《休宁志》卷三十四《祭明安江先生文》,第 708 页。
② 弘治《徽州府志》卷七《人物一·硕儒》陈栎传附,第 237 页。
③ 黄枢生年据《故徽州路婺源州同知金公行状》(《后圃黄先生存集》卷四,第 235 页)谓己与金观祖"托同庚之好"得之。
④ [元]黄枢:《后圃黄先生存集》卷四《稼隐轩记》,第 228 页。
⑤ [明]程敏政:《篁墩集(一)》卷三十二《古林黄氏续谱序》,第 557 页。
⑥ 弘治《徽州府志》卷八《人物一·文苑》,第 245 页。
⑦ [元]陈栎:《定宇集》卷十《慰曹弘斋》,第 330 页。

文"入选①,此"乡间人"即在乡间跟随乡师学习的学生。

乡师从事教学,原因较为复杂,一般而言不外乎以下几种:1.谋生之需要,这种情况较多,尤其是元代,儒士的仕途受限,而乡师成了较为"理想"的职业;2.边学边教,以教益学;3.暂为栖身之所,积攒名气,以为它日荐举之资;4.志向高雅,以敦风益俗为己任者,这在元代也不乏其人,如休宁万川汪德懋,"慨庠序之不兴,而士习日靡……居家教授,集亲族闾里之子弟若干人,旦夕修读以自勖,亦古者家塾教民之遗意也。"②当然,一般而言,儒师从事教学授徒,心情、目的皆较为复杂,不会仅由某一种因素促成,如倪士毅(1303—1348),字仲弘,世家休宁,家固贫,曾祖机、祖文虎、考良弼,皆以文学教授乡里,至士毅而益贫,无以为资居,乃授徒以养,于黟教学二十三年。但其教学自有更高的追求。自朱熹以来,"圣学复明……士始以知道为宗,久之又失其传,而学者益以空言自蔽,由是高节卓行鲜复见称于时,则民伪滋而世变极";士毅"守身制行,不为名高,而事亲至孝,接物以诚,非其人不交,非其有不取,非仁义道德之说尝论定于郡先师朱子者,不以教人。凡污苟贱之事,不接于身;利害得失揣摩计较之辞不挂于口,虽大寒暑,未尝一日辍其业以嬉"③。可见,其内心自有一片圣贤乐土,并以之化世教民。当然,士毅以此为志并通过努力最终由乡师成为了一名大儒。

乡师教学内容庞杂多样。首先是理学,宋末元初,程朱理学成为正统,加之儒者以程朱乡邦自居,故这一时期乡师多以程朱理学作为教学内容。如胡炳文弟子汪九成、程质、张存中等多以《四书》教授。其次,科举时文。宋季,理学崛起,但在乡间如黄智孙般以科举时文教授者居多。入元后,科举虽停废,仍有学者专授此学,如婺源龙陂

---

① [元]胡炳文:《云峰集》卷一《答定宇陈先生栎并辞求遗逸诏五》,第745页。
② [元]汪克宽:《环谷集》卷五《万川家塾记》,第699页。
③ [元]赵汸:《东山存稿》卷七《倪仲弘先生改葬志》,第358页。

程直方(1251—1325),早年尝十年不下楼,务精道德性命之学,通诸经尤深于《易》,尽得邵氏不传之秘。宋亡不仕,以经学授徒;科举未兴前十载,又尝以张才叔"书义"(科举范文)教徐某,谓十年后当以此自娱。后延祐科目果兴,凡省院台宪行部至婺源者,必访问求见,或延至学宫执礼受教。① 可见,其日后成名与其早年以时文教学有关。再次,专以某经教学者,若陈源长、赵良钧②等以《春秋》,王野翁、胡次焱、程直方、程文父奇峰皆以《易》教授乡里;休宁隆阜戴元式,字则翁,世业儒,以明经授徒③。这类儒师往往因自己研究的兴趣和专长,而专以某种经术教授。另外,也有教以诗文者,如婺源苻村里汪会(1280—1348)尤长于诗,里之大家争相延聘,其"不屑苟得,意乐其人则一就之,意不乐非其人即舍去,虽厚币不顾也"④。亦有以书法教学者,如程文早年即专以书法教授,郑玉从弟琮、子祖泽皆师从程文。甚者亦有以杂学教授者,如婺源游吉彰,字季常,早年从学于汪炎昶,家世为地理学,吉彰以此作馆,"舍假馆亦以家学行",但"望其眉睫,观其进趋,聆其谈吐,觇其胸次,宛然一儒者"⑤,而其学儒盖为此。郑玉亦曾以地理学授人。⑥

此种教育形式虽较普遍,较重要,但因多数乡师并未留下姓名,仅有少数或因父师、或因弟子而显者留下了点滴线索,我们也只能据此简单地勾勒出甚少一部分乡师的师承关系;而对于多数的且更为重要的乡间儒师学术、教学之情况却无法详书,成为教育史研究的一大空缺与遗憾。

---

① 董时又:《前村程先生直方传》,见《新安文献志(二)》卷七十,第189页。
② 赵良钧,婺源人,咸淳七年(1271)进士第,授修职郎广德军教授,宋亡不仕。[元]吴澄:《吴文正集》卷二十《春秋集传释义序》,第217页。
③ [元]陈栎:《定宇集》卷五《戴则翁字说》,第220页。
④ 程文:《伯会先生汪君会行述》,见《新安文献志(二)》卷八十九,第461页。
⑤ [元]陈栎:《定宇集》卷二《送地理游季常序》,第184页。
⑥ [元]郑玉:《师山集》卷七《从弟琮墓志铭》,第56页。

综上,对应于官学,师儒之教构成了宋末至明初徽州授学的主体,大多数学子多承师儒之教,如婺源石枧人俞师鲁,幼师事乡先生王野翁、齐梦龙(字节初,德兴人)、胡一桂;比壮,游学邑庠,太学博士吴觉一见异之,妻以侄女;晚从方回学诗文,尽得其说,故人谓师鲁之学高如王、正如齐、实如胡、博如方。① 可见,正是众多儒师之教,方成就了师鲁的高正实博之学。祁门叶天应,号水云,潜心理学,教授乡塾,尝于邑东辟荒成市,傍溪伐石为埠,架木为桥济人,往来人德之,遂名叶家埠,士人题咏,有《古埠录》;其子原杰,为黟县教谕,著有《遗庵遗稿》。② 湖州路学教授、休宁苦竹人朱钜,延揽名师硕儒教养其子侄,"每岁宾兴,则试于场屋者甚众,而设教于庠序者尤总总也"③。因不少父兄辈即为儒师,从而师儒之教又和家庭教育紧密结合起来。

(四) 书院传承

书院是大规模招收学生、培养人才、学术传承的有效方式,它比之单线的授学见效更高,教化面更广,但亦需要有大量的资金投入。所以,其创建者一般为富庶家族或名望儒士。元代作为徽州理学和教育发展的重要时期,创建了不少新书院(见表9),在学术发展、理学兴盛、人才培养和社会教化方面发挥了重要作用。

表9:元代徽州部分书院一览表

名　称	时　间	地　点	备　注	出　处
友陶书院	元初	歙县丛睦	省元汪维岳建	康熙《徽州府志》卷七《书院》
西畴书院	元初	歙县	鲍寿孙、曹泾、方回讲学其中	嘉靖《徽州府志》卷二十一《宫室》

---

① 程文:《松江府知事俞公师鲁行状》,见《新安文献志(二)》卷九十五下,第597页。
② [明]戴廷明,程尚宽等:《新安名族志·后卷·叶》,第426—427页。
③ [明]朱升:《朱枫林集》卷四《苦竹朱氏族谱序》,第53—54页。

（续表）

名　称	时　间	地　点	备　注	出　处
虚谷书院	元初	歙县	方回建	《桐江集》卷五《虚谷书院上梁文》
明经书院	至大三年(1310)	婺源考川	胡淀创,胡炳文为师	《吴文正集》卷三十七《明经书院记》
师山书院	约元统(1333—1335)初	歙县奕绣	门人鲍元康等建,郑玉授徒讲学之所	《环谷集》卷八《师山先生郑公行状》
枫林书屋		歙县石门	朱升建	康熙《徽州府志》卷七《书院》
中山书堂	约至元四年(1338)	祁门桃墅	汪应新创,子克宽以为讲肆之所	弘治《徽州府志》卷五《学校》
东山精舍	约至正六年(1346)	休宁龙源	初为赵汸读书之所,后从学者益众	嘉靖《休宁县志》卷七《东山精舍记》
商山书院	至正十六年(1356)	休宁商山	行枢密院判汪同创,藏书数千卷,学田二百亩,朱升为师,陈光分教	《东山存稿》卷四《商山书院学田记》,弘治《徽州府志》卷五《学校》
阆山书院	至正十六年(1356)	婺源阆山	私立,行枢密院判汪同创,延赵汸为师,教乡之俊秀者	弘治《徽州府志》卷五《学校》
查山书堂	元末	祁门西坑	汪时中讲肆之所	弘治《徽州府志》卷五《学校》
乐安庄书舍	元季	祁门云深坞	谢俊民于其中讲明道学	弘治《徽州府志》卷九《隐逸》
白云书院		歙县槐塘	唐桂芳讲学于此	康熙《徽州府志》卷七《书院》
凤池书院		歙县深渡	姚琏讲学于此	康熙《徽州府志》卷七《书院》

上表所列仅为元代徽州所创的部分书院，另外还有一些书院，见第二章表2《元代徽州路官立小学及私立蒙学机构一览表》。表2中一些书院尽管以宗族子弟为招收对象、服务宗族为主要目的，但具体分析来看亦有兼具大学性质者。如婺源环溪松山的遗安义学，为朱熹内弟程洵六世从孙程本中于至正七年(1347)所创，屋若干楹，中祀先圣先贤，割田五百亩：三百亩为学田，招延明师，以教宗族子弟与凡乡里之愿学者；二百亩为义廪，以资嫁娶丧葬，养族之贫者。至正八年(1348)，婺源祝寿朋所创中山书塾，屋若干楹，学田二百亩，设朱子祠，其堂曰进修斋、成德、立本阁、清源，延师以教宗族及乡之子弟。[①]以上两学，学田众多，讲堂、祭祀建筑较为完备，比之官学及官立书院毫不逊色。再如，绩溪仁里程璪所创的罨阳书院，除招收宗族子弟外，兼收里之后秀者，与阆山书院教乡之俊秀者基本一致，"后秀"或"俊秀"者指有一定蒙学基础而相对优秀的学生，其所受教育应以学术研究为目的。而汪德懋创建万川家塾，虽以教乡族子弟，然汪克宽谓其集若干人"旦夕修读以自勖，亦古者家塾教民之遗意"[②]，似乎是专注于教化的"大学教育"。

从表2和表9可以看出，元代徽州私立学院的创建主要集中在后期(1333—1357)，且与当时著名师儒关系紧密。其中，尤以师山书院、中山书堂、东山精舍、商山书院等出名。后期书院的创建或讲学者，几乎都有一个共同的特点：转易多师。如朱升师从江敏求、金斋谕、陈栎、唐元、黄泽等；赵汸则不仅从学于本地师儒，如师从陈栎与胡炳文的吴鬵、胡井表、汪炎昶、郑玉，还从学于江右学者黄泽、虞集，以及江浙学者夏溥、黄溍等[③]；唐桂芳除随父唐元受学外，还从游于

---

① 弘治《徽州府志》卷五《学校》，第168页。
② [元]汪克宽：《环谷集》卷五《万川家塾记》，第699页。
③ 按：吴兆丰《元儒赵汸的游学、思想特色及其治学历程》(《中国文化研究所学报》，2010年第51期)对赵汸从学于吴鬵、汪炎昶、郑玉、夏溥、黄泽、黄溍、虞集等人以及与朱（转下页注）

洪焱祖、陈栎、郑玉等。郑玉、汪克宽等亦广泛求学、交游（见后）。

事实上，以书院为根据地讲学传道，早在元初即有部分师儒如此。然西畴书院，本为宋鲍庆云读书之所，至元初鲍寿孙、曹泾、方回等皆讲学其中。西畴书院与友陶书院、虚谷书院等皆影响不大，仅在时人文集或郡县志中有简单记载。可见，尽管元初朝廷虽诏令、褒奖天下广立书院，"先儒过化之地，名贤经行之所，与好事之家出钱粟赡学者，并立为书院"①；但"时天下初混一，未设科，官莫敢预教肄，行道终日，无闻琴书声"，书院发展并不理想。徽州元初创建的书院，著名者仅婺源晦庵书院一所，然为官立且祭祀目的居首。

入元中期，徽州新创的著名书院为明经书院。约大德五年（1301），婺源考川胡淀（1259—1318），于其始祖胡昌翼书堂遗址构明经书堂，以"乐宾娱亲"、"淑子孙"②。其父胡万与伯父胡次焱为师，集里之子弟而教授，涉十年学徒受成。遂谋于族父胡炳文、弟胡澄，徙西山之麓，建明经书院，宫室规模视岳麓、白鹿洞书院有加。③ 胡淀捐田三百亩为书院学田，其弟胡澄捐五十亩专开小学。可见，最初的明经书堂应属童蒙层次，十年后蒙学阶段结束，将书堂改成书院，既有为学徒继续深造之考量，亦有传经、培养经学人才之目的，但更为看重的是为改变元初学风。对此，胡炳文代胡淀向吴澄求记文时所作的陈说可以为证："经非不明也，然学者沦于旧习，非绝类离伦以为高，则以希世取宠而安于卑。于是，经学始若无用于天下。近年以来，科举未兴，学者但知临晋帖、诵晚唐诗，笔迹、声气稍似之，哆然以

（接上页注）升、倪士毅、汪克宽、苏天爵、宋濂等交游有所研究，指出"游学浙江、江西等地，对赵汸思想特色的形成极为重要：夏溥、黄泽令他对朱子成说好疑深思，不以敷衍朱子文义为务，追求'切于己'的自得之学和'究其事'的治经要领；虞集让他明白博学知要，通之贯之的治学、治经方法。而从学于郑玉、夏溥以及传吴澄'尊德性'之学的虞集，还令赵汸对陆学极其包容。"

① ［明］宋濂等：《元史》卷八十一《选举一·学校》，第2032页。
② ［宋］胡次焱：《梅岩文集》卷四《明经书堂记》，第553页。
③ 胡长孺：《元龙泉主簿胡公淀墓志铭》，见《新安文献志（二）》卷八十六，第406页。

士自名，漫不知经学为何事。……经学之晦也，不能不朝夕以为忧。……创书院，扁曰'明经'。……发《六经》全体大用之妙，俾学士有所觉悟，一扫旧习，可以继绝学，可以开太平，经遂不为无用于天下，其所关岂浅浅哉！"①这一论说奠定了明经书院办学的基本宗旨：通经致用，育才化俗。元中期，朝廷对书院控制最为严格，明经书院一经创立即被官府"收编"，但仍保持了相对的独立性，与其他官学和官立书院有着根本的区别，书院开办者和山长对学田有绝对的使用支配权，在胡淀临去世前特与山长炳文制定规则：田三之二为春秋丁祭、山长俸给，三之一开义学以敦其实。以防后来山长将学田之费挪作他用，有书院之名而无授徒之实。

明经书院的第一任也是影响最大的山长胡炳文，担任山长长达二十余年之久。胡炳文（1250—1333），字仲虎，号云峰，学者称云峰先生，父斗元，精研《易》学。炳文幼承家学，勤学不辍，博览群书，举凡诸子百氏、阴阳、医卜、星历、术数靡不推究，笃志朱子学，于《四书》用力尤深，作《四书通》发未尽之蕴，多正饶鲁抵牾朱熹之说。吴澄曾称道他"能沉潜往圣之书，能发挥先儒之论"。炳文亦赞誉吴澄"以作人才、明经学为第一义"，又谓其"学非记诵词章之学，而本于经"，其"政非簿书期会之政，而本于教"，而"其所以为教，又皆本于经"，其实这又何尝不是炳文的自我描述呢！炳文担任明经书院山长后，"生徒不拘远近，行供不拘员数"，"谭经，日听者盈千人"。作为山长的炳文丝毫不敢懈怠，"有厚币来聘者不往，家事丛脞不问"，一年之中除岁正、岁尾人事往还不过十余暇日，孜孜矻矻，寒暑不渝，旦夕讲经不辍；即使四五月间，脚气病甚亦不敢怠忘，"实以学者多自远来，炳文不如是，惧或废弛，有负死生；先圣先师临之在上，炳文不如是，惧或如他学院，苔绿滋深，而芹香莫采，有负先圣先师"，讲学传道的使命

---

① ［元］胡炳文：《云峰集》卷一《代族子淀上草庐吴先生求记明经书院书》，第738页。

感是何等的强烈！年七十，百念俱灰，一无所求，仍以"书院成绪不致旷坠，诸生书声不致泯歇"为念，唯恐"成于今或毁于后，后之人必怨炳文、詈炳文"①，心系书院事业的责任意识又是何其执着！

因胡炳文的苦心经营，明经书院甚至婺源的文声大振，"后学裹粮而受业者甚众"，周边地区学子皆来受学，一时"儒风之盛，甲于东南"②。炳文课训诸生，成材者尤多。弟子砥砺治学，"莫不温厚典雅"，学者见之即"知其为炳文之弟子"。可见，明经书院在学生培养上已形成了自己的特色，学生以温厚、典雅著称，这和炳文"沉潜"经学并以之教徒有着很大的干系。在炳文《云峰集》中记录了一次明经书院的考评，陈栎担任考评官。就参考生员的学籍来看，包括婺源、休宁、德兴等地③，不仅有明经书院子弟，亦多有乡间儒生及休宁、饶州州学生员，甚者业已成名的老儒如王葵初也有"课文"参加④，足见明经书院及其考评是得到周围士人认可的。本次考评分"经疑"、"经义"和"赋"三场，就考评结果来看，共取27人次给予赏赐："经疑"取11名，明经书院弟子3人（吴性初、胡德宏、胡仁寿）；"经义"取11名，前4名3人皆明经弟子（王祖锡、胡仁寿、胡德宏），加上第6名（张国瑞），共5人次；"赋"取5名，明经弟子2名（吴性初、胡仁寿）。可以看出，明经弟子擅长"经义"，其以"经义"入选者有《易》、《书》、《礼记》三种，其中《易》2人（王祖锡、张国瑞）、《书》1人（王祖锡）、《礼记》1人（胡仁寿）、《诗》1人（胡德宏）。⑤ 另外，《新安学系录》卷十六载炳文弟子9人，仅

---

① ［元］胡炳文：《云峰集》卷一《与草庐吴先生书》，第739页。
② ［清］顾嗣立编：《元诗选初集·丙集·胡学正炳文》，中华书局，1987年，第837页。
③ 按：原文只有部分标明学籍，还有一些为笔者所查阅，另有一些不详，故笔者所言学籍仅为可知者。
④ 按：王葵初，字希旦，饶州德兴人，入元不仕，曰："予生于宋，不可忘所自。长于元，亦尝蒙其恩。非元非宋，何去何从？惟是饥则食，倦则眠，不饥不倦，则读古圣贤之书而笺释之。"师事同乡余季芳（字子初，桃谷先生）与余芑舒（号息斋，余季芳子）同门，著有《易通解》、《尚书通解》、《五经日记》。胡一桂、陈栎、余芑舒、王葵初，时称"宿儒四家"。［清］黄宗羲：《宋元学案》卷八十九《介轩学案·余氏门人、余氏家学》，第2976、2975页。
⑤ ［元］胡炳文：《云峰集》卷一《答定宇陈先生栎并辞求遗逸诏五》，第745—746页。

次于陈栎弟子11人,其中以学术显者5人(王俦、徐骧以《易》名,汪九成、程质、张存中因《四书》显),担任山长、教谕者4人(汪九成、程质、胡默、吴国英),于此炳文授徒之成效亦可见一斑。

在炳文的努力下,明经书院成为元中期徽州新创书院中影响最大者,亦成为其研究学术、培养人才、传播教化的阵地。炳文一生治学授徒不倦,"老而喜学,又自喜以教人,皆非有所为而为之",砥志砺学的精神、等身的著述不仅影响着弟子,也启迪着后人。据史籍所载,炳文一生著述有《易启蒙通义》、《易本义通释》、《性理三书通释》、《朱子启蒙通释》、《易五赞通释》、《春秋集解》、《礼纂述》、《书纂述》、《大学指掌图》、《四书辨疑》、《五经会意》、《纯正蒙求》、《尔雅韵语》、《云峰笔记》、《讲议》二百篇、《文集》二十卷等[①],有功于朱学居多,与程直方并称"东南大儒"[②],东南学者宗之。明经书院的教学、研究不仅培育了众多的弟子,也成就了胡炳文个人的威望,其遂与陈栎一起成为元中期影响最大的儒者。

至元后期,徽州较有影响的书院当属郑玉所主持的师山书院。郑玉(1298—1358),字子美,歙县衮绣乡人。其祖上以资材雄冠乡里,号双桥郑家。高祖、曾祖皆尚德乐义,好施予;至祖郑安,因宋末元初阻止元军屠城而任歙县尹;其父千龄,教化政绩显赫,详见第六章《元代徽州社会教化主体之二:官吏》。郑玉幼敏悟嗜读书,号能记诵,十岁"闻人诵朱子之言,则喜其契于吾心也;闻人论朱子之道,则喜其切于吾身也"。数从乡先生学,不合己意辄易师。延祐初,先后从学于王仪[③]、胡

---

① 汪幼凤:《胡云峰炳文传》,见《新安文献志(二)》卷七十一,第198页。
② 柯劭忞:《新元史》卷二百三十四《儒林一》,开明书局,1935年,第447页。
③ 王仪(?—1331),字仲仪,一字仲履,号苋庵,婺源武溪人,清修苦节,延祐元年(1314)与陈栎、汪泽民同举乡贡,次年试礼部不第,恩授徽州路学学正,又十七年(1330),始为池州儒学教授;有《苋庵文集》,门生郑玉、李常为锓梓,汪泽民为之序。(弘治《徽州府志》卷八《人物二·宦业》,第269页。)郑玉《王仲履先生诗集序》:"玉于先生为诸弟子,先生常以伯仲视予,且谓予诗似邵康节,又似陈希夷。"即于延祐初王仪任徽州学正时,郑玉曾入学为弟子。

绿槐①。六年(1319),随父宦游遂安,师从当地名儒吴暾,又"事资"于洪震老、夏溥,与洪颐为友②。如是两三年,渐进于陆氏心学③。泰定元年(1324)父调任祁门尉,郑玉遂归新安,"益读朱子之书,求朱子之道",后与淳安诸儒"议论多不合,然交情益笃"。千龄作为父亲,又是郑玉的首任老师。父逝世后,而立之年的郑玉又师承元初紫阳书院山长汪一龙子巽元④。

郑玉早年举进士第不利,遂潜心精研学术,以求圣人之道。约元统(1333—1335)年间,守父丧毕,即将进入不惑之年的郑玉筑室城西师山,以著述为事。此时,郑玉在学术上已有名气,来问学者日盛,所居不能容,门人鲍元康率同门因其地创师山书院。因有棠樾鲍氏、王

---

① 郑玉《燕耕读堂诗序》(《师山集》卷三,第 23 页)谓:"余年十八九时,从胡先生绿槐氏学,明年先生与乡举,余以年不及格不得行。"胡绿槐,生卒事迹不详,对郑玉期望甚高,有"过元城不可不见刘忠定公(刘安世,司马光弟子——引者)"之语。可见,郑玉从胡绿槐学盖在延祐三四年(1316—1317)间。

② 吴暾,字朝阳,淳安人,以《春秋》教授,泰定二年(1325)进士。郑玉《答童一清书》:"余往年尝留淳安,见其间深山长谷多先生长者,因就学焉而有所得,则余之学也,亦淳安之学耳。……仆于朝阳则师之矣,大之(夏溥——引者)、君实(洪颐——引者)则友之者也。盖学问本朝阳,而文字与大之相表里,君实又往来讨论,赞襄之力惟多。如是者两三年,而后仆于学问之渊源、文字之关键,始略识其一二。"(《师山集·遗文》卷三,第 85 页。)又郑玉《洪本一先生墓志铭》谓:"昔先君子作尉淳安,余在侍傍,得游淳安诸先生间。吴暾先生,则所师也。洪震老先生、夏溥先生,则所事而资之也。洪颐先生,则所友也。……余既侍亲归新安,益读朱子之书,求朱子之道,若有所得者。"(《师山集》卷七,第 58 页。)洪震老,字复翁,延祐中领荐;夏溥,字大之,明《易象》、《春秋》之学,至治三年(1323)乡荐,皆淳安人。(雍正《浙江通志》卷一百八十二《人物六·文苑五·严州府》,文渊阁《四库全书》(524),第 81 页。)据程文《贞白先生郑公千龄行状》,郑千龄于延祐六年(1319)为建德路淳安县尉,泰定元年(1324)调任祁门县尉,尉淳安时,举邑士吴暾、洪震老、夏溥充试有司。所以,郑玉应于此时就学于吴暾,而洪震老、夏溥乃郑玉"所事而资之"者,非师事之,郑玉已作了明确区分。而《宋元学案》卷七十四《慈湖学案·慈湖学案表》(第 2460 页)则将郑玉置于洪震老、夏溥弟子之列,并不恰当。

③ 按:郑玉《洪本一先生墓志铭》谓:"淳安自融堂钱氏从慈湖杨氏游……淳安之士皆明陆氏之学。"(《师山集》卷七,第 59 页。)此言不虚,杨简师陆九渊,钱时为杨氏弟子中成就卓著者,夏希贤、洪梦炎皆为钱时高弟,而吴暾从学于夏希贤,夏溥为希贤之子,洪梦炎为洪颐族祖,可见,淳安名流皆为陆学,郑玉此时所习亦为陆学。

④ 郑玉《送汪仲罕主簿序》谓:"称隐汪先生,生先先君子一年,道德学问实相表里,出处仕宦又相先后,故两家子弟相与如骨肉,而乡里称二父为乡先生焉。先君子既没,予父事而师承之者,唯汪先生而已。"(《师山集》卷三,第 21 页。)

干洪氏等富庶家族的资助，书院亦有着一定的规模，殿堂、门庑、庖湢咸具，讲肄有斋，登眺有亭。此后二十余年，郑玉以书院为平台，大规模招收生徒，日讲说其中，至晚年尤不厌。

师山书院虽然当时在徽州影响较大，但弘治《徽州府志》记载甚为简略，且附录于郑玉传下，并未在学校志中单列；后嘉靖《徽州府志》虽列入学校志中，但仅仅寥寥数语，云为郑氏合族为郑玉建，甚为不当。史料有限，给后人深入研究增加了难度。关于师山弟子，郑玉裔孙郑献文在《春秋经传阙疑》后序中谓"从徒数百，教化大行"①。笔者以郑玉《师山集》为主，结合徽州府志及其他典籍，钩沉师山门部分弟子有：本族双桥郑氏：郑琏（弟）、郑琮（从弟）、郑忠（族孙）、郑逢辰（子）、郑祖泽（子）、郑拱辰（从子）；棠樾鲍氏：鲍元康（字仲安）、鲍深（伯原）、鲍浚、鲍淮、鲍观（以仁）、鲍偕、鲍禧、鲍安、鲍葆、鲍颎（字尚褧）；王干里洪氏：洪斌（节夫）、洪杰、洪宅；其他还有：汪克宽②、程可绍、赵汸③、唐桂芳、唐文凤④、王季温、郑潜、汪克俊、汪俊德、郑子初⑤、吴诜、胡焱、谢真保、吴阳复等。当然，汪克宽、程可绍、赵汸、唐桂芳、郑潜、王季温等六人，不能完全以门弟子视之，郑玉与他们的关系是介于师友之间。在完全意义上的弟子中，《徽州府志》有传者4人：鲍元康、鲍深、汪俊德、郑琏。另外，徽州路泰州万户府达鲁花赤

---

① ［清］朱彝尊：《经义考》卷一百九十七《郑氏玉春秋经传阙疑》，文渊阁《四库全书》(679)，第595页。
② 郑玉《送汪德辅赴会试序》(《师山集•遗文》卷一，第69页)："去年(1324)，吾翁调官祁门，余以侍养在膝下。汪生德辅日从余游，性敏悟而志笃，余甚奇之。"德辅为克宽之字。故亦列弟子之列。汪克宽《师山先生郑公行状》(《环谷集》卷八，第728页)云："克宽蚤岁与先生相知惟深，比年往来师山，剧谈要道，不翅昆姓兄弟。"可见，后克宽亦曾讲学于此。
③ 赵汸《孝则居士程君可绍墓表》(《东山存稿》卷七，第364页)云："君(程可绍——引者)昔与予游师山郑先生之门，情好深厚"。
④ 唐文凤《跋宋景廉杜叔循所撰书前太常丞吕仲善祖父墓铭后》谓："予昔侍先生(唐桂芳——引者)于师山郑待制之门，亲闻海益。"(《梧冈集》卷七，第624页)。故唐桂芳与子文凤亦在师山门。《宋元学案》对于汪克宽、赵汸、程可绍、唐桂芳等均未列。
⑤ 郑鲸：《故进士知上虞县事郑公行简状》，见《新安文献志(二)》卷八十六，第417页。

珊竹亦率诸子执弟子礼于师山。可见,师山书院已成为元末徽州学者教学、交流的平台,不少著名学者多学习或讲学于此,除汪克宽、赵汸、唐桂芳等人外,后来程文、胡黙等皆曾讲学、研讨于此。

　　郑玉授徒,门人有过面折之,有善则奖引之,虽谓成材者居多,但就学术而言,除郑玉本人外,弟子在学术上影响并不大,倒是在乡里教化上可圈可点者较多,这和郑玉本人重视道德教化有关。郑玉曾云:"参赞化育,垂世立教,皆吾分内事也。"①汪克宽《师山先生郑公行状》亦谓郑玉为文根底《六经》,不事雕琢,主于明正道、扶世教,每与名公大夫论为政,必以树纲常、厚风俗为急先务。所以,其一生对教化事业特别热心,如带领弟子修复任公祠、请为文天祥立庙、为官府修建庙、寺、观和民间修路、筑堤、建祠等教化事件作文、刻梓《罗鄂州小集》以广传布等等。其不但重视教化,还对教化致善信心十足,至谓动物也可以被教化:"夫董生之鸡,陈氏之犬,禀性岂独异于群类哉? 实由其主人之德熏陶浸渍,与之俱化而不自知耳。然天之所以为此者,亦欲以为积善祯祥之应也。"②所以,与其说师山书院是个学术研究团体,毋宁谓其以学术、教化并重的组织更为贴切。

　　之所以以教化为己任,这和郑玉对传统儒家和程朱理学的理解有关。清代史学家章学诚曾谓:"夫天下岂有离器言道,离形存影者哉? 彼舍天下事物、人伦日用,而守六籍以言道,则固不可与言夫道矣。"③其实,元代的郑玉即有此看法:"斯道之懿,不在言语、文字之间,而具于性分之内;不在高虚广远之际,而行乎日用常行之中。以此穷理,以此淑身,以此治民,以此觉后,庶乎无愧于古人矣?"④对于

---

① [元]郑玉:《师山集》卷四《肯肯堂记》,第 30 页。
② [元]郑玉:《师山集·遗文》卷二《朱氏鸡哺母说》,第 78 页。
③ [清]章学诚:《文史通义校注·原道中》,中华书局,1985 年,第 132 页。
④ [元]汪克宽:《环谷集》卷八《师山先生郑公行状》,第 726 页。

当时程朱后学空谈义理而不务实的现象,郑玉特别反感,"三尺之童即谈忠恕,目未识丁亦闻性与天道,一变而为口耳之弊。盖古人之学,以所到之深浅为所见之高下,所言皆实事。今人之学是游心千里之外,而此身元不离家,所见虽远而皆空言。此岂朱子毕尽精微,以教世之意哉?"①他致力于落地的社会教化事业一定程度上即为改变此种不实风气。在治学上,针对此风气,他主张学以致用,反对学者只知皓首穷经,高呼"皓首穷经而不足以知道,儒者之罪人耳",汉唐以来学术最严重的问题即在于此,"秦、汉、晋、唐以来,文章之士相继而作,非无学者,而曰孟轲死千载无真儒,何也?不知用力乎此,而溺于训诂、词章之习,故虽专门名家而不足以为学"②。所以,其早年以董仲舒不窥园、陈烈闭户为榜样,尝借黄山祥符寺,尽取天下之书读之,求圣贤之道,而其目的则在于日后致用,"幼而学焉,壮而行焉。……及其壮也,不究之用,则亦何以为学哉?未有用而不本之学,学而不究于用者。"③这是郑玉对弟子的第一个影响。

在治学上,郑玉主张兼收并蓄,反对门户之见,尤其反对当时学界流行的朱、陆异同之偏见,"近时学者,未知本领所在,先立异同,宗朱子则肆毁象山,党陆氏则非议朱子。此等皆是学术风俗之坏,殊非好气象也"④。他认为朱、陆两家为学确有差异,"陆子之质高明,故好简易;朱子之质笃实,故好邃密。盖各因其质之所近而为学,故所入之涂有不同尔",即其差异乃是入学门径的不同,以之教人各有得失,"朱子之说教人为学之常也,陆子之说高才独得之妙也。……陆氏之学其流弊也,如释子之谈空说妙,至于卤莽灭裂,而不能尽夫致知之功;朱氏之学其流弊也,如俗儒之寻行数墨,至于颓惰委靡,而无

---

① [元]郑玉:《师山集·遗文》卷三《与汪真卿书》,第83页。
② [元]郑玉:《师山集·遗文》卷一《王居敬字序》,第71页。
③ [元]郑玉:《师山集》卷五《养晦山房记》,第38页。
④ [元]郑玉《师山集·遗文》卷三《与汪真卿书》,第83页。

以收其力行之效"。但就根本而言,两家并无差异,"及其至也,三纲五常、仁义道德,岂有不同者哉?况同是尧、舜,同非桀、纣;同尊周、孔,同排释、老;同以天理为公,同以人欲为私。大本达道,无有不同者乎!"而后学"不求其所以同,惟求其所以异",专拣对方的不足攻击,"江东(朱学后人——引者)之指江西(陆学后人),则曰此怪诞之行也;江西之指江东,则曰此支离之说也"①,遂致水火不相容。对于郑玉的观点,明代学者程敏政评说道:"议论平正,可验学术之醇,宜其能振高风于一时,全大节于叔世也。"②

就内容而言,师山之学以《春秋》、《周易》为重,这与郑玉对二经的看法有关,"夫子集群圣之大成,《春秋》见夫子之大用,盖体天地之道而无遗,具帝王之法而有征"③,"伏羲画八卦而文籍生,则《易》于诸经为首出;秦焚典籍而《易》独存,则《易》视诸经为全书。天地万物之理,古今万事之变,《易》无不具;吉凶消长之故,进退存亡之几,《易》可前知。所以为洁净精微之教,而示人以开物成务之道也。《易》其可一日不讲乎?"着眼点均在致用。而对于二经的研究与教学,他主要采用程朱之说,"程子谓:《春秋》大义数十,炳如日星,岂无可明之义。朱子谓:起头一句'春王正月'便不可解,固有当阙之疑。某之为是书也,折衷二说而为之义例","始从友人胡伯仁氏假得《程朱传义》,归来山中,日诵一卦,似若有所得者,折中二先生之说,合为一书,名曰《程朱易契》。"④

紧随其后,汪克宽、赵汸亦筑精舍于里居,以研究学问、授徒讲学为业。此两处学堂,规模均不大。中山书堂,本为克宽父应新所创⑤,

---

① [元]郑玉:《师山集》卷三《送葛子熙之武昌学录序》,第25页。
② [明]程敏政:《篁墩集(一)》卷三十八《书郑师山〈送葛之熙序〉及〈与汪真卿书〉》,第673页。
③ [元]郑玉:《师山集》卷三《春秋经传阙疑序》,第16页。
④ [元]郑玉:《师山集》卷三《周易大传附注序》,第17页。
⑤ 虞集:《中山处士汪君应新墓铭》,见《新安文献志(二)》卷九十二上,第520页。

盖初为读书藏修之所，后克宽讲肄其中。赵汸东山精舍缘起于其祖象元"禄仕不究其志，益购东山之余地，规以隐居不果"，而有承继先志之目的。初亦仅作为"与一二同志之士居而学"的读书室。所以，虽分别有唐元和虞集的记文，但是就影响而言，两书院并不如师山书院。在克宽与赵汸二人的著作中，对此记载也甚少。与师山书院注重教化实践不同，中山书堂与东山精舍着重于学术研究，可证之于赵汸的言论："汸早学于乡，所求朱程之绪余者，诵习经训，辨释其文义之外，无以致力焉。恐终身不足以知至，毕世不能以意诚，古昔圣贤师弟子之授受，如斯而已乎？窃尝思之，以求涂辙之正，至于道南之叹而有感焉。盖其属之龟山（杨时——引者，下同）者必有所在，而豫章（罗从彦）、延平（李侗）所以授之于朱子者，亦非有他道也。不然，罗、李二公，无事业以见于时，无文采以垂于后，其所学者何学？所事者何事？而吾朱子所谓潜思力行，任重诣极者，亦将何所底乎？此精舍之作，所以愿尽心焉者也。"赵汸以圣贤之学为志，以圣贤为目标，故虞集谓其"承家世之远，学问不坠于流俗，行履不杂于凡污"①。就授学内容亦可为证，如任原从学于克宽，后者授以《春秋左传》、《胡氏传》等，克宽著《春秋纂疏》，任原有襄助之力。② 与此同时，汪克宽从弟汪时中于祁门西隅筑查山书堂，与从兄讲学，学者称查山先生；友人祁门旸源谢俊民，筑云深坞乐安庄书舍，讲明道学。

壬辰乱后，以上诸书院基本被毁，繁盛一时的书院教学荡然无存。后数年，以军功起家的婺源汪同，分别于休宁、婺源建商山与阆山书院，延聘名师朱升、陈光、赵汸等为师，力图恢复停顿已久的教学秩序和文教传统。然不久徽州进入朱明时代，官学先后重建并占据

---

① 虞集：《东山精舍记》，见嘉靖《休宁县志》卷七。
② ［元］汪克宽：《环谷集》卷二《哭任生本初哀辞》，第 666 页。

主导地位,盛极一时的私人书院师承基本上退出了历史的舞台。对此,经历前后两种教育的唐文凤不禁发出了"前修沦落,后进不继"的感慨。①

综而言之,无论是内外传承或乡师的家庭、私人授学,抑或以书院为平台的大规模教学,比之官学,虽各有长短,然就教化而言,前者因不限弟子生员而受教化面更广,且更能深入底层和普通大众。同时其优势更体现在教师层面上,作为私人授学主导者的儒师较之学官,有着不同的价值取向和人生理想,所达至的教化结果也不无差异,恰如方回所论:"天下郡国设学,乃公家之师,家塾乃私家之师,师一也。而所以为师不同:公家之师有司所选,势夺贿予,未必皆实学之士,故公家之师或出私意;私家之师,岂有父兄不爱其子弟,而不选实学之士为之师者,故私家之师必合公论。况公家之师志在仕进,私家之师志在藏修。"②所以,当时的私学较之官学、民间师儒比之学官更能得到社会的认可。

二 人格风范与士风

中国古代社会是典型的道德伦理社会,传统道德,即以忠孝、仁义、礼智等为核心的儒家纲常伦理不仅是信仰的根基,也被认为是社会治理的依据和秩序的源泉,"国家之所以存亡者,在道德之浅深,不在乎强与弱;历数之所以长短者,在风俗之薄厚,不在乎富与贫"③,苏轼的这一观点在传统士人中有着较为普遍的共识。就传统伦理道德的建构而言,士人不仅是道德圭臬的规划者,亦是道

---

① [明]唐文凤:《梧冈集》卷七《跋宋景濂杜叔循所撰书前太常丞吕仲善祖父墓铭后》,第624页。
② [元]方回:《桐江续集》卷三十一《送柯德阳如新城序》,第650页。
③ [元]脱脱等:《宋史》卷三百三十八《苏轼传》,第10806页。

德风标的引领者,有着绝对的发言权。这在先圣先贤和历代大儒身上均有着不同的体现,而儒家的经典著作《礼记》则辟有专篇——《儒行》,以孔子的口吻对儒者刚毅、自立、仕宦、特立独行等多个层面"不陨获于贫贱,不充诎于富贵;不慁君王,不累长上,不闵有司"的德行事业提出了明确要求。如特立:"委之以货财,淹之以乐好,见利不亏其义;劫之以众,沮之以兵,见死不更其守";刚毅:"可亲而不可劫也,可近而不可迫也,可杀而不可辱也。其居处不淫,其饮食不溽";自立:"忠信以为甲胄,礼义以为干橹,戴仁而行,抱义而处,虽有暴政,不更其所";仕宦:"一亩之宫,环堵之室,筚门圭窬,蓬户瓮牖;易衣而出,并日而食";忧思:"今人与居,古人与稽;今世行之,后世以为楷。适弗逢世,上弗援,下弗推。谗谄之民,有比党而危之者,身可危也,而志不可夺也。虽危,起居竟信其志,犹将不忘百姓之病";宽裕:"博学而不穷,笃行而不倦;幽居而不淫,上通而不困";特立独行:"澡身而浴德,陈言而伏","世治不轻,世乱不沮,同弗与,异弗非"。[①] 这些以道德为依归的价值诉求成为历代儒者的行事准绳和精神食粮,也成了评判儒者的理想标准。正因为此,传统教化最为强调士人的道德修养和觉悟,并注重以道德高尚之士的人格风范敦风励俗。

在以有元为主体的宋末至明初时代中,新安理学是徽州学术的典型特征;但就士人风节而论,以忠节为代表的士风则在教化层面尤值一提。嘉靖《徽州府志》有云:"昔人论有生,不于其身于其心,旨哉有味其言之也! 危身奉职,捐生取义,是称忠节之士。求之我徽,得数公焉,至今道其事迹,其人凛凛有生气。然则数公者何尝死哉!"[②]这一士风与此时的新安理学互为表里,构成士人风教的主

[①] [清]孙希旦撰:《礼记集解》卷五十七《儒行第四十一》,第 1398—1409 页。
[②] 嘉靖《徽州府志》卷十六《忠节》,第 330 页。

要特征。

(一) 易代与士人出处

宋元、元明鼎革之际,徽州出现了不少不降元、明的义士,他们的思想中虽抱持着浓重的封建忠君思想,然而他们的行为却足以劝掖士人、激风励俗,以致他们的事迹载诸汗青、彪炳史册,并在普通百姓中世代传颂,后代官府、士人或为之作铭树碑,或建祠立庙,以示风劝。

宋亡后,江南士人的政治动向及其事迹,前人多有研究。代表者陈得芝《论宋元之际江南士人的思想和政治动向》[①],分析统计了理宗、度宗两朝进士中事迹较为明确的328人在宋元更替时的政治动向,其中宋元对峙殉国者、入元隐遁不仕者和归降出仕元朝者分别占了21.65%、53.05%、25.3%;认为南宋末士风萎靡,两朝进士中能以身殉国或坚守气节、拒仕元朝者只占少数,但因元廷对南人的欺压、歧视,多数南士深为抵触;后至世祖末、成宗初,随着崇儒、优待士人政策的实施,南士趋于认同元朝,思想和政治态度明显转变。申万里《元代江南隐士考述》一文[②],综合分析了元代江南隐士归隐原因、谋生手段、社会活动、特征与心态以及社会活动、生活、地位等。该文虽涉及范围较广,但作者并未能作必要的定量研究,仅作一般笼统举例分析,部分削弱了文章的说服力。总体而言,对元代徽州地区涉及甚少。

本篇主要以宋元、元明鼎革之际的士人的政治选择为研究对象,重点探讨风节义士在朝代鼎革之际的出处,以观其言行对社会的教化意义。

---

① 《南京大学学报(哲学·人文科学·社会科学版)》,1997年第2期。
② 《元史论丛》(第10辑),中国广播电视出版社,2005年。

第五章　元代徽州社会教化主体之一：儒士　237

表 10：宋元易代徽州进士出处简表

不　　仕		仕　　宦		不明者
殉　节	退　　隐	学　官	非学官	
汪立信 程　洙 胡廷桂 夏师尧 项文荐	许月卿　胡　崇　胡　升 程　骧　俞君选　汪　复 李遇龙　胡镇孙　毕祈凤 余泰符　赵良金　胡次焱 金　革　赵良钧　朱之纯	汪一龙 曹　泾 吴　觉 江　霱	陈宜孙　方　回 程　龙　汪元龙 方贡孙　赵孟檖 吴安朝	吴士龙

表中选取自淳祐元年(1241)至咸淳十年(1274)事迹可考者32人，其中入元不仕者20人，占62.5%；仕宦者11人，34.4%；不明者1人，3.1%。而不仕者又分为殉节和退隐两种，殉节者为坚决抗击者，事不成辄自杀身亡，捐生取义。休宁汉川程洙，号南窗，平生好吟咏，忠义之气悉形于诗，登淳祐十年(1250)进士，任县主簿达十余年，元军破建康，百官投牒以次降附，人或劝之，洙仰天叹曰："吾受宋官二十余年，岂忍遽移所守为降虏以偷生乎？"乃属后事自缢以死①。婺源大畈人汪立信，字诚甫，号紫源，淳祐七年(1247)进士。咸淳十年(1274)，元兵大举伐宋，曰："今江南无一寸干净地，某去寻一片赵家地上死，第要死得分明尔。"至建康，守兵悉溃，而四面皆北军，立信叹曰："吾生为宋臣，死为宋鬼，终为国一死，但徒死无益耳，以此负国。"率所部数千人至高邮，欲控引淮汉以为后图，已而闻贾似道师溃芜湖，江汉守臣皆望风降遁，叹曰："吾今日犹得死于宋土也。"卒死于难。②

退隐者虽不乏言行激烈者，但与殉节者相比，总体较为温和，以非暴力不合作的态度对待新朝。这类士人较多，占不仕的75%，其

---

① 弘治《徽州府志》卷九《人物三·忠节》，第284页。
② ［元］脱脱等：《宋史》卷四百一十六《汪立信传》，第12475—12476页。

中程骧、许月卿、胡次焱、汪复等较为典型。程骧(1212—1284),休宁富溪人,字师孟,一字季龙,开庆元年(1259)中文武两科进士。宋末隐居,书座右曰:"无毁之谓誉,无忧之谓乐,无求于人之谓富,无屈于人之谓贵。"元初,访求旧臣甚急,程骧屏绝不出,自号"松轩"以明志。[①] 其富贵观独树一帜,故能不屈服。此类义士不仕之高风亮节,固然受到后世的表彰,然在当时朝廷诏征、地方官吏催逼,顶受着诸如经济生活、政治舆论甚至是生命等压力与风险。如婺源考川人胡次焱(1229—1306),字济鼎,号梅岩,晚号余学,少孤家贫,母氏策励以学,劬书不辍,博学强识,登咸淳四年(1268)第,授迪功郎湖口县主簿,以道远养亲非便,改授贵池县尉。德祐乙亥(1275),元兵近池州,都统制张林纳款投降,异意者辄遭杀戮。贵池为倚郭城,兵士羸厄,弓手数十百人,势不得独婴城;且次焱家寒亲鬌,无壮子弟供养,遂伺张林出,托公事过东流县,作冢其道,立木为碑,书曰"贵池尉死葬此下",以绝张林之猜疑、追查,时人赞道:"昔人称慷慨杀身易,从容就义难,济鼎盖从容就义者欤!"[②]次焱微服归乡,以《易》教授乡里,往来从学者常百余人,人称梅岩先生。至元二十三年(1286),元廷诏令搜求南方贤士,地方官屡荐,次焱以妇不事二夫喻臣不仕二主,作《媒嫠问答诗》婉拒。

在诗中,嫠妇虽独守空房十年,素帷苦席,孤眠单立,影茕情怏,穷困潦倒,无依无靠,但并不为"生前受富贵,志得意洋洋"的生活所诱惑。其中既因在己贫困交加之际曾得前宋之恩,"贫女古难嫁,卖犬办资装","妾家贫如洗,妾貌妆不妍;中年方择配,幸逢夫婿贤";更因其所秉持的人生和学术价值理想,"理义自有闲,物欲常无厌"。而简编所示两类妇人的抉择及其命运对照,更加强化了

---

① 程恕:《帅干程公骧传》,见《新安文献志(二)》卷九十六上,第631页。
② 洪焱祖:《胡主簿次焱传》,见《新安文献志(二)》卷八十七,第437页。

诗人的态度：陶婴①、卫敬瑜妻②，"不践二庭"，"死后留名节，身朽魂茫茫"；嫦娥不嫁，空抱老金蟾，"所以广寒宫，万古清鉴悬"；反之，卓文君、李清照，"失身再事人，彤管无取焉；节义日以颓，文章何足诠"，"三少秽难洗，五嫁丑莫镌；浮荣瞥似电，遗臭流如川"。嫠妇誓言："宁贫任劳鹿，宁贱受磨研；宁冻如寒蝇，宁饿如饥鸢。终不以快乐，而易此忧煎。井底水不波，山头石不迁。……什袭藏破镜，他年会黄泉。"③无论处境多么险恶、生活何等困顿，也不改初心，所谓"艰贞从一，守天之道，甘言谀舌，不足以变其节"④，这不正是次焱的政治观点和价值信仰吗？道德的价值高于一切，任何政治名节的卑污都将有损于道德的清誉。其实，早在登第前，次焱即已形成此价值认识，若其景定元年（1260）所作《雪梅赋》云："草遭雪而萎，木遇雪而折，雪其酷哉！梅挺然立雪，貌泽香烈，雪虽酷不能加于梅也。孟子曰威武不能屈，于梅有焉。……呜呼！人不能卓然特立，至横逆之来作儿女态，其视梅得无恶乎？"⑤

次焱并未径直拒绝当权者，而借嫠妇的婉辞表达自己的态度，托物明志，除了使用古人的诗学表达手法外，内中当有一定的苦衷，只是限于史料无法得知罢了。对于《媒嫠问答诗》，元末程文评价道：

---

① 春秋鲁陶门之女，少寡，抚养幼孤，纺绩为生。鲁人或闻其义以求之，陶婴乃作《黄鹄之歌》以明志，君子谓陶婴贞壹而思。[汉]刘向：《列女传》卷四《鲁寡陶婴》，《丛书集成初编》，商务印书馆，1936年，第115页。

② 霸城王整之姊嫁与卫敬瑜，年十六而敬瑜亡，父母舅姑咸欲嫁之，誓而不许，乃截耳置盘中为誓乃止；为亡婿种树数百株，墓前柏树忽成连理，一年许复分散。女乃为诗曰："墓前一株柏，根连复并枝。妾心能感木，颓城何足奇。"所住户有燕巢，常双飞来去，后忽孤飞。女感其偏栖，乃以缕系脚为志。后岁此燕果复更来，犹带前缕。女复为诗曰："昔年无偶去，今春犹独归。故人恩既重，不忍复双飞。"[唐]李延寿：《南史》卷七十四《孝义传下·卫敬瑜妻王氏》，中华书局，1975年，第1843页。

③ [宋]胡次焱：《梅岩文集》卷二《媒问嫠》、《嫠答媒》，第544—545页。王人恩《"守天之道"：〈媒嫠问答〉的诗学况味》（《北方论丛》，2007年第5期）以文学的视角，分析了两诗的文学和文献价值。

④ [宋]胡次焱：《梅岩文集·梅岩文集序》，第532页。

⑤ [宋]胡次焱：《梅岩文集》卷一《雪梅赋》，第533页。

"呜呼！读柳子《河间传》，知邪之得以败正；读先生是诗，知正之所以胜邪。天理之在人心，犹日月之在天也，可以缺蚀，而不可以丧其明。若先生之心，孰得而缺蚀之哉？虽与日月争光可也。"①次焱志絜行廉，"皭然泥而不滓者"②，真堪匹屈原也！

仕宦者分为学官和非学官两种，前者以学为仕，虽位列官林，但品级极低，且俸禄由地方学田拨济，也不直接面对朝廷官僚系统与群体，故其地位较为特殊，亦不应以纯粹官吏视之。事实上，在朝代更替之时，胜朝士人不愿与后朝合作，宁可选择隐退、教授乡里，甚或忍辱负重接受学官之职，以传道授学、教化乡野为志，多数并非为做官。此"危身奉职"者称为"义士"亦无不可。德祐乙亥（1275），京口瓜州失守，汪一龙奉母航海南归，乡守王积翁辟为判官；丙子，宋亡，休宁士民推为邑宰不就，逊朱颖达为之，完乡井，平寇盗，皆赖筹划。③后朝官及地方荐授不绝，皆以母老辞不就。至元戊寅（1278），江东道按察副使礼聘一龙、曹泾为紫阳书院山长，两人戮力经营，选新址重建学宫，招致生徒，传授程朱理学。事成，两人皆辞归，自后不复出州里。充任学官，表面看固然是与后朝合作，但就本质而言却多少带有些许无奈，与后来选择此职的士人不同，他们在整顿修葺庙堂斋舍、恢复官学教育秩序后，并不以此为跳板继续仕进，而是选择退隐。表中四名学官，除江矗一人后官至兰溪主簿外，皆无仕进者，而其时徽州入元已十余年，士人对元廷的态度已出现了很大的转变。

非学官即指一般官吏，仅有7人。从史料记载来看，他们降志仕元，多数并非自愿，或出于无奈，若元廷初下临安，差程龙赴任赣州，不就，既而诏拘刷宋官至京，方任永嘉县尹；或为稳定时局，保卫一方百姓安宁，若方回、陈宜孙、程龙、汪元龙、方贡孙等，其为官政绩皆斑斑

---

① 程以文：《跋媒嫠问答诗后》，见《梅岩文集》卷九《附录》，第580页。
② ［汉］司马迁撰：《史记》卷八十四《屈原贾生列传》，第2482页。
③ 方回：《定斋先生汪公一龙墓铭》，见《新安文献志（二）》卷九十五上，第591页。

可纪,在"元代徽州社会教化主体之二:官吏"章节中有专论。其中,方回的行为最具争议性,自从同时人周密极力诋毁之论调①,经由四库馆臣强化后②,后世对其行为讥讽者多有之;对此,现代学者对周密的观点多有反驳③。笔者此处引方回《先君事状》按语对降元一事的说明,以窥探其良苦用心:

> (德祐)丙子春二月初六日,奉前朝太皇太后嗣君诏书,以郡归于□,改书至元十三年,自此日始行,在所宰执大臣,以嗣君名具表纳土,送玺于皋亭山。在正月十八日,军马入,临安府易守。在二十日,回犹坚守孤城半月余,奸人不敢阋于内,盗贼不敢煽于外,以待其定。王郎中世英、萧郎中郁提兵五千赍诏至郡,合众官吏,军民一口同辞,惟恐有如常州之难,议定归附。……保全一方,举以内附,此虽非人臣之正仪;然国亡主迁,土地人民无所归,为小郡者力不能全国矣,全其郡民可也。……彼列阃连城,先下于临安未下之先者,可罪也;此一小垒,临安已下半月,而后下焉,恕其罪可也。而哔士或以不死责回,筹帷巨公,分钺虓帅,不责之死于未亡国之先,而责一内郡太守于国已亡之后乎?……今谨附书于先君事状之后,因稍修定诸子名数藏之家,屈伸出处,《易》有时义,付诸后世之公论足矣。要之,回假守七年,无毫发为利意。徽州李世达之变,家藏书数万卷一空,他物称是,在郡倒囊竭廪,至估卖寓屋,犹不足偿补。而一子在燕,旅食不继,此岂有贪而然哉?特是以见先君于地下,亦当有辞。至元壬午(1282)正月,回时年五十六,泣血再书。④

---

① [宋]周密:《癸辛杂识》别集卷上《方回》,文渊阁《四库全书》(1040),第127—130页。
② 《癸辛杂识·癸辛杂识提要》,第2页。
③ 如孙克宽《癸亥杂识记方回事疏证》(《蒙古汉军及汉文化研究》,台北文星书店,1958年)、詹杭伦《周密癸亥杂识方回条考辩》(《方回的唐宋律诗学》,中华书局,2002年)等。
④ [元]方回:《桐江集》卷八《先君事状》,第517—520页。

此《先君事状》藏于家,并无公诸于世之意;其辩白也非为求得世人认可,以为后世自有公论,其于内心无愧,亦不负祖宗之教。于此可见,当时降元之士,盖多有此无奈。

除此之外,尚有一些士人,他们或为乡贡之士,或为学官,或为太、府学士子,其于朝代更替之际的言行表现亦有可圈点处,若乡贡鲍云龙、金若洙、汪庭桂、李伟,漕举汪梦斗、吴钦,州学教授江友直、学正黄直,太学生黄智孙、刘光、孙嵩、汪庚、吴应紫,以及滕㻞、江恺、程楚翁、汪维崇、维岳兄弟等。他们之中既有行为激烈者,如婺源人江友直,字德正,以节义自负,荐授本州教授;伯颜入临安,恭帝被执,友直升堂痛哭,示诸生以大义,不食数日卒,葬梅口之原,书其墓曰"饿杀冢",人呼其山为"饿杀坞",后人立孝思祠祀之。① 歙人汪维崇(字贤甫)亦不食而卒②。休宁万安汪庚,宋太学生,元初不受征而死③。亦有因抗元终身颠破流离者,如婺源彰睦人程楚翁,性倜傥,喜文学,豪于诗;元兵入临安,江东皆下,楚翁愤散家赀,阴结敢死士,将复郡城。事泄被执,搒掠几死,夜赂守者以脱。时前宋丞相马廷鸾在鄱阳,义不仕元,楚翁往投之;后闻谢枋得在闽,又去闽,客枋得所。后枋得被执,楚翁伥伥无所依,亦死逆旅中。马廷鸾赠其诗曰:汗竹丹铅侧,空花粉黛中;尚怀丞相亮,肯署大夫雄;有客来今雨,夸予迈古风;幽情倾不竭,渺渺碧云东。④ 楚翁诗有《黍离》、《麦秀》之感,读之令人涕下,时人刘辰翁赞其人其诗曰:"风霜岁晚,貂裘道敝,再遇却不振,独皇皇如有求而不悔;……诵其诗,悴然而思深,失然而志长,非其中有以自处。"⑤然多数以义行教育子孙后代,若歙县税者黄

---

① 嘉靖《徽州府志》卷十六《忠节》,第333页。
② 弘治《徽州府志》卷九《人物三·忠节》,第285页。
③ 赵锁:《故城县丞汪先生德懋行状》,见《新安文献志(二)》卷八十九,第474页。
④ 《家乘·程义士楚翁传》,见《新安文献志(二)》卷八十七,第439页。
⑤ [宋]刘辰翁:《须溪集》卷六《程楚翁诗序》,文渊阁《四库全书》(1186),第524页。

村黄直，本为徽州州学学正，愤元归隐，著有《文陆遗音》，戒其子孙弗仕，忠义烨然有声。① 休宁璜原吴应紫，号达斋，年十六领乡荐升上舍，国谕左史吕午奇其才，以女妻之，因宋革命退居田里，有诗云：自甘白屋为闲叟，敢说青云有故人。②

至于元明易代，一因元代科举举人较少，二因易代之际徽州陷入长达6年的战乱之中，盗寇、义军并作，加之后世修史有意隐讳，两者已很难泾渭分明；但起义兵保乡里、杀身成仁的义士亦不少见，即使徽州入朱明政权已成定局，而不肯仕明、事迹悲壮的儒者亦多有之③，典型者若郑玉，与许月卿构成了宋元易代、元明之际风节的两座丰碑。其他若硕儒倪士毅之三子，其风节亦可称道。长子倪尚纲，字成志；次子尚德，字明善；季子尚谊，字思敬，并能传家学。尚纲尝为黟学教谕，洪武初自残厥目，终于林下。尚德，洪武中为有司以明经举，不愿仕，自投于塘而死。尚谊尝学于赵汸，汸没，其《春秋集传》未及成书，尚谊为校定成之，洪武中亦自溺于邑城河池。④ 再如陈栎曾孙陈盘，字自新，号伴竹，从朱升、赵汸游，性介直，长于诗文，明初有荐之者，佯狂不就。弘治《休宁志》于明代之事多有隐讳，虽于士毅三子自残或自杀、陈盘佯狂之原因未作说明，但亦可推断其为仕宦所迫，乃不得已而为之。

（二）不仕因素分析

士人不仕的原因较为复杂，就宋元、元明之际及整个元代徽州不

---

① ［明］戴廷明，程尚宽等：《新安名族志·前卷·黄》，第162页。
② 弘治《徽州府志》卷九《人物三·隐逸》，第303页。
③ 钱穆《读明初开国诸臣诗文集》、《读明初开国诸臣诗文集续篇》(《中国学术思想史论丛》(6)，三联书店，2009年)、章毅《元明易代之际儒士的政治选择：赵汸、朱升、唐桂芳之比较》(《中国文化研究所学报》，2010年第51期)、刘祥光《从徽州文人的隐与仕看元末明初的忠节与隐逸》(《大陆杂志》，1997年第94卷第1期)等，分别从不同的视角对元明之际徽州著名士人郑玉、朱升、赵汸、唐桂芳等人的出处态度和表现作了分析比较。
④ 弘治《休宁志》卷十三《人物六·遗逸》，第532页。

仕士人的言论、行为及思想来看，不外乎以下几种因素：

第一，抱持封建忠君思想，以事二君做"贰臣"为士之最大耻辱。宋元之际以许月卿、汪梦斗、胡次焱等人为代表。宋元之际，风节义士，第一非许月卿莫属。许月卿(1217—1286)，字太空，后更字宋士，晚号山屋，婺源许昌人。十五岁从董梦程游，为朱熹三传；年十八又受学于魏了翁，登淳祐四年甲辰(1244)第，历徽州、临安府学教授等。其性情刚直，曾率三学诸生伏阙为忠臣讼冤，并斥丁大全、贾似道等权相奸邪，言辞激切，宋理宗目以狂士；早年曾有劝诫他收敛锋芒："吾视子之才，足为天下先；为子计者，宁逆骊龙之鳞，毋拂豺狼之性。"月卿则谓："吾宁殿多士专攻上身，吾所不为，吾必言天下所不敢言者。"言天下所不敢言，足见其性情与胆识。后有权臣亦戒其勿过刚、为平和者，月卿回答说："大臣宰相以此取士，特未之思耳。夫和平以从我，岂不能和平以从人；勿过刚以顺我，亦岂不能勿过刚以顺人，靖康士大夫率由此道，许某只是一许某，决不能枉道以事人也。"虽只是一许某，却不肯枉道事人，道出了其终生立身处世为政的准则。宋亡，归隐婺源山中，衰服深居，三年不言，门人江恺尝质其故，月卿大书"范粲寝所乘车"事以付之，后虽言，常如病狂。① 范粲(202—285)，字承明，三国魏人，官至太宰中郎，司马师废魏帝曹芳，迁于金墉城，范粲素服哀恸拜送，从此阖门不出，称疾阳狂不言，寝所乘车，足不履地，三十六载而终。② 可见，月卿的行为既是其性格使然，也是深受传统文化和程朱理学思想影响所致。

中国自古在改朝换代之际，即不乏忠于前朝而不仕后代的鲠臣义士；而后代在编修前代史书时也刻意加以表彰，以示风劝。于是，在中国传统文化中便形成了持久不衰的义士风节。然比之北宋，南

---

① 许飞：《宋山屋先生许公月卿行状》，见《新安文献志(二)》卷六十六，第118—121页。
② ［唐］房玄龄等：《晋书》卷九十四《隐逸·范粲传》，第2431页。

宋以来的士风,尤为后人所诟病。陆游《岁暮感怀诗》云:"在昔祖宗时,风俗极粹美,人材兼南北,议论忘彼此。谁令各植党,更仆而迭起;中更金源祸,此风犹未已。……倘筑太平基,请自厚俗始。"①朝廷上下苟且偷安,士人徇利忘义,矜名背实②,"公清鲠亮者苦落落而难合,脂韦容悦者常龊龊以自媒,忠义笃实者以迂阔而见疏,贪鄙巽懦者以侥求而幸进,是以气节颓败而不立,风采销委而无余,庸庸垂绅,默默尸位,若大若小,浑然一律,前至者冒宠而无耻,后来者效尤而何惮"③。而黄震咸淳四年(1268)《戊辰轮对札子》则以"日以无耻"形容士风,谓士大夫"多狃于流俗,渐变初心,既欲享好官之实,又欲保好人之名,兼跨彼此之两间,自以和平为得计,而不知几成西汉之风矣。苏轼有言:'平居既无犯颜敢谏之士,临难必无捐躯徇义之人。'风俗至此,最为可悲。其余贪饕小夫,则又在所不足论者也"④。其所"不足论者"之一般士人,但奔竞于功名利禄、侥幸于科举时文,即便第进,又有几人能以国家之途、生民之命为志;反观月卿,立身处世、议论言行,不啻为苟且因循之士当头棒喝。

徽州忠臣义士不苟且听命于后朝,多因曾享胜朝功名利禄,如汪梦斗、胡次焱、孙嵩等。汪梦斗,绩溪人,景定辛酉(1261)魁江东漕

---

① [宋]陆游:《剑南诗稿》卷三十一《岁莫感怀以余年谅无几休日怆已迫为韵》,文渊阁《四库全书》(1162),第501页。
② 按:顾炎武承两宋士人之成论,将士风衰颓归因于王安石变法:"宋自仁宗在位四十余年,虽所用或非其人,而风俗醇厚,好尚端方,论世之士谓之君子道长。及神宗朝荆公秉政,骤奖趋媚之徒,深锄异己之辈。邓绾、李定、舒亶、蹇序辰、王子韶诸奸,一时擢用,而士大夫有'十钻'之目。干进之流,乘机抵隙。驯至绍圣、崇宁,而党祸大起,国事日非,膏肓之疾遂不可治。后之人但言其农田、水利、青苗、保甲诸法为百姓害,而不知其移人心、变士心为朝廷之害。其害于百姓者,可以一日而更,而其害于朝廷者历数十百年,滔滔之势一往而不可反矣。"([清]顾炎武著;[清]黄汝成集释:《日知录集释》(上)卷十三《宋世风俗》,上海古籍出版社,1985年,第1017—1018页。)此见解固有一定的道理,然却何以解释《宋史·忠义序》所云"靖康之变,志士投袂,起而勤王,临难不屈,所在有之。及宋之亡,忠节相望,班班可书"之现象。([元]脱脱等撰:《宋史》卷四百四十六《忠义序》,第13149页。)
③ [宋]卫泾:《后乐集》卷九《轮对札子二》,文渊阁《四库全书》(1169),第590页。
④ [宋]黄震:《黄氏日钞》卷六十九《戊辰轮对札子》,元刻本。

试，先后任江东司制干官、史馆编校，宋末不仕。元至元己卯（1279）尚书谢昌言等保荐不就，又拟授将仕郎教授乡郡，梦斗作诗云："执志只期东海死，伤心老作北朝臣。"又诗云："不死虽然如管仲，有生终是愧渊明。"①以此明志并宛然谢绝。孙嵩（1238—1292）②，字元京，休宁野山人，趣尚幽洁，以荐入太学，宋亡归隐休宁山中，自号艮山，示不复仕；婺源江恺、汪炎昶俱从其游。孙嵩以诗闻名，所咏悲壮激烈、凄断沦绝，多寄其没世无涯之悲。诗人方回见其诗，叹曰："持此以见朱文公，可无愧矣！"③其操守信仰及当时士风于此可见一斑。

  元明之际，选择殉难前朝的儒者以师山书院山长郑玉的事迹最可称道。郑玉一生以明正道、扶世教为己任，每与名公大夫论为政，必以树纲常、厚风俗为急先务。至正十四年（1354），元廷以翰林待制奉议大夫征召，郑玉上表辞谢不赴。郑玉不赴征辟，既非故为特行以求高名，亦不是为求隐居而不往。事实上，郑玉是不主张为隐士的④，这和他一贯主张的学以致用是完全一致的。十七年（1357），邓愈至徽州，郑玉义不降，曰："吾岂事二姓者邪？"又曰："吾既不得慷慨杀身，以励风俗，犹当从容就死，以全节义。"遂自缢而死。就郑玉殉节的直接动因，门弟子鲍颎有谓："先生既受前朝待制之名，虽不食其禄，而受其爵，岂可屈辱、臣异代乎？"⑤但就更深层的原因而言，在郑玉之前的言语中，我们或可发现端倪，如其曾上书为宋末丞相文天祥立庙，评价文天祥说："国家渡江取宋，其君后既就臣虏，宗社已为丘墟。独丞相文天祥，以亡国之遗俘，立当时之人极，从容就死，慷慨不回，义胆忠肝，

---

① ［宋］汪梦斗：《北游集》卷上《见礼部尚书谢公昌言》、《羁燕四十余日归兴殊切口占赋归八首》，第 456、458 页。
② 按：孙嵩生卒年据汪炎昶《壬辰冬识孙元京于郡城剧谈甚得因约余至其家已而不果明年春早闻已下世哭以诗》《古逸民先生集》卷一、《续修四库全书》（1321），第 629 页）和方回《孙次皋诗集序》（《桐江集》卷一，第 50 页）参证得出。
③ ［明］朱同：《覆瓿集》卷七《孙上舍元京传》，第 721 页。
④ ［元］郑玉：《师山集》卷五《上清灵宝道院记》，第 45 页。
⑤ ［明］唐文凤：《梧冈集》卷八《明故耀州同知尚裦鲍公行状》，第 628 页。

照耀日月,清风高节,荡涤寰区,岂惟作轨范于一时,实可为仪刑于千古!盖自生民以来,一人而已!"①孟子曾评价孔子说:"自有生民以来,未有孔子也。"②郑玉对文天祥的评说无疑借鉴了孟子,所不同的是,前者主要强调孔子系"出于其类,拔乎其萃""集大成"的圣人,而后者则专就风节立论。可见,在郑玉的心目中,风骨节操同等重要,这也正是其所追求的目标和死节的根本原因,给族人留下的遗言亦可佐证:"我之死也,所以为天下立节义,为万世明纲常"③。学生兼友人的汪克宽则从他的著作中感受了其凛凛节义:"观其撰《汉高帝索羹论》、《章孝女双庙碑》及《献书乞立故宋文丞相祠》,以旌节义,则先生涵养志趣已皦然于胸中矣。故能辞翰林之聘,而不受拘囚之辱。"④也就是说,郑玉死节一事,根源于其道德品性与人生信仰,绝非一时冲动所为。

郑玉死节前,徽州实际上已为朱明政权所控制,然未曾死难而不肯降明的徽州义士则多避地它处,典型者若礼部员外郎婺源箬岭程文,避居杭州并卒葬西山;遗安义学的创立者环溪程本中,避地建阳,客死于闽。程本中避处时,明朝已定江南,先是邓愈,后有驸马王克恭以勋戚坐镇新安,居民安堵,流亡复业,本中可归而不归,所谓"仁人志士之见,各有所在,盖之死而不悔也",对此,明人程敏政评说道:"载考史及传记,师山死于歙,贡公(贡师泰——引者,下同)死于闽,以文(程文)死于浙,揭公(揭汯)死于燕,皆凛如秋霜,皎如烈日,至今读其事,想其人,竦(悚)然发竖,肃然心警。而本中皆获与之相游处,听其论议,矧又出为大贤君子之姻党,薰陶渐渍之有素,则其所养之深,所得之粹,从可知已。"⑤程文、程本中皆与郑玉为友,可以想见,

---

① [元]郑玉:《师山集·遗文》卷三《为丞相乞立文天祥庙表》,第80页。
② [清]焦循:《孟子正义·公孙丑章句上》,中华书局,1987年,第216页。
③ [元]郑玉:《师山集·遗文》卷三《与族孙忠》,第86页。
④ [元]汪克宽:《环谷集》卷八《师山先生郑公行状》,第727—728页。
⑤ [明]程敏政:《篁墩集(一)》卷三十六《跋婺源环溪宗家思家录后》,第634页。

当时徽州的风节义行之风尚。

  第二，以追求学术为志而不仕者。宋、元更替对于徽州士人的仕宦而言是个巨大的变更期：前期仕宦者人数众多，后期则甚少，且多数为学官职。这从弘治《徽州府志·宦业》中可以得到证明。所以，元代徽州士人不轻于仕进已成为当时和后人的普遍看法，曾编订《新安文献志》和《休宁志》的明代学者程敏政的观点最具代表性，他说："自元以来，吾乡先达以程、朱三大儒皆郡人，由是慕圣贤之学，不轻于仕"①。嘉靖《徽州府志》亦言元代徽州"理学大明，其名流无一人出试吏，或举于乡，犹弃去，不肯计偕"，明初"乡邑朴椎少文，里子不识城市，为弟子员者由乡佐以刺报，犹然逊去不应召"②。如休宁上山人吴浩，字义夫，号直轩；祖吴垕，字基仲，吴儆从子，私淑朱熹，与程若庸、范弥发友善；父吴锡畴，师从程若庸。吴浩敏颖庄重，世家学，隐居不仕，专务性理之学，所著有《大学口义》、《直轩稿》③。休宁人吴鬻（1296—1363），字万顷，年甫冠慕士君子之行，以圣贤为法，遂敛华就实，励志古学，执经学于胡炳文、陈栎之门。学成，绝口不谈仕进，家塾教子，又延经明行修之士，尊礼而塾馆之，姻戚俊茂若赵汸、郑潜，皆招置家塾，训督无异己子，后二人知名，与吴鬻之诱掖不无关系。④ 而汪克宽更具代表性。前文曾言，克宽学术主要承自家学，其脉络为：朱熹——黄榦——饶鲁——汪华——汪克宽。后克宽又转易多师，如胡炳文、饶鲁弟子浮梁人吴迁、郑玉、陆学传人淳安人吴暾等。泰定三年（1326），克宽举乡试及第，不合于主司，慨然曰："道不行于当时矣。"随即弃去，乃以圣贤之学为志，益刻励修饬为学。入明，以儒生首被召至京参与修《元史》。书成，

---

① ［明］程敏政：《篁墩集（一）》卷三十二《古林黄氏续谱序》，第 557 页。
② 嘉靖《徽州府志》卷二《风俗志》，第 66 页。
③ 弘治《徽州府志》卷八《人物一·文苑》，第 243 页。
④ ［明］唐文凤：《梧冈集》卷八《故白云处士吴公行述》，第 630 页。

不愿仕，朱元璋赐金币而归。毕生治学授徒不倦，从游甚众，尝语学者曰："圣贤之学，以躬行践履、操存省察为先，至于文章，特其余事。"其诱掖奖劝后进，多所作成，学者称"环谷先生"。平生著述有《春秋经传附录纂疏》、《易传义音考》、《诗集传音义会通》、《左传分纪》、《经礼补逸》、《周礼类要》、《四书音证考异》、《纲目凡例考异》等。① 程敏政曾赞誉道：

> 此考亭世适门生第四人也，此龙兴史局布衣第一人也。《六经》皆有说，而《春秋》独盛。平生皆可师，而出处尤正。其道足以觉人，其功足以卫圣。②

事实上，元代徽州正是因有大批如胡一桂、胡炳文、陈栎、倪士毅、郑玉、朱升、汪克宽、赵汸等以学术为志向的士人，方造就了盛极一时的元代新安理学。

第三，随遇而安的较为灵活者。因时势而选择仕、隐，儒家开山孔子即言：天下有道则仕，无道则隐。孟子亦谓孔子"可以仕则仕，可以止则止，可以久则久，可以速则速"③。入元后，社会环境发生较大变化，不少士人对外在的功名利禄看得开了，也看得淡了，更多了份从容，传统"三不朽"中的立功观变得可有可无，立德、立言则占据了重要的位置，方回曾明确告诉世人："荣枯升沉，偶然耳！外得志而内实焦枯，且死则遗臭，可乎？外若不得志而内有余乐，身枯而美名存焉，可也！"④又谓："士大夫非无用世之心，出处有时，进退有命，当外

---

① 吴国英：《环谷汪先生克宽行状》，见《新安文献志（二）》卷七十二，第212—214页。
② [明]程敏政：《篁墩集（二）》卷五十六《环谷先生汪公像赞》，文渊阁《四库全书》（1253），第316页。
③ [清]焦循撰：《孟子正义》卷六《公孙丑章句上》，第215页。
④ [元]方回：《桐江集》卷一《送白廷玉如当涂诗序》，第82页。

观内省而自谋之。……入山不复出,过于矫激;出山不复入,过于奔竞:皆吾所不为也。时止时行,山不在目而常在其心。"①元末学者当涂县人陶安在为太平路阴阳学教授休宁金梅窗(字维清)所作的送行文章中亦云:"君子所恃以不朽者,有德焉尔。用不用,命也。梅窗达命之理,德以制之,虽不用乎何尤! 苟吾不朽者存,纵不用于一时,将见重于后世,较其所得孰为多乎?"②婺源汪口俞君选的事迹亦可为证。君选(1215—1286),字宪可,学者称艮轩先生,景定三年(1262)进士,宋亡径归,隐于艮轩第,常曰:"时止时行,艮之义也。在我法,当止耳,吾何为不乐哉!"郡守三聘皆不就。③ 徽州仕宦者的言行折射了此时士人为官心态之一面。再就士人治家、训诫子孙而言,赵汸曾引遗老之语云:"盖尝闻之,四海既一,风声气习非复南州之旧,胜国遗老每戒其子孙,以儒术苟不见用于时,则当退业农圃,或隐于医卜;不然,宁小作商贩自资,慎毋倚权势、习刀笔,以坏心术、偾家声而贻后祸。"④南宋前期,袁采即有类似告诫子弟之言,谓:"士大夫之子弟,苟无世禄可守,无常产可依,而欲为仰事俯育之计,莫如为儒。其才质之美能习进士业者,上可以取科第致富贵,次可以开门教授以受束脩之奉;其不能习进士业者,上可以事笔札代笺简之役,次可以习点读为童蒙之师;如不能为儒,则巫医、僧道、农圃、商贾、伎术,凡可以养生而不至于辱先者皆可为也。"⑤在袁氏所处的时代,"事笔札代笺简之役"为继科举后士人的最佳选择;然时过境迁,入元,徽州士人却以习刀笔为"坏心术、偾家声而贻后祸"的肇端之一。这一认识无疑对"正途"受限的元代徽州士人的仕宦产生一定影响,也解释了何

---

① [元]方回:《桐江续集》卷三十六《万山轩记》,第721页。
② [明]陶安:《陶学士集》卷十一《送金梅窗序》,第709页。
③ 江謩:《艮轩先生俞公君选墓志铭》,见《新安文献志(二)》卷九十五上,第592—593页。
④ [元]赵汸:《东山存稿》卷五《题吴君仪教授植芸轩卷后》,第299页。
⑤ [宋]袁采:《袁氏世范》卷二《处己》,文渊阁《四库全书》(698),第623页。

以此时名儒无一人出仕。相反,此前最为末等的农圃、医卜等在士人中却较有市场。

第四,因孝养而拒绝仕宦者。父母在不远游,孝养也成为元代徽州士人不仕的重要原因或合理借口之一。婺源大畈汪庭桂(1248—1321),字秋芳,号存耕,幼有大志,年十三明《蔡氏书》,十八举进士,授紫阳书院山长;宋亡,绝意仕进,朝廷版授本省左司郎中,庭桂辞曰:"能终养父母足矣,不愿乎外也。"①遂不就。祁门人李伟(1256—1337),字敬叔,少颖异,师从胡方平,宋咸淳癸酉年(1273)以经学中乡选,元初授邵武教谕,以养亲未赴仕;创楼蓄书,讲诵著述,尝患经史训注繁多未易寻究,乃纂二图以便观览。胡一桂《易本义附录》,多李伟相与讲论。婺源东溪人张桂,字南荣,好读书鼓琴,数应进士举不中,退事亲;入元,按察使卢挚、参政燕楠,皆折节下之,每欲论荐,以母老辞行,省辟杭州校官,亦不赴。② 休宁芳塘人汪德馨,颖敏超迈,五岁知学,受业陈栎,与朱升、倪士毅友善,以文行鸣于时,有司礼辟,就试江浙,中漕举,授蒙古学录,义不仕元,以母老辞归,隐于眉山,学者称谷隐先生,著有《谷隐文集》。③ 婺源旃坑人江光启,字宾旸,郡守交荐以为学官,固辞曰:"先人早世,风木怆怀,慈亲在堂,力耕备养,诚所愿也。禄仕非所欲也。"平生居乡里务为恭让,训后学以去浮华、鞭辟近里,尝曰:"君子持身,当如处女,少不谨,则平生修持皆废,可不敬哉!"门人私谥"孝友先生"④。

第五,受传统隐逸文化影响,内心深处有着追求逍遥、飘逸的因子。如前举程骧,宋末贾似道当国,程骧乞请致仕,于所居傍凿池引泉构亭为游息之所,榜曰"林泉风月",日吟啸其间,不复染指世味。

---

① 王球:《存耕处士汪公庭桂墓志铭》,见《新安文献志(二)》卷九十二上,第515页。
② 弘治《徽州府志》卷九《人物三·隐逸》,第306页。
③ [明]戴廷明,程尚宽等:《新安名族志·前卷·汪》,第206页。
④ 民国《重修婺源县志》卷四十三《人物十二·质行一》。

休宁璜原人吴钦,字敬远,宋末中漕举补府学教授,宋亡即创隐居之所于宅北,建楼名延桂,架桥于溪上名临清,东渡桥有花圃,花圃之北有池,池上有亭曰观化。入元自娱不仕,学者称延桂先生,题其屏曰殷周,寓意殷、周虽代而首阳自存,晋、宋虽更而陶径自若,自比之殷之伯夷、叔齐、晋之陶渊明。再如郑玉为友人洪赜所作墓志云洪氏辞谢举荐者云:"严陵山水以子陵而显,今数百年未有继其躅者,吾将置扁舟,戴青披绿,钓于烟波之上,使人呼我蓑笠翁,不亦可乎?"郑玉本人平生雅好登临、酷嗜山川泉石佳致,即使避难山中仍不忘游览名胜,借洪赜之口,郑玉不正是在表达个人的旨趣吗?需要特别说明的是,元代徽州士人所谓的隐逸已非完全陶渊明的出世,而是虽隔离于政治之外,然仍揪心于世事,郑玉与赵汸的观点可以为证。郑玉认为,"所谓隐士者,或因忿世疾邪,或欲廉顽立懦,故以恬退为事、高尚为风"。如果说"忿世疾邪"有出世倾向的话,而"廉顽立懦"则是敦风厉俗的誓言,正是要与"士大夫贪得患失,尸位素餐,廉耻日丧,风俗日坏"作斗争①,以"隐"为"不隐"。在赵汸看来江文也是这样的典型。江文,字子文,婺源星溪人,受业于汪炎昶,勤苦自励,潜心立行,隐居深山,以"素隐"名斋,"不蕲乎声利,隐自其素志",不以"遇"与"不遇"挂怀,赵汸认为正是其心中有"所存",故能"进也不易其常","退也不忿于素"②。"所存"为何?赵汸没有明说,但无疑是"学有所守"而"以道自任",这和胡炳文对訦说其"志四方"入仕而"大笑不答"的态度是完全一致的③。

第六,原因不明与复杂者。如休宁陈村人毕祈凤(1224—1300),咸淳元年(1265)进士,宋元鼎革动乱之际,曾主休宁县事;乱平,徽州路治中汪元龙与总管赵谦欲荐授政事,毕谢之不出。祁

---

① [元]郑玉:《师山集》卷七《洪本一先生墓志铭》,卷一《让官表》,第59、4页。
② [元]赵汸:《东山存稿》卷三《素隐斋记》,第267页。
③ [元]胡炳文:《云峰集》卷二《随斋记》,第752页。

门人胡镇孙,字安国,咸淳元年赐同进士出身,官至南康星子县令,秩满家居值宋季寇起,镇孙拯治祁门县事,擒捕盗匪,民赖以安,入元亦不复出。以上两人在宋元战乱之际,曾独挡安定一方,后又急流勇退,内中盖有隐情,然史未见载,不可臆断。再如休宁罗墩汪庚,宋为太学生,元初不受征而卒。① 当然,不仕者有的系多种原因使然,如休宁朱之纯,宝祐癸丑(1253)登上庠,咸淳甲戌(1274)战艺数十场历22年释褐授平江府学教授,本是奋发有为之时,却常恨禄不及亲,遂隐居不仕,又慕先贤"绿满窗前草不除"之意,自号"草庭",守名节以终。② 可见,其不仕乃孝养、读书治学与守名节多种因素在内。

(三) 士风与教化

综论之,士人不肯出仕的原因复杂,既有客观的历史原因,亦有主观的个人因素。由于不仕的动机不同,故其所带来的社会教化意义也存在着一定的差异。然而毫无疑问,追求学术尤其是程朱理学、以道为己任是其中的主要因素,它在士人中间相互影响,形成一种社会风气,诚如嘉靖《徽州府志》卷二《风俗志》所云:"江左之俗徽为最美,士人尚节义,元之时理学大明,其名流无一人出试吏,或举于乡犹弃去,不肯计偕。国初(指明初——引者)乡邑朴椎少文,里子不识城市,为弟子员者由乡佐以刺报,犹然迤去不应召。"不试于吏,不肯计偕,亦佐证了赵汸所引遗老教子"慎毋倚权势、习刀笔"的观点,整个元代徽州社会如郑玉般"弃干禄之学,绝进取之心,投迹山林,躬畊垄亩,自食其力,无求于人,暇则诵诗读书,以著述为乐"的儒士自不在少数③。徽州士人的这一态度与当时儒者多试吏甚至借选注巡检、

---

① [明]戴廷明、程尚宽等撰:《新安名族志·前卷·汪》,第209页。
② 弘治《徽州府志》卷九《人物三·隐逸》,第304页。
③ [元]郑玉:《师山集》卷一《上鼎珠丞相》,第6页。

弃文从武的风气截然天壤①,更与徽州明代"嘉靖以来,比屋有才秀之士,文藻益盛,然多以关说求赏拔希来宠"形成鲜明对照②,于此亦可见徽州学术和士风的纯洁。此士风由元初一直延续至明初,长达百余年之久,在程文、郑玉、汪克宽、赵汸、姚琏乃至唐桂芳等人都有着不同的体现,足见影响之深。

在诸多不仕中,第一种事迹尤为悲壮,淘沙了久已不纯的士风,而其风节亦深受时人及后人的赞赏。如至元末仍拒绝入仕的殉难者谢枋得书其门云:"要看今日谢枋得,便是当年许月卿。"③誓以月卿为楷模。随着时间的流逝和元廷统治政策的转变,至元初后期,风节之士或逝世,或意志消退而"屈曲随俗";但仍有不少士人坚守,一生不仕,如月卿弟子江恺、江恺弟子汪炎昶以及汪复、鲍云龙、滕塛、鲍云龙弟子鲍璨等。汪复,字晞颜,婺源浮沙人,登景定三年(1262)第,仕至朝奉郎通判扬州,至元甲申(1284),行台访求耆德,江东得九人以汪复为首。汪复力辞,后部使者卢挚至,强请见,且劝以仕,复愀然曰:"亡国之大夫,犹踽踽为世用,公何取焉?"④鲍璨与兄琚同学于鲍云龙,宋社既屋,璨自放于山水间,绝口不谈世务,在兄已荐授歙学教谕后,璨数次被荐仍不肯仕,难怪乎许月卿、吴龙翰、江恺、滕塛、汪炎昶、郑千龄等"咸推为后进第一人"⑤。而滕塛不仅不仕元,且刻意表彰忠节义士。滕塛,字仲塞,号星崖,婺源溪东人,为滕璘、珙兄弟之曾孙,质貌清古,性度高远;不事产业,财有盈余即以济穷困;为文不蹈袭古人,自成一家,草书有晋人风度,江西诸公见之叹曰:"数百年来无能为此书者。"弱冠谒方回于钱塘,与方回观潮,赋诗讥之。常

---

① 申万里:《元代学官选注巡检考》,《中央民族大学学报》,2005年第5期,第73—79页。
② 嘉靖《徽州府志》卷二《风俗志》,第66页。
③ 许飞:《宋山屋先生许公月卿行状》,见《新安文献志(二)》卷六十六,第121页。
④ 洪焱祖:《汪常簿复传》,见《新安文献志(二)》卷八十七,第436页。
⑤ 郑忠:《处士鲍公椿行状》,见《新安文献志(二)》卷八十八,第447页。

命侄舜夫求文天祥遗墨,得《金陵驿》,日悬于堂,焚香拜泣;又过西湖拜岳飞墓,赋诗曰:"相对含悲石翁仲,老衰无泪落秋风。"汪幼凤谓"其忠义盖天性也"。及卒,王茂伯祭之云:"才高明而不自有,气刚大而不自屈。"[1]危素赞之"奇士",谓其似庄子所云"畸于人而侔于天"者[2]。

坚贞不屈之士之所以能终身不仕后朝,表面看是因抱持着浓厚的封建忠君思想,但更深层的原因则在于他们均能学有所守,不苟同、沾染于流俗,如赵汸所言:"先进之士,所以不可及者,其立身行己,流风余韵,莫不皆有所自云","其学一以朱子为宗,其论议风旨,皆足以师表后来;其文采词华,皆足以焜煌一世"[3]。黄宗羲也持此观点,谓:"新安之学,自山屋一变而为风节,盖朱子平日刚毅之气凛不可犯,则知斯之为嫡传也。彼以为风节者,意气之未融,而以屈曲随俗为得,真邪说之诬民者也!先师尝言,东汉之风节,一变至道,其有见于此乎!"[4]风节源于气禀、学问,前文所言个案的事迹中已隐然可见,毋须赘言。

这些风节义士虽不肯与元廷合作,却并未与世隔绝,而是隐居乡间,以节义相砥砺,以道德相高尚,以学问相切磋,以授徒教学为业,不仅以其气节、人格风范,亦因学问修养教化了一大批士子。月卿于故里杜门著书授徒,游从师尊者满门,晚年身虽困而志益坚、道益明,江恺、程荣秀、汪炎昶、程直方等在不同方面皆受其影响,而炎昶的行为后来无疑又直接影响至赵汸。歙县丛睦汪维岳,咸淳庚午(1270)省元,受兄郡马维崇不食殉难之影响,以渊明自况,建友陶书院,隐居教授。[5] 汪

---

[1] 汪幼凤:《滕星崖琭传》,见《新安文献志(二)》卷八十八,第443页。
[2] [元]危素:《危太朴集·文续集》卷八《滕先生传》,第577页。
[3] [元]赵汸:《东山存稿》卷七《汪古逸先生行状》,第336页。
[4] [清]黄宗羲:《宋元学案》卷八十九《介轩学案》,第2974页。
[5] 康熙《徽州府志》卷七《营建志上·书院》"友陶书院"条,成文出版社有限公司,1975年,第1063页。

梦斗，入元虽以"伤心老作北朝臣"自许，言"乱定苟活，已非故吾"，"无复斯世意"，不肯接受元廷官职；但仍以教授乡里为本职，尝以吕祖谦丁忧不拒来学和"古人遭难，可以不仕，未尝可以不学"自勉，以"吾道不可使之晦"、"求无负于天地"为志①，先后讲学于绩溪县儒学、九峰书院、紫阳书院，教化影响了一批士子。滕塛，教子弟首谨礼节，不以记诵辞章为急务，数携门徒登高山、坐茂树，为之敷绎经义，弟子皆深有得。金若洙（1238—?）②，字子方，号东园，休宁汪溪人，受《书》于程若庸，宝祐六年（1258）魁乡荐，官至绍庆府黔江县令，宋亡不仕，元初屡召不起，隐居著书授徒，著有《东园集》、《四咏吟编》、《性理字训集义》（又名《性理字训讲义》）。休宁洪方汪琇，笃学克志，博通经术，授池州路教授，义不仕元而归，讲道训士，皆有成才。③ 汪炎昶，字懋远，自号古逸民，学者称古逸先生，学于孙嵩、江恺，勤读至忘寝食，博览全书，但学源《六经》，深得程朱性理之要，"动静语默进退之间，超然不堕，流俗巧利鄙诈之士，闻其风而意消，见之者莫不怃然如有所失也"，虽老犹不废讲学，教人必使循序而进，去华务实，勿徇虚名。④ 炎昶十六岁时即作诗明志云：待成竿后节方露，自作笋时心已空。又赠人诗曰：椎金锻铁作硬语，意气硬矼真丈夫。⑤ 正是其自身的真实写照。程敏政赞其曰："巍巍风度，肃肃衣巾；身元心宋，维古逸民；清绝之词，高洁之行；丹青炳然，敢不起敬。"⑥炎昶为婺源大畈人，与不仕元的汪宗臣、汪庭桂等皆为大畈汪氏十四世子孙，于此可见宗族内学术、道德、人格的相互影响。其他若鲍云龙（1226—

---

① [宋]汪梦斗：《北游集》卷下《绩溪县学舍冬至开讲》，第466页。
② 按：据弘治《徽州府志》卷八《人物一·文苑》谓金若洙"弱冠掇乡荐"（第245页），又道光《休宁县志》卷九《选举·举人》（第155页）知其宝祐六年（1258）戊午科贡士，推算其生年。
③ [明]戴廷明，程尚宽等：《新安名族志·前卷·汪》，第214页。
④ [元]赵汸：《东山存稿》卷七《汪古逸先生行状》，第334—335页。
⑤ [清]顾嗣立编：《元诗选二集·东山先生赵汸·省吉逸汪先生墓》注文，第1287页。
⑥ [明]程敏政：《篁墩集（二）》卷五十六《故宋汪古逸先生像赞》，第317页。

1296），字景翔，号鲁斋，歙县北乡人，宝祐六年戊午（1258）乡贡进士，入元不仕，食贫力学，居乡教授。① 陈栎所言："隐居有节义，出仕有治行，不徒志肥甘青紫而已，岂非所谓能世其家者耶？"②既是对出、入仕两类士人的肯定，也说明当时舆论并非持此而非彼。

三　谁是抄袭者——从一桩学术公案看学术道德

何谓学术道德？即研究学问的基本道德规范，如"秉笔直书"，不虚美，不掩恶；尊重他人的劳动成果，不剽窃，不捏造；遵循历史发展的基本事实等。《左传·襄公二十四年》提出了中国古代著名的"三不朽"学说："太上有立德，其次有立功，其次有立言，虽久不废，此之谓三不朽。"或称之为"三立"，依次为：做人——品德高尚，做事——建功立业，做学问——建立自己的思想学说体系。高尚的道德需要一生的磨炼，且标准很难把握；建功立业须天时地利相助，非个人所能掌控；做学问立言传世，经个人的勤奋和努力，较为容易实现。所以，古人往往注重以"立言"作为"不朽"的重要途径。正是如此，在这个问题，不少古人为图方便、走捷径，违背了做学问的基本道德规范，在史册上留下了永恒的"败笔"。

入元后，著名的徽州学者基本都有著作传世，或个人诗文集，或以笺注儒家经典尤其是朱子论著的形式呈现。然而，能够传世即有助于作者因"立言"而"不朽"的作品，必须是已经刊行而广为流传者。但是，刊行需要一定的财力，家境一般者很难承担。正是在这种情况下，不少学者或接受、或求助于有能力、有条件者，如官府、大家、商人等代为版刻。当然，委托他人亦须附带条件。因版刻问题出现某些

---

① 洪焱祖：《鲍鲁斋云龙传》，见《新安文献志（二）》卷八十八，第444页。
② ［元］陈栎：《定宇集》卷二《汪溪金氏族谱序》，第168页。

纠纷也就难以避免。在元代徽州 80 余年的历史上,就曾出现过一起影响不小的书籍版刻笔墨官司。其主角为陈栎与饶州德兴董梦程之从子、董鼎之子董真卿。

董鼎,字季亨,号深山,受学于其族兄、朱学再传董梦程,于至元末专攻蔡沈《书经集传》,辑朱子《语录》,集诸家注解,间以己见,作《蔡传附录纂疏》一书藏于家①。大德初,陈栎尝编《书解折衷》,宗朱、蔡,采诸家,附己见,大略与董书相类,只是未按注疏体例置《蔡传》于前。胡一桂曾见过陈编。董鼎去世后②,其子、受学于胡一桂的真卿(字季真)听闻后,求胡向陈转借,欲置陈说于其父书中。陈氏以相去远、相见难为由拒绝。盖陈栎有自成书之意,不愿将己说附于他人书中。

在胡一桂的劝勉下,陈栎于延祐二年(1215)年着手编《蔡书传附录纂疏》一书③。完成三分之一后,董鼎侄董养晦又挟胡一桂信来访,"欲借所编采入其叔父董深山所编中"。陈氏以未见董书为由婉拒。入夏,董养晦再访,并携董书四册以求陈书,陈氏无奈只得授其

---

① [元]陈栎:《定宇集》卷十《答胡云峰书》,第 306 页。
② 按:董鼎于至大元年(1308)十二月,完成《书传辑录纂注序》,其逝世应在之后至陈栎编书前。
③ 按:关于作《蔡传附录纂疏》的开始时间,陈栎并没有明确交代,但结合其他文章仍可以发现点滴线索。《定宇集》卷十《与高四叔翁》谓去年受胡一桂数次勉励始创作,今年"《秦誓》(应作《泰誓》,详后——引者)以后者,与董相参,次第将毕。却将董参取,自《尧典》以至《微子》,合为一编,盖此原有《书解折衷》故成之颇不甚费力"(第 320 页),一年的光景几近完成。皇庆元年(1312)、延祐元年(1314)正月、二年(1315)正月,其《与张纯愚书》、《上张郡守书》、《上许左丞相书》(卷十)等谓所著时,只言于《书》有《书解折衷》。《与徽学屠教授书》(卷十)谓"去冬编《蔡传附录纂注》(意为增补董注——引者)已成,已与番阳一董兄谋刊之闽坊矣"(第 311 页)。《字训注解跋》(卷三)谓延祐四年丁巳(1317)(原文谓作延祐乙巳,误,详见后面注释)春,董真卿亲到陈家(第 197 页),并待了十五日(卷二《送董季真入闽刊书序》,第 176 页)。估计此次董来乃是为取稿和商订版刻事宜,因为至延祐五年(1318)书已刻成。所以陈书的创作时间只有延祐二年、三年(1316)两年,延祐三年冬完成,这个时间正好与《年谱》吻合。同时其于延祐二年所作《跋朱复斋山居杂兴四十首》(卷三)谓:"予方即《蔡氏书传纂录附注》,广其未及未发者,于诗殊未暇也。"(第 190 页)亦可佐证。

数篇。入秋，当陈氏作至《商书》时，不幸胡一桂去世①。陈亦懈怠，意欲放弃。不料这时真卿竟将余书全部送至陈处委托删定，并再次请求两书合刊。且他在闽已找到刊主，板行之意甚坚。② 陈无法再拒，只好同意。董氏急于刊行该书，陈栎虽颂扬"季真乃能上以成父志，广以惠同志，孝子也，仁人也"；但也隐晦地提供了另一条重要线索，"深山成此书，若先知科目之兴，表章风厉者"③。延祐二年开科后，科考诸经一以程朱校注为圭臬，坊间亟需大量阐释程朱之作；而《尚书》"诸家之解充栋汗牛，啄啄心心，孰为真的？蔡氏受朱子付托，惜亲订仅三篇。朱子说《书》，谓通其可通，毋强通其难通。而蔡氏于难通罕阙焉，宗师说者固多，异之者亦不少"④，即《尚书》注释者虽多，但可用于科考者较少。所以，董氏急于刊刻，既有孝心因素，又不免带有董氏与刊主经济利益考虑的成分。

陈栎对董书并不满。其初看到的十一册，虽经王葵初、胡一桂删订，但仍"所编多泛滥不切，自家议论尤泛，使人不满"，陈栎遂"因其已删者而痛删之"。因此前著有《书解折衷》，加之有董氏定本，故陈本"成之颇不甚费力"。他遂将"《泰誓》以后者与董相参，次第将毕"⑤，即《周书》部分；而之前已完成的《虞书》、《夏书》、《商书》，"却将董编参取，自《尧典》以至《微子》合为一编"⑥。

---

① 胡一桂逝世于陈创作《蔡传附录纂疏》期间，即延祐二年或三年。陈栎《祭胡双湖文》（卷十四）谓："十月下旬，董君走伻，报公捐馆。临没寄声，欲托以孙，来我家塾。平生于人，诸无敢宿，盖恐来春，之官古荆，尚俟商略，方报刍灵。"（第384页）陈栎于延祐元年中乡举，延祐二年虽未赴礼部试，但于该年正月、八月连修两书《上许左丞相书》、《上秦国公书》以求学职，若有任命应在来年，以此推断胡氏逝世之年应为延祐二年（1315）十月，这一年其六十九岁，亦与祭文"垂及古稀"吻合。
② [元]陈栎：《定宇集》卷十《与高四叔翁》，第320页。
③ [元]陈栎：《定宇集》卷二《送董季真入闽刊书序》，第176页。
④ [元]陈栎：《定宇集》卷一《书解折衷自序》，第157页。
⑤ 按：原文作"秦誓"，应作《泰誓》，即《周书》部分，《秦誓》为末篇，无以后者，清康熙刻本与四库本皆误。
⑥ [元]陈栎：《定宇集》卷十《与高四叔翁》，第320页。

陈栎于此书用功匪浅,竭精疲神,"搜罗加补苴",一改"董编区区"之初貌①。所以,书刊之前,两家约定并名而刊,董书原有序文由陈氏改写,"外面书套之语亦商量写定"②。延祐三年(1316)冬,书成。四年(1317)春,董氏亲赴陈处,待了十五日,商量定稿和刊书事宜,并将陈氏所藏、程端蒙所著并先后经董梦程注释、沈贵珤、程若庸增广、陈栎再为注释的《字训注解》一并带去出版。③ 临行时,陈栎特作《送董季真入闽刊书序》为其送行。但是,《蔡传纂疏》刊出后,居然全非先前的商定:书名定为《蔡传集成》④,亦未并名而刊,序文仍是原序。陈栎非常懊悔没有听从震哥的劝告——"彼拐先生耳,至彼必自刊乃父名",己"之忠厚不逮后生之明了远矣",称董氏做法"何等猱谈",书名"亦大言无当,到何处谓之集大成"。让陈栎无法忍受的是,"夺吾说以畀新安胡氏者五十许条"⑤:"董之罪不在畔盟不并名以

---

① [元]陈栎:《定宇集》卷十六《自咏百七十韵》,第398页。
② [元]陈栎:《定宇集》卷十《又(与高四叔翁)》,第321页。
③ [元]陈栎:《定宇集》卷十《字训注解跋》。按:原文作延祐乙巳,误,延祐无乙巳年,只有乙卯(1315)、丁巳(1317)。泰定四年丁卯(1327),陈栎作《尚书蔡氏集传纂疏自序》谓"三十年前,时科举未兴,尝编《书解折衷》"(第158页),故《书解折衷》约作于元贞三年、大德元年丁酉(1297)。《送董季真入闽刊书序》谓"予二十年前,亦尝编《书解折衷》"(第176页),丁酉下推二十年后应为延祐四年丁巳(1317),故应取丁巳,而非乙卯。
④ 按:时人徐明善与吴澄皆为本书作过序言,但两人分别于书刊前、后作序,而所言书名亦不同。徐明善谓"季真既走建阳,刊《孝经注》,小学快覩矣。他日,复欲付刊《书传通释》,过予征言",言书名为"蔡氏书传通释"(《芳谷集》卷上《送董季真入建刊蔡氏书传通释序》,文渊阁《四库全书》[1202],第566页)。吴澄所作为"后序",且序文言董真卿游京师出示,故应为刊刻之书,其所见书名为"书传辑录纂注"(《吴文正集》卷十九《书传辑录纂注后序》,第209页)。后明人何乔新(《椒邱文集》卷十八《跋书传辑录纂注》,文渊阁《四库全书》[1249],第303页)、清人彭元瑞《天禄琳琅书目后编》卷八《书传辑录纂注(二函八册)》,中华书局,1995年,第336页)、孙诒让《温州经籍志》卷二《经部·书类》"陈博士书解"条,民国十年刻本)所见书名均与吴所言一致,与今传四库本亦同名。而清人莫友芝所见元本(《宋元旧本书经眼录》卷二《书传辑录纂疏六卷书序一卷(元本)》,江苏广陵古籍刻印社,1987年)书名则仅一字之差,盖有误。"蔡传集成"仅见于陈栎《与高四叔翁》书信,且陈有过专门批驳,所言当非虚。盖此书初刊时有异名的两个版本,前者为文人和坊间广泛传阅本,后者则专为应付陈栎;由此可见,董真卿既有欲借此书成其父美名和获取经济利益的双重考量,又有欺瞒陈氏的不良企图。
⑤ [元]陈栎:《定宇集》卷十《又(与高四叔翁)》,第321页。

刊，而在妄删节割裂，使看不得，有遗恨。中间胡双湖实无一字，凡新安胡氏曰者，皆吾人之说也。双湖至公平，使其在也，必不肯如此，董亦不敢如此"①。不但如此，董氏还"谬妄删支离，附益诸异说"②，"其中有精切而遭去者无限，逞其懻懻辞，易其担当之语，往往有之"，不仅没有体现陈氏的尊朱意旨，反而"异说"纷呈。对此，陈栎怎么能容忍，以此书"不得为完书"，决定重作。③

初期，董真卿不畏路途遥远，既多次派使者，又先示以父书，并再委托胡一桂、王葵初、陈栎等人删订，其为学术发展、交流而忘私的精神，甚值得赞赏。但后期，他违背盟约，独刊父名，不尊重作为作者之一陈氏的意见，任意篡删原著；对陈、胡、王等人的贡献，也只字未提，既不尊师，亦不义友，还企图昧藏历史真相，败坏了基本的学术底线。对于董鼎本人，我们无可厚非，但对于其子的行径，实在让人不齿，也给其父留下了不光彩的一页。

董书板行后，影响很大，不仅在元代即成为士子取第必读之书，入明亦影响较广，"丧乱之后，经籍非书坊刊行者不易得，当是时学者所习惟《辑录纂注》而已"，"以是经登进士第"者自不在少数。④ 然对于这一段历史公案和陈、董的笔墨官司，若不是陈栎在与他人的书信中有详细说明，恐怕后人很难知晓。但此事在当时的新安学界，尤其是在陈栎的学友中，知者恐不在少数。自元以后，阅读研究董书、陈书者无限，包括以博学著称的四库馆臣，以及以考据出名的乾嘉学者，都未曾指出陈栎在董书中的贡献，以及二书的雷同之处。即使董书中一个明显常识性历史倒序问题，也未有学者发现。董鼎生活年

---

① 按：胡一桂与陈栎交谊甚厚，没前托孙于陈氏家塾；而董氏师从胡一桂，将"陈氏曰"改成"胡氏曰"，本为尊师，其实是侮师。另一方面，陈栎之所以会答应董的请求，部分原因在于顾及胡的颜面，而董氏的做法实让其师蒙羞；故若胡尚在人世，此事发生的概率极小。
② ［元］陈栎：《定宇集》卷十六《自咏百七十韵》，第398页。
③ ［元］陈栎：《定宇集》卷十《又（与高四叔翁）》，第321页。
④ ［明］何乔新：《椒邱文集》卷十八《跋书传辑录纂注》，第303页。

代稍早于胡一桂、陈栎，著书时间比陈书早至少十年，即使到延祐元年（1314），陈栎所有著作中已出版者也仅有《论孟口义》一部①，其子尚未见过，更莫说其父，何以董书中会大量出现陈氏的言论？董书在前，陈书在后，不知者还可能以为陈书抄袭了董书。当年陈栎以为"秋兰著蕡菔，四海有具眼"之人②，并未能替其正名，着实令人扼腕！而中国古代历史上类似的事例，又岂止此一件！

今查考董鼎著作有《书传辑录纂注》六卷，陈栎有《尚书集传纂疏》六卷（清文渊阁四库全书本与通志堂经解本同名），两书体例相类、内容有诸多重复之处。其中董书《书传辑录纂注》内有"新安胡氏曰"65条，"新安陈氏曰"283条，"愚谓"58条，"愚案"12条，"愚曰"、"愚窃谓"、"愚意"、"愚意窃"、"愚窃以为"、"愚窃以谓"各1条。再看陈书《尚书集传纂疏》，"董氏鼎曰"20条、"董氏曰"（不明何董）8条、"胡氏一桂曰"1条，"愚谓"267，"愚案（按）"119条，"愚以为"、"愚读是篇而知"各1条。③ 董书中"新安胡氏"为胡一桂，"新安陈氏"即陈栎。两书都是陈氏的观点占绝对优势，可见其所言非虚。而董书内65条"新安胡氏曰"者，陈栎谓内中50余条乃己之观点，经与陈书比勘后，大部分的确与"愚"说完全一致。且体例上看，董书中的"新安胡氏曰"往往被置于纂注的最前方，以时间而言是有问题的。这种情况的出现可能有两个原因：其一，这些"新安胡氏曰"本是"新安陈氏曰"，陈栎编书时为了强调自家观点，有意安排；其二，很多经文部分，之前没有他家之说，即便有之或有问题，或不符合程朱理学思想，故陈栎特为作新注。吴澄后序中，即专举一例以示陈说之可取。由此可见，陈栎在此书中的确花费了大量的心血。但是，后来董氏不查，将"新安陈氏曰"换成"新安胡氏曰"，却忽略了这一问题，暴露了其企

---

① ［元］陈栎：《定宇集》卷十《上张郡守书》，第300页。
② ［元］陈栎：《定宇集》卷十六《自咏百七十韵》，第398页。
③ 按：以上数字为作者统计两书所得。

图掩盖历史真相的蹩脚。

四 儒士与士绅的社会教化——碑志铭文中的教化世界

　　两宋以来的士人，基于新的社会形势，不断适时改造、重塑传统的学术思想和观念。元代徽州学者，以程朱理学乡邦传人自居，承两宋学术研究之余绪，培育、扶持并播散之；他们或以构建、论证新学理为职志，或致力于培养新思想、观念的传承者，或径行践履新思想观念，以为星火燎原之势。此等做法即所谓学以致用，是儒者自古以来所追求的志向。事实上，传统儒学及宋元儒学的新形态——程朱理学，本身即是实用性较强的学术，它要求士人沟通读书与修身、治学与处世的经络血脉，以所学治世、益世。通过阅读元代徽州史料亦可发现，在新安理学家中，即使是埋头不问世事、专心致力于学术的士人，也注意所学服务社会之价值，只是有的显而明，有的隐而晦罢了。他们或将对世事的看法，对当下的思考，诉诸治学和研究当中；或以实际行动践行传统学问中所蕴涵的益世箴言、道德伦理，或以己之学、之笔传颂现实社会中美好、高尚的人物、活动和事迹，影响他人、社会，敦教世人，移风易俗。此篇承徽州学者学术传承和人格风范之论，继续挖掘士人以学化俗的思想与活动。

　　儒士以知识为基础和手段参与社会教化，是非儒者所不具备的，如讲学、修家乘、谱牒、版定书籍、撰写墓志铭文等。本文主要以墓志铭文为例，来探讨儒者以此服务社会、宣扬教化的思想行动。需要指出的是，本篇所采用的儒者撰写的墓志铭文的传主几乎全为儒士与乡绅的复合体——士绅。儒士通过墓志铭文固然可以反映其教化主张，然而却需要依托士绅的事迹，所以碑志铭文所反映的教化世界无疑是儒士与士绅共同的教化主张与实践的结晶。

传记、行状、墓志、碑铭、阡表、墓碣等[①],是记述传主、墓主生平事迹的文献记载,既是传主子嗣期望父祖长辈不朽、表达孝行的重要方式,亦是传达撰写者教化思想的重要渠道。行状、碑铭一般由传主子嗣请学识渊博、德望仪刑的文人或官吏代为撰写。其出现由来已久[②],然在宋以前,一般仅有官宦权势之家方有资格和意识为其先人树碑立传。入宋以后,随着士族门阀制的结束和平民阶层的崛起,一般士人之家亦出现了为先人撰刻碑志铭文的现象,然总体而言并不普遍。就徽州而言,宋代的碑志铭文几乎全为名望之士或士绅。入元后,在理学教化下沉和丧葬制发展的影响下,碑铭的撰写更加普及,时人文集中几乎都会有墓志铭文的篇幅,且不仅有声望的官宦、士人死后作传立碑,一般士人、乡绅甚至普通民众通过关系如塾师或出资请典型老成代写状铭者亦不少见,而儒者有时也会主动为民间教化模范作传写铭文。这一变化趋势,较为集中典型地反映在行状及墓志铭文对传主或墓主的称谓上。就笔者所见,对于一般士人或士绅较为常见的称谓有:士、处士、节士、先生、公、君、隐君、府君;对女性的称谓则更多地体现其伦理品德,如孝女、节孝、孝节、节妇、孝妇、贞妇、节义等,事实上也只有这类女性方有后人为之立传作碑铭文,反映了理学对民间的影响和渗透。尽管此类资料本身存在着为传主歌功颂德的企图,一些事迹的可信度也着实令人生疑,然而透过它们,我们还是可以发现撰写者尤其是儒者对教化的基本认识。

就墓志的研究而言,目前学界多以社会史和历史文献学的视角

---

① 按:对于行状、墓志碑铭的历史及区别,清人赵翼、梁玉绳等均有考释,参见:赵翼《陔余丛考》卷三十二《墓志铭》、《碑表志铭之别》、《行状》,第682—686页;梁玉绳《志铭广例》,中华书局,1985年。如梁玉绳谓:"凡刻石显立墓前者,曰碑、曰碣、曰表;惟纳于圹中,谓之志铭。"(《志铭广例》,第1页。)本文主要目的在于研究其中的教化思想,故不作具体区分。
② 按:目前学界研究集中在墓志文上,其出现时间,众说纷纭,对此朱智武《中国古代墓志起源新论——兼评诸种旧说》(《安徽史学》,2008年第3期)梳理为7种:周汉说、战国说、秦代说、西汉说、东汉说、魏晋说、南朝说。

集中在对墓主和相关社会背景的考释和墓志词语、文献、文体、书法研究,以及墓志所反映的历史社会、习俗和家庭关系研究等。就时代而言,对魏晋至隋唐及少数民族墓志研究和利用比较集中,而元代及以后的墓志研究则相对薄弱,元代徽州的墓志研究更几乎为空白。下面以元代徽州儒者撰写的士人、乡绅的行状、碑铭为例,分析墓碑铭文中所蕴含的教化思想。

陈栎为休宁田里程泳所撰写的《行状》,是一篇典型的教化传记。程泳(1245—1304),字孟游,号友山,与陈栎有四十年的交往。该行状主要由三部分组成:家族世系,生平事迹,评价。尽管在前两部分,陈氏已寓评价于其中,若谓"数世种德,绩学韬光",表达了对传主及家族事迹德行的颂扬;但真正能体现儒者教化思想的则是传赞部分。该部分陈栎先是提出了对程泳一生概况的总形象——"德人",然后以《周礼》"六行"——孝、友、睦、姻、任、恤——为标准,较为系统地阐释了"德人"的形象:

> 公事亲孝,少丧母,事继母如生母。事兄悌,与兄竞爽怡怡切偲,平生无间言。处家整,奴仆辈肃然。待族厚,聘塾师教诸子,群从附焉者不与校。处乡和,事长者甚恭,接少者略不倨,待下焉者亦甚得体。交外姻尽道,公内同邑处士求迹先生范公孙女也,求迹子司户公卒,二子方幼,公为谋屋于所居傍,迁而近焉,扶持之,成立之,惟力是视,求迹公世业家声赖此不坠,公力也。待塾师恭而有礼,不丰不啬,终始十数年如一日。《周礼》"六行"曰:孝、友、睦、姻、任、恤。揆公平生,于是六者无一不备,谓之"德人"非乎?且资性忠厚,耻言人过,闻人述里巷鄙?事,嘿不赞一辞,兢兢畏谨,无一髪可指可议。……观公一言一行,悉皆可为世范。太上首立德,次功,次言,功言胥德乎?出德在己,功在天。公虽不逢,无功可述,然处家处乡,是亦为政,复何

憾焉？①

最后，该文以儒家"三立"思想收尾，指出了传主已达至"立德"传世的最高境界。这短短三百来字的传记材料，勾勒了一个普通士人的教化形象。然而，与其说所反映的是程泳本人的形象，却不如说是陈栎笔下的程泳形象更为合适。因为，"他"完全是道德话语和思想包装的结果。这类资料多数会因存于撰者文集中刊刻流传，而碑铭、阡表亦会勒诸墓石，藏于墓中或立于墓前，尤其是后者，因暴露于外而在传主子嗣及周围百姓心目中无形会树立一个道德的榜样，潜意识中影响着阅读者，使他们明白只有符合这一标准的形象才会受到世人的颂扬并流芳百世。

通过这份行状，结合同时代的墓志碑铭文，我们可以发现元代徽州学者对普通士人所具备和应具备的教化形象特征的基本认识。

第一，践行程朱新儒家的教化主张。处于程朱理学之后的徽州学者，其教化范式的核心是经程朱理学改造过的传统儒家教化思想。尽管在文中，陈栎仍借诸传统儒家的道德标准，如"六行"、"三立"，这在其为他人所作的行状墓铭中，亦每每论及；但在与传主事迹结合时，我们发现作者所精心挑选的是新理学反复强调的部分，诸如孝悌、睦族、恤孤、义施等。而这甚至在女性的传记铭文中亦可以见到，如黟县傅岩汪元妻吴氏（1261—1324），"性行淑温，事舅姑孝，处妯娌族姻和，待下慈，妇德母仪，实兼之人谓"，助夫拓业兴宗，力居多，"督男诗书，饬女桑麻，内外肃然，家法为邑里最"，夫逝世后综理家务，"节适合宜，家不坠益裕，真与公媲德合美，虽伯鸾之孟光、渊明之翟氏，无足多逊"②。贡师泰作《婺源程夫人墓碣铭》谓传主李氏（1262—1337），养

---

① ［元］陈栎：《定宇集》卷九《友山处士程公行状》，第284页。
② ［元］陈栎：《定宇集》卷九《傅岩处士汪公孺人吴氏墓志铭》，第292页。

舅姑以孝,遇姻族以礼,处内外以和,相夫教子克勤以顺;夫殁,克自树立,程氏子孙赖夫人有田可耕、有屋可庐,知诵诗读书,以不变于他业;晚年尤好施予,见邻里饥饿废疾者,必思济之。①

对于何以要强调这些内容,朱升于元明之际作《程氏国英墓志》给出了解释:"士之立于世也,莫大于报本。善其亲以及其族里,达则施于一世,斯可谓报本矣。夫天地生我者也,秀气毓于山川,庆源于宗祐,而礼托于父母,斯四者有身之本也。父母劬劳不忍言也已。我之生也而立也,族之人由亲而疏、迩而远,其慊我谓何?妣祖之愿于我者,犹我之愿于孙曾也,存恤所以为不忘也,显扬所以为不辱也。曾是不顾念,虽爵位压朝,著勋名满天下,可以不腼于族里,可见翁媪于地下哉?果无愧于天地生我哉?"②朱升以理学家的视野回答了士人在世遵守以上标准的基本原因,而这一认识也毫无疑问是当时士人普遍看法;所以,至元晚期理学教化已深入普通士人的内心深处。

第二,宣扬"立德"的重要性,这是此时几乎所有的墓志铭文都会反复强调的。在"三立"中,"德"是核心,是最高标准,德不修,"言"、"功"则无所依托。曹泾曾明确告诫子孙:"轩冕倘来者,外物也;人之所以为人,求其在我者而已"③。陈栎为休宁芳塘人汪士龙(1245—1312)所作的铭文中,起文即指出:"士君子立身行世,修天爵而人爵从者,诚可尚;天爵修而人爵不我从,庸何伤?与其得人爵而有愧,孰若德行立而无人爵之为安?"④"修天爵"即修德,"人爵"指现实社会中的功名利禄。倪士毅《汪希贤泰初行状》谓传主行善立德之举云:尊贤礼士,急义周乏,惓惓常若不及,尝谓:"世人

---

① [元]贡师泰:《玩斋集》卷十《婺源程夫人墓碣铭》,文渊阁《四库全书》(1215),第 718 页。
② 朱升:《程氏国英墓志》,见《新安文献志(二)》卷八十九,第 472—473 页。
③ 曹泾:《曹季女述》,见《新安文献志(二)》卷九十八,第 670 页。
④ [元]陈栎:《定宇集》卷九《恕斋居士汪公墓志铭》,第 285 页。

多为子孙积财,不若为子孙积善,使无善而徒有财,则与我如浮云",泰定间,比年岁饥,设糜粥活人甚众。①"立德"是传统儒家伦理社会的基石,也是中国古代教化的核心,徐复观曾谓:"中国文化精神的指向主要是在成就道德而不在成就知识。因此,中国知识分子的成就也是在行为而不在知识。"②一个人自懵懂之时,父兄师长即教以"三纲五常"为中心的传统儒家伦理道德。对大多数人而言,在现实生活中,"立德"相对易于把握、实践,"君子有二道:出与处也。出者难工,处者易持"③。因为它有明确的标准与内容,孝亲睦族、行善义施等皆是立德的表现,而身处于家、族或乡野,均可践行;但是,它亦是最难实现者,"中国文化所建立的道德性格是'内发'的、'自本自根'而无待于外的道德。由孔子……发展至宋明儒的言心言性,都是在每一人的自身发掘道德的根源,发掘每一人自身的神性,……人各以其一身挑尽古往今来的担子,以养成涵盖万汇的伟大人格","自本自根的道德的对象是各人自己的心,其尺度也是各人自己的心"④。所以,"立德"既是最高要求,也是普遍规范。

第三,强调"治家"向"为政"的靠拢。传统社会,职业有限,多数读书人不免一生沉寂乡里,虽多数能"安贫乐道",以耕读传家;但也有不少心有不甘,内心漂浮不定,给社会带来不稳定的心理因素。科举停废后,更多的士子失去了追求和依托。而新儒家为弥缝这一裂痕,借用传统儒家治家亦是为政的思想⑤,教化普通士子,"然林泉自乐于乡,是亦为政于家,付功名于子孙,亦足以称善人、传不朽矣,何

---

① 倪士毅:《汪希贤泰初行状》,嘉庆《黟县志》卷十四《艺文志·元文》,第437页。
② 徐复观:《学术与政治之间》,九州出版社,2014年,第149页。
③ [元]陈栎:《定宇集》卷九《傅岩处士汪公孺人吴氏墓志铭》,第292页。
④ 徐复观:《学术与政治之间》,第150、151页。
⑤ 这一思想源自孔子,《论语·为政》:或谓孔子曰:"子奚不为政?"子曰:"书云:'孝乎惟孝,友于兄弟,施于有政。'是亦为政,奚其为为政?"[清]刘宝楠:《论语正义》卷二《为政》,第66页。

必身预宾兴,列人爵而后惬哉!"①"不朽"的观念已被他们以无奈而又积极的方式改造着。士绅如歙县棠樾鲍鲁卿,字景曾,遭世承平无以自效,又无权势推荐,喟然叹曰:"施于有政,是亦为政,吾将行之于家,又何必天下乎?"遂以致力于产业,谓:"他日苟有赢余,亦足以仁吾三族,赒吾乡里,况子孙衣食给足?可以安心于学,读书致用,以自效于世,犹吾得效也,不犹愈于已乎。"而其族孙鲍观兄弟则径直取孔子之语名奉养孝亲之堂曰"亦政",郑玉赞赏说:"父父子子、兄兄弟弟、夫夫妇妇,刑于家而化于乡,是亦为政而已矣。奚必食君之禄,治民之事,而后为为政哉!"②这种积极的处世态度在元代徽州士人中受到广泛的认可。当然,儒士时时亦会借用古人虽仕宦而内心向往山林之乐的事例,以达到缓和的教化效果,昔马援"征五溪,见飞鸢跕跕随毒雾,始羡弟少游之款段下泽,乡称善人。由是而言,进之不如退也,出之不如处也……极人爵而辱,何如公无人爵而安之为得哉?"③。

第四,鼓励义行。受宋代范仲淹义庄、吕氏兄弟乡约以及理学家朱熹等人提倡的影响,宋以后的社会较为重视这类现象,而在政府能力有限、社会福利落后的情况下,士子的这一举动于乡村社会的治理和稳定尤其具有不可替代的意义,所以儒者在撰写行状铭文时,多要刻意强调传主的这一义行,以影响更多的能力之士人和家族。陈栎《恕斋居士汪公墓志铭》云传主"爱众,尤啍啍可稽。周急略无倦,干求假贷者每辍食应之,咸感悦而去。尤乐施舍,里之巨干暨上资干,抵邑必经之途,泥而众苦之,捐财募工石之凡数里,以便永久。他杠梁之修,径路之筑,指不胜偻。又于本都创麻田堨溉田,四顷而赢,日督工成之,风裂肌、日□面不顾。既成,两岸易颓,历数岁卒坚久之。

---

① [元]陈栎:《定宇集》卷九《桐冈先生金公墓志铭》,第289页。
② [元]郑玉:《师山集》卷七《鲍景曾墓志铭》,《遗文》卷一《亦政堂记》,第56、75页。
③ [元]陈栎:《定宇集》卷九《恕斋居士汪公墓志铭》,第286页。

衰费有田之家十不逮二三,一力足之而后止"。元初,陈宜孙所撰歙长龄郑天麟(1217—1283)墓志云墓主生前,事亲以孝闻,平居履正葆醇,恂恂然里闬,有宽厚长者风;劝堤防,精祷祀,序长幼有仪,赈贫乏有廪,人比之郑次公,至元十三年(1276)岁大饥,发廪粟活数千人。①危素为郑天麟孙绍(1288—1353)所作墓志则云传主俶傥尚气谊,喜周人之急,不计有无,推食解衣无吝色,敦宗睦族,与兄弟分产,一以让之,曰:"吾所知者天伦之重尔。"②郑玉为弟子鲍元康所作墓表,谓其义举云:遣嫁孤女,收养孤子,设立社仓济穷乏,弛其息不取,继父志赎复婺源文公祠祭田③;至正壬辰兵起,又集丁壮,捐财出粟结保乡里。④

墓志铭文中所尤为强调的墓主义行、义施,也是元及以后徽州地方志书为人物作传的重点。如明代成书的《新安名族志》,对宗族人物的记载不外以下几类:始祖与始迁祖,入士版者,有学行者,有隐德者,有义举者。其中隐德与义举,皆可视为义行一类,而入士版、有学行又为义举者,更是地方志书中大书特书者,族谱、乡镇志、县志乃至府志均会另辟专章,颂扬之并教化后人,可见民国《歙县志》卷九《人物志·义行》所云"歙旧俗端厚,敬宗收族、睦姻任恤之行,父诏其子,兄勉其弟,穆然成风"的传统由来已久。

第五,强调治学,激励读书。入元,受科举停废的影响,士子读书的风气有所减弱,以传圣人之道为己任和有着较强社会责任感的儒者,对此深表忧虑,遂以前人尊师聘师、读书治学或传承家学的事例

---

① 陈宜孙:《学宾菊存郑公天麟墓志铭》,见《新安文献志(二)》卷八十八,第443页。
② 危素:《郑公绍墓志铭》,见《新安文献志(二)》卷九十二上,第521页。
③ 按:虞集《文公庙复田记》亦云:"歙士鲍鲁卿闻庙(朱文公庙——引者)之成也,愿割私田以供祭,未果行而卒。其子元康见吏民之纷纷,思成父之志,于是卖其私田若干与材木之山,得中统钞者一万五千缗以赎旧田,三分其贾,得元直之二,其一则岁收其租而还之,满其数而止。既成约,而田归朱氏之庙矣。"(弘治《徽州府志》卷十二《词翰二·记》,第400页。)
④ [元]郑玉:《师山集》卷八《鲍仲安墓表》,第64页。

劝励后人，如方回为休宁藤溪毕祈凤作墓志铭谓墓主嗜书如饴，教育子孙惟责之读书，而不责之仕，"相种将种，世常有闻，不如书种……作县守郡，视如浮云，师表于家"①。元末曾任婺源州同知的李祁，为休宁节士俞士英作墓志云传主"平居终日言，不及生产、势利，惟务教子习学业、事畎稼"②。所以，几乎所有的墓碑铭文都要对传主的家学渊源、师承关系有所涉及，而"力学"、"嗜书"、"劬学"等字眼亦不绝于文，让世人明白读书治学对于治家处世的价值与意义，"士君子卓然有志于成立者，多本于家学，相承有以见之真，故其所行遂足以称世；否则，远非有所承，学之无其本，而毕竟克成厥志也者，几希"③。曹泾为婺源江润身所作的碑文，谓墓主潜心圣贤之学，以诸葛亮、王猛为余事，初师陆九渊门人，后师北山何基（为朱学再传，朱熹——黄榦——何基），造诣益粹，尝谓子心宇曰："吾十岁见朱子《祭张敬夫文》（张栻——引者），心慕之。癸巳（1233）得《近思录》，丙申（1236）得周、程诸书，旁求于张、吕、陆氏，近始自信。蔡氏、程氏自《太极图》而下之，勉斋自《四书》而上之。蔡谓《四书》梯阶六经，《近思录》梯阶《四书》，勉斋不谓然。吾今专守勉斋学。"卒后，门人三山林茂春、应山祝櫸相与言："必存养事天，先生志也。用之不究则亦曰天，是所谓事天，以终身者乎？"因私谥"事天先生"。④ 短短的百余字不仅指出了传主的学术渊源和治学旨趣，亦通过其弟子立谥号一事，为后世树立了治学和授学的典范。郑玉为祁门平里王廷珍作墓志，云传主"读书见大意，谓圣贤作经意在言表，岂拘拘注脚者所可得其本旨？要当真体实认，见之日用常行间耳"⑤，将治学和致用紧密结合。

---

① 方回：《知县权州宣参毕公祈凤墓志铭》，见《新安文献志（二）》卷八十八，第 442 页。
② ［元］李祁：《云阳集》卷八《新安节士俞君墓志铭》，第 722 页。
③ ［元］陈栎：《定宇集》卷九《汪主静先生墓志铭》，第 289 页。
④ 曹泾：《庐州梁县尉事天先生江公润身墓志铭》，见《新安文献志（二）》卷九十五上，第 584—585 页。
⑤ ［元］郑玉：《师山集》卷七《处士王君墓志铭》，第 55 页。

所以，墓志铭文中对传主兴学教化之举均会赞赏有加，如虞集为汪克宽父应新(1259—1338)所撰铭文云传主幼承家学，教子甚严，子五人、孙男七人、曾孙男三人皆业儒，又惠及乡里子弟，构中山书堂以居处之，虞集称赞说："信乎，其为儒林之盛也！"① 倪士毅为黟县傅岩人汪泰初(1279—1334)作《行状》，谓传主"课子训诲，隆礼延师，义方笃教，尤为邑里之冠"；又开吟盟，奖励后进，建遗经楼，广集经史，以便来学之士，礼贤士人，资助士毅卒业，又为辟地筑室，"非有卓见超乎流俗不能为"。而夫人砥砺子弟读书，亦成为碑铭中歌颂的主题，程钜夫为婺源高安程复心母齐静真作墓志云：事后姑尽其孝，相夫尽其顺，延名师教子，铭曰：为孝女，为贤妇，为慈母。② 戴表元志婺源虎溪江秀墓，云其不仅施舍贷与、创桥济涉，且"尤重儒业，文士诣门，礼数周至，朝夕亲视馔膳，闻诸孙讽书声，喜津津出眉间，或躬携枣栗以示劝赏"③。

以上所涉及的碑铭传主几乎全为士绅，他们分布于徽州六县，历宋末至明初百余年。尽管他们分属于徽州的不同地区，所处之时间也不尽一致；但是，从他们的主要事迹的性质来看，相似之处多于差异。就内容而言，修身养德、读书治学、孝悌慈惠、礼贤教子、姻亲睦族、敦义尚节、恤邻赈里等，均为理学所注重的教化方式与内容。以上传记碑铭的作者，如方回、曹泾、陈宜孙、陈栎、虞集、戴表元、倪士毅、郑玉、危素、赵汸、汪仲鲁等，几乎全为著名学者或理学家，多数终身致力于理学学术的研究、传授和教化。不可否认，士绅的事迹已经被他们以理学的标准刻意作了加工；虽然行状铭文中不乏溢美之词，但传主的具体事迹却不可篡改。从传主身份来看，虽不少与理学名家关系密切，但均为一般士绅。且不仅以上诸例，随便翻看这一时期

---

① 虞集：《中山处士汪君应新墓铭》，见《新安文献志(二)》卷九十二上，第520页。
② [元]程钜夫：《雪楼集》卷二十《程某夫人齐氏墓志铭》，第289页。
③ [元]戴表元：《剡源文集》卷十六《吴孺人江氏墓志铭》，第208页。

徽州士人甚至是非儒者的事迹材料，也几乎大体符合以上几点。可见，即使在当时普通士人的思想和言行中，也大体上已有了一个共同的有关儒士和士绅处身立世的基本标准和教化的相似内容、路径。

儒者的教化以非强制性为特点，带有楷模榜样的示范性作用；比之官府的教化形式，尽管灵活多样，但却未必如官府之教化有效，陈栎就认识到这一点，"元儒陈定宇，以不得行其志，惧乡俗日且疚戾，乃窃取新安名族，叙其源委，以微存昭鉴之权于十一"①。"不得行其志"，即为官以行儒者平天下之大志。虽未得如此，仍谋以己之学"微存昭鉴之权于十一"，于此可见儒者强烈的社会责任意识和教化使命感。

---

① ［明］戴廷明，程尚宽等撰：《新安名族志·洪垣序》，第3页。

第六章　元代徽州社会教化主体之二：官吏

宋元易代，以"九贤"为代表的元初官吏揭开了徽州地方教化的序幕。以儒者的眼光视之，吏官、学官、儒士和儒生在教化上分别有着各自的使命："出治者，治此而已，令尹大夫事也；司教者，教此而已，博士事也；学者，学此而已，某（汪梦斗——引者）与诸英事也。"①"此"谓何？即儒家所提倡的以"三纲五常"为核心的封建纲常伦理，官吏以"此"为治，学官以"此"为教，至于一般士人和普通大众，则学而遵从之。在他们看来，"此"是传统社会的根本与核心要义，其他诸事皆围绕此而展开，抓住了它即掌握了传统社会治理的钥匙。但就官吏实际教化职责的实践而言，又并非如此简单。阅读相关史料可以发现，元代徽州官吏教化职责的行使，主要包括两个方面：教——如颁布诏令、教条，礼贤下士，发展教育，选拔并推荐人才等；化——如表彰孝、节、义行，主持或参与地方神祇崇拜、祭祀活动，敦风益俗。从而在三个层面展开：秩序、文教和敦俗。本章以此为着力点，分别选取集中体现三个层面的典型案例来阐释官吏教化的开展。需要指出的是，三个层面并非绝对的隔离，而是有机统一，相互贯通。如元初"九贤"的教化虽以稳定秩序为基本任务，然兴学崇教与敦风益俗

---

① ［宋］汪梦斗：《北游集》卷下《绩溪县学舍冬至开讲·复其见天地之心乎》，第468页。

同时展开;修撰方志本系文教盛事,然内中却蕴含着秩序和化俗的考量;同样,劝农之举致力于发展经济,却时刻不忘对封建伦理纲常的宣扬与说教。

关于地方官吏教化的研究,目前虽已有一定的积累,然总体尚显薄弱。较有代表者,如余英时在《士与中国文化》中对地方官吏教化的研究偏重于"道统"与"治统"的二元对立观立说,认为"民间的儒教传统"是两汉循吏施教的源泉和动力,与贯彻"朝廷法令"吏职行使不同,其在行使"师职"时有着很大的自主性。[1] 王美华认为唐宋时期地方官的教化职能不断被强调并规范,教化行为全面展开,教化措施逐步接近百姓生活,推行教化的地方官的品级逐步降低;其结果是随着教化的深入,社会风俗的移易取得了明显的进步[2]。雷戈认为汉代循吏及地方官吏的教化实践是一种制度行为,而非纯粹的个人行为;它所秉承的是官僚意识和帝国理念,而非经典儒教,皇权政体的意识形态建制是其原动力;在官方的意识形态教化实践中,地方政府发挥的作用大于中央政府。[3] 张卫东、刘勇则研究了唐代刺史教化百姓的举措:宣布德化、发展教育、移风易俗、旌表忠孝节烈等,指出其对稳定地方社会秩序、发展文化具有十分重要的作用。[4] 另外,还有一些研究虽涉及官吏教化,却往往视为地方社会治理的背景,其重要性并未得到充分认可。而元代地方官吏教化特别是徽州的情况,尚无学者作专门的探讨。

一 元初"九贤"——地方官吏教化的典范

在中国历史上,每当世事变迁、朝代鼎革的关键时刻,既有一批

---

[1] 余英时:《士与中国文化》,上海人民出版社,1987年,第211—216页。
[2] 王美华:《唐宋时期地方官教化职能的规范与社会风俗的移易》,《社会科学辑刊》,2006年第3期。
[3] 雷戈:《两汉郡守的教化职能——秦汉意识形态建制研究之一》,《史学月刊》,2009年第2期。
[4] 张卫东、刘勇:《论唐代刺史的教化职能》,《江海学刊》,2010年第5期。

人无法适应滚滚洪流,选择了退缩、隐居或坚守,抱持名节,不与新朝合作,他们往往被称之为遗老、遗民,享誉青史;也有一部分人危难时刻,心系苍生,以稳定时局、解民倒悬为己任,选择了与后朝合作。受"贰臣"观念影响,或因其他缘由,后一种人一时可能未获旧道德认可,但随着历史的变迁,其做法终获后代公允评判。对于第二类历史人物,我们既要结合其抉择时刻的社会背景与个人动机,也要站在历史发展的大势上加以评价。

在宋元更替之际,徽州的本地籍官吏发挥了关键性作用,得到了后人的广泛敬重,多数人后来享祭庙祠,甚者朝廷、百姓为立专祠。他们为后来仕于此以及外任的徽州籍官吏起到了示范与榜样作用。有"九贤"之誉的元初徽州地方官吏即是其中的代表,休宁人金梦岩曾作《九贤咏》赞誉之:

  阴谷难回草木春,一言能广好生仁;百年桑梓无锋镝,知是公为首倡人。
  右同知徽州事丘公龙友
  越国闻孙众所宗,力修文德化兵锋;天如不为吾邦计,一日安能得二龙。
  右徽州路治中汪公元龙
  四野悲歌不忍闻,直将仁义动三军;至今来往沙溪土,犹有人传郑令君。
  右知歙县事郑公安
  生民涂炭世多虞,保聚功深与众殊;坐遣一方成按堵,弗斋元不是迂儒。
  右知休宁县事陈公宜孙
  请命辕门事可征,为民宁复计金缯;花封细读题名记,只有先生不负丞。

右休宁丞赵公象元

一尉能安百里民,熙熙耕凿几回春;往来共指黄墩庙,忠壮云仍世有人。

右休宁县尉程公隆

漠漠风尘靖一乡,书声重起晦翁堂;试评海内疮痍郡,谁似元方与季方。

右知婺源县事汪公元圭

闻君家世出秋崖,乡邑鸣琴众所谐;德政况当兵燹后,甘棠终古系民怀。

右知祁门县事方公贡孙

肯惮区区薄领烦,左持文牍右櫜鞬;民安盗戢君能事,不愧当年武状元。

右祁门县簿程公克柔①

"九贤"的事迹要从一场兵变说起。至元十三年(1276)初,知州王积翁以徽降元,以元朝招降榜文发谕各县。时李世达为副都统,不肯署降,与徽州招讨使李铨之子汉英率所部迎战,郡县百姓纷纷起兵响应,旌德、太平两县亦归附。元廷派万户孛术鲁敬(又作富珠哩敬)率军征讨。② 大军很快攻破世达重兵把守的徽州东门户——昱岭关。世达寡不敌众,道休宁西走。元军遂以徽州言而无信、反复无常,下令屠歙、休宁诸县。一时人心惶恐,郡县盗贼出没,整个徽州社会陷于混乱恐怖之中。为此,歙人丘龙友、郑安、休宁人赵象元、程隆等捐家资③,冒白刃诣军门贿元军官,并谓:"乱者世达等人,非百姓

---

① 金梦岩:《九贤咏》,见《新安文献志(一)》卷五十七,第766页。
② [明]宋濂等:《元史》卷一百六十六《楚鼎传》,第3907—3908页。
③ 按:对于此事,郡县方志及碑传、文集记载模糊,有九人共谋共赴之嫌,《九贤颂》更加深了这一印象;但仔细阅读相关史料可知,九人非均预与此事,应只有四人。明代学者(转下页注)

意,请全活之以广吊伐之仁。"万户允诺,又议徽州险远,应由本地贤士分守,以安集其民,遂承制以丘龙友权知徽州事,婺源人汪元龙为治中以佐之,郑安为歙知县,休宁人陈宜孙为休宁县尹,赵象元为县丞,程隆为县尉,汪元龙弟元圭为婺源知县,祁门人方贡孙为祁门令,程克柔为主簿。元军兵不血刃,进驻徽州,乱者复业,郡县安堵,九人于元初乡邦功惠甚大,故时人以"九贤"目之,没后多数享祠于庙学。① 这一事件开启了元代徽州地方官吏治理和教化的先声,并一定程度上为此后的教化定下了基调——元廷对徽州的统治以地方官吏的自觉职权行使为基础。

司马光曰:"夫贤者,其德足以敦化正俗,其才足以顿纲振纪,其明足以烛微虑远,其强足以结仁固义;大则利天下,小则利一国。"② 九人中,汪元龙、陈宜孙、方贡孙三人为进士出身,加上程隆、汪元奎等五人于前朝皆有一官半职,郑安、赵象元饶于财。可见,元初徽州郡县官长,若非前朝官吏,即为地方名望乡绅。这样的身份和背景为其治理社会提供了必要的帮助。

1. 止暴弭乱,维护稳定

维护地方社会稳定、保障百姓生命财产安全,是地方官吏的基本也是最低职责。但在易代之际,因时局动荡,人心浮动,心怀异

(接上页注)程敏政已发现此问题,谓"考《海阳》(休宁——引者)诸志,得此失彼,今以诸书及家传之类参订,撮其要……以补郡乘之阙",认为只有郑安、赵象元、程隆各捐家赀。(《篁墩集(一)》卷三十七《书先县尉公所受至元敕牒后》,第650页。)笔者认为丘龙友可能亦实预此事,《九贤颂》"首倡人"可为证,而被委以郡同知也可佐证。另,程敏政谓程隆"未几卒"与干文传《进义副尉徽州路休宁县尉程君隆墓表》(《新安文献志(二)》卷八十五,第401页)"居三岁以疾卒"不符,所以其考证未可全信。程隆散财事,管瑾《见山居士程君岘墓志铭》亦可为证,"县尉公(程隆——引者)当国初,尝倾赀以解屠县之祸,家以中否,而副使君(程隆子忠甫)早世。君(程岘)竭力经营十余年,家道载兴,凡田之被夺与先墓之见侵者,悉追复之"。(见《新安文献志(二)》卷八十八,第456—457页。)

① 弘治《休宁志》卷四《祠庙》,第486页。
② [宋]司马光编著;[元]胡三省音注:《资治通鉴》卷二《周纪二·显王·四十八年》,中华书局,1956年,第78页。

志者与盗寇匪贼乘势而起,加之兵卒纪律涣散,很多地方官吏往往闻风先逃,连最低职责也难以履行。曹泾谓:"守土难,在乡土尤难,革运之际又大难也。"①而徽州"九贤"正是在这"大难"之际彪炳史册。

入元之前,因程隆调度得当,于休宁的稳定发挥了较大的作用。程隆(?—1278),字君熙,休宁陪郭人,屡举科不第,尝上书郡守王应麟、赵必槐,论时事数万言;德祐元年(1275),王积翁为知州,廉察地方名士,辟隆为休宁典史,治事以才识闻。宋亡,休宁如沸糜,县令出逃,程隆请前进士毕祈凤主县事。毕祈凤,字景昭,休宁藤溪人,咸淳初武举进士。李铨戍徽虎啸狼噬,祈凤潜销其暴,民艰食,发赈而民无饥;世达之变,草窃乘间屠毁,黟、歙世宦高赀多惨祸,毕镇守休宁,独无患。②乱定,毕氏隐去,程隆又请陈宜孙主之。③宜孙知县事,殚竭己力,拉强拊柔,扶倾葺坏,事无遗力,勉相保聚,邑赖以全。《九贤颂》谓其"保聚功深与众殊,坐遣一方成按堵",绝非虚言;而曹泾言宜孙"在承平,铅椠之士避其锋;值危难,章句之徒伏其略"④,恰是"元不是迂儒"的最好诠释。盖社会动荡之时,非才望之士所能震慑。程隆虽饶于财,又与邑人金革、宋焕号"三俊",于才亦不输,然因未有科第功名,且前官仅为典史,恐己望不足,乃请毕、陈名望素负之士执掌大局。

祁门位于郡城西北角,东与黟县接壤。宋元之际,黟县生灵鱼肉、室庐煨烬,而祁之百姓则脱涂炭而衽席,这与方贡孙的作为不可

---

① 曹泾:《从仕郎扬州路通州判官弗斋先生陈公宜孙行状》,见《新安文献志(二)》卷八十五,第393页。
② 方回:《知县权州宣参毕公祈凤墓志铭》,见《新安文献志(二)》卷八十八,第441—442页。
③ 干文传:《进义副尉徽州路休宁县尹程君隆墓表》,见《新安文献志(二)》卷八十五,第401页。按:程隆生年不详,卒年据墓表为县尉"居三岁,以疾卒",推算出。
④ 曹泾:《从仕郎扬州路通州判官弗斋先生陈公宜孙行状》,见《新安文献志(二)》卷八十五,第394页。

第六章　元代徽州社会教化主体之二：官吏　　281

分割。方贡孙(1231—1296)，字去言，号竹溪，祁门人，宋吏部方岳之侄，景定三年(1262)进士①。宋末，祁门邑宰遁逃，居民鱼惊鸟逝，携老扶幼遁于深山穷谷，井邑为墟。贡孙于空匮怵迫之际领县事，严明号令，锄奸去暴，县境为之怗息。丙子(1276)春三月，邑南掳掠突入，所过残灭，逼及城郭，民不堪命。贡孙勒兵远迎，不旋踵而掠者收捕，流离返家，百姓安堵。秋七月，黟县强梁煽乱，焚戮劫掠，蔓延至祁，阖县震动；贡孙严加防御，揭榜抚谕，盗贼闻风消弭。祁民举手加额曰："不图今日复有相见之期，此吾父母再生之也。"当是时，四郊濆洞，贡孙却能晏然保全，乡井户口无亏。②

汪元龙、元奎兄弟在婺源同样以止暴弭乱为己任。汪元龙(？—1286)，字云甫，号松坡，婺源回岭人，亦为景定三年进士③。德祐乙亥(1275)兵兴，乡邑剧盗周胜等，啸聚于邑，汪氏兄弟生擒贼寇头目上之郡，遂以元龙知婺源事，擢元奎江东兵马钤辖。因忤权贵，元龙及第十余年不调，至是方以军功起家。为徽州路治中，绩溪、祁门盗再起，议者欲全歼之，元龙止戮倡乱数人，全活甚众。④ 世达乱后，降

---

① 方回《赠方太初三首》序："秋崖吏部知郡，宗伯老先生仙去三十四年，乃侄建德府判竹溪字去言，与回同壬戌榜，少回四岁，今夏礼íct一拜而卒。"(《桐江续集》卷二十，第472页。)以此推知贡孙生年为南宋绍定四年(1231)，及第年为景定三年(1262)，弘治《徽州府志》(卷六《选举·科第》，第193页)列入咸淳元年榜下，后之方志均不查而沿袭此误。又据方回《跋方秋崖壬戌书》，方岳秋崖，卒于景定三年壬戌，故推知贡孙卒岁为元贞二年(1296)。

② 黄应旗：《竹溪方公贡孙宰乡邑记》，见《新安文献志(二)》卷八十五，第399—400页。

③ 按：汪元龙生年不详，卒年据方回《饶州路治中汪公元圭墓志铭》(《新安文献志(二)》卷八十五，第397页)"先公(元奎)四年卒"推算所得。关于汪元龙的及第时间，史籍记载互异，方回《饶州路治中汪公元圭墓志铭》谓"松坡早入太学，回同年壬戌进士"，即景定三年，(弘治《徽州府志》卷六《选举·科第》[第193页]将方回等人列于景定元年方山京榜下，误，方山京榜应为景定三年。)洪焱祖延祐初作《徽州路治中汪公元龙传》仅谓由太学登第，未言明具体时间，估计当时此问题已较模糊。弘治《徽州府志》卷六(第193页)、卷八均作咸淳元年(1265)。嘉靖《徽州府志》(卷十七《宦业》，第345页)作咸淳七年(1268)。记载互歧，但墓志铭所用材料一般由传主家人提供，且又与方回同年，应不致错误，故采用方说。

④ 洪焱祖：《徽州路治中汪公元龙传》，见《新安文献志(二)》卷八十五，第395页。

兵附闽,视徽为壑,时出钞掳婺源。元奎扼险置关,寇不得犯。至元十三年冬,张九元帅征闽兵,所过民皆震恐,元奎以贿赂迎送,大军过时无扰民现象,境内耕莳刈获如承平时。①

2. 恢复生产,发展经济

民以食为天,百姓若食不果腹,又谈何稳定?所以,恢复生产,发展经济,才是社会最终秩序井然的根本保障,而这估计是"大难"之后又一"大难"。关于这方面的记载,史料较少,多数仅一笔带过,且较为模糊;但结合人物事迹,透过这些简单的记录,仍可以寻出点滴线索。

以郑安治歙为例。史载其为县令,"就职未期年而邑治"②。郑安,歙县西乡人,十一世祖"高池府君始迁今居,世以孝弟力田相遗。四传至枫树府君,生产益饶,遂以赀雄于乡"③,祖孝全、父文政"尚德乐义,好施予",至郑安"行之益笃,尝徒步千里归内兄黄婴,尽推其家财与二兄,寸田尺宅无入己者"④。举财与二兄事亦见于明初朱同续修之《新安府志》⑤,若此言非虚,则郑安无疑善于理财,至世达乱其捐资献策之功居三人之首⑥,而时间至多也不过二三十年。"未期年而邑治"之中当含有恢复、发展经济的因素,而郑安善于理财之策略无疑在其中发挥了重要的作用。

其他若陈宜孙尹休宁,抗言于郡令,"以籼米代输秔之窘",三年

---

① 方回:《饶州路治中汪公元圭墓志铭》,见《新安文献志(二)》卷八十五,第 396 页。
② 按:流传的有关郑安史料较少,专志类仅有程文《歙郑令君安庙碑》和朱同《郑安传》,且前文重点记述郑令君庙的建立及祭祀情况;后文只有二百来字,主要为解除屠城之事,于治歙一节仅一笔带过。
③ 郑玉:《师山集·遗文》卷一《郑氏石谱序》,第 73 页。
④ 程文:《贞白先生郑公千龄行状》,见《新安文献志(二)》卷八十六,第 409 页。
⑤ 程文:《歙郑令君安庙碑》附,见《新安文献志(二)》卷八十五,第 399 页。
⑥ 按:程敏政《书先县尉公所受至元救牒后》考订诸书家传,录捐资事以郑安居首(《篁墩集(一)》卷三十七,第 650 页);而《元史·楚鼎传》亦谓"用徽人郑安之策,按兵而入,兵不血刃而乱定"(第 3908 页),于众人中独举郑安。正史中人物传记的修撰一般依据传主的行状、碑铭,传主楚鼎亲与此事,所言具有较强的可信度。

乡邑大治。徽州地区土产皆籼米①，而完税却须粳（秔）米，每开征民须卖籼米买粳米，非但不便，还要遭受商人的盘剥。虽为赋税之举，既于民为便，又有利经济发展，乡邑大治亦得益于此。方贡孙为政祁门，"凡事有不便于民者，必亲告于上，勤勤恳恳，不惮其劳，求以便民而后已"。所谓不便于民者，莫不以农桑赋役之事为首；在弭乱之后，其功课农桑、田野加辟，"俾得以桑麻春郊，鸡豚秋社"，成效卓著，所谓六事悉备：盗贼息、军民和、词讼简、田野辟、户口增、赋役平，获致"奉公畏谨，处己廉明，阖邑士民，莫不爱美"的美誉②。汪元奎亦有经干之才，早年"慎事节用，年二十五六，遂饶于财而能施"，又尝以军国十策献旧朝；昔治军尝用重典，然初领婺源县事，即敛威用恩，宽严结合。徽州处万山间，"地多舄卤，莫能树以桑，不茧不丝"③，农桑、丝绵贫瘠，而有司倍加苛责，百姓苦不堪言，元奎乃诣行省，乞折纳以楮币代之，六县之民从而免此苦差。其他若产去税存、有田无赋、贫馁富吞、弱役强避等不公现象，一概厘正。④

3. 重视教化

孟子有云："善政，不如善教之得民也。善政，民畏之；善教，民爱之。善政得民财，善教得民心。"⑤《礼记·学记》亦曰："化民成俗，其必由学。"又曰："建国君民，教学为先。"谙熟此道的儒士和儒官，向来重视以儒家之道作育人才和教化民众。孔子所谓庶——富——教的治理模式是一种理想的模式，现实中庶、富、教往往难以截然分离，且有时互有交叉。元初徽州"九贤"致力于维护社会稳定、发展民生，本

---

① 按：关于籼稻与粳稻，罗愿谓："籼比于粳小而尤不黏，其种甚早，今人号籼为早稻，粳为晚稻。苏氏云：'粳，一曰籼。'亦未尽也。又今江浙间有稻，粒稍细，耐水旱，而成实早，作（做）饭差硬，土人谓之'占城稻'云。"[宋]罗愿：《尔雅翼》卷一《释草一·稻》，黄山书社，1991年，第3—4页。
② 黄应旗：《竹溪方公贡孙宰乡邑记》，见《新安文献志（二）》卷八十五，第399—400页。
③ 鲍元蒙：《徽州路李总管德政记》，见弘治《徽州府志》卷十二《词翰二·记》，第395页。
④ 方回：《饶州路治中汪公元圭墓志铭》，见《新安文献志（二）》卷八十五，第396页。
⑤ [清]焦循：《孟子正义》卷二十六《尽心章句上》，第897页。

身即是广义教化的社会治理,也为狭义教化的开展创造了条件。

前谓"九贤"中,汪元龙、陈宜孙、方贡孙三人进士出身,是典型的儒者型官吏。赵象元,字长卿,号可斋,休宁龙源人,才识超异;其家族自始祖迁至休宁龙川,至象元已历十五世,"盛时,赀产擅一乡,家学以儒名,在官为命士"①,从祖赵崧,字成德,号吟啸,器识英迈,文学优赡,程珌、吕午、方岳、刘克庄皆雅重之,著有《吟啸集》;从叔弥忠(1228—?),字资敬,自号云屋,方回称其诗有韦斋(朱松)之体、有鄂州(罗愿)之风。②后象元休宁秩满,"贰令星源(婺源——引者),自许公而次,如胡公济鼎、吴公遯翁者,无不得而友(一本作游——引者)之……故家承平时,所藏诸公文翰最多"③。三人即许月卿、胡次焱、吴觉,皆前宋进士、遗民。由家世,再证之交游,可知象元家学渊源,亦为儒者,而非仅为富者。程隆,喜问学,早从进士曹泾游,屡举科第,从弟荣秀后历任儒官。可见,程隆也是以儒世家者。再看汪元奎(1233—1290),其父应雷为乡贡进士,胞兄元龙进士出身,其本人"读书务通大义,文耻缔绘雕篆;然议论是非利病,前辈辄退舍。性至孝,事先请后行",遭父艰,"骨立毁瘠",仕宦虽起于武学舍选,然其处身立世亦为儒士。郑安,前文已讨论。丘龙友,履历事迹不详,方志诸史料有关其人仅见此一事。程克柔,祁门善和人,宝祐元年(1253)武魁程鸣凤之侄,事迹不详。可见,九人事迹可考者几乎清一色儒者型官吏,与《九贤颂》及前所云作为也若合符节。那么,他们在狭义的教化层面又有何作为呢?

首先,重名节,传后世。陈宜孙,为子弟,修敬父兄;为父兄,撼忱子弟;于考德问业,有教善之忠;于喜庆急赒,有通财之义,逝前谓二子:"吾一生平心直道,粗可无愧,以此遗汝辈,应未为拙,勉继吾志而

---

① [元]赵汸:《东山存稿》卷五《东山寓舍安神主祝文》,第312—313页。
② 弘治《徽州府志》卷九《人物三·隐逸》,第304页。
③ [元]赵汸:《东山存稿》卷七《汪古逸先生行状》,第336页。

已。"其子男二人,为丞为尉,俱足绍家;三婿,或为主薄,或为教谕,亦以其为榜样。方贡孙,在任七年,日用饮食之物,皆自家转致;又创竹溪书院,延师教族中子弟,子三人中两人为儒学教授。郑安与二兄分家无所取,子千龄亦仪刑乃父。

其次,以宗教信仰引导百姓。如至元十九年(1282)四月八日,婺源四方民为五显佛会,天下商贾辏集,汪元奎非但不禁,且自额办官课外,以鼓励之。徽州郡城西向杲寺每年九月十五日的净土会,县尹郑安曾多次主持之,其子郑千龄家居时亦常往参与。①

最后,创修学校,培育人才,作养士风。宋元之际,大量士人因种种因素沉寂乡野,当权者往往聘至学校以振励士风、作养人才。如前宋遗民休宁埜山孙嵩(字符京)、璜原吴应紫(号达斋)辈,高洁而贫寒,程隆皆一一存恤之,识者尤以为难。赵象元为婺源丞时,尝从本地进士、遗民许月卿、胡次焱、吴觉等游。至元十五年(1278),江东道提刑按察副使奥屯行部,重视教育,以此为契机,元代徽州出现了第一次兴学高潮。陈宜孙被委任为徽州路儒学教授,统领整个徽州学校教育的发展;后任衢州开化县尹,风厉其徒,重建邑学,又奉宣宽条,蠲免儒士徭役。汪元奎则延九江前进士文天佑主文衡,拔儒彦,出税帑立赏格,免徭给廪,士萎复振;而其创办晦庵书院则在徽州教育史上有着深远的影响。

至元二十四年(1287),汪元奎出资,卜地于婺源县学之东,为屋百楹,先圣殿居中,文公祠、讲堂斋序居左右,又捐田六顷,购书万卷。本道提刑按察副使卢挚深嘉之,呈省起里人、前进士吴觉、江霱为山长,行中书省著额"晦庵书院"。方回以为,婺源晦庵书院的创设,与徽州紫阳书院一样,播撒了新安理学的传灯之火,"星源之原,子子孙孙";从而确定了汪元奎在婺源官长任上空前绝后的地位,"至如书院一事,

---

① [元]郑玉:《师山集》卷五《向杲寺重建弥陀殿记》,第39页。

关风教甚大,更郡守二十余人,非无贤守,而郡之有紫阳书院自韩守始;更县尹三四十人,非无贤尹,而县之有晦庵书院自汪尹始"①。

二 方志修撰——官府文教教化案例透视

方志作为地方史,不仅在于记录、保存一郡县之地理风俗、户口物产、人物事迹,以为修全史之征引,"家有谱,州县有志,国有史,其义一也。然家谱有征,则县志取焉。县志有征,则国史取焉";也不只是地方政府政绩表现之一部分,其鉴戒教化作用亦不可小觑,诚如章学诚所谓:"志者,志也。其事其文之外,必有义焉,史家著作之微旨也。"②

徽州真正意义上的方志修撰,始于南宋淳熙二年(1175)罗愿《新安志》,之后端平二年(1235),教授李以申等续之,淳熙四年(1240),郡士姚源等纂《新安广录》,淳祐三年(1243)又成《广录续编》。至延祐六年(1319),郡人洪焱祖再续作《新安后续志》。

作为地区文化盛事,地方长官是倡导者,从《新安志》,到《新安续志》《新安广录》《广录续编》,再到《新安后续志》,其中郡守如赵不悔、刘炳、倪祖常、郑崇实、朱霁等,相继作成。而《新安后续志》的纂修,更是得力于总管朱霁。

朱霁(1259—1320),字景周,泰安新泰人,初袭父官为淮东大都督知扬州,先后任扬州、平江、台州、信州、衢州、徽州等路总管。其中,扬州七年,徽州、平江、衢州皆五年③。所至政理廉平,名声流闻,

---

① 方回:《饶州路治中汪公元圭墓志铭》,见《新安文献志(二)》卷八十五,第396页。按:方回谓其本人有专文记载晦庵书院兴建一事,但查方文并未见,盖已佚失。
② [清]章学诚著,叶瑛校注:《文史通义校注》卷八《外篇三·为张吉甫司马撰大名县志序》,中华书局,1985年,第882页。
③ 按:苏天爵《元故通议大夫徽州路总管兼管内劝农事朱公神道碑》谓朱霁任徽州总管六年,而其于延祐三年(1316)任,至七年(1320)夏四月戊午以疾终,仅有四年半,按古人虚一年算也仅有五年。(《滋溪文稿》卷十七,第199页。)

吏民爱慕，豪强畏服，皆有政绩可纪。如：于台州，厘正赋役、咸蹉苛扰，增修府学；黄岩岁饥，未报亟出官粟赈民，全活万人；在信州，复稼轩书院，新其栋宇；于衢州，修治黄陵堰，溉田数百万顷。延祐三年（1316），时年五十八岁的朱霁进通议大夫，改任徽州路总管。时州岁贡纸数百万，皆由平民承担，民不胜困，多流离失所；朱氏查验户籍，转与田多者，但除其田租，民害始息。① 又修葺学宫，以造就人才为第一义；越三年，政行化孚，百废具举，始志于修郡乘。② 所以，洪焱祖称其"屡典大郡，以廉能称"，而其用心倡议、亲历恭为郡乘修撰，更是"吾邦数十年来所仅有！"

之所以要续修方志，借洪焱祖之言，朱霁认为原因有三：时间久远，朝替物迁，为后世祖考。"端平乙未（1235）到今八十余年，不为不久，况于中更归附，物有变迁，政有因革，今昔非可同日语，使二志不续，后将何所考乎？"前谓从《序志》到《后序志》，中间尚有两部志书；而朱氏谓期间八十余年郡乘未续，概因《新安广录》十八卷大部分为记序诗文，而《广录续编》一卷特载郡守郑崇实事迹，两者严格说都不能算作郡志，所以流传不广，成后不久即失传。③ 除此之外，根据胡炳文的说法，还有更深层次的考虑。

> 侯爱新安之民甚厚，故欲知新安之事甚悉；知其事愈悉，则爱其民愈厚。然侯非特欲自知而已也。书沿革则知昔人兴废之

---

① ［元］苏天爵：《滋溪文稿》卷十七《元故通议大夫徽州路总管兼管内劝农事朱公神道碑》，第200页。
② ［元］胡炳文：《云峰集》卷四《跋新安后续志》，第770页。
③ 按：胡炳文谓"前续二志本皆不存"（《跋新安后续志》），但洪焱祖《新安后续志序》言"取《广录》志书及己所访闻，合л县报章，重加修次"，此时《广录》应尚存，只是炳文未见之耳。但至明洪武十年（1377），朱同修《新安府志》谓"他如梁萧几王笃之《记》、唐之《图经》、宋太平兴国之《广记》、祥符之《书》，以至姚源之《广录》，则已不可得而见矣"（朱同：《新安府志序》，见弘治《徽州府志》卷十一《词翰一·序》，第383页），说明《广录》佚失于《新安后续志》成书后。

由，书户口则知今日版图之富，书山川则知扶舆清淑之攸锺，书贡赋则知上下征输之有制。以至桥道、馆廨、寺观、社庙，凡有关于民者，皆欲悉之以次书其中。如风俗、学校、人物非惟书之详，侯意于此尤拳拳焉。盖谓此文公父母邦，方今文治聿兴，极地所载，咸知宗文公之学。此则云之泰山、河之昆仑而鲁之洙泗也，后之为新安者而知此必能厚其民，为新安之民而知此愈当自厚。然则侯之此《志》不徒作矣。①

所谓知人论世，社会治理亦须如此，不了解一社会之历史与现实谈何教化治理，炳文此言径指人心，可谓深明此意。再进一步，朱霁"非特欲自知而已"，又将新修《后序志》刊于学校，欲士子书生、官吏黎民皆明古之沿革兴废、今之版籍图册、赋税征输之制与夫钟灵毓秀，既为普及地域知识，又能增强地方历史文化之自豪感。而更进一层，《后序志》详述风俗、学校、人物，拳拳于风俗教化，"不徒作"之意甚明。这一点，焱祖的话亦可佐证："来为此邦，重士爱民，兴举废坠，固非一端，又为经久无穷之思，以及于此。迹其用心，大抵耻于趣办目前，不肯苟同流俗，视赵（不悔）、刘（炳）、倪（祖常）、郑（崇实）四公，益可尚云！"②有"身任一代文献之寄"③的苏天爵赞其"治化表表"，"诚不多见"，观其事迹，实非虚誉之辞。当然，以上原因，却不无炳文之意，尤其是以鲁洙泗比之，更体现了徽州学者借朱熹而提升地域学术文化地位的意图。

为修撰《新安后续志》，总管朱霁贡献颇多。第一，文献准备。延祐五年（1318），朱氏令学官访求《新安志》与《新安续志》传本，校正重刊，以为续修之参考。第二，遴选人员，属洪焱祖总领其事。洪焱祖，

---

① ［元］胡炳文：《云峰集》卷四《跋新安后续志》，第770—771页。
② 洪焱祖：《新安后续志序》，见弘治《徽州府志》卷十一《词翰一·序》，第382页。
③ ［明］宋濂等：《元史》卷一百八十三《苏天爵传》，第4227页。

字潜夫(甫),号杏庭,时年五十二,任衢州路儒学教授;早年师事方回,又从"东南文章大家"戴表元游,曾任平江路儒学录、浮梁州长芗书院山长、绍兴路儒学正等学官多年。任上奖掖后进,兴修学舍。其为学根底义理,为文忱深思远,超然游意于语言文字之表。① 戴表元赞其诗文及为学谓:"诗优游隽永处,不减宣城(梅尧臣,诗文冲淡——引者);沉着停蓄,往往豫章(黄庭坚,为诗雄厚——引者)社中语;视永嘉雕琢②,俯手而徐就之耳。……谦躬强志,于书方无所不观,于理方无所不究。……其升阶而趋唐,入室而语古,不患不自得之。"③如此,政事、才学俱佳的洪焱祖成为郡乘修撰的合适人选。但洪氏初因"茫然靡有据依,屡以固陋辞",而朱氏"意拳拳弗释",洪氏只好受命。第三,提供行政上的支持。朱霁以徽州路总管的身份,"遍谕属县询访耆年、网罗石刻,使各条其说以告"。但属县官吏对此似乎并不热情,"居官者宁免视为阔迂,操引文者亦或倦于搜讨"。如此一来,朱氏恐"悠缓因循,将不克底于成",又"劝督再三",然效果并不理想,"则类皆苟且塞责,惟婺源州颇独加详"。《新安后续志》"历数月而成",之所以如此迅速,除了朱总管的支持和焱祖的才赋外,罗愿《新安志》的开创和模型之功亦不可忽视。

《后续志》在体例上延续了罗《志》,"其间凡例,悉依前志";且于史法上亦以罗《志》为榜样。罗《志》虽广征博引,论载甚广,但"其叙事又自得立言之法"④。罗愿认为,儒者著书具有微旨,"若直抄取计簿以为书,则凡吏之善书者足以次之矣;其施于事也亦然,若直据令

---

① 危素:《序洪杏庭焱祖集》,见《新安文献志(二)》卷九十五下,第595页。
② 按:永嘉之学以叶适集大成,叶诗清圆,而其门人"永嘉四灵"——赵师秀(字紫芝,或称灵秀)、翁卷(字灵舒)、徐照(字道晖,或称灵晖)、徐玑(字文渊,或称灵渊)则复为九僧晚唐体,成为"永嘉体"的代表,方回谓其"词工格乃平"。[清]顾嗣立编:《元诗选初集·紫阳居士方回·秋晚杂书十首》,第191页。
③ [元]戴表元:《剡源文集》卷九《洪潜甫诗序》,第116页。
④ 赵不悔:《新安志序》,淳熙《新安志》,第7599页。

甲以为治,则凡吏之毋害者足以听之矣",所以其"记山川道里者,非以示广远,务知险易不忘戒;录丁口顷亩,非以览富厚,务察息耗毋毺夺;其书赋贡物产,非以给嗜欲,务裁阔狭同民利;至于州土沿革、吏治得失、风俗之媺恶,与其人材之众寡,是皆有微旨"①。对此,清代学者章学诚称誉道:宋志十有余家,"范氏之《吴郡志》、罗氏之《新安志》,其尤善也。《罗志》芜而不精,《范志》短而不详,其所蔽也。《罗志》意存著述,《范志》笔具翦裁,其所长也。后人得著述之意者鲜矣。"②罗愿为修《新安志》,阅前史、国典并杂家稗说,访诸故老求遗事,又有郡守约敕诸曹遇咨辄报,谕属县网罗金石之文③,所以能以广博著称。虽有不精之嫌,但微旨具存,而此正为史家极看重者,也是修史最难做到的。正是博取和存意的结合,罗《志》"卒业成一家书……上下千载间,博采详摭;论正得失,皆有据依"④。在广博上,因种种原因,加之时间仓促,洪《志》无法与罗《志》媲美,这一点焱祖亦不否认,"矧代异年殊,事亦众矣,岂謮闻单见所能穷尽哉?"虽然,洪《志》却尽可能地祖述罗《志》笔削之意,"辄不自揆,取《广录》志书及己所访闻,合州县报章,重加修次",并得其真谛,"于贡赋之重轻、户口之息耗,以至州土吏治、风俗人才,间亦丁宁寓微旨,庶几罗公之心焉",而其"垂鉴戒,示久远"之愿见诸言表⑤。前引炳文言朱霁尤拳拳于风俗、学校、人物之深意,岂非焱祖之志哉?

附带一提的是,地方学者是方志修撰的主要参与和工作者,不仅体现在总撰者为地方文化、学术的重量级人物,更体现在当时地方名士的参与度上,同时其亦是宣扬教化并扩散、放大效果的主渠道。但

---

① 罗愿:《新安志序》,淳熙《新安志》,第 7600 页。
② [清]章学诚著,叶瑛校注:《文史通义校注》卷八《外篇三·为张吉甫司马撰大名县志序》,第 881—882 页。
③ 罗愿:《新安志序》,淳熙《新安志》,第 7599 页。
④ 赵不悔:《新安志序》,淳熙《新安志》,第 7599 页。
⑤ 洪焱祖:《新安后续志序》,见弘治《徽州府志》卷十一《词翰一·序》,第 382 页。

是,据目前有限的资料来看,似乎洪《志》在此方面做得并不够,如胡炳文之类名士修志之初"实不与闻",亦"不复有所为",只是书成方被朱总管聘至郡而知晓并作跋文一篇,在《新安后续志》失传后保留了一份珍贵的史料。也正因为此,洪《志》在博取上并不能令人满意,炳文所言"尊(指汪宗臣——引者)制文公赞之类,及老先生畴昔践履,皆当书入。为己之学,素不求人知,以致遗逸为可恨",虽委婉地为该书取材不宏作了点滴辩护,但仍尖锐地指出:"然此书可恨者,不特此也。"①而实际参与者王仪于此志亦颇有微词。②

从《新安后续志》的修撰过程来看,其主要是当地官吏和部分士人的行为,虽教化意蕴显而易见,然因参与人员之少、资料搜集有限以及成书时间较短等原因,一定程度上影响了其本身的文化教化意义。至朱明洪武十年(1377),徽州再次进行了方志的续修。

三 "劝农文"——官府教化的通俗形式

劝农文,是中国古代政府(包括中央、地方农业管理机构及其人员)张贴的一种专门劝慰百姓勤理农事的榜文,是官府教化通俗形式的体现。至宋代,劝农榜谕文大量出现,时人研究也主要集中在这一时期。元代,劝农文保存的数量不多,研究也较少③,而徽州地区存世的数量更少。

古代政府向来重视农业生产,蒙元统治者虽以游牧起家,但因农

---

① [元]胡炳文:《云峰集》卷一《与紫岩汪先生卅宗臣书一》,第740页。
② 王仪:《书胡云峰二程夫子祠记后》,见《新安文献志(一)》卷二十四,第308—309页。
③ 按:李修生主编《全元文》60册共收录17篇。苏力《元代劝农文对农民的劝化》(《农业考古》,2006年第4期)以王恽《劝农文》为中心研究了其所见的6篇。汪兴和的硕士论文《元代劝农机构研究》(暨南大学图书馆,2004年)则对劝农机构作了研究。另外,陈瑞《元代安徽地区的重农措施及其实践》(《中国社会经济史研究》,2009年第3期)对元代劝农文亦有涉及。

业为衣食本源、财赋所出，随着对农耕文化的接触、认同，也逐渐重视并加强对农事的管理和农业知识的总结。世祖中统元年(1260)，各路宣抚司下置劝农官，二年，立劝农司。至元七年(1270)立大司农司，秩正二品，掌农桑、水利、学校、饥荒之事；分布劝农官巡行郡邑，察举勤惰；地方长官以劝农系衔，兼管劝农事，岁终司农司及户部考核殿最；又命提刑按察司时加体察。二十五年，制行江南。仁宗皇庆二年(1313)，定置大司农四员，从一品。①

劝农诏令与官制建设也同时进行。至元七年(1270)颁农桑之制一十四条，规定县邑村落以社为单位，立社长以督农、劝教，不听者交提点官责罚，并大书所犯于其门，改过自新乃毁，终岁不改者代充本社夫役。另外，还规定了凶疾灾害的救助、河渠水利的浚治、桑果数木的种植、家禽的养殖等。二十八年(1291)，颁农桑杂令。② 三十一年，以江南长吏劝课扰民，罢亲行之制，命止张榜谕民。其后，成宗、武宗、仁宗也屡次颁诏，令各处劝农正官切实敦劝恤民，达鲁花赤约禁军马营寨、飞放围猎、喂养马驼人等食践田禾、损坏树木，地方官吏毋妄差扰以妨农功，违者重治，大司农司年终以其考殿最、为黜陟。③

另外，元代农学类书籍的编撰也卓有成效。至元十年(1273)，司农司即编印了七卷本农学著作——《农桑辑要》④；成宗大德四年(1300)，王祯于信州永丰县尹任上版刻了《农书》之《农器图谱》与《农桑通诀》⑤；

---

① [明]宋濂等：《元史》卷八十七《百官志三·大司农司》，第 2188 页。
② [明]宋濂等：《元史》卷九十三《食货志一·农桑》，第 2354—2356 页。
③ 《元典章(1)》卷一《圣政一·劝农桑》，天津古籍出版社，中华书局，2011 年，第 52—55 页。
④ [元]司农司：《农桑辑要·原序》，文渊阁《四库全书》(730)，第 200 页。
⑤ 按：《王祯农书》卷二十六《农器图谱二十》自谓："前任宣州旌德县县尹时，方撰《农书》，因字数甚多，难于刊印，故用己意命匠创活字，二年而工毕。试印本县《志》书，约计六万余字，不一月而百部齐成，一如刊板，始知其可用。后二年，予迁任信州永丰县，挈而之官，是时《农书》方成，欲以活字嵌印，今知江西见行命工刊板，故且收贮，以待别用。"又查光绪《江西通志》卷一百三十一转引自《元诗小传》云："王祯，字伯善，东平人，大德四年(1300)知永丰县事，以课农兴学为务。……著有《农器图谱》、《农桑通诀》诸书，尝刊于庐陵。"关于《王祯农书》，笔者曾作过专文，见林吉玲、王耀祖著《山东古代科学家》(山东文艺出版社，2004 年，第 103—114 页)。

第六章　元代徽州社会教化主体之二：官吏　293

延祐元年(1314)，鲁明善于寿郡任上撰两卷本《农桑衣食撮要》并梓刻，至顺元年(1330)再次刊行学宫①。《农桑辑要》、《农书》后与《齐民要术》、《农政全书》和《授时通考》并誉为中国古代的"五大农书"。元代统治时间如此短暂，居然独占两部，实令人侧目。而王祯与鲁明善两书皆创作于任官安徽时，于安徽地区农业经验的吸收及影响，却尚无人探讨。

徽州地区的劝农及其农事教化正是在这样的背景下进行的。前文已讨论了元初"九贤"的劝农举措，此处以劝农文为中心，结合元中后期至明初部分官吏的发展农桑的举措谈谈其中的教化意义。

目前笔者所能查阅到的宋季至明初徽州地区劝农文有五篇。唐元《本路劝农文》一篇，作文时间不可考，文中两谓郡守，系唐氏代元代徽州路总管所作②。舒頔《绩溪县劝农文》四篇：分别作于元惠宗至正十七年丁酉(1357)、元明之际的己亥(1359)、癸卯(1363)、明太祖洪武六年癸丑(1373)。丁酉、癸卯两文皆仅存残篇(分别存有前、后半部分)，后三篇虽作于元、明过渡期；但考虑到洪武元年(1368)前明朝尚未正式建立，其政策基本沿袭元代，且即使是洪武六年的劝农

---

① 文渊阁本《农桑衣食撮要提要》谓："此本有其幕僚导江张□《序》一篇，称明善辉和尔人，以父字鲁为氏，名铁柱，以字行；于延祐甲寅(1314)出监寿郡，始撰是书，且锓诸梓。又有明善《自序》，则称叨宪纪之任，取所藏《农桑撮要》，刊之学宫。末署至顺元年六月，盖自寿阳刊板之后，阅十有七年而重付剞劂者也。"([元]鲁明善：《农桑衣食撮要》，文渊阁《四库全书》(730)，第 291 页。)寿郡即元代安丰路，领一州五县：濠州、寿春、安丰、霍丘、下蔡、蒙城。《元史》卷五十九《地理志二·河南江北等处行中书省·安丰路》，第 1412 页。)监寿郡，即任安丰路肃政廉访使。
② 按：杜本《徽州路儒学教授唐公元墓志铭》(《新安文献志(二)》卷九十五下，第 594 页)谓与唐元平生相知者内中有徽州路总管孟淳一人。据弘治《徽州府志》卷四《职制·郡县官属》(第 124 页)，孟淳于皇庆(1312—1313)中任总管。柳贯《孟淳谥康靖》谓："故常州路总管孟淳，未及弱龄，袭其父爵，以二品之秩，佩七郡之符。计其所莅，若太平之控扼大江，婺、处之依阻岩险，信、徽之介居闽楚。随俗为治，不猛不宽，推其仁爱惠利之心，以成慈祥岂弟之政。"(《待制集》卷八，第 309 页。)崇祯《吴兴备志》卷五引《东林山志》文曰：孟淳，字君复，宋京湖置制使珙之孙，父兵部尚书缙举神童，宝祐二年知宁国，有《祭梅都官文》，谥文敏。淳幼强记，亦号奇童，年十二袭父荫，历浙西安抚使，转湖州路总管，谥康靖，洪焱祖称淳贤而长于吏事。估计洪焱祖《新安后续志》有其传记，惜书亡佚不见。

文，从内容上看也和前几文相差不大，所以此处不作区别，一并使用。另外，徽州籍外任官员劝农谕文，如休宁人朱模作于乙巳（1365）春的《六安州劝农文》、歙县人唐桂芳《湘阴州劝农文》，亦可补徽州地区的劝农文之不足。除此之外，还有一些官榜檄文，或德政文，如方回《徽州路总管许公德政记》、鲍元蒙《徽州路李总管德政记》等①，以及地方志的传记，于此亦可窥视这一时期徽州的农业教化思想及其所蕴含的教化价值。

1. 强调农事与教化之关系

古代传统农业社会里，农桑为衣食之本，"民生之本在农，农之本在田；衣之本在蚕，蚕之本在桑"②，这是劝农文中所反复强调的。如唐元认为："夫农者，天下之本，有国之急务。"③朱模云："民非耕不食，非蚕不衣，人所通晓，不待劝而勤者也。"④前者就天下整体而言，以农为国本；后者则以百姓个体立论，农为衣食所出，以正面引导之。舒頔代绩溪县令蔡美所作劝农文则谓："夫衣食者生民之本，匪衣则寒，匪食则饥，饥寒逼身，吾为此惧。"⑤县令所以"惧"，乃因职责所在。郡县长官谓之守令，又曰司牧，"所以济育群生，统理民物"⑥，其职责有二：养与教，"自罢侯置守，而大郡所治至数十万户，以其有养，谓之司牧；以其有教，谓之师帅"⑦。而养又为教之本根，正如舒頔《绩溪县劝农文（己亥岁作）》所云："夫农者衣食之本，王政系焉。非农则衣食缺，非政则教化衰，二者不可偏废。故郡有守而县有令，职以农事，所系不为不重。"⑧

---

① 弘治《徽州府志》卷十二《词翰二·记》，第397、395页。
② ［元］王恽：《秋涧集（一）》卷六十二《劝农文》，文渊阁《四库全书》（1200），第8页。
③ ［元］唐元：《筠轩集》卷十三《本路劝农文》，第588页。
④ 朱模：《六安州劝农文（乙巳春）》，见《新安文献志（一）》卷三十六，第469页。
⑤ 舒頔：《绩溪县劝农文（癸丑岁作）》，转引自李修生主编《全元文》（52），第326页。
⑥ ［晋］陈寿撰；［南朝宋］裴松之注：《三国志》卷九《魏书九·夏侯玄》，第296页。
⑦ ［元］柳贯：《待制集》卷八《孟淳谥康靖》，第308页。
⑧ 舒頔：《绩溪县劝农文（己亥岁作）》，《全元文》（52），第325页。

《绩溪县劝农文(己亥岁作)》作于徽州乱定之后,系舒頔代县令思明而作。至正十二年(1352)壬辰,徽州陷入战乱,烽火四起,室庐尽毁。十七年(1357)丁酉七月,朱元璋取徽州,动荡始告结束。八月,江淮知府答里麻识理任绩溪县令。答里麻识理,又名思明,字天章,号彻恩,高昌人。其为政廉明刚正,入职绩溪七月,苛繁敛扰之政废,民安于政教①;次年流逋甫归,赋平事简,又举坠兴废,修复翠眉亭,以兴教化。绩溪县城西一里有亭名"翠眉",以两山横列左右如眉黛而得名;亭旁有云台观,两相依附。北宋元丰末,苏辙宰邑,登亭赋三十六韵,亭益知名。壬辰,亭观皆毁于战火。至元十四年甲午(1354),道士王椿永迁建观于邑北,亭则无人修复。思明来徽第二年,即戊戌(1358)年,以"昔贤过化登览之地,讵可湮没耶?"遂会士绅卜建于观东,并于亭后为堂三楹,扁曰"溪山一览",中祠苏辙,以邑贤大夫配享,又买田二十余亩作为岁时祭祀、葺亭之费。居是亭,"梓橦峙其左,翚山耸其右,烟峦雾岫,隐见太虚,溪流洄洑,清彻无底,倚阑纵目,神驰思爽,若与造物者同游乎寥廓!"。时兵革虽稍停而未息,百姓方怀愁痛之心声,思明"转呻吟于欢笑,化愁苦为泰和",爱民之意拳拳,且名为修复游观之所,实乃为政之具,思明于政教之事可谓知且勤矣。②农事为政教之基础与延伸,所以乃有己亥青阳出郭、载酒肉劝农之事。

2. 勤而毋惰,毋违农时

勤而毋惰、毋违农时是劝农文首要强调的。首先,勤劳是不违农时的前提,春耕、夏耘、秋收、冬藏,每一季节有不同的农事,但时不我待,转瞬即逝,应抓住每一个环节;而春耕又最为重要,是收获的保障,"东作既兴,早起夜眠,春间最为要紧,古语云:一年之计在春,一日之计在寅"③。所以劝农文一般作于此时,如舒頔丁酉、癸卯两篇

---

① [元]舒頔:《贞素斋集》卷二《石印诗序》,第 567 页。
② [元]舒頔:《贞素斋集》卷一《重建翠眉亭记》,第 563 页。
③ [明]徐光启:《农政全书》卷十一《农事·占候》,文渊阁四库全书(731),第 142 页。

劝农残文所云："故每岁仲春之月,邑长率父老僚吏出郭,具酒馔,为尔劝农者,重农事也","仲春之月,花朝之辰,邑令率父老僚吏(以下文佚——笔者)"①。唐元《本路劝农文》曰:"古人云:一生之计在勤,一年之计在春。是时不可失也。俾尔父老归而督子弟:治尔耒耜,则器不钝;浚尔陂池,则水可潴;正定疆界,则邻息争;依时莳种,则物性遂。"唐桂芳谓:"东作甫兴,雨膏土泽,凡尔父兄长率其幼,壮助其弱,举趾在田,耕耨耘莳,凛不敢后。种之也时,获之也早"②。朱模劝农文亦云:"今兹春气已分,土膏融液,草木萌坼,农事不可缓矣。尔其率尔子弟,负尔耒耜,奋然东作可也。"均告诉农民,农时已到,应勤而毋惰,整治农具,准备耕种。

其次,勤劳是衣食的保障,"若农服田力穑,乃亦有秋",勤则有秋,惰则安有秋成之望?故民生在勤,"勤则不匮,先知稼穑之艰难乃逸,故君子能劳则有继"③。舒顿癸卯《劝农文》云:"陂池防埔之隤坏者筑之,田园土地之荒顿者辟之,男勤于耕,女勤于织,则衣食足矣"。而唐桂芳则从反面告诫百姓惰而无获、饥寒难免,"凡尔农之所有,悉皆力食,苟不昕昏作劳,五谷何从而生?百货何从而出?饥寒立至"。人生在勤,勤则不匮,"古语曰:'力能胜贫,谨能胜祸。'盖言勤力可以不贫,谨身可以避祸",但若"稼穑不修,桑果不茂,畜产不肥,鞭之可也;柂落不完,垣墙不牢,扫除不尽,笞之可也"④,所以,督课劝农文于惩罚亦毫不避讳。

再次,客观的地质环境与社会形势,亦要求勤劳,"徽介万山,山多于田,非他郡田连阡陌比。往往梯山而耕,尺甽而不成一亩。又以溪高易涸,干旱为灾,民生其间,劳苦太甚"⑤。徽州地处万山,土地

---

① 舒顿:《绩溪县劝农文(癸丑岁作)》附,见《全元文》(52),第326—327页。
② [明]唐桂芳:《白云集》卷七《湘阴州劝农文》,第900页。
③ [宋]王应麟:《困学纪闻》卷二,文渊阁四库全书(854),第183页。
④ [元]司农司:《农桑辑要》卷一《典训·经史法言》,第203页。
⑤ [元]唐元:《筠轩集》卷十三《本路劝农文》,第588—589页。

贫瘠而稀少，在商业尚未发展起来的元代社会，普通百姓除了勤谨力农之外，又有何办法呢？而宋元与元明之际，战乱饥荒不断，苛捐杂役频仍，如舒頔丁酉、己亥文所云，"自我令斯邑，遭时多艰，四方盗贼不息，干戈不宁，以致田畴荒芜，民受冻馁"，"今年以来，南北变乱，兵革不息，田畴荒芜，民多饥馁，非政不行，时势然也"，又使得生活愈加艰辛，百姓虽日勤一日，尚难免饥寒，"矧力役之繁，军需之冗，诚尔农之不堪也。但以勤补怠，以俭节费，庶几支缀喘息！"①

与劝农榜谕文并行的，还有一些文人的劝农述事诗，如孙嵩《冬夜杂兴五首》，其一云：

> 秋晚种穬麦，覆块青茸茸。兹物乃畏湿，沟作棋道通。江南地力瘠，百谷劳农工。秔稌蓄埭上，穬麦藏沟中。从今防蹂啮，早晚观麦丛。须纵牛羊食，勿信东坡翁。吾诗乃农谱，亦著江南风。②

指出江南徽州的土壤质地及穬麦、粳稻、糯稻的特性及种植、管理要求，须勤加锄理。再如方回《种稗叹》：

> 农田插秧秧绿时，稻中有稗人未知。稻苗欲秀稗先出，拔稗饲牛惟恐迟。今年浙西田没水，却向浙东籴稗子。一斗稗子价几何，已值去年三斗米。天炎使然赝胜真，焉得世间无稗人。③

昔日饲牛的稗子，今却价值三斗米，道出了灾荒之年，粮食的匮乏百姓的困顿，劝诫其稔年勤劳毋惰，多积蓄粮谷，以备荒年。这些

---

① ［明］唐桂芳：《白云集》卷七《湘阴州劝农文》，第 900 页。
② 孙嵩：《冬夜杂兴五首》，见《新安文献志（一）》卷五十一上，第 662 页。
③ 方回：《种稗叹》，见《新安文献志（一）》卷五十，第 644 页。

诗文虽不无文人之气息，但也并未有官府劝农文颐指气使般的说教。

3. 宣扬传统伦理纲常

劝农文最大的特色是不仅仅要劝勉农事，还要借此宣扬儒家伦理纲常，敦风益俗，力禁各类伤风败俗甚至是违法乱纪的现象。如在唐元《本路劝农文》中，此方面占了三分之一还要多的篇幅："且衣食足，然后知礼义。今天下郡县有学，乡社有学，门塾有学，皆立教法，使人趋善而避恶也。尔父老重告子弟曰：父慈子孝，兄友弟恭，则家道肥；男耕女织，不事游荡，则衣食裕；毋赌博纵酒食以破家，毋犯上讦阴私以败俗；斗狠违法者伤身，欺诈反复者致祸。皆尔农所当戒也。今而冀尔父兄念老守之言，朝夕无忘无怠，则醇风盎溢，善类汪洋，雨顺风调，五谷蕃庶。守之愿也，尔父老之所乐闻也"。舒頔癸卯文曰："子弟教以诗书，长幼知其慈孝，则礼义生矣。毋作非为，毋作盗贼，毋酗酒不孝，毋赌博取辱。有一于此，其罪非轻。"朱模亦云"大抵衣食足然后礼让，兴礼让兴然后彝伦叙，如此则尔等皆为醇厚之民，不负官长之劝矣。其或不听教条，不受告戒，惰其四肢，饥寒切体，靡所不为，甚者去顺从逆，陷于恶党以速天诛，悔将何及？"

除劝农文中宣扬教化外，元代徽州也有官员颁布教化意义更为明确的榜谕俗文。如歙人洪焱祖父亲洪椿，字子寿，至元十三年（1276）徽州附元时任歙县丞，后调仙居县主簿。仙居属江浙行省台州路，与处、婺二州比邻，为三州交界处，时有郭贼窃发，煽诱百姓，本县李念二亦趁机为乱。行省遣万户提重兵至，胁官吏手状，诬阖邑均为贼境，欲屠之。洪椿曰："盗止一乡，余民何罪，手可断，状不可与。"①以死争之，得免。在任五年，解官之日，囊无余钱。为申劝百姓，洪椿一到任即颁布陈襄《谕俗文》。陈襄，字述古，北宋中期侯官人，学者称古灵先生，任仙居县令时颁布《仙居劝俗文》，全文如下：

---

① 弘治《徽州府志》卷八《人物二·宦业》，第 269 页。

> 为吾民者,父义、母慈、兄友、弟恭、子孝、夫妇有恩,男女有别,子弟有学,乡里有礼,贫穷患难,亲戚相救,婚姻死丧,邻保相助,无惰农桑,无作盗贼,无学赌博,无好争讼,无以恶凌善,无以富吞贫,行者让路,耕者让畔,颁白者不负戴于道路,则为礼义之俗矣。[1]

4. 父老:基层教化的推手

在劝农文中,可以发现一个特殊群体的存在,即"父老"[2],在唐元和舒頔的前三篇文中均有提到。唐元《本路劝农文》谓"尔父老归而督子弟"、"尔父老重告子弟"。舒頔己亥《绩溪县劝农文》亦谓"邑父老为我呼诸农而告之"。两篇对读,似乎存在着这样一个劝农的程序:先由郡县守令召父老而告以农事,再由父老传达给乡农。农事丰稔,事关地方官吏考绩,所以每年开春各郡县均要行劝农之事;而郡县土地广阔,又因元廷曾以地方借课扰民一度罢除亲行之制,命止张榜谕民,所以长吏不可能也不必要亲自将所辖之乡村全部巡行劝告一番。这种情况下,官长往往带领父老择乡而行,余者由父老张榜劝谕。这样,父老就成为劝农时一个不可或缺的关键环节,在劝农教化中发挥着不可替代的作用。事实上,父老在农村基层社会中的作用并不限于此,下面再看一些比较重要的贯穿整个元代的乡老活动的具体事例,以此来审视他们在基层社会治理中所扮演的角色。

(1) 至元十三年(1276),万户孛术鲁敬下令屠歙、休诸邑,

---

[1] [清]黄宗羲:《宋元学案》卷五《古灵四先生学案》,第232页。
[2] 按:苏力《元代地方精英与基层社会:以江南地区为中心》研究了江南耆老在基层社会中地位和角色,分析了其在地方事务如劝农、风俗教化方面的作用。(天津古籍出版社,2009年,第225—240页)。因涉面广,故于徽州路用力较少,但对本文有一定的参考价值。日本学者中岛乐章《明代乡村纠纷与秩序:以徽州文书为中心》一书已涉及徽州的父老,他以唐元《本路劝农文》中的父老为例,认为地方官主要通过他们维持乡村秩序。(江苏人民出版社,2010年,第63—64页)。本文基本认同他的观点,但采用尚无学者使用的舒頔两篇《劝农文》残篇中的材料以及元代徽州有关"父老"事迹的材料,作进一步探讨。

歙人丘龙友等率父老诣军门①。

（2）至元十六年(1279)，方贡孙祁门令尹任满，"父老欲为立碑，且举留贡孙"②。

（3）大德丁酉(1297)，程深甫回乡拜扫程氏先祖新安太守元谭墓，世事变迁，墓地已寸耕而畦种，后经里社父老指画疆界，乃得收复。③

（4）大德十一年(1307)，宋节为歙尹，"首务劝农兴学，农有游惰者，从社长供申籍充夫役，俟改悔除名，捐俸倡修县庠，又谕父老遍立乡塾，训诲子弟，使知孝弟忠信"④。

（5）泰定丙寅(1326)，婺源霍口乡之父老陈惠、陈穰，砻石请胡炳文记彭王庙事⑤。

（6）至顺三年(1332)，即郑千龄逝世之次年，"里中父老白于有司，请改善福里为贞白，建里门，立石刻辞，以表著公德"⑥。

（7）婺源旧俗有"男女婚聘后，富则渝其约；有育其女，至老死不嫁者；亲丧，贫则不举，有停其柩累数世不葬者"，至元(1335—1340)初，干文传任知州，"即呼其耆老，使以礼训告之，阅三月而婚嫁丧葬之事俱毕"⑦。

（8）至元初，休宁县达鲁花赤额森托音初到任，即召父老，"宣布朝廷德意，示以法令所禁，使民知所趋避"⑧。

---

① 金梦岩：《九贤咏》，见《新安文献志（一）》卷五十七，第766页。
② 弘治《徽州府志》卷八《人物二·宦业》，第268页。
③ 程逢午：《晋新安太守程公墓记》，见弘治《徽州府志》卷十二《词翰二·记》，第394页。
④ 弘治《徽州府志》卷四《职制·名宦》，第148页。
⑤ ［元］胡炳文：《云峰集》卷五《彭王庙碑》，第777页。
⑥ 程文：《贞白先生郑公千龄行状》，见《新安文献志（二）》卷八十六，第411页。
⑦ ［元］黄溍：《金华黄先生文集》卷二十七《嘉议大夫礼部尚书致仕干公神道碑》，元钞本。
⑧ ［元］郑玉：《师山集》卷六《休宁县达噜噶齐额森托音公去思碑》，第52—53页。按：额森托音，弘治《徽州府志》卷四《职制·名宦》（第148页）作"也仙脱因"，其于至元二年丙子(1336)冬任满。

(9) 后至元二年(1336)冬,府判马桢佐治新安,官府修明,僚采协和,士修其教,农安其业,差徭不扰,租赋以时,乃延见父老,"询民水旱、疾疫所以致祷祀者,众谓忠烈王自唐至今,以功劳血食,祷应如响",次年乃重修郡北云郎山忠烈陵庙。①

(10) 至正五年(1345)春,唐棣"始至官,召父老问民不便者,皆以赋役不均告。君曰:'吾不可使胥曹任其事,为其并缘为奸蠹也。'乃听民自推择廉而干实者谘之。五月甲子,乡各举二人,君置酒县堂,申命之,戒以毋私、毋扰、毋欺,三月以籍至县。八月讫事,上其籍于郡。"②

(11) 唐棣主持核实田地后,耆老请汪克宽作辞赋一首,以美唐棣赋均之政。③

(12) 戊戌(1358)十二月庚辰,朱元璋"自宣至徽,召故老耆儒,访以民事",事罢,"乃赐诸父老布帛,抚慰之而去"④

(13) 田农告里之父老,言有虎涉于河,以逼某民之居者。⑤

通过以上事例,可以看出元代徽州父老在基层社会中主要肩负以下职责:第一,宣布朝廷法令,维护社会安定,例(1)(8)及劝农文中要求百姓毋得违法犯纪等;第二,表彰、颂扬地方官吏及有德之人,例(2)(6)(11);第三,处理乡村土地纠纷,例(3);第四,传达官府教育主张,致力于基层伦理道德建设,例(4)及《本路劝农文》中"尔父老重告子弟"遵循三纲五常;第五,与官府、士人一道构筑基层信仰与思想崇拜,例(5)(9);第六,协助官府致力于地方风俗教化建设,例(7);第

---

① [元]郑玉:《师山集》卷四《重修忠烈陵庙记》,第32页。
② [元]危素:《危太朴集》卷二《休宁县尹唐君核田记》,第407页。
③ [元]汪克宽:《环谷集》卷二《松萝老人辞》,第664页。
④ 锺亮:《南雄路儒学正白云先生唐公桂芳行状》附,见《新安文献志(二)》卷八十九,第471页。
⑤ [元]唐元:《筠轩集》卷十三《父老告社驱虎文》,第590页。

七,下情上达,向官府反映民情疾苦,例(10)(12)(13)。

可见,基层乡老的责任甚大,涉及政治(如社会稳定、宣扬法令)、经济(包括农事、土地纠纷)、文化教育、思想信仰等众多层面。而在处理这些事务时,乡老既扮演着教化实施者的角色,也充当着上情下传协助官吏、下情上达反映民意的媒质。

下面对本章作一简要小结和补充说明。就元代徽州推行教化的官吏而言,各级官吏均有着极大的热情。除前举洪椿外,较为典型者为郑千龄。郑千龄(1265—1331),郑安之子,郑玉之父,字耆卿,幼与鲍琚、鲍璨兄弟同游乡先生鲍云龙门[①],及壮用荐版授太平县弦歌乡巡检,捕以妖法惑民者,又设方略,察奸防盗,民安其业,乃建弦歌书院,日与诸生讲诵讨论典籍,后进皆师之。六年迁丹阳县延陵镇巡检,首谒吴季子庙,召父老谓:"昔季子薄千里之吴而不王,百世之下,遗风犹在,其民矧肯为盗乎? 公等幸为我户致此意,勿陷刑辟。"每月初一、十五日率吏卒谒拜祠下,远近化服。为淳安尉时,立朱子祠[②],表大儒钱时之墓,修淳安志书,举邑士吴暾、洪震老、夏溥充试有司,后皆知名。摄祁门尉,益以风化为急务,谕长老约束乡间,慎毋犯法;大修县学,作兴士类,建明伦堂,门庑、斋舍高壮宏丽;断狱一以伦理为重,邑民以婿为后,不许,以明氏族不可乱;叔父欲归从子之为僧徒者为后,许之,以明人伦所当重。千龄一生虽居官三十余年,而前半期所任不过为最基层、最为卑下的捕盗官,终任也仅为负责治安的官吏,却汲汲以教化为己任,并取得了显赫的治绩。光绪《淳安县志》谓"凡尉无出其右者"[③],其时何止是县尉,县尹甚至是更高品级的官吏

---

① 郑千龄:《鲍屯鲍氏族谱序》,见《新安文献志(二)》卷八十八《处士鲍公椿行状》附,第 448 页。
② 王仪:《新建朱文公祠堂记》,见嘉靖《淳安县志》卷十四,《天一阁藏明代方志选刊》,中华书局,1965 年。
③ 光绪《淳安县志》卷六《治行》,《中国地方志丛书》,成文出版社有限公司,1975 年,第 607 页。

又有几人能望其项背,程文谓"其所至,礼儒先,兴学校,举废坠,功绩反出县令、丞上"绝非夸张之言①。而吴暾更是站在"道统"的高度评价其教化功绩:"迩年以来,道学湮废,人心沦靡,廉耻之节交丧,功利之习日滋,无复识先生长者之盛德。则公之所以发明幽光、警畏薄俗,其正人心、扶世教之意深矣。"②所以其卒后,世人给予了高规格的葬礼:弟子私谥"贞白先生",里中父老白于有司改善福里为贞白,建里门,立石刻辞,"及葬,门人士友相执绋者数百人"。在元代徽州近百年的历史中,千龄所享受的待遇是绝无仅有的。其他若推官徐敏夫、休宁主薄胡大中、休宁尉窦万奴、祁门县主簿宋也先等。但就官吏推行教化的实际情况来看,路、州、县官长无疑更具发言权和有着更大的积极性,这从弘治及嘉靖《徽州府志》中所反映的官宦事迹可以看出,官长因推行教化得力而载入方志者要远远多于其他官吏,除本章以上所举外,代表者尚有:路总管:康天锡、许楫、郝思义;知州、县尹:宋节(歙县)、陈发(休宁)、唐棣(休宁)、干文传(婺源)、李祁(婺源)、薛居信(祁门)、王惟正(祁门)、张毅(绩溪);达鲁花赤:也仙脱因(休宁)、撒都丁(祁门)、实住(祁门)、张蒙完得(祁门)、徐忽都不花(祁门)等③。

谈到官吏教化,不得不特别指出按察司或肃政廉访司。其虽不属于徽州地方官吏系统,然在徽州社会教化中亦发挥了较大的作用。提刑按察司是纠察地方吏治和政治得失的地方监察机构,后改称肃政廉访司④。其所巡视地区称道,徽州路属江东建康道。监察范围包括民事、钱谷、官吏奸弊以及教化情况等。徽州学校的修建往往与

---

① 程文:《贞白先生郑公千龄行状》,见《新安文献志(二)》卷八十六,第412页。
② 吴暾:《融堂先生墓表记》,见嘉靖《淳安县志》卷十四。
③ 弘治《徽州府志》卷四《职制·名宦》,第147—149页。
④ 按:《元史·百官志二》谓至元二十八年(1291)改称肃政廉访司(第2180页),但卷十六《世祖本纪》谓丙戌(1286),诏改(第345页)。

其有着密切的关系,尤其是元初,如至元十五年(1278),江东按察副使奥屯希鲁至徽州,谋诸总府,重修徽州路学和紫阳书院①;至元二十六年,按察副使卢挚行部次县,议建晦庵书院。②

就教化内容和途径的侧重点而言,元代徽州官吏以兴学任贤、表彰节行和主持或参与地方信仰教化活动为主。但结合中国传统社会地方官吏教化的历史来看,元代徽州官吏在行使教化职责时,并没有多少创新之处,几乎仍为传统社会教化内容的延续。事实上,自从儒家成熟后,其所推行的政治与教化理想与策略已为后代定下了一劳永逸的基调,只要在儒家的传统下,就不可能有太多的谋新与创新之举。然而,具体到某一官吏,尤其是勇于作为者,往往能够审时度势、匠心独运,在新环境下灵活实施儒家的教化举措。另一方面,就理学的影响而言,不可否认,元代徽州的不少儒官都是在理学的浸润下成长起来的,他们当中不乏师承显赫的理学承继者,在施政时,个别官吏也能贯彻理学的主张;然总体而言,理学教化在他们身上的体现似乎没有像在儒士和学官身上那么明显。

---

① [元]方回:《桐江集》卷二《徽州重建紫阳书院记》,第172页。
② [元]柳贯:《待制集》卷十五《婺源州重建晦庵书院记》,第439页。

第七章　元代徽州教化与风俗
——以丧葬风俗为中心的考察

风俗是一个地区、社会经过长时间积淀所形成的较为稳定的风气和习俗，不仅包括人伦文化心理和生活习性习惯，亦包含节日庆典和礼仪。

元代徽州社会风俗以尚气节、喜读书、重家族和溺于阴阳学说为主要特点。尚气节和徽州人"性刚"、"豪健"的性格密不可分，加之理学教化的影响，愈崇尚"高行奇节，而尤以不义为羞"，因此其人易以理胜而难以力服[①]，元以后大量诉讼文书的出现与此不无关系。喜好读书的传统由来已久，唐代黄巢之乱中原衣冠大族避地于此，益尚文雅；宋尚科举，徽州名臣辈出，多为御史、谏官；自朱熹而后，士多明义理之学，有"东南邹鲁"之誉。中国自古有安土重迁的传统，然徽州犹愈于它郡，加之"山限壤隔"，造就了徽州的宗族社会和重家族的传统。这些风俗多数在元代之前已显露端倪，但无疑元代诸种教化力量的强化，使得它们愈益稳固和突显，并在明清社会得以延续。因在其他篇幅对以上风尚多有论及，此处不作详细论证。

以上所论风尚，多属优秀传统，而沉溺于阴阳学说则更多的是不良风气。其风俗以"昵鬼神"和"拘忌"为主要特点，影响徽州百姓生

---

① ［宋］朱熹：《晦庵集》卷八十《徽州休宁县厅新安道院记》，第653页。

活的多个层面,诸如婚丧、嫁娶、庆典、居室,而尤其体现在丧葬上,造成了"废事"和浪费的不良后果①。入元后,虽有个别官吏的严令禁止,不少儒士、家族也以身示范力图破此弊俗,以陈栎、赵汸等为代表的名儒也努力在学说上加以驳斥,然总体而言并未能撼动此俗,至明初仍延续着。与阴阳学说并行的是丧葬用佛道事。而一般被认为是朱熹所作的《家礼》虽在徽州有部分儒者研习和实践,但其中经理学改造的儒家丧葬理念并未能改变阴阳和佛道在丧葬上的影响。这一现象说明,风俗一旦形成即有着很大的稳定性,甚至可以用"根深蒂固"来形容,儒学教化的作用在此显得多么苍白无力!关于元代徽州丧葬风俗的研究,学界目前尚一片空白。

一 学者对《家礼》的态度及其实践

葬礼(凶礼)作为仅次于祭礼(吉礼)的"五礼"之一,向来受到传统儒家的注重,对之有明确的规定。而理学兴起后,朱子也较为重视丧礼,在《家礼》中有关于丧礼的专篇。徽州因朱子乡邦,士人较为注重对朱子《家礼》的研习和践行。但就史籍记载来看,元代徽州对《家礼》的重视程度并不高。

休宁程永奇(1151—1221),字次卿,于朱熹第二次(1176)婺源省墓时从学之,逾年而归。据叶秀发《格斋先生程君永奇墓志铭》称,永奇在乡用程颐宗会法合族人,行《吕氏乡约》,凡冠昏丧祭悉用朱氏礼,乡族化之。据朱熹门人黄榦等人记载②,《家礼》初稿完成后被盗,后朱熹逝世,该书方出。永奇所本是否为新出《家礼》,亦或为其从朱熹受学得闻之冠昏丧祭诸礼之思想,亦未可知。若此说属实,则

---

① 弘治《徽州府志》卷一《地理一·风俗》,第 21 页。
② 按:对于《家礼》一书真伪的历史争论可参见《朱子全书》第 7 册《家礼·校点说明》,第 859—862 页。

早在朱熹逝世后不久，徽州宗族即有行用朱熹《家礼》者。嗣后，婺源旃坑江润身(1217—1269)，亲丧，哀毁过制，一遵遗令，以文公《家礼》从事。① 江润身为朱学三传(朱熹—黄榦—何基—江润)，其父师夔，号存耕，善诗文，邃于理学②，概其已亲见《家礼》一书，不然不会让其子依《家礼》行事。以其子润身的生卒年推断，师夔生活的时代应晚于程永奇约一世(一般约25—30年为一世)，估计当在宋后期。也就说至迟到宋末，《家礼》已传至徽州。

但是元初，史籍所载徽州家族行用《家礼》者甚为少见，丧葬之礼或多采佛老，或用俚俗之礼，甚若士人亦鲜有能克自树立者，赵汸元末追忆其家族，即谓祖上"当其盛时，赀产擅一乡，家学以儒名，在官为命士，而丧祭之仪通乎礼俗"③。曹泾云："礼有学有教，将上之人之责，反化于俗，不少愧也哉！"④直斥当时士人"反化于俗"的不作为。而以陈栎为代表的以教化为己任的儒者，为事则多参用古礼，以实际行动对抗时俗、践行儒家礼仪。陈栎于朱熹思想和著作深有研究，《深衣说》一文屡质之《家礼》，且谓"文公《家礼》成于初年，未几为一辈行窃之，终身不及见。以故终身不及改，是以未尝为学者道之。……文公诸书，终身修改，后来定本，其中有与初年所著全无一语同者，使《家礼》不失，公及改之，岂终于此而已乎？"以《家礼》多有朱熹未定之论，因此对其持保留态度。⑤ 其葬父源长(1211—1287)，卒哭礼参用《仪礼》"士三日而殡，三月而葬，葬而三虞，遂卒哭"，谓"以此知百日卒哭，士丧礼也。今皆知百日卒哭之期，而鲜察三月而

---

① 曹泾：《庐州梁县尉事天先生江公润身墓志铭》，见《新安文献志(二)》卷九十五上，第584页。
② [明]戴廷明、程尚宽等撰：《新安名族志·后卷·江》，第529页。按：曹泾《庐州梁县尉事天先生江公润身墓志铭》谓"自存耕公上遡萧公十三世，居徙、官历、名讳，已见存耕公铭内"，然因史籍散佚，江师夔铭文已不可见，其学承、事迹无从获悉。
③ [元]赵汸：《东山存稿》卷五《东山寓舍安神主祝文》，第312—313页。
④ 曹泾：《文公丧礼考异序》，见《新安文献志(一)》卷十九，第264页。
⑤ [元]陈栎：《定宇集》卷六《深衣说》，第238页。

葬，始行卒哭之礼。去古既远，古礼不明，非一日矣。吾父之生允为吉人，天实相之，宜得吉地，三田之葬，明年始宜。厥今三月已逾，虽未能襄事，然将以下元（阴历十月十五——引者）后一日祗奉灵柩出殡新亭，是亦酌古礼而权行之也"①。"酌古礼而权行之"，似是无奈之举。《家礼·丧礼篇·治葬》亦以"三月而葬"，但陈栎未说据之，且卒哭亦不用《家礼·丧礼篇·卒哭》"三虞后遇刚日卒哭"。再看小祥（即父母丧后周年祭），陈栎亦未径取《家礼·丧礼篇·小祥》，而以"去古既远，礼制不明"，取《仪礼》之古礼而参酌时俗，除首经留腰经②，"除之也以顿不以渐"，异于古礼"除也以渐"；同时于古礼行练冠之礼③，亦"不复讲……惟追荐（泛称追悼、祭奠——引者）而已"④。再看大祥（两周年祭），陈栎据《戴记》"三年之丧，二十五月而毕"，又以"先王为之立中制节，贤者不得过，不肖者不得不及，又二十五月之外加禫服二月⑤，此礼家所以有二十七朔之说"⑥，遂用二十七朔，不取《家礼·丧礼篇·小祥》"自丧至此不计闰，凡二十五月"之说。又据《戴记》"直祭祝于主，索祭祝于祊"，于新旧、宅第俱安几筵，以祭先人神灵，表达"孝子求神所以不厌其备"之情感。此是元初陈栎对《家礼》内容有所保留的具体案例。陈栎之所以能如此，主要因其对古代礼制深有研究而较为谙熟，对时俗亦较为洞悉，发现了《家礼》中的问题和不合时宜之处，非普通士人所能为。事实上，陈栎不仅自家居丧

---

① ［元］陈栎：《定宇集》卷十四《先考卒哭祭文》，第 385 页。
② 按：《仪礼·丧服》"苴绖"，郑玄注云："麻在首在要皆曰绖。绖之言实也，明孝子有忠实之心，故为制此服焉。首绖象缁布冠之缺项，要绖象大带。"见［清］阮元校刻：《十三经注疏·仪礼注疏》卷第二十八《丧服第十一》，中华书局影印，1980 年，第 1096—1097 页。
③ 按：古礼亲丧一周年祭礼时着练冠，即厚缯或粗布之冠。《左传·昭公三十一年》："季孙练冠麻衣跣行。"孔颖达疏："练冠盖如丧服斩衰，既练之后布冠也。"见［清］阮元校刻：《十三经注疏·春秋左传正义》卷第五十三《昭公三十一年》，第 2126 页。
④ ［元］陈栎：《定宇集》卷十四《小祥祭文》，第 385 页。
⑤ 按：指禫祭至吉祭之间的丧期，父母之丧，二十七月而禫，庐墓二十四月，直到禫服内，方得回家。
⑥ ［元］陈栎：《定宇集》卷十四《大祥祭文》，第 386 页。

采用古礼,吊唁他人亦每每引用《礼记·丧礼》之文。①

而歙县向呆士人吴豫,为朱熹高弟吴昶之孙,世传朱学,"岁时荐享家庙、神主、祭器制度如古礼,一守学行规训"②。其子龙翰,丧葬亦不用浮屠,一遵古制。③ 龙翰子霞举,自幼受父祖过庭之训,著有《文公丧礼考异》一编。该书"视《家礼》为详","自男子至于妇人,自始死至于祥禫,自斩衰至于緦麻,自辟领加领至于笄纚总髻,有说有图有象,为经为纬,为源为委,条理秩然。其为说本之《仪礼》、《礼记》,若注疏而以文公《家礼》与尝言及之者折衷之,稍以己见佐其决"。以《仪礼》、《礼记》为本,折衷《家礼》与朱熹之言论,并以己见佐而决之;可见,该书虽名之《文公家礼考异》,实已出《家礼》之藩域。盖元初徽州学者多不满于《家礼》,故霞举乃有折衷于朱熹言论之举。对此,曹泾赞其"谓之文公忠臣可也",并为之作序,认为"礼坏教衰,不至者众,是书诚如指掌,何当人写一通,使之习于心目,尚企先王盛时之风俗,以自别于无礼之类"④,于当时礼教风俗大有裨益。霞举不但世其家学,居丧之礼亦如其父,"家祭必谨,讳日必哀,居丧不御酒肉,不用浮屠",反映了其好学笃行、学思行一以贯之,诚如曹泾所谓"夫不学何以识,非笃行亦谓之徒言"。而霞举子吴畀等居丧亦曰"不敢违礼……拟如先大父例"⑤。可见吴氏数世丧葬均依古礼,而于《家礼》仅为参考。至元中期,休宁陪郭人程荣秀亦有类似做法。延祐末,荣秀丁内艰归,治丧不用浮屠法,又以朱氏《礼》出文公既没之后,中多未定之论,复取文公言行之有涉于礼者,为《翼礼》以传。⑥

---

① [元]陈栎:《定宇集》卷十《答汪古逸》、《慰程前邨》、《慰友丧父》、《慰戴时敏》、《慰胡济鼎》,第328—330页。
② [元]方回:《桐江集》卷八《场圃处士吴公墓志铭》,第539页。
③ 曹泾:《吴教谕圹记略》,见[明]程曈辑撰:《新安学系录》卷十三,黄山书社,2006年,第244页。
④ 曹泾:《文公丧礼考异序》,见《新安文献志(一)》卷十九,第264—265页。
⑤ 曹泾:《吴教谕圹记略》,见《新安学系录》卷十三,第243页。
⑥ 陈祖仁:《元故江浙等处儒学提举程公荣秀墓志铭》,见《新安文献志(二)》卷七十一,第194页。按:程荣秀于嘉兴路儒学教授任上丁内艰,铭文未载时间,据万历《嘉兴府志》(第十三卷,明万历二十八年刊本)知任于延祐末。

可见,元中期前,徽州士人因对朱熹《家礼》持保留态度,故多用古礼。当然为对抗佛、道与俚俗,亦有学者主张采用《家礼》,如方回嘱其子曰:"属有客语我,法当营冡阡;儿曹勿过计,葬穴自有缘;只鸡可以祭,故絮亦足缠;但戒效俚俗,佛事徒喧阗;文公有《家礼》,夙已书诸篇。"①因朱熹的确曾撰《家礼》一书,且为程朱理学中最为切于人伦日用者,于教化关系甚大,加之元初诸名家对《家礼》的注解;至元后期,越来越多的家族开始认同并取《家礼》为家族礼制之本。就士人而言,倪士毅对《家礼》的实践应当引起重视。元统甲戌(1334),黟县傅岩人汪致道(1319—1375)治父泰初丧,一遵《家礼》。②特别值得一提的是,汪氏用《家礼》乃出于其师倪士毅之谋。泰定三年(1326),泰初聘士毅为塾师,教其诸子致道、存心(1323—?)等;越三年,又为士毅辟地筑室下阜里中,使奉父母挈家而居。自此至逝世的23年里,士毅均在黟县乡村授学。泰初逝世时,长子致道年仅十六岁,次子存心十二岁,尚无能力操持丧葬事宜,更不可能懂得用《家礼》。而士毅主张用《家礼》无疑得到了泰初本人的认可。泰初家世以儒学相传不坠,其本人研求无怠,常以躬行为重,在乡里以急义周乏、尊贤礼士著称,对程朱理学终身服膺,不但赞助士毅卒业,还曾开吟盟、勉励士子为学。③其有生之年盖与士毅讨论过《家礼》一书,并赞成身后之事遵用之,不然在丧葬多用佛、道的时代,作为外乡人的士毅不可能不受汪氏宗族的阻挠。元中后期,以倪士毅以代表的程朱理学新安传人,以个人身份、名望,主持汪氏丧葬并用《家礼》仪式,无疑对当时的徽州特别是文化传统较为薄弱的黟县宗族有着极大的冲击和教化意义,黄宗羲"黟人信其言而尊其行"之说并非虚言④。再如祁门王廷

---

① [元]方回:《桐江续集》卷五《示长儿存心》,第278页。
② 汪叡:《萧县令汪公致道墓志铭》,见《新安文献志(二)》卷九十七,第649—650页。
③ 倪士毅:《汪希贤泰初行状》,嘉庆《黟县志》卷十四《艺文志·元文》,第437页。
④ [清]黄宗羲:《宋元学案》卷七十《沧洲诸儒学案下·定宇门人·隐君倪道川先生士毅》,第2359页。

珍(1278—1335),逝前谓子存善曰:"尤昌下里之兆吾所自卜也,死必以葬我。惟礼制之大不可违,自始死至祥禫,其一遵朱子所定《家礼》。"①赵汸壬辰乱后,于东山寓舍建祠堂,"为四龛,南向作主之式,神位之次,大略取法先贤"②。"取法先贤"虽未提及《家礼》,然笔者将其神龛神主位次与《家礼·通礼》注文"祠堂之内,以近北一架为四龛,每龛内置一卓。大宗及继高祖之小宗,则高祖居西,曾祖次之,祖次之,父次之"对照,亦较为一致。可见,其亦参照了《家礼》。

虽然,元后期徽州士人或宗族丧葬礼可能已采用《家礼》,但就时人的描述来看,情况并不乐观,对此唐元描述道:"自浮屠十王之说兴,而天下无无罪之亲;自七七之教行,而天下废斩衰齐衰之服。是何待亲之薄耶!……余儿时犹见先辈执亲之丧,终三年服漆布巾者。近来不满小祥,易素为彩。习俗之变,士大夫亦恬不为怪矣。里人大祥,亲友助以鼓吹,殊不知凶经在身,遗哀未忘,孝子何闻乐音耶?"③唐元话语重心在于描述丧礼服饰及日常生活之变化,由此可以看出,宋末元初之际,徽州丧礼一遵三年之制,"服漆布巾";但元中期以后,里俗丧葬不满周年,服饰即"易素为彩",两周年甚至出现了"亲友助以鼓吹",严重"逾礼"了!对此民间"习俗之变","士大夫"居然"亦恬不为怪",可见儒家教化未能变风俗,行使教化之责的"士大夫"反而"默许"甚至"顺从"了时俗。由此亦可认为,嘉靖《徽州府志》所谓徽州丧礼一尊《家礼》的情况④,至少在元代是站不住脚的。

二 释、道的底层教化与儒者的抵抗

嘉靖《徽州府志》卷二《风俗志》谓:"歙、休丧祭,遵文公仪礼,不

---

① [元]郑玉:《师山集》卷七《处士王君墓志铭》,第55页。
② [元]赵汸:《东山存稿》卷五《东山寓舍安神主祝文》,第313页。
③ [元]唐元:《筠轩集》卷十三《论近世丧礼》,第593页。
④ 嘉靖《徽州府志》卷二《风俗志》,第67页。

用释氏。然祭奠顾侈,设层台祖道,饰以文绣。富者欲过,贫者欲及,一祭费中家之产。"歙县、休宁丧祭悉遵朱熹《家礼》,应指明代以后之情形,元代只是个别学者和家族能够如此,上文所举之案例是目前笔者所仅见的几例。就整个元代徽州而言,葬丧礼俗用佛、道与占卜青囊术,几乎成为普遍的社会现象。

元代徽州丧葬作佛事,已成为风俗,"佛入中原祭礼荒,胡僧奏乐孤子忙。后邨刘公(刘克庄——引者)叹之久矣",连儒士亦谓:"平昔非不知佛事不足为、古礼所当用,一旦不幸至于大故,则族姻交以不孝责我,虽欲不为,不可得已",鲜有能逃脱者。就陈栎所见,宋末元初徽州家族仅休宁范启、歙邑吴龙翰两家不为佛事。范启,字弥发,号求迹,休宁博村人,博学穷理,从学于沈贵瑶,为朱学三传;家赀巨万,志节高尚,不乐仕进,得林泉之趣,创"风月亭",又别业创楼曰"宗绍",岁时聚族其上。宋理宗三征不起,赐号"风月处士",著有《讲义》、《鸡肋漫录》、《管锥杂志》、《井观杂说》等。子元奕,号栎山,师程若庸。[①] 范启家族不为佛事,盖和龙翰(见"元代徽州社会教化主体之一:儒士"章)家族一样深受朱学影响之故。但是一般士人和家族,虽有"知之(采儒礼,毋作佛事——引者)者多,而能行之者寡,不摇于俗论,则夺于妇人",陈栎居父丧的例子,可以为证。

> 先考之殁也,来吊者见勉曰:"纵不斋佛,亦必声钟应之。"曰:"升屋而号告曰皋,某复此儒家之声钟也,欲声佛家之无常钟也何为?"又有曰:"纵不为佛事,亦必填受生。"又应之曰:"民受天地之中以生,夙兴夜寐,无忝尔所生,此儒家之填受生也,以纸寓钱填受生也何为?"此不肖所以不摇于俗论者也。吴氏女兄,明敏知书,习闻家法,固无异论。吾妇朱,其父兄信佛甚,亦化

[①] 弘治《徽州府志》卷九《人物三·隐逸》,第303—304页。

之,无异论焉。此不肖所以不夺于妇人者也。

陈栎居丧不动摇于俗论,又化服妇人,不为佛家斋、钟、填受生等诸事,而以儒家之礼为之,与其家族传统不无关系,其"先曾祖平生不好佛,故治命命先祖曰:'如我死,丧葬其略参用古今礼,谨毋作佛事。'先考、先叔所以丧先祖、祖妣,不肖所以丧考妣,皆不敢变"。陈栎又将此书之族谱,定为家法,"儿辈听之,不守家法非吾子孙,吾岂惟望尔之不敢变哉?将世世望子孙无变也",其目的正如程颐一般——"吾家治丧不用浮屠,洛中亦有一二人家化之",化民成俗之意跃然纸上。但是,毕竟此时陈栎人微言轻,隐然感觉到时论流言的非议,"然程子大贤,范(范启——引者)、吴(吴龙翰)富者,人无敢非之,吾家三世不幸皆贫,流俗不过曰:'是贫甚不能为,故立异耳。'嗟乎!安得家肥屋润,更酌古礼行之,以一洗流俗之言哉?"其抵制佛事,又不无心有余而力不足之忧;但其与佛、与世俗斗争的决心决不动摇,"流俗之所谓不孝也,乃我之所谓孝也;流俗之所谓孝也,乃我之所谓不孝也"。①

陈栎居丧奋争一事正说明元初徽州百姓遇事斋佛已成为一种社会风俗,佛教业已深入社会底层和普通大众内心深处。在家族宗祠章节中,可以发现这时期很多家族的祭祀或寿藏之所多选择依附于禅寺、道院,以捐田、出资等形式雇佣僧、道等负责守墓和祭祀事宜。即使家族自建祀所,名之观、庵或道院者亦不在少数。且对于这种形式的寿藏、祭祀之所,即便是禁止本宗本家事佛、道较为激烈的学者,碍于时俗和人情,也还是表现出了极大的宽容,不少学者甚至还极力挖掘其中所蕴含的社会教化价值,这从他们为此所作的记文中可以看出。如休宁率溪何氏为官宦世家,其子弟有入等慈庵祝发为僧名

---

① [元]陈栎:《定宇集》卷十五《陈氏谱略·本房先世事略》,第 391—392 页。

碧庵（1252—？）者，以儒家立场视之，其身入空门、离弃父母本为不肖之举，然因其积财购田，既托于其侄为烝尝之资，又入庵为常住以奉先世祀，陈栎赞其行为"出伦纪人而其事关伦纪，可尚也"，并在此表现了对佛教及其教徒的认可："儒、佛有异教，教以孝无二理。……表而出之，非徒为学佛者劝，亦使儒名墨行者愧矣！"①在另一篇文——《星洲寺记》中，陈栎也表达了类似的看法。陈栎前后态度对比，正好印证了葛兆光的说法：儒家要照顾到佛道在民间存在和影响力的现实，而佛道为了争取生存空间也要做出必要的妥协和调整。②

佛、道为普通民众所认可，可视为二教在民间教化的得力。佛教入中国后，为适应中国的传统和现实，对自身作了重大调整，抛弃了不问俗世的一面，某种程度上已成了入世的宗教；加之其自身思想的蛊惑性和普通百姓寻找思想寄托之需要，深受普通民众欢迎，统治者亦对此大加利用。而元廷对所有宗教一视同仁的政策③，以及佛、道为避难之所的独特地位，都使得二教在教化上有着得天独厚的优势，"兵兴以来，百楹千楹之家，顷刻羽化，惟佛老之徒得全，杰者托于佛老而恣，庸者依于佛老而苟，中人藏其身于佛老之间，亦可以粗安田里，而无他虞。"④而佛教为争取民众，益加注重借用儒家的教化传统，以施惠而行教化的案例比比皆是。在宗族教化章节中，笔者曾举黄石施水庵的例子，该行为的支持资助者固然为宗族，但其实际执行者却为佛徒，对此郑玉描述并评价道：

    佛者之徒，结屋道傍，设粥具箸；遇人辄合掌恭敬，捧盂而

---

① ［元］陈栎：《定宇集》卷十二《等慈庵记》，第343页。
② 葛兆光：《古代中国的历史、思想与宗教》，北京师范大学出版社，2006年，第120页。
③ 萧启庆：《元代的儒户：儒士地位演进史上的一章》，见《元代史新探》，台北新文丰出版公司，1983年，第37—38页。
④ ［元］方回：《桐江续集》卷三十六《善应庵记》，第718页。

前,如子弟之事其父兄;及其去也,欢喜饯送,如主人之礼其宾客。济人饥渴之苦,曾无德色于人。……虽然,饥然后为之食,渴然后为之饮;视人之饥犹己饥之,视人之渴犹己渴之,本吾圣人之事。佛氏最后入中国,乃能得吾圣人遗意,于道路辽绝之处,天气炎歊之时,为糜以待饿者,为饮以待喝者,使行旅无饥渴之患。虽吾圣人以己及人之心,亦不过推是心以往耳。①

将教化美好的图景想象为儒家"圣人"的杰作,这是士人的一贯传统和做法,儒、道的教化举措被贴上儒家的标签也就较为容易理解了。而更有借行医传扬教化者,如休宁云山庵上人"以疾病为道场,以汤液作佛事,救疗一切患苦,无二无别"②。除了祈福、丧葬等和百姓日常生活密切相关的活动外,释、道亦会借助大型的宗教活动以达到布道、教化的目的。如郡城九月十五日的净土会、婺源四月八日的饭僧大会。每年的九月十五日,农事完毕,徽州郡城城西的向杲寺会合四方善信作净土会,号曰"西莲社",凡乡党闾里、父兄子弟皆会于此。信徒捐赠布施,迎神祈福,期间星移物换,世异人殊,虽经德祐、至元鼎迁运改,亦未尝废辍,至元后期已有160余年的历史。对此,官府会加以利用,官员或名流会前往主持,如元初歙县尹郑安曾主是会,其子郑千龄家居时亦常往参与。普通百姓参加此类宗教活动,除祈福上香外,多为看客凑热闹者,"见其蒇事之夕,旄倪咸至,序齿而坐。饮食之际,内外肃然。已乃结跏合掌,默诵朗宣,气象雍容,有足观者"。然在佛、儒与官府看来会有着不同的教化意义,佛会以此吸引善男信女,广化布施,而儒者却谓"修设佛事之余,因其长幼之序,语以孝悌忠信之道,……岂唯足以资其冥福,而于皇极之福亦有助焉!"③

---

① [元]郑玉《师山集》卷五《黄石施水庵记》,第 42 页。
② [元]赵汸:《东山存稿》卷四《云山庵记》,第 276 页。
③ [元]郑玉:《师山集》卷五《向杲寺重建弥陀殿记》,第 39—40 页。

佛、道与儒在教化上各有价值，本可相互补充，元仁宗尝谓："明心见性，佛教为深；修身治国，儒道为切。"①官吏们即使儒吏对此也深有体会，诚如程钜夫所云："孔、释之道为教虽异，而欲安上治民、崇善闭邪则同。后世之士，各尊所学，更訾迭诟，莫归其极。"②虽然如此，以程朱阙里、朱子传人自居的徽州士人，出于巩固儒家道统地位之需要，对佛、道蚕食儒家地盘、深入儒家教化之境，表达了强烈的不满和抵制。其抵制主要体现个人私生活方面，尤其在丧葬上。除陈栎外，如宋末江润身以佛氏助长恶端的事例训诫子孙不可事佛："佛氏劝人为善，本不大畔于儒。至谓燃香诵经、饭僧一会，即涤阴慝，实无此理，祇足长恶，如胥吏辈为欺为虐，何所不至，每奉佛以自解。既恃有此，稔恶益甚，屠儿剑卒，操刀欲割，必诵佛号，亦此类也。吾州佛寺，半是黄巢时所建。吾邑四月八日饭僧大会，其重施者多出于椎埋之徒，兹岂非佛氏实长其恶乎？"③休宁石田汪云龙(？—1321)，没前亦以亲身经历戒子松寿："往吾常蓄符箓、神像，狎释、巫，其徒率善眩，为机械、药术奸惑，既而屏弃。圣贤言鬼神情状，久学乃知其非。身殁之后，敢有为二氏道场污吾名迹者，论不孝子孙。"子孙世守斯言，乡里皆取法其家④。甚至女性亦有反对用佛、老治丧者，如婺源高安程复心母亲齐静真(1232—1289)，慈俭雍穆，仪于内外，临终戒子治丧勿用佛、老。⑤

不但如此，元代徽州士人还将这种态度贯穿到学术研究和对历史人物的评价中。如东汉明帝"以孝治天下"，崇尚儒学，以尊师重道闻名，其在位期间"吏称其官，民安其业，远近肃服，户口滋殖焉"⑥，

---

① [明]宋濂等：《元史》卷二十六《仁宗纪三》，第594页。
② [元]程钜夫：《雪楼集》卷九《秦国文靖公神道碑》，第104页。
③ 曹泾：《庐州梁县尉事天先生江公润身墓志铭》，见《新安文献志(二)》卷九十五上，第585页。
④ 弘治《徽州府志》卷八《人物二·宦业》，第268页。
⑤ [元]程钜夫：《雪楼集》卷二十《程某夫人齐氏墓志铭》，第289页。
⑥ [宋]范晔撰，[唐]李贤等注：《后汉书》卷二《显宗孝明帝纪第二》，中华书局，1965年，第124页。

儒学繁荣、社会治理,史家以"明章之治"誉其功勋,向来受到儒者的高度颂扬。然而,陈栎却不以为然。明帝遣使入天竺迎取佛法,佛教从此流入中土,陈栎言其"虽有崇儒十分好处,不足言",将其一笔抹杀,"明帝崇儒之虚美不足,盖召佛之实祸,批教抑之太过。愚谓不过虚美耳,渠之崇儒,先儒于'富之教之章'已略及之,未是十分美事,毕竟邪正不两立,既有召佛入中国之大过,则虽有崇儒十分好处,不足言矣"[①]。可见,在以朱子学术忠实继承人自封的元代徽州学者那里,他们的正邪势不两立的观念是根深蒂固的,其排斥释道的思想和言论是坚决的、一贯的。正因为此,他们一生都要求子嗣不可接触佛、道典籍而忘祖训,更不可在日常生活中事佛信道,误入歧途。而逝世前谆谆告诫子孙,丧事绝不可用释、老也就容易理解了。

对于释、道企图会通三教,儒者也持不认可态度。如佛徒无碍子早年师孔孟,中年嗜佛老,著《言性录》,欲融通儒老佛,"期于性天之周流无碍",将孔颜之"乐"与老庄之"超然"、"逍遥游"以及佛氏"观自在"贯通。陈栎认为"此意良可嘉",但言性"则必纯乎洙泗、邹峄之渊源,而后通万世而无弊",并期望他能学张载"晚逃佛老而终师孔孟"[②]。与陈栎一样,大多数徽州学者并不认可佛、道企图借鉴程朱理学构建教化理论的做法。

三 风水与丧葬

受阴阳风水学说的影响,为逝世先人择吉日和吉地,作为民间丧葬的一种风俗,在元代徽州甚为流行。所谓事死如事生,为先人择土厚水深之地为体魄栖息之所,与葬之以礼一样,亦是体现表达孝思的

---

① [元]陈栎:《定宇集》卷十《答胡双湖书》,第302页。
② [元]陈栎:《定宇集》卷三《跋无碍子言性录》,第192页。

一种形式。然世人昧于葬地有关子孙穷达祸福之说，遂致先人没而累世不葬，甚者卜葬改迁，已背离儒家礼制。元代徽州学者出于敦风益俗之考量，采先儒之说，以程朱理学的立场对此进行了批判。

（一）经久不葬与丧葬时间举例

元末黄溍撰《嘉议大夫礼部尚书致仕干公神道碑》谓："婺源之俗，男女婚聘后，富则渝其约，有育其女至老死不嫁者；亲丧，贫则不举，有停其柩累数世不葬者"，干文传（1276—1353）到任，即"召其耆老，使以礼训告之，阅三月而婚丧俱毕"[①]。而至明嘉靖四十五年（1566）成书的嘉靖《徽州府志》卷二《风俗志》仍谓：徽州丧葬风俗，"亲殁，不即营宅兆，富者为屋以殡，贫者葺覆茅茨，至暴露不忍见者，由俗溺阴阳择地择日拘忌，以故至屡世不能复土举葬。"也就是说，元末婺源知州干文传的化风俗之举并未能延续。由此可见，风俗一旦形成，实难遽更。

事实上，丧葬停柩累世不入土的风俗并非出现于元末，也非仅婺源县如此。此种风俗遍及徽州一府六县，且在元初已经如此，这从宋末至贯穿于整个元代的丧葬案例可以佐证（见表11）。

表11：元代徽州丧葬时间举例

姓　名	里　籍	卒　年	葬　年	出　处
郑天麟	歙长龄里	至元二十年（1283）	至元二十六年（1289）	陈宜孙《学宾菊存郑公天麟墓志铭》
许月卿	婺源许昌	至元二十三年（1286）	至元二十四年（1287）	许飞《宋山屋先生许公月卿行状》
俞君选	婺源汪口	至元二十三年（1286）	大德七年（1303）	江霔《艮轩先生俞公君选墓志铭》

---

① ［元］黄溍：《金华黄先生文集》卷二十七《嘉议大夫礼部尚书致仕干公神道碑》，元钞本。

(续表)

姓　名	里　籍	卒　　年	葬　　年	出　　处
汪元圭	婺源回岭	至元二十七年(1290)	至元三十一年(1294)	方回《饶州路治中汪公元圭墓志铭》
黄孝则	歙县潭渡	元贞元年(1295)	大德十一年(1307)	赵若惺《处士黄公孝则行状》
陈宜孙	休宁城南	元贞三年(1297)	大德三年(1299)	曹泾《从仕郎扬州路通州判官弗斋先生陈公宜孙行状》
王野翁	歙县武溪	大德四年(1300)	大德五年(1301)	方回《王太古野翁墓志铭》
洪雷轰	歙县南里	大德六年(1302)	至正五年(1345)	郑玉《故慈湖巡检洪府君墓志铭》
程逢午	休宁汊川	大德七年(1303)	至大元年(1308)	邓文原《故海盐州教授程君逢午墓志铭》
戴杞	休宁隆阜	大德七年(1303)	至大二年(1309)	陈栎《处士南山戴君行状》
汪元	黟县傅岩	至大二年(1309)	泰定二年(1325)	陈栎《傅岩处士汪公孺人吴氏墓志铭》
郑千龄	歙衮绣乡	至顺二年(1331)	元统二年(1334)	郑玉《先府君休宁县尹方村阡表》
汪天佑	婺源凤亭	至元三年(1337)	至正六年(1346)	赵汸《处士汪君墓志铭》
汪应新	祁门桃墅	至元四年(1338)	至正二年(1442)	虞集《中山处士汪君应新墓铭》
吴玉林	休宁吴田	洪武三年(1270)	洪武十八年(1285)	解缙《吴处士伯冈墓志铭》
鲍颎	歙县棠樾	洪武四年(1371)	永乐某年	唐文凤《明故耀州同知尚絜鲍公行状》

表中所列 16 人,包括官吏、士人和乡绅,除绩溪外,徽州各县均有。从丧、葬时间来看,5 年以下下葬者 7 例,6—10 年 3 例,11 年以上 6 例,最短 1 年,最长达 43 年。从这些案例的记载来看,尽管有一些没有说明久葬的原因,但多数都有卜葬的字眼,尤其是丧葬时间较长者。俞君选卒后 9 年(1295)始得葬地,又 8 年(1303)筮筑圹,戴某资之厚葬。汪元没后,"二子深以二亲窀穸未卜为歉,甲子(1324)冬,青囊师指牛眠吉地在分水之原……地旁近田若山,皆辐凑璧完,若神授天相,然实公为善之报,亦二子孝感也"①,乙丑(1325)岁春二月十有六日襄事,距其卒已 16 年。汪炎昶逝世后,其子淮琛请赵汸作行状,赵谓:"尝闻录贤者,必详其所终,今窀穸之事犹未有期也,幸而克襄,其何敢辞!"②意即葬事毕方可作行状;后 19 年,从孙仲鲁始买地奉柩窆,而其时淮琛已死逾一年。歙南洪雷奋(？—1302),字声甫,元初曾任休宁黄竹岭、当涂慈湖镇巡检,所居平田数百亩,卒后,其子"惑阴阳家者言,遂不克葬"③,子皆没后,至正五年(1345)十二月,孙斌始葬之,已死 43 年。明初鲍颍(1232—1371)卒后,逾 30 余年方葬。

值得一提的是,在这 15 人当中,有两人为元代徽州著名理学家之父,即郑千龄与汪应新。郑千龄,郑玉之父,至顺二年(1331)四月癸亥卒于杭州传舍,郑玉奉丧而归,元统二年(1334)十一月壬寅下葬,即三年方葬。若出于因仕宦没于外,归葬而迁延,尚可理解;但郑玉葬母就显然非此因了,其母汪妙宁卒于延祐五年(1318),11 年后(即 1329)方下葬。汪应新,汪克宽之父,至元戊寅(1338)九月卒,至正二年(1442)十二月 4 年多方葬。若官宦、乡绅甚至是一般士人历久不葬,尚可理解,因为他们可能受时俗影响,或亦不采传统儒学或

---

① [元]陈栎:《定宇集》卷九《傅岩处士汪公孺人吴氏墓志铭》,第 292 页。
② [元]赵汸:《东山存稿》卷七《汪古逸先生行状》,第 336 页。
③ [元]郑玉:《师山集》卷七《故慈湖巡检洪府君墓志铭》,第 61 页。

程朱理学有关丧葬之礼仪与思想；而作为终身研究并叹服且以行程朱学说为己任的著名理学家，于儒家最为看重的丧葬之礼，郑玉、汪克宽的做法实难理解。虽然，他们未交代或因卜葬之故，但资料显示，郑玉对地理学说深信不疑，且自己于地理学有独到研究，曾以此学传授从弟郑琮①，所以其久葬亦因此故。

　　从以上案例可以看出，久丧已成为元代徽州地区丧葬的习俗，上至官吏贵族，下至普通士人，几乎皆不如此。其中说明原因者为卜葬之故，未道明者，是否和阴阳地理学说有关呢？笔者以为，虽不能肯定完全有关，但至少有部分如此。当然能求得士人作碑传铭文者，至少家庭中等者，至于下等普通百姓久丧未葬可能更多地出于贫困之故，陈栎的话语正透露了这一信息。其追述祖母丧葬事宜谓："岁丙寅（1266），祖妣殁，己巳（1269）谋葬事。是年，先叔（陈履正——引者）以力不能办，欲缓之，先考（陈源长）曰：'葬亲，何事也？吾当力撙节以办此。'自买舟以往，一切以为己任，毫发不以诿先叔，卒襄事。"②已停柩三年，而子履正仍以家贫欲缓图之，其兄源长不肯，尽管以亲丧葬不可缓为由，但其中定有卜兆不葬于事不吉之考量。陈栎父祖辈，虽家庭贫困，然比之下层百姓应是有余者。嘉靖《徽州府志》谓"由俗溺阴阳择地择日拘忌，以故到屡世不能复土举葬"，溺于阴阳学说，作为久丧之原因，大部分应指中上层之家。而富裕之家有的甚至数次卜兆或因之而数次改葬。休宁戴杞，英年早逝，没后六年方葬于乡之遐富原。该地原为祖产，去家十里，锺秀萃美，瀹郁环抱，初未知可葬与否。其妇金氏切切谋卜藏，夜感于梦谓吉地，遍诹葬师悉符其梦，遂葬。金氏又捐置山赀，左右前后，得之无遗，构屋墓傍，捐田谷净侣以虔香灯，期永无废弛。再如休宁冶山程心宇（1239—

---

① ［元］郑玉：《师山集》卷七《从弟琮墓志铭》，第56页。
② ［元］陈栎：《定宇集》卷十五《陈氏谱略·本房先世事略》，第391页。

1310），字天怀，自号肯堂，"平生喜谈地理，宅后蜷园，母夫人之葬既谐，佥论于经畬公（其父一麟——引者），卜兆凡三，不惜重费卒用闵口，筑屋买田以具祠事，赡守人既备也，又勇捐龙富己地以迁大父母塘坑之葬。崇孝急义，族党夸之。"①其行为得到族党的认同与赞赏，足见因卜而改葬之俗在当时的盛行。为此，因数次改葬，不少家族耗费了大量的财力和人力，如婺源旃坑人江润身己巳（1269）卒于宝应，庚午（1270）稿葬于无锡，甲午（1294）返葬于乡，乙未（1295）与夫人马氏合葬，其子"心宇于是大事终，而形神亦瘁矣"②。如此长时间的周折，对其子孙后代是很大的考验与折磨。一般家庭，惑于地师之说，资财虽不足以改葬，也力谋修缮先冢，如绩溪胡竹洲，本殷实之家，葬于富龙山杉木坞，孙胡樟，溺于术家风水之言，于葬地凿池聚流，以蓄其气，因资匮乏，馆于巨室，资笔耕以营之。③

其实，惑于地师而择日择地以致久葬甚至改葬之俗，并非仅存于徽州一地，后文两宋以来学者的言论可以证明在其他地方亦较为常见。然比之周围地区，徽州此俗较浓，元末期以后，它甚至向两浙地区渗透，下文唐棣谋生茔之例可以为证。

（二）地理学与徽州地理学传统

在中国古代，阴阳、地理、卜宅、堪舆、青囊等，往往泛指风水，学名为地理学或阴阳学。其研究范围甚广，上至天文（天文学，或称躔度学），下至地理（地理学，或称堪舆学，又曰青囊，风水为其分支）。"地理"二字出于《易·系辞》，但将"地理"施于丧葬则始于晋人郭璞。之后，经久不衰，发展成为专门学问，并成为一种风俗。元代，阴阳学

---

① 曹泾：《肯堂程公心宇墓志铭》，见《新安文献志（二）》卷八十八，第445页。
② 曹泾：《庐州梁县尉事天先生江公润身墓志铭》，见《新安文献志（二）》卷九十五上，第585页。
③ ［元］舒頔：《贞素斋集》卷三《跋竹洲胡君行述后》，第589页。

设于官府,各路均设阴阳学校与教授①。受此影响,其在民间较以前更为盛行,元代徽州流传下来的文集,其作者几乎都有与地理学家交往的记载。但设于官府的阴阳学和流行于民间的风水往往有所区别:前者多为术数天文学;而后者则为狭隘的地理学,即俗称之风水,主要涉及:卜地(择居丧地)、谈天(相命)、涓日(择吉日)等,其人一般被称为地理家或地师,俗谓"仙"、"葬师"。本文所谓地理学,即指民间狭隘的风水学。

民间丧葬采用阴阳卜兆之说,由来已久,《孝经·丧亲章》谓"卜其宅兆而安措之",宋人司马光释曰:"卜地决其吉凶尔,非若今阴阳家相其山岗风水也。"又谓:"世俗信葬师之说,既择年月日时,又择山水形势,以为子孙贫富、贵贱、贤愚、夭寿尽系于此。又葬师所有之书,人人异同,此以为吉,彼以为凶,争论纷纭,无时可决。其尸柩或寄僧寺,或委远方,至有终身不葬,或累世不葬,或子孙衰替忘失处所,遂弃捐不葬者。……使殡葬实能致人祸福,为人子者岂忍使其亲臭腐暴露不殡葬而自求其利耶?悖礼伤义,无过于此。然孝子之心,虑患深远,恐浅则为人所汩(扣),深则湿润速朽,故必择土厚水深之地而葬之。"②所以,对于当时流行的地理卜兆之俗,司马光深恶痛绝,尝欲焚其书、禁其术③。程颐《葬说》亦谓:"卜其宅兆,卜其地之美恶也,非阴阳家所谓祸福者也。……而拘忌者惑以择地之方位,决日之吉凶,不亦泥乎!甚者不以奉先为计,而专以利后为虑,尤非孝

---

① 据《元史》卷八十一《选举一·学校》记载:"世祖至元二十八年(1291)夏六月,始置诸路阴阳学。其在腹里、江南,若有通晓阴阳之人,各路官司详加取勘,依儒学、医学之例,每路设教授以训诲之。其有术数精通者,每岁录呈省府,赴都试验,果有异能,则于司天台内许令近侍。延祐初,令阴阳人依儒、医例,于路府州设教授员,凡阴阳人皆管辖之,而上属于太史焉。"(第2034页。)
② [宋]司马光:《书仪》卷七《丧仪三·卜宅兆葬日》,文渊阁《四库全书》(142),第500—501页。
③ [宋]司马光:《司马温公文集(二)》卷四《言山陵择地札子》,《丛书集成初编》,商务印书馆,1936年,第78页。

子安厝之用心也。惟五患者不得不慎,须使异日不为道路,不为城郭,不为沟池,不为贵势所夺,不为耕犁所及也。"①其主张择葬地,与司马光一样却不同意阴阳祸福之论。南宋吕祖谦②、杨万里③、罗大经④等人亦俱不信。理学集大成者朱熹信地之有理,谓"不可不择"⑤,而其弟子蔡元定发挥《玉髓真经》,则对地理学的发展产生了推波助澜的作用。

　　徽州丧葬卜地之俗,由来已久,宋代已较为流行。如休宁孝芝曹氏祖上四墓:一低山、二心田、三尖山、四枫林。葬师为言:"几时必贵,贵必盛。"后世登科者达6人。再如休宁陈氏十一世葬陈潭,地记云:"女生尚书,男做侍郎。"后亦中。⑥ 这种丧葬风水谶语的应验强化了普通百姓的信仰。入元后,因阴阳学立为官学和士子出路受限,加之受朱熹思想的影响,不少人专事此业,甚至儒者。如婺源游吉彰(1302—?),家传此学已十六世。其家学源于游氏外家、南唐国师何令通。南唐将亡,何令通预先知之,遁迹来婺源,投靠妹婿游潜,为人择葬地奇验,遂尽以其学授甥游翔。宋末,传至十二世有游克敬(1195—1279),早年即从伯父习家学,但受崇理学、竞科举之影响,亦励业于理学,屡试举业不第,遂专于青囊术,足目所到,心思赴之,至其妙处如解牛削鐻,人不能窥。克敬谓《狐首经》为地理书之祖,笺释

---

① [宋]程颢、程颐:《二程集·河南程氏文集》卷第十《伊川先生文六·葬说》,第623页。
② [宋]吕祖谦:《东莱集·别集》卷三《家范三·葬仪·筮宅》,文渊阁《四库全书》(1150),第181—182页。
③ [宋]杨万里:《诚斋集(二)》卷七十一《春雨亭记》,卷一百五《答朱侍讲》,卷一百十一《答罗必先省干》,文渊阁《四库全书》(1161),第11、334、406页。
④ [宋]罗大经:《鹤林玉露》卷六,文渊阁《四库全书》(865),第305—306页。
⑤ [宋]朱熹:《家礼》卷四《丧礼·治丧》,文渊阁《四库全书》(142),第556页。按:《朱子语类》卷第八十九《礼六·丧》谓:"因说地理,曰:'程先生(程颐——引者)亦拣草木茂盛处,便不是不择。伯恭(吕祖谦——引者)却只胡乱平地上便葬。若是不知此理,亦不是。若是知有此道理,故意不理会,尤不是!'"[宋]黎靖德编:《朱子语类》卷第八十九《礼六·冠昏丧·丧》,第2286页。
⑥ [元]陈栎:《定宇集》卷七《答问·问司马温公不信风水》,第247页。按:原文为陈栎与甥吴彬的答问,并无标题,"问司马温公不信风水"为笔者所拟。

数年而成。休宁端明殿学士程珌、侍郎王与权、歙中奉大夫吕午，皆推崇之，并为作引、跋刊布之；同邑梁县尉江润身，博洽重许可，谓其书于历学、数学、易学皆精，而神即气深得朱熹之旨。克敬虽得于经史，深于《易》辨，已进至儒者，然犹耻以一艺名家，课儿孙皆性命之奥，负笈从者皆贤达名辈。其子炳，质直好义，学博词工，五上太学；孙嗣，用奇出人意料，专于地理；曾孙冲古，儒、地兼通。① 玄孙吉彰世家学，又从学于儒者汪炎昶，至顺初以家学作馆，但"望其眉睫，观其进趋，聆其谈吐，觇其胸次，宛然一儒者"②，学儒已成为游氏家族之传统，但亦不可否认盖为饰其术。歙县人汪存正，字瞭翁，少习儒书，弱冠曾为童子师，不幸丧所，改业远游，初传祈川谢君躔度学，继传章贡曾君地理学，遂以卜地、谈天、涓日之术为业，又尝参校阴阳诸书，编一览历，同业多习传之。③ 歙人詹仲芳，家世传世业葬书闽地相人"形势"派，又习赣地推命"方位"派，遂合四百余年两派"判而不合者"之葬术于一身，"里之治此而能行者，未有或之先也"④。

以上所举业阴阳学事例，或得自家学，或由儒改习，或传自葬师者，然多欲儒、道、地兼通。因朱熹推崇地学之故，徽州儒者与地理学家多有交往，后者亦拜望、请教于前者，以为身价之资，这在方回、胡次焱、曹泾、陈栎、郑玉、朱升、赵汸、舒頔、黄枢等人的著作中均有体现。

(三) 徽州士人对地理学的批判

元代徽州丧葬风俗较多，如作佛道事、阴阳占卜以及丧祭奢侈等，时人往往不为此即为彼，甚者兼而用之。徽州士人对释、老丧葬

---

① 曹泾：《游君务德克敬墓志铭》，见《新安文献志(二)》卷一百下，第708页。
② [元]陈栎：《定宇集》卷二《送地理游季常序》，第184页。
③ [元]陈栎：《定宇集》卷二《送汪瞭翁序》，第181页。
④ [明]朱升：《朱枫林集》卷四《送地师詹仲芳序》，第60页。

持否定态度者大有人在,但对地理风水则态度复杂,宽容者较多。一方面是因为"地理"在儒家经典中有记载,不少儒士对此做过发挥;另一方面则是包括朱熹在内的理学家的"暧昧"态度。当然,地理学毕竟与儒学有着根本的不同,所以儒者的态度往往又是复杂的:现实中固然与地理学家有着诸多交往,且在丧葬上亦多取之;但在学理上,又不肯苟同,总是以儒家居高临下的姿态和眼光审视之,认为儒为学,它皆为术,劝诫地理学家应多研习儒家经典,而作专文批判之者亦不在少数。

元代徽州学者对地理学完全持正面肯定态度者见载不多,曹泾是其中的代表。他从学术发展的源头立论,认为古代学不分家,皆为一体,"古者学无不通,而业必以世,壹是以儒为命。《尧典》历象,《禹贡》水经,诗相阴阳,诰卜瀍涧,通也。"① 岐黄医宗,后夔乐祖,重黎羲和,代为天文、巫史、星历、卜祝,乃有司马氏父子世也"。作为儒者,曹泾又刻意强调儒学包容、贯通一切学术,"何以通?何以世?儒也,儒无所不知","壹是以儒为命";地理学家亦不可例外,以其祖郭璞为例,"其所注《尔雅》、《三苍》、《方言》、《□□经》②、《楚辞》等,皆大儒事。既儒矣,于《葬书》何讥?"③又以朱熹"论山陵以越土不如富阳,今而言验",蔡元定"自营其家冢墓,指时计效,亦复奇中,则有此事有此理,未可以茫昧视之"④。而休宁孝芝曹氏墓地正是其祖墓,故其深信之亦事出有因。

相比较而言,持反对态度的记载则较多。如休宁方塘汪深(1231—1304),曾任湖州安吉教谕,尝谓子曰:"葬者,藏也,欲人之不得见之谓也。古之善葬法者,莫如郭景纯(郭璞——引者,下

---

① 按:引书点校为:《尧典》、历象,《禹贡》、《水经》,诗相阴阳诰卜瀍涧,通也。不取。
② 按:原文"言""经"二字间缺佚两字,经查郭璞著作应为"山海"二字。
③ 曹泾:《游君务德克敬墓志铭》,见《新安文献志(二)》卷一百下,第706、707页。
④ [元]陈栎:《定宇集》卷七《答问·问司马温公不信风水》,第247页。

同),曷不逆善祖父之葬地,以免子孙斫头之祸?观胡澹庵(胡铨)、杨诚斋(杨万里)诸公之言,其不足信也明矣。脱有不讳,但求水深土厚足可以为朽骨之永宅。"① 婺源大畈汪宗臣(1239—1330),字公辅,号紫岩,幼师宗老汪瑜(汪瑜师沈贵瑶),逝前谓子孙曰:"吾学不名家,何功于世?吾没之后,治丧则称家有无,切不可过礼,不可作道、佛二家斋醮,亦莫为阴阳拘忌。汝等切不可违命,视吾死为无知也。"②以上两人皆为大家族,虽没有系统的论述,只是要求子孙丧葬毋须卜兆,毋用阴阳祸福之说,"求水深土厚"之墓地与"称家有无"皆古儒之说,于时俗更化的影响不可小视。方回的反对则直指人心、世俗,谓避害弃危乃人之常情,"葬祖父而不择地,子孙之所不忍";但卜兆"以四卦八干十二支,分向背,观山形,相风气,察地脉,原水势,定穴掩埋,谓死者获安,而生者蒙福",未必可信;而卜兆可能导致的危害,则是方回痛加斥责的主因,"予独患夫世之危罱不尽其当尽之天,而觊诸古所难测之天,不修其当修之地,而求诸古所难拘之地,心术不臧,学术不正,而责效于阴阳家者之所谓术,则将因循迁延,亲有不得其葬者,甚则改发迁徙,又有亲已葬而不得其安者"③。

陈栎则是元初以理学视角系统批判地理学的重要学者。他在为甥吴彬所作的《青可墓表》及与其进行的"风水之说"答问两文中,分别阐述了自己的看法和态度。陈栎以烛破世俗沉溺风水之"深入蔽锢"为己任,在《答风水之说》一文中,他引南宋名臣胡铨《与罗生尚志》书谓④:"《礼记》云'择不食之地而葬我焉',不云择阴阳向背也。九经、十七史……并不说寿夭富贵由葬地。吕子云'长平四十万人死,非葬

---

① [元]陈栎:《定宇集》卷九《汪主静先生墓志铭》,第290—291页。
② 汪斌:《紫岩先生汪公宗臣行状》,见《新安文献志(二)》卷八十七,第438页。
③ [元]方回:《桐江集》卷一《孙君山经序》,第47—48页。
④ 按:传世本胡铨《澹庵文集》无此篇。

时俱犯三刑;南阳多近亲,非葬时俱当六合',此说甚善。俗儒不读书,不见古人议论,溺于阴阳之书,背孔孟之道。"而当时流行的"曹氏'地记'之验及吾家(陈栎家族——引者)'陈潭地记'之说,不过相传如此,恐其中或带一半虚无揘合,……过后修补妆撰",明确表明自己的态度:"深思熟虑,证古伤今,只付之不足信可也。"自己能破之而不信,然"既归三尺土,子孙或有祸患泥于枯骨,从而改掘,虽智者不能为身后之防",又该如何呢?陈栎认为:"但自存方寸之地,以葬圆穹之天,感格得孝子慈孙不如此无理,庶几可免。然亦不必虑此,在世上一日,则做一日好人,读一日好书,死后万事皆空,自有死而不朽者,不在朽骨。"①既表现出其对自身道德学问"不朽"的信心,激励他人为此而奋斗;又暗示时俗的强大顽固和己欲变俗而力不逮的无奈。

而在《青可墓表》中,陈栎对《葬书》和风水丧葬之俗作了系统的批判,节选如下:

《葬书》非惟无益于人,反深贻祸于人;《葬书》非惟不灵于人,亦未尝灵于己。郭景纯以后之人,迷于其说,何其重不幸也?景纯忠于晋朝,为王敦所杀,然初焉,曷不逆善其祖父之葬地而庇子孙免斫头之祸乎?自卜葬地后,竟沦没于大江心,自谋如此,何灵于人?使葬术果可信也,葬师纷纷,曾无兴其家者,不过栖栖人门,以祸福怵人诱人,肆为欺诳而已。

葬者,藏也,欲人之不得见也。昔之贤者,谓死不害于人,择不食之地而葬我焉,盖欲择无用不毛之地,以不妨人之耕植,未始欲择吉地为后人利达富贵计也。愚人惑于葬师,见某家富实,某家宦达,必推其先某地出之,此地遂有名于时,名之以某美形。盛之久必衰,其衰也,子孙挟此地以售于人。贪者

---

① [元]陈栎:《定宇集》卷七《答问·问司马温公不信风水》,第247页。

捐其重赀图之,图之未得,讼而废者何限。幸而得之,举以葬焉,此其有名之地,遂如传舍,更代寄宿,不保其家之久而不衰也。衰则子孙又以售于人,而后之寄宿者又来居于斯矣。然后知不食之地,果为朽骨之永宅;而有名之地,不保其不为贵势所夺也。

葬有中道,如杨王孙之裸葬,固非矣。过之者,埋金自狗标所有以示盗,或记之籍以示子孙,又过为牢固以防之。子孙贫而自发者不少,为盗所发者尤多。发之必鬻之,未有不败者。败者、卖者必受祸,夫始买者亦或遭诬。厚葬之不特为身祸,其贻祸于人若此,反不如裸葬之不及者为无祸也。昔之厚葬,莫如秦皇,始不免项籍之发,末不免求羊之烟。薄葬莫如五季周太祖,惩唐十八陵之无不发掘也,遂纸衣瓦器以葬。孰为自祸,孰为自全乎?泥《葬书》以求福,而不顾子孙之衰微而卖之以取祸,与厚葬以自取发掘暴骨之祸者,其为愚蔽,一也。苏文忠公诗曰:"是处青山可埋骨。"达哉言乎![1]

在文中,陈栎首先以郭璞本人被杀之例,证《葬书》无益、不灵之验,葬师不过借此以为诱诳谋生之手段。接着指出古之贤者择葬地不过取无用之地,无为后人富贵利达之说;而"愚人"惑于葬师,以富实宦达,必出于祖上墓地之吉,于是"吉地""遂如传舍,更代寄宿",不仅不能保其家持久不衰,反成了衰亡的明证。最后,陈氏认为"葬有中道",裸葬与厚葬皆不应该,而厚葬之祸尤甚,并比之泥于《葬书》以求福者之举,前者"自取发掘暴骨之祸",后者"不顾子孙之衰微而卖之以取祸",两者皆愚蠢至极!

尽管在学理上,陈栎对丧葬占卜之说嗤之以鼻;但是面对着普遍

---

[1] [元]陈栎:《定宇集》卷九《青可墓表》,第293页。

信奉的社会现实,其做法又是灵活的,既与葬师有着诸多交往,又乐意为他人推荐地师。① 同时,在文集记载中,陈栎葬父母亦有"卜居"之举,"高祖之墓,考妣祔藏,余地可庐,或云允臧,先考存日,谋居此地,今焉卜居,实承先志"②;当然,其所卜应为古人求"土厚水深"之地之谓,不同于为后世谋宦达富贵之时俗卜葬之举。

赵汸是元末批判丧葬卜宅风俗的另一位著名学者,其批判主要体现在《唐尹生茔记》的《葬书问对》两文中。《唐尹生茔记》为唐棣所作。唐棣,字子华,晚号遁斋,湖州路归安县人,至正五年(1245)为休宁县尹,叹服于徽州故家子孙与祖宗坟墓相为久远至数百年。后唐棣弃官归,乃择"吉地"以为没日坟茔之所,请赵汸为记。浙右之俗,本不信风水之说,凡丧皆措诸水火;而"贤者所尚,俗必效",赵汸以"《葬书》不可尽信,吉地不可多得",恐当地人争相效法,"是死者虽幸脱于焚弃,而终不免于暴露也",遂以阐发葬地之说。在文中,赵汸指出葬地说是个奇怪的现象:虽出现于千载之前,而至今未明;虽非圣贤所传,而至今未止;其出现本为死者记,避免先人"泚之水泉、蝼蚁之害",却终归于利生者,为后世子孙宦达富贵之图;有信之,有不信之;有用之,亦有不用之。何以未明?家自为书,人自为法,而不可尽通。何以未止?有信之,有用之,故其传终不可止;且虽"不经而诡秘,未能家喻户解",但与先贤所作葬礼一样,关系人情物理,故终不可泯绝。所谓吉地,赵汸认为其本质"乃天道报施善人之一物尔,非可以智力求也。……惟善不加勉而徒恃不经之说,可以胜造化而昌后人,则余亦有所不信也。"③

《唐尹生茔记》虽为唐棣所作,然惓惓于教化之意甚为恳切,而《葬书问对》更为如此。在《葬书问对》一文的结尾,赵汸谓:"事有关

---

① [元]陈栎:《定宇集》卷十《与程材仲》,第 326—327 页。
② [元]陈栎:《定宇集》卷十四《先妣撒几祭文》,第 385 页。
③ [元]赵汸:《东山存稿》卷三《唐尹生茔记》,第 265 页。

于送终之大节,儒先君子有所不废,而流俗因仍,未能极其表里精粗之蕴与夫得失之由,故作《葬书问对》。"①即从学理上阐明葬地之本质,而其另一目的则是增与其友程植。程植(1315—?),字仲本,休宁汊川人。祖程逢午,从学于程若庸,元初任紫阳书院山长,事见官学教化篇。父程愿学(1276—1335),仕至长乐县尹,以廉才称。程植幼承家学,年十八师从陈栎②,又从朱升游;留意于地理学十余岁,审问明辨,弗得弗措,志于明理择术,"非世俗凡近之为"。程植既学地理学十余年,无疑会有卜兆之举,而赵汸以文遗之,借其行径行使葬地教化思想、敦风益俗的企图是非常明显的。

在《葬书问对》一文中,赵汸对《葬书》和葬地之说作了较为系统的分析研究。赵汸考察了葬地之说的历史渊源,承朱熹之说,认为其有"理",并以《葬书》为诸书中优胜者,但优点与谬说并现。如《葬书》谓"神功可夺,天命可改",赵汸以此说"大悖于理","夫盛衰消长之变一定,而不可推移者,虽圣智巧力无能为,盖天命之所存,而神功之不可测度者也。后世诸子百氏,好为异端奇论者众矣,未有敢易此以为言者",斥之"欺天罔神、谤造化而诬生民也,甚矣!世俗溺于其说,以为天道一定之分犹有术以易之,则凡人之为事,是非黑白、物我得失之细,固可以颠倒变乱、伏藏擒制于方寸之隐,发以遂吾私而无难,世道人心遂有不可回者,岂非《葬书》之言有以误之欤?禁而绝之,固善"。虽谬戾如此,然亦有善者,"固不可以为言者之失而蔽其善"。如"乘生气"之说,与班固所云"形与气相首尾"、"此精微之独异"、"而数之自然"相表里③,"最为得形法之要。……夫山川之起止合散,其

---

① [元]赵汸:《东山存稿》卷五《葬书问对》,第307页。
② [元]陈栎:《定宇集》卷二《送程仲本再往长乐侍亲序》,第183页。
③ [汉]班固撰;[唐]颜师古注:《汉书》卷三十《艺文志》:"形法者,大举九州岛之势以立城郭室舍形,人及六畜骨法之度数、器物之形容以求其声气贵贱吉凶。犹律有长短,而各征其声,非有鬼神,数自然也。然形与气相首尾,亦有有其形而无其气,有其气而无其形,此精微之独异也。"(第1775页)

神交气感备百物之情，故地形之书与观宫宅、人物者同出一原。而后世杨（杨筠松——引者）、廖（廖瑀）之徒，遂精其能而极其变，然后坤灵生息之机，得乘以葬而无失焉。盖非殊资异识足以尽山川百物之情，逆来顺往旁见侧出皆得其自然之数者，不足以语此。则其事虽鄙而理亦微矣。故其书愈多，其法愈密，而此三言者足以尽蔽其义。盖古先遗语之尚见于其书者乎"。可见，其批判与此前学者多或引古人之语、或出于经验推断、或凭个人感情好恶不同，既有基于唯物主义观的学理分析，又看到其中极为重要的关系人心、人伦和道德的教化价值。而大儒朱熹亦是鉴于后者，于此"有取"："大贤君子之事，不可以常人类论。古者三月而葬，凡附于棺者必诚必信，水泉、蝼蚁之为患至深，善腐速朽之藏，如委弃于沟壑。盖时有定制，民无得而遗焉，皆昔人知之而无可奈何者。伊川程公谓，死者安则生人安，乃自后世择地而言，其自然之理尔。朱子之葬必择地，亦曰为所得为，以自尽夫必诚必信之道，而不失程子之意云尔。然而君子之择，未尝有加于报施之常，则其托斯事于季通氏（蔡元定——引者）者，又岂有所歆羡期必也哉？固非可与常人类论也。"此说可谓得朱熹之本意，实为诸儒未见、未发之论。所以，赵汸明确告诫溺于葬地之说者："夫家之将兴，必先世多潜德阴善厚施而不食其报，若是者虽不择而葬，其吉土之遇与子孙之昌，固已潜符默契，盖天畀之也。后世见其先之鼎盛，而不知所自来，于是妙探巧取，牢笼刻削，以为不知何人之计，则其急于择地者，亦殖私规利之端尔。其设心如是则获罪于天，而自促其数者多矣。择而无得，与得而倍谬，岂非神理之显著者哉？"虽然，赵汸不免受传统儒家和程朱理学"天命论"思想的影响，然其却又反借"天"之权威以行教化之责。

在丧葬事宜上，"物理"难明，"而得失之悬于天"，作为子孙者如何"得为以尽其必诚必信之道？"赵汸认为很简单，"死葬之以礼，祭之以礼，敛手足形还之葬，与葬以天下，一也。故丧具称家之有无。夫吉地之难得，岂特丧具之费而已哉？先王制礼，严于庙以尽人鬼之情，而藏魄于幽以顺反原之变。其处此固有道矣。积善有余庆，积不善有余殃。秦不及期，周过其历，祈天永命，归于有德，而心术之坏，气数随之，此必然之理也，圣贤岂欺我哉！学士大夫秉礼以丧亲，本仁以厚德，明理以择术，得失之际，观乎时义而无所容心，则庶乎不悖于性命之常，而亦可无憾于慎终之教矣，岂非先哲之志而君子之道哉！"[1]既拳拳于宣扬儒家礼制，又谆谆教导世人厚德行善，其敦本益俗教化之意甚明。

---

[1] ［元］赵汸：《东山存稿》卷五《葬书问对》，第 306 页。

结　　语

　　从元代徽州社会教化的历史可以发现：儒士（包括儒者型学官）、士绅和儒吏是推行教化的主体；学校（蒙学、庙学和书院）、宗族是教化的主要介质；对于不同的教化客体，其内容、方法和要求也存在着一定的差异；注重由外在的"教"而达至内在的"化"，即由他律向自律的转化；指向社会实践。官吏教化的主要目的是出于社会治理的需要；儒者教化则在于使受教者通过知识文化的接受和伦理道德的养成，实现符合儒家要求的人的道德"提升"，并使社会在儒家设定的秩序基础上运行；宗族的目的则是使宗族子弟经由多种形式的教化，达至对宗族伦理观念的认同，并推动宗族的发展。可以看出，儒者更为关注人的教化，而官吏所在意者为社会，宗族则将注意力集中于族群和乡里。不同的教化主体其目的可能有所不同，所要开展的教化途径亦有所差别，但他们最高的目的与理想则基本一致，因为他们都身处在传统儒家的伦理社会中。

　　学校乃教化之本源与基础，也是推行教化最为重要的平台。在元代徽州，包括官吏、儒士、士绅和宗族等教化主体都注重借助这一平台来推行他们的教化理想和主张。然而，不同性质、不同层次的学校，所执行的往往是不同教化主体的意志，其中的教化客体（受教化者）也各有差别，而其所发挥的作用也各不相同。在各类学校中，蒙学是徽州社会中最为基层的教化本体,是教化下沉到民间底层最为基本的介质。不仅是因为在其中受教化的客体是"白板"一块的童蒙,对受教者起点要求低且易于教化;还在于它在民间甚至是乡村均有着较为普遍的分布,即相对的普及性和广泛性;更在于其对教化主体——儒士的水平、身份等限制不高,一般儒者、致仕官吏或者是高水平的理学家均可借助它实现着自己的教化理想和价值。所以,蒙学无疑成为元代徽州社会中最有活力的教化本体,对整个社会基础文化的普及、伦理道德的建设和风俗的净化均有着不可估量的价值。徽州蒙学的发展得利于诸多因素,如:宋以来的文化积淀,伴随着宋元社会变迁的文教政策之转变,尤其表现在科举的废兴上,元廷对发展小学书塾的鼓励,士人身份的变动,教育家对蒙学地位重要性认识的提高,以及理学的下沉、浸润和徽州理学家对践行、修德的重视等。从而使蒙学表现了繁荣的景况,形成了以私学为主体的多元化格局,出现了塾师的群体化现象和职业化要求,编撰了数量丰富、形式多样、内容通俗的蒙学教材与资源,理学思想内容成为蒙学的主导思想与核心内容,于理学社会化与民间化发挥了关键性的作用。

官学是学校的重要组成部分,是执行官方教化意志的主要介质,其兴修、建筑、礼乐祭祀、书籍文字等皆于教化关涉极深。入元后,在宋代官学的基础上,在元朝学校建置的指导下,徽州恢复并新建了一批官学,形成了比前朝更为完善的官学系统。它以儒学(或称庙学)为主体,包括徽州路儒学、六县儒学和官属书院(紫阳、晦庵、明经),另外还有蒙古字学、医学和阴阳学等。作为一地教化的重要平台,官学的兴废直接影响着本地官方教化的实施。通过统计时人的学校记文和地方志记载,可以发现元代徽州官学兴修频率较高,而前期又比中、后期频繁。学校修、建无疑是当地的文化盛事,也是一次极好的教化机会,更是地方官吏表功颂德、宣扬政绩和捐资者垂名的有效途径,所以会由学官或邀请名人文士撰文记颂,并刻石立碑以示久远。

学校及其修建的教化内容与价值是记文中最重要的部分，而撰文者也借此表达个人的教化理念、主张，所以本应该非常重要的修学事迹有时反而成了陪衬。

　　元代徽州官学的具体职能主要体现在两个方面：教学与祭祀。就层次而言，徽州官学为"大学"教育，其中庙学招收对象以"儒户"及官吏子弟为主，兼收本地一般士子；而书院则有着相对的自由，尤其是名儒主持的书院（如明经、师山等），招收学生不限身份、贵贱和远近。教学的实际承担者为"表仪乎学校，尤关系于纲常"的学官。学官具有官和师的双重身份，对普通民众和士子而言，学官不但是知识的化身，也具有政治权力的威严，所以他们在教化上有着比一般官吏和士人更多的优势，但也肩负着更多的教化职责。元代徽州学官由教授、学正、山长、学录、教谕、直学等组成，人数众多，不少名儒位列其中。从籍贯来看，徽州官学中本地籍学官占据着绝对的优势，从而主宰着元代徽州官学的学术和教化大势。这种情况也体现在书院上，尽管元代官府对书院的控制加强，山长多由朝廷委派；但徽州的情况却表明本地官府和士人的荐举起着较为显著的作用，书院有着较大的自主权。学官讲学的基本任务是学术传承，即传道授业，此时程朱理学成为徽州官学传授的重点；同时，他们亦注重以新儒家的伦理观念，陶冶化育士人和普通百姓，践行着理学深入百姓和日常生活的学术致用路径。讲学、传道、教化作为学官生命的重要组成部分，不少人事之终身而不殆，不少子孙亦承继祖业不辍，成为元代徽州的学官世家。

　　作为"程朱阙里"，元代徽州官学不仅建有孔庙祭祀孔丘及先哲先贤，还特别为朱熹、二程等建立专祠，体现了徽州官学祭祀的特色。徽州学校祭祀朱熹始于他逝世后不久，徽州府学与婺源县学均早于政府诏令建有朱子祠，而紫阳书院则是为专祠朱熹而建的一座书院。至元代，徽州学校普遍设立朱子专祠，或为原有祭祠的升格，或为新建，而元初所创的婺源晦庵书院则是徽州另一座专为祠祭朱熹而建的书院。徽州官学、书院祭祀朱熹，不仅因为其在学术上的贡献，"倡道东南，明伊洛以绍洙泗"，"以真知实践之学，绍圣贤不传之绪"，集儒学之大成，得"道统"之真传；更在于徽州婺源为朱文公阙里，乡人比之"鲁洙泗之邦"，"新安以书院奉朱子祠，如鲁之事孔子"。除祠祭朱熹外，以婺源州官学乡贤祠为代表，设有程颢、程颐专祠。专祠朱熹与二程，对于推动士人认可徽州作为"程朱阙里"的文化地位起到了不可忽视的作用。其他乡贤、名宦亦是官学祭祀的对象。祭祀先圣先师和乡贤，体现了徽州尊师重道的价值取向，以及广崇儒之意、开后学向道之心，同时也为桑梓后学树立了一个个修德、治学和为政的良好榜样。作为一种仪式，祭祀礼自产生之日起即被赋予了神圣的权威和社会教化意义，参加者正是在日复一日的仪式践履中不断自我暗示、理解并认可其价值与意义，从而化移为个体社会、政治和学术生活的指针，塑造了一代又一代的儒士群体，导引着中国古代儒家伦理社会的基本走向。

学校不仅培育人才、传承文化，还作养士风、使知礼仪，是昌明政教、净化社会的保障；然而由于诸如学事时有不修不讲、学田不足、学官良莠不齐等，学校教化难免受到限制。在元代江南，学田是学校的生命之源，学校运转、兴修、师生廪膳、祭祀、接济本地耆儒等皆仰给于学田。但元代徽州学田状况并不理想，虽间有增加，然数量甚少，多数官学处于仅能维持的状态。学田是制约官学发展的客观因素，非一般人力所能解决，而学官问题则系人为和政治不良所致。元初中期徽州学官多为前朝耆儒，但至中后期，老成凋谢，多资子弟、文吏之徒以及其他非儒者多借径斯途，本应"岿然山斗"的学官"多非其人"，德不称位，才不符名，"往往取败姗笑于时"，儒者遂发出了"公道泯矣"的感叹。

宗族教化是元代徽州社会教化的重要内容和基本途径之一。元代徽州宗族的发展为宗族教化创造了条件,而宗族对教化的重视又是宗族持续发展的动力之一。此时的宗族获得较为显著的发展,承传"数十世之胄"、居处"数百年之家"、蕃衍"数千指之人"的现象已经较为普遍,以致入元末士大夫"论天下氏族,必以新安为首称"。宗族的发展不仅体现在数量和规模上,更表现在对影响家族发展的深层动力的探索上,"业以诗书,显以衣冠,永以文献,此其所以喜谈而乐道欤"。这种探索已不是个别家族的无意识的行为,而是几乎所有家族普遍的自觉行为,它主要在四个层面展开:对教育的重视与理学的浸润,族谱的修纂与体例的完善,祠堂制度的进一步发展,"展省"礼的举行和规范。而这些内容也正是作为基层社会教化基本单位的宗族内部教化的集中体现。教育文化对宗族的价值通过个体和家学而得以体现。个体文化素质和教养的提升,家学渊源深厚而流长,都对家族的发展起着正向的推动作用,而家族对教育的重视正是基于此点考虑。

族谱修纂是元代徽州宗族建设的重要内容之一。元代徽州族谱编纂的首要原因是族谱损坏,而家族繁衍、理学阜盛则是直接动因。其编撰呈现了许多新的特征,诸如重德不重势、强调溯始祖、述迁徙、体例上突破欧苏谱式、注重笔法、会通谱的初现等。其主要目的不外有二:溯祖宗之本源,展孝思以尊祖;纪族人之繁衍,合亲疏以收族。其新特征和修谱的目的即已赋予了谱牒的伦理教化价值与意义,具体言之应包括:明祖源、生孝敬,笃亲睦以敬祖,为宗族立下行为处事的道德标杆和修身治学的圭臬;厘亲疏、序长幼,合亲疏以收族,阐明封建的宗族伦理等级秩序;彰道德、寓劝戒,正面宣扬福庆报德之说,敦风俗以益世。不仅如此,族谱亦会勉励宗族子弟努力读书治学,以"济人利物"的"圣贤之学"为学,以"合疏和亲"的"圣贤之志"为志,把修谱作为修身、讲学、明理之一部分,反映了族谱修撰对道德伦理教化的考量和受理学思想影响的特点。

元代徽州祭祀先祖主要有祠祭和墓祭两种形式。祠祭即祠堂祭祀，它是祭祖制度化的产物。徽州元代数量众多地关于宗族祠堂和具有祠堂性质建筑的记载，表明至迟在元后期以家祠为主体而家、族祠并存已成为典型的社会现象，而墓祠和异姓祠则体现了宋至明宗祠过渡期的特征。作为祭祀先人的场所，祠堂不仅寄予了后代对先人的思念之情，还是传统社会对宗族子弟进行明彝伦、序昭穆、正名分、辨尊卑等观念教化的重要基地，在时人看来其教化意义大于建筑本身。宗族祠堂不仅是祠祭的场地，亦是族人共同活动的公共场所，还被赋予了保存族谱和先祖遗物、赡养救济族人、设学教育宗族子弟以及社会救助等新功能和价值，成为元代徽州宗族和基层社会教化的堡垒。墓祭即在先人墓地进行的祭祀，它以每年春季正月宗族共同举行的"展省"礼最为重要，此礼族中男丁均须参加，不参加者往往会受到舆论的谴责。在元代徽州人看来，墓祭和"展省"礼是追思先祖、展示孝敬、收宗睦族的重要表达形式；它不仅昭示着一家一族的兴废，实系流俗之轨范，既是宗族教化的重要方式，亦是风俗教化的重要盛事。正是在墓祭礼仪的反复强化下，不少宗族、乡里已将对先人的祖宗崇拜转化为某种神灵信仰，祖宗成为当地思想信仰和风俗崇拜之重要部分，被赋予了更多的身份象征，进一步强化了族人在信仰层面和思想教化上的认同。

与此同时，宗族在外部教化上也充分展开。随着宗族经济实力的增长，不少势族非常热心于社会功德和公共福利事业，诸如修路、筑桥、赈济、施舍、安抚流亡以及调停纠纷、以礼俗化民、修建或修复道观、寺庙、先贤祠庙碑等。另外，因元末动乱，政府和官军的无力，徽州宗族亦积极组织保甲、团练抵抗防御"盗贼"，维护一方安宁，成效显著者如：歙县双桥郑璇、郑琏兄弟，休宁溪西俞士英、俞茂父子，陪郭程吉辅、国胜兄弟，万安任原、任序兄弟，婺源大畈汪仲鲁、汪同兄弟等。可以不夸张地说，元代徽州宗族已成为地方自治和教化的中坚，一定程度上弥补了官府力量的不足，特别是在战乱时期。宗族作为基层社会教化展开的"血缘单位",较之诸如乡、里、都、关厢等自然或行政单位,在开展教化方面有着更多的优势,如较为自觉且较少受政府的干预,注重子弟的道德修养,教化活动开展较为便宜,宗族内部有着自己的一套教化规范等。当然也存在着一定的不足,其封闭性和排他性非常明显,如族人出资创办的义庄、祠堂、塾馆仅面向宗族内部,一般不对非宗族及其子弟开放。

儒士是元代徽州社会教化的重要主体。元代徽州历史虽不长,然名儒辈出、著述丰富,成为徽州历史上学术文化最为灿烂辉煌的时期。究其原因和徽州的师儒传统及其师弟子传承密不可分。授徒和学术研究是师儒的两个基本使命,元代徽州师儒的教学经历也为其研究学术创造了条件。宋末元初,徽州的朱子学术传承主要在两个方向展开:一是先祖师承朱熹,后代以此为家学并授徒者。其初主要限于徽州内部,且多以家学的方式承继,故称之为"内传"。二,师自非徽州籍士人,即学术由外传入徽州,可称之为"外传"。"外传"主要来自非徽州籍朱熹著名弟子的再传人。在宋元之际,"外传"名师声望较大,弟子较多,在元初徽州学术上影响也较为显赫;然随着"内传"突破家族、弟子的成长和"外传"的本土化,入元中期,"内传"占据优势。进入元后期,以郑玉、朱升、汪克宽、赵汸等为代表的著名学者辗转易师,融内、外传于一身,塑造了元末徽州最后一代著名师儒。他们皆借书院授徒、治学,故"书院传承"占据主导。另外,在整个宋末至明初徽州师承传授中,还贯穿着一条隐线,即乡间师儒传承,简称"乡师"。与前三种相比,乡师地位并不显赫,知名度也不高,他们多数也不以培养高深的学问为目标,然而正是他们的默默奉献,保证了乡间教化的延续。

士人不仅是传统伦理道德的规划者,亦是道德和学术风标的引领者。传统教化最为强调士人的道德修养和觉悟,并注重以有德之士的人格风范敦风励俗。在元代徽州,大量的"尚节义"之士"学有所守"，以道自任，以研究学术为职志，为着个人的信仰、理想和追求，终身不仕。他们隐居乡间，以节义相砥砺，以风骨相标榜，以道德相高尚，以学问相切磋，以授徒教学为业，其气节、人格风范和学问修养教化了一大批士子。其事迹被时人及后人津津乐道，并被载诸汗青，后代官府、士人或为之作铭树碑，或建祠立庙，以示风劝。它在士人中间相互影响，形成了一种社会风气，由宋末至明初而不衰。

儒士和乡绅的复合体——士绅是教化的另一主体。宗族是士绅崛起的基石和日后教化活动的依托及对象，而儒学是促成其成为士绅的文化动力和教化学说的源泉。学术是儒士区别于士绅的根本标志。虽然在学术上，士绅比不上儒士；但在宗族和乡里教化中，因立身基层并以践行为职志，能将儒学教化思想和乡村的实际情况相结合，其教化也就更易为一般民众所接受。而儒士所构建的教化世界经由与士绅的交往以及学校、讲学、文章、碑刻铭文、教化事件等向后者、乡村传达。

需要说明的是，学校教化的主体——塾师和学官，皆为儒士，然并非儒士之全部。儒士中有的借助学校（塾馆、官学或私立书院）这一教化介质，来推行自己的教化理想和主张；有的或完全以学术著述为事，研究儒家或程朱理学中的伦理道德价值和思想观念；有的则以人格风范影响他人，敦风益俗；还有的以宗族为依托，致力于基层社会的教化。当然，现实中任何一名儒士都是生活在一个复杂的社会网络中，往往兼具数种身份从而融汇多种教化于一身。

官吏是政府教化主张和思想的推行者。在元代徽州，教化不仅是地方官长的事情，各级官吏均有所贡献；但就实际情况来看，路、州、县官长无疑有着更大的责任和积极性。作为元代徽州官吏教化的典范，"九贤"推行的教化内容主要包括两个方面：教——如颁布诏令、教条，礼贤下士，发展教育，选拔并推荐人才等；化——如表彰孝、节、义行，主持或参与地方神祇崇拜、祭祀活动，敦风益俗；从而在三个层面展开:秩序、文教和敦俗。为后来徽州官吏推行教化树立了榜样。元中期总管朱霁总领、时任衢州路儒学教授洪焱祖主修的《新安后续志》是继南宋罗愿《新安志》、李以申《新安续志》,八十余后又一部重要的徽州地方志,也是官吏致力于文化教化的具体案例。该志的修撰,不仅体现了官吏"知事"、"爱民"之意,也表明了其在广大儒生中间普及地域文化知识、增强历史自豪感之企图,而尤拳拳于风俗、学校教化之深意也是重要目的之一。"劝农文"是中国古代政府张贴的一种专门劝慰百姓勤理农事的榜文,是官府教化通俗形式的体现。从元代徽州劝农榜文的内容可以看出,其目的不仅在于劝勉农事,还要宣扬儒家伦理纲常,敦风益俗,力禁并矫正各种陋俗以及违法乱纪现象,与《劝俗文》有着类似的教化旨趣。"劝农"作为官长的本职工作,在徽州往往要借助于基层社会的教化者——父老的辅助,而父老在诸如宣布朝廷法令、维护基层社会安定、表彰颂扬地方官吏和功德之人事、处理乡村纠纷、构筑基层伦理道德信仰、协助官府致力于地方风俗教化建设等方面发挥着一定的作用。

教化以化民成俗为最终目的。诚然,元代徽州社会风俗的主要特点——尚气节、喜读书、重宗族、民风淳朴等的形成,无疑离不开包括学校、宗族、学官、儒士、士绅、官吏甚至佛、道、阴阳诸流等教化平台、主体的促成。事实上,各种因素之间往往存在着一定的交叉,如在基层社会,除了宗族组织和活动外,士绅还经常借助类似于宗教的活动,对宗族或普通民众在信仰层面加以引导,诸如修建各类功德祠、鬼神、土地庙等,并时常开展祈祷、祝告或祭祀性活动。而这类活动入明以后多数被政府称为"淫祀"并加以禁止。另外,不少儒士、宗族虽然抵制佛、道、阴阳学说,却也加以利用,这就是为何在他们的著作中保留了大量有关记载;一些儒士甚至还出入或潜心研究阴阳地理学说,如郑玉、朱升等。但各种力量在教化中所发挥的作用是有差异的,或存在着某种张力甚至是对抗。在丧葬风俗上,元代徽州社会即深受佛、道和阴阳地理学说的影响,造成了久丧不葬和铺张浪费等不良社会现象。对此,个别儒官曾明令禁止,不少儒士、士绅及深受儒家学说影响的家族以身示范力图破此陋俗,以陈栎、赵汸等为代表的名儒努力在学说上加以驳斥,而理学敦风益俗的著作——《家礼》也被利用起来;但皆无济于事,并没有取得显著的效果。于此可见,儒学教化并非万能,在面对某些风俗时显得多么苍白无力! 这也应了郑玉的话:"变于风俗者,人情之所易;而变其风俗者,人情之所难。"①

当然,较之整个元代以及明清徽州,元代徽州社会的教化体系并不完善,这一点尤其体现在对教化通俗形式和表达方式的运用上。众所周知,元代通俗文学以杂剧为典型特征,它深入社会的方方面面,所反映的内容甚为广泛:"上则朝廷、君臣政治之得失,下则闾里、市井、父子、兄弟、夫妇、朋友之厚薄,以至医药、卜筮、释道、商贾之人情物理,殊方异域、风俗语言之不同,无一物不得其情,不穷其态。"②因此在元代社会有着广泛的市场和影响力,而其深入普通百姓生活并作为教化的通俗形式之一也得到了时人的认可。但是,就笔者所掌握的史料来看,它在徽州的影响是非常有限的,本区域时人著作及地方志中对此并没有任何记载。出现此种现象,主要与元代徽州社会较强的封闭性有关。

中国古代农业社会长期形成了安土重迁的文化观念和传统,除非遭遇战乱、灾害、饥荒等,民众一般不会也不愿背井离乡;而徽州地处万山中的自然地理环境,造成了与外界几乎隔绝的状态,更加剧了本区域的封闭性。明清时期,徽州人因经商而走向全国;然在元代徽州,并没有现象表明经商活动和观念已成为特殊的经济活动,相反若干史

---

① [元]郑玉:《师山集·遗文》卷一《送汪德辅赴会试序》,第69页。
② [元]胡祇遹:《紫山大全集》卷八《赠宋氏序》,文渊阁《四库全书》(1196),第171页。

料却证明了徽州人对经商的不屑。如婺源汪会,壮年尝买舟,"与商人出鄱阳,过九江,望荆湖之墟","怅然思亲而返,遂专意于文学"[①];休宁黎阳程仁(1314—1367),既冠"游商"至滕,却师事薛城致政里居者任某数年,道德之懿,文献之粹,日有所得,至正四年(1344),归役于县。[②]最终两人放弃经商而为士、为文吏。当然,此时此地也有零星的关于徽州大族经商案例的记载[③],但不过为极个别极少数现象,与明清徽商的经营内容、形式、规模甚至是理念均不可同日而语。也就是说,此时的徽州社会与外界联系的途径是极其有限的,不过借助宦游之士或官方渠道而得以"了解"外界。元代徽州社会与外界接触较少,因此外来文化尤其是异质文化很难在短期内"介入"本地社会并扎根成长。元代社会深受少数民族风俗文化影响的特征,在徽州社会并没有多么明显的体现也就不足为奇了。百余名见载方志、官于徽州的少数民族官吏,在面对封闭且有一百多万人口的社会,似乎很难以其民族文化传统影响徽州的社会风俗;相反,不少人反而受本地文化影响,不仅与汉氏大族通婚,甚者即使在元廷统治的鼎盛时期亦有改姓汉氏者[④]。

除了通俗文学外,家族教化形式也能体现这种不完善。家训族规是明清时期徽州宗族治家理族、基层社会教化的重要形式和典型特征;然而,虽然元代徽州宗族规模、影响巨大,但它却没有被广泛的制订并传播开来。见诸史籍,除宗族教化篇所引陈栎家训外,较有影响的有:宋元之际,歙县张雄飞家训[⑤];元中期,绩溪胡相

---

① 程文:《伯会先生汪君会行述》,见《新安文献志(二)》卷八十九,第 461 页。
② 朱升:《程氏国英墓志》,见《新安文献志(二)》卷八十九,第 473 页。
③ 按:此类案例较少,笔者在"元代徽州社会教化之堡垒:宗族"章节中已有涉及。
④ 仇自坚:《记先祖嘉议公遗事》,见《新安文献志(一)》卷五十四,第 721—722 页。
⑤ 洪焱祖:《张雄飞传》,见《新安文献志(二)》卷一百下,第 702—703 页。按:该家训以"立身自名节始,名节自孝弟始"为指导,具体体现在张雄飞的思想行动中:不事生产,不迹讼庭,不欺暗室,无故不入城市;是非不留胸次,喜怒不见颜色,行不践虫蚁,言不轻訾笑,手不离方册,燕居必正衣冠;道逢长者必拱手立,遇妇人必以袖障面;先茔近者,三五日一省,远者月一至;茔傍近有鬻地者,族人贫而鬻祖产者,必节缩脯金赎之。

《胡氏家训》①;元后期,休宁城南叶龙《家规》十二条;陪郭程岘纂修族谱,末附治家之道②;元明之际,婺源环溪程本中手书"家事"三十四条③,婺源高安程可绍子达道(1326—1381)撰《程氏孝则堂家教辑录》一卷。这些家训族规,就内容而言,教化价值丝毫不逊于后世,如《程氏孝则堂家教辑录》列为十目,各为一章论之,主要内容包括:修身教子、保家治产、婚丧嫁娶、祀先睦族等。如谓责己必严谨,责人放宽恕;见财利不可贪,嗜防其陷己;养子须教读书;田园贵能守成,持家务得其人,生财务得其道;丘墓必以时省,祭祀必以时修;待宗亲以礼而不失其亲,处乡党以和而不失其正,等等④。有的在宗族的发展中的确产生了较大的作用,如陈栎弟子、青阳教谕叶龙所撰《家规》十二条,"深明风自火出家人之理",子孙"世宝"传之不辍;至明中期,五世孙兄弟数百人,才能干蛊而特出者十人,举《家规》行之,远近归一,时任徽州知府彭泽获悉,书"南阳世家"嘉奖之,并为之作记。⑤ 但是,整体而言,元代徽州家训族规在当时社会并未获得充分重视,关于其记载甚为有限,且几乎无一流传下来,今人也只能通过简单的序跋文或墓志碑铭而得悉它们的存在。

但是无论如何,元代徽州社会的教化传统却是明清徽州的直接源头,除正文中的相关论证外,此处再以妇女贞烈观为例。弘治《徽州府志》载有宋代贞节烈妇 8 人,而元代增至 28 人⑥,是前者的 3.5

---

① [元]唐元:《筠轩集》卷十一《书胡氏家训卷末》,第 573 页。按:《胡氏家训》仅二百余言,内容包括胡相祖、父家训书、黄庭坚劝学语,唐元赞其"真世宝也"。
② 管瑾:《见山居士程君岘墓志铭》,见《新安文献志(二)》卷八十八,第 457 页。按:管瑾所撰墓志仅见"本奢俭以为兴衰,由妇言而生和竞"两句。
③ [明]程敏政:《篁墩集(一)》卷三十六《跋婺源环溪宗家思家录后》,第 634 页。按:元季之乱,程本中避地建阳,不能复返桑梓,手书家事三十四条,授其子文仁俾归婺源。其内容程敏政谓"凡祀先睦族、持身保家之说,既详且密"。
④ 祝彦晖:《高安处士程公达道行状》,见《新安文献志(二)》卷九十,第 479—480 页。
⑤ [明]戴廷明,程尚宽等撰《新安名族志·后卷·叶》,第 420 页。
⑥ 弘治《徽州府志》卷十《人物四·列女》,第 316—317 页。

倍;如果再结合宋、元两代的时间——后者仅为前者的 1/4,变化就非常明显了。再看本地或外地文士笔下对徽州烈女节妇作传或碑志的称谓,诸如孝女、孝妇、孝节、节孝、节妇、节义、贞节、贞妇等,其中节妇最为常见;而在宋代这些称谓几乎是见不到的。可见,明清时期浓厚的妇女贞烈观念和现象,在深受理学思想影响的元代徽州社会已较为常见。当然,这一变化也经历了一个转悚期。从 28 人所处的时间上看,除 5 人不详外,元初、中、后期各有 5、3、15 人。也就说,守节现象至元后期方成为一种较为典型的社会现象,这从程文笔下汪节妇的遭遇或可以得到佐证。

节妇汪夫人姓程名悌,婺源下港里人,四岁时,父程文昌死于兵事,伯父草庭先生程鼎新鞠养成人,嫁于名门之子汪德裕为妻,生一女而寡。公、姑惧其不能安,使人问之,汪夫人答道:"妾不幸夫亡,尚幸公、姑在,得备奉养,何忍更适人!"或劝之曰:"夫人年少无子,不以此时从良夫,后将何悔?"夫人曰:"吾闻女不事二夫。夫,天也。天一而已。夫死而遂去之,是背天也。背天不祥。"或又曰:"夫人今嫁幸而有子,不犹愈于持孤身托冷室乎?公、姑固不汝望也,何乃自苦!"夫人泣曰:"虽然吾父蚤世,吾母守志数十年至今。吾身一为汪家妇,知死汪家而已,奚恤其他!"里之富人数辈因媒妁具聘币伺间以请,夫人卒不许。夫人家贫,纺绩自给,课童奴树艺;岁时奉祭祀如夫在时;公、姑卒,丧葬尽礼。汪夫人守节事发生在元初,此时的徽州社会对守节现象和守节者的坚守似不以为然,各种舆论、诱惑、压力不断出现,但汪夫人终不为所动。透过汪夫人的案例可以看出,元初的守节者主要依靠其内心的强大,而这种力量除源于父辈的影响外,则是对理学贞节观念的认同。相反,往往被认为甚为重要的社会大环境则起到了相反的作用,不是"促成"而是"破坏"之。天历(1328—1330)中,程文在京师参与修撰《经世大典》,看到礼部所旌表节义之事,"率多京畿内郡之民,间阎幽远盖罕焉";当然并非完全没有,程文亦承认

"有司莫之省,使至行郁堙不显白于世"。但整体而言,在元后期以前,包括徽州在内的江南妇女之守节现象是不常见的,甚者平江路(苏州)某帅妻诣官自陈,说愿上所受封比齐民得再嫁。①

元末战乱,对贞节观念及守节者而言是个巨大的考验和挑战,"自兵戈离乱后,妇人守节者盖不多见";但舒頔描述绩溪的情况却谓:"华阳在新安郡北,当孔道,山多耸拔连匝,民生其间,率多峭直,至于妇人,亦皆守贞不二志。"②这一现象在歙县和婺源表现地更为突出③,而元后期守节案例的显著增多——几乎为整个宋代或元初中期的2倍——也证明了这一点。可见,在以守节为代表的妇女观念上,从元初到元末转变的完成,正是明清徽州妇女观念和教化思想得以继续的基础。

至此,可以勾勒出变迁中的元代徽州社会教化的大致轮廓和特点:它以理学传承为核心,以道德实践为指归,以文化创生为内容,成为明清徽学的孕育和潜伏期。元代徽州社会理学教化核心地位的确立,是宋元以来学术发展大势和徽州独特的人文传统共同促成的。从学术发展趋势来看,宋末理学即因政府褒奖与权力结合而在"宋学"中独领风骚,入元又借助于科举与利禄一体而取得了"独尊"的政治优势,由此掌控了学术研究的阵地。就徽州的人文传统而言,因程朱理学的开创及集大成者二程、朱熹皆祖籍徽州,遂对当地士人产生了深刻的影响,并在他们内心埋下了以乡贤为楷模成圣成贤的"种子",而宋末至元初徽州及其周边的讲学授徒传统为"种子"的发芽、生长提供了必要的养分,加之"良好的土壤"(学术氛围),终使部分"种子"长成了"参天大树"(著名理学家),并汇聚为"茂密的森林"(新安理学群体)。同时,徽州的学术、社会又在"良好的土壤"和"参天大

---

① 程文:《节妇汪夫人传》,见《新安文献志(二)》卷九十八,第673页。
② [元]舒頔:《贞素斋集》卷四《二节妇传》,第595页。
③ 按:以籍贯而言,28名节妇中,歙县16人,休宁、祁门各1人,婺源7人,绩溪3人。

树"化育下普遍发芽。所以,元代徽州的学术思想、社会生活皆以理学及其重塑的伦理道德为典型特征。无论是蒙学、官学或书院(教化之本),抑或是塾师、学官、一般士绅及宗族(主体)均以传承、践履理学思想及其伦理道德为职志,新安理学文化正是在程朱理学的传承中得以创生,理学化的伦理道德正是在理学思想与社会生活紧密结合的过程中而不断更新。这些都奠定并塑造了明清徽州社会的伦理、宗族与人文、风俗传统。

主要参考文献

古籍类：

[1] [汉]贾谊撰；阎振益、锺夏校注.新书校注[M].北京：中华书局，2000.

[2] [汉]刘安撰，刘文典集解.淮南鸿烈集解[M].北京：中华书局，1989.

[3] [汉]司马迁.史记[M].北京：中华书局，1982.

[4] [汉]班固.汉书[M].北京：中华书局，1962.

[5] [汉]班固撰；[清]陈立疏证.白虎通疏证[M].北京：中华书局，1994.

[6] [汉]许慎撰；[清]段玉裁注.说文解字注[M].上海：上海古籍出版社，1981.

[7] [晋]陈寿撰；[南朝宋]裴松之注.三国志[M].北京：中华书局，1982.

[8] [南朝宋]范晔撰；[唐]李贤等注.后汉书[M].北京：中华书局，1965.

[9] [唐]房玄龄等.晋书[M].北京：中华书局，1974.

[10] [唐]李延寿.南史[M].北京：中华书局，1975.

[11] [宋]司马光编著；[元]胡三省音注.资治通鉴[M].北京：中华书局，1956.

[12] [宋]毛晃增注，毛居正重增.增修互注礼部韵略[M].文渊阁四库全书（237）.台北：台湾商务印书馆.

[13] [宋]韩琦.安阳集[M].文渊阁四库全书（1089）.

[14] [宋]欧阳修.文忠集[M].文渊阁四库全书（1102,1103）.

[15] [宋]司马光.司马温公文集[M].丛书集成初编.上海：商务印书馆，1936.

[16] [宋]司马光.书仪[M].文渊阁四库全书（142）.

[17] [宋]程颢、程颐. 二程集[M]. 北京:中华书局,1981.

[18] [宋]吴儆. 竹洲集[M]. 文渊阁四库全书(1142).

[19] [宋]吕祖谦. 东莱集[M]. 文渊阁四库全书(1150).

[20] [宋]杨万里. 诚斋集[M]. 文渊阁四库全书(1161).

[21] [宋]罗大经. 鹤林玉露[M]. 文渊阁四库全书(865).

[22] [宋]朱熹. 晦庵集[M]. 文渊阁四库全书(1145,1146).

[23] [宋]朱熹撰. 四书章句集注[M]. 北京:中华书局,1983.

[24] 朱杰人等主编. 朱子全书[M]. 上海:上海古籍出版社,合肥:安徽教育出版社,2002.

[25] [宋]吕祖谦. 宋文鉴[M]. 文渊阁四库全书(1351).

[26] [宋]黎靖德编. 朱子语类[M]. 北京:中华书局,1986.

[27] [宋]李心传. 道命录[M]. 丛书集成初编. 北京:中华书局,1985.

[28] [宋]黄榦. 勉斋集[M]. 文渊阁四库全书(1168).

[29] [宋]卫泾. 后乐集[M]. 文渊阁四库全书(1169).

[30] [宋]卫湜. 礼记集说[M]. 文渊阁四库全书(117).

[31] [宋]真德秀. 西山文集[M]. 文渊阁四库全书(1174).

[32] [宋]方岳. 秋崖集[M]. 文渊阁四库全书(1182).

[33] [宋]袁采. 袁氏世范[M]. 文渊阁四库全书(698).

[34] [宋]周密. 癸辛杂识[M]. 文渊阁四库全书(1040).

[35] [宋]黄震. 黄氏日抄[M]. 文渊阁四库全书(707、708).

[36] [宋]许月卿. 先天集[M]. 四部丛刊续编(70). 上海:上海书店,1985.

[37] [宋]许月卿. 百官箴[M]. 文渊阁四库全书(602).

[38] [宋]鲍云龙. 天原发微[M]. 文渊阁四库全书(806).

[39] [宋]谢枋得. 叠山集[M]. 文渊阁四库全书(1184).

[40] [宋]刘辰翁. 须溪集[M]. 文渊阁四库全书(1186).

[41] [宋]汪梦斗. 北游集[M]. 文渊阁四库全书(1187).

[42] [宋]吴龙翰. 古梅遗稿[M]. 文渊阁四库全书(1188).

[43] [元]脱脱等. 宋史[M]. 北京:中华书局,1977.

[44] [元]佚名. 庙学典礼(外两种)[M]. 杭州:浙江古籍出版社,1992.

[45] [元]苏天爵. 元文类[M]. 国朝文类[M]. 上海:商务印书馆,1936.

[46] 陈高华等点校. 元典章[M]. 北京:中华书局,天津:天津古籍出版社, 2011.

[47] 李修生主编. 全元文[M]. 南京:江苏古籍出版社;南京:凤凰出版社.

[48] [元]胡次焱. 梅岩文集[M]. 文渊阁四库全书(1188).

[49] [元]耶律楚材. 湛然居士集[M]. 文渊阁四库全书(1191).

[50] [元]方回. 桐江集[M]. 南京:江苏古籍出版社,1988.

[51] [元]方回. 桐江续集[M]. 文渊阁四库全书(1193).

[52] [元]胡一桂. 双湖先生文集[M]. 续修四库全书(1322). 上海:上海古籍出版社.

[53] [元]戴表元. 剡源文集[M]. 文渊阁四库全书(1194).

[54] [元]胡祗遹. 紫山大全集[M]. 文渊阁四库全书(1196).

[55] [元]任士林. 松乡集[M]. 文渊阁四库全书(1196).

[56] [元]吴澄. 吴文正集[M]. 文渊阁四库全书(1197).

[57] [元]许衡. 鲁斋遗书[M]. 文渊阁四库全书(1198).

[58] [元]胡炳文. 云峰集[M]. 文渊阁四库全书(1199).

[59] [元]胡炳文. 四书通[M]. 文渊阁四库全书(203).

[60] [元]胡炳文. 纯正蒙求[M]. 文渊阁四库全书(952).

[61] [元]张存中. 四书通证[M]. 文渊阁四库全书(203).

[62] [元]王恽. 秋涧集[M]. 文渊阁四库全书(1200).

[63] [元]姚燧. 牧庵集[M]. 文渊阁四库全书(1201).

[64] [元]程钜夫. 雪楼集[M]. 文渊阁四库全书(1201).

[65] [元]徐明善. 芳谷集[M]. 文渊阁四库全书(1202).

[66] [元]袁桷. 清容居士集[M]. 文渊阁四库全书(1203).

[67] [元]陈栎. 定宇集[M]. 文渊阁四库全书(1205).

[68] [元]陈栎. 定宇先生文集[M]. 元人文集珍本丛刊(4). 台北:新文丰出版公司,1985.

[69] [元]陈栎. 书集传纂疏[M]. 文渊阁四库全书(61).

[70] [元]陈栎. 历代蒙求[M]. 兰州:兰州大学出版社,2004.

[71] [元]董鼎. 书传辑录纂注[M]. 文渊阁四库全书(61).

[72] [宋]汪炎昶. 古逸民先生集[M]. 续修四库全书(1321).

[73] [元]贡奎. 云林集[M]. 文渊阁四库全书(1205).

[74] [元]刘岳申. 申斋集[M]. 文渊阁四库全书(1204).

[75] [元]马祖常. 石田文集[M]. 文渊阁四库全书(1206).

[76] [元]虞集. 道园学古录[M]. 文渊阁四库全书(1207).

[77] [元]黄溍. 金华黄先生文集[M]. 元钞本.

[78] [元]黄溍. 文献集[M]. 文渊阁四库全书(1209).

[79] [元]欧阳玄. 圭斋文集[M]. 文渊阁四库全书(1210).

[80] [元]柳贯. 待制集[M]. 文渊阁四库全书(1210).

[81] [元]洪焱祖. 杏庭摘稿[M]. 文渊阁四库全书(1212).

[82] [元]吴师道. 礼部集[M]. 文渊阁四库全书(1212).

[83] [元]唐元. 筠轩集[M]. 文渊阁四库全书(1213).

[84] [元]程端礼. 程氏家塾读书分年日程(附纲领)[M]. 北京:中华书局, 1985.

[85] [元]陈旅. 安雅堂集[M]. 文渊阁四库全书(1213).

[86] [元]苏天爵. 滋溪文稿[M]. 文渊阁四库全书(1214).

[87] [元]胡助. 纯白斋类稿[M]. 文渊阁四库全书(1214).

[88] [元]汪泽民. 宛陵群英集[M]. 文渊阁四库全书(1366).

[89] [元]贡师泰. 玩斋集[M]. 文渊阁四库全书(1215).

[90] [元]郑元佑. 侨吴集[M]. 文渊阁四库全书(1216).

[91] [元]郑玉. 师山集[M]. 文渊阁四库全书(1217).

[92] [元]吴海. 闻过斋集[M]. 文渊阁四库全书(1217).

[93] [元]舒頔. 贞素斋集[M]. 文渊阁四库全书(1217).

[94] [明]朱升撰;刘尚恒点校. 朱枫林集[M]. 黄山书社,1992.

[95] [元]李祁. 云阳集[M]. 文渊阁四库全书(1219).

[96] [元]危素. 危太朴集[M]. 元人文集珍本丛刊(7).

[97] [元]汪克宽. 环谷集[M]. 文渊阁四库全书(1220).

[98] [元]赵汸. 东山存稿[M]. 文渊阁四库全书(1221).

[99] [元]黄枢.后圃黄先生存集[M].续修四库全书(1325).

[100] [明]宋濂等.元史[M].北京:中华书局,1976.

[101] [明]陶安.陶学士集[M].文渊阁四库全书(1225).

[102] [明]王祎.王忠文公集[M].文渊阁四库全书(1226).

[103] [明]唐桂芳.白云集[M].文渊阁四库全书(1226).

[104] [明]朱同.覆瓿集[M].文渊阁四库全书(1227).

[105] [明]陈邦瞻.元史纪事本末[M].北京:中华书局,1997.

[106] 古今图书集成[M].北京:中华书局.

[107] [明]郑潜.樗庵类稿[M].文渊阁四库全书(1232).

[108] [明]杨琢.心远先生存稿[M].北京图书馆古籍珍本丛刊(98).

[109] [明]程通.贞白遗稿[M].文渊阁四库全书(1235).

[110] [明]唐文凤.梧冈文稿[M].文渊阁四库全书(1242).

[111] [明]何乔新.椒邱文集[M].文渊阁四库全书(1249).

[112] [明]程敏政.篁墩集[M].文渊阁四库全书(1252、1253).

[113] [明]金瑶.金粟斋文集[M].续修四库全书(1342).

[114] [明]汪道昆.太函集[M].续修四库全书(1347).

[115] [明]程敏政.新安文献志[M].文渊阁四库全书(1375,1376).

[116] [明]朱存理.珊瑚木难[M].文渊阁四库全书(815).

[117] [明]戴廷明,程尚宽等撰;朱万曙等点校.新安名族志[M].合肥:黄山书社,2004.

[118] [明]程曈辑撰;王国良,张健点校.新安学系录[M].合肥:黄山书社,2006.

[119] [明]戴铣.朱子实纪[M].续修四库全书(550).

[120] [明]凌迪知.万姓统谱[M].文渊阁四库全书(956,957).

[121] [明]鲍应鳌.瑞芝山房集[M].明崇祯刻本.

[122] [清]顾炎武著;[清]黄汝成集释.日知录集释[M].上海:上海古籍出版社,1985.

[123] [清]黄宗羲、全祖望.宋元学案[M].北京:中华书局,1986.

[124] [清]全祖望.鲒埼亭集外编[M].清嘉庆十六年刻本.

[125] [清]朱彝尊.经义考[M].文渊阁四库全书(677—680).

[126] [清]赵翼著;王树民校证.廿二史札记校证[M].北京:中华书局,1984.

[127] [清]赵翼.陔余丛考[M].北京:商务印书馆,1957.

[128] [清]钱大昕著;陈文和主编.嘉定钱大昕全集[M].南京:江苏古籍出版社,1997.

[129] [清]吴翟辑撰;刘梦芙点校.茗洲吴氏家典[M].合肥:黄山书社,2006.

[130] [清]赵吉士.寄园寄所寄[M].合肥:黄山书社,2008.

[131] [清]刘宝楠.论语正义[M].北京:中华书局,1990.

[132] [清]焦循.孟子正义[M].北京:中华书局,1987.

[133] [清]孙诒让.周礼正义[M].北京:中华书局,1987.

[134] [清]孙希旦.礼记集解[M].北京:中华书局,1989.

[135] [清]章学诚著;叶瑛校注.文史通义校注[M].北京:中华书局,1985.

[136] [清]顾嗣立编.元诗选[M].北京:中华书局,1987.

[137] [清]陈弘谋.五种遗规[M].上海:经纬教育联合出版部,1935.

[138] [清]梁玉绳.志铭广例[M].丛书集成初编.北京:中华书局,1985.

[139] [清]阮元校刻.十三经注疏[M].北京:中华书局,1980.

[140] [清]彭元瑞.天禄琳琅书目后编[M].北京:中华书局,1995.

[141] [清]莫友芝.宋元旧本书经眼录[M].扬州:江苏广陵古籍刻印社,1987.

[142] [清]孙诒让.温州经籍志[M].民国十年刻本.

[143] [清]王先谦.荀子集解[M].北京:中华书局,1988.

[144] [清]赵绍祖.安徽金石略[M].清道光刻本.

[145] 柯劭忞.新元史[M].上海:开明书局,1935.

[146] [元]张铉.至大金陵新志[M].文渊阁四库全书(492).

[147] 淳熙新安志[M].宋元方志丛刊(8).北京:中华书局,1990.

[148] 弘治徽州府志[M].明代方志选(1).台北:台湾学生书局,1965.

[149] 弘治休宁志[M].北京图书馆古籍珍本丛刊(29).北京:书目文献出版社,1998.

[150] 正德松江府志[M].明正德七年刊本.

[151] 嘉靖徽州府志[M].北京图书馆古籍珍本丛刊(29).

[152] 嘉靖休宁县志[M].嘉靖二十七年刊本.

[153] 嘉靖淳安县志[M].天一阁藏明代方志选刊.北京:中华书局,1965.

[154] 嘉靖江西通志[M].明嘉靖刻本.

[155] 嘉靖宁波府志[M].明嘉靖三十九年刊本.

[156] 万历嘉兴府志[M].明万历二十八年刊本.

[157] 万历括苍汇纪[M].明万历七年刻本.

[158] 康熙徽州府志[M].中国地方志丛书.台北:成文出版社有限公司,1975.

[159] 雍正浙江通志[M].文渊阁四库全书(524).

[160] 乾隆江南通志[M].文渊阁四库全书(511).

[161] 嘉庆黟县志[M].中国地方志集成·安徽府县志辑(56).南京:江苏古籍出版社,1998.

[162] 道光休宁县志[M].中国地方志集成·安徽府县志辑(52).

[163] 同治祁门县志[M].中国地方志集成·安徽府县志辑(55).

[164] 光绪江西通志[M].续修四库全书(659、660).

[165] 光绪淳安县志[M].中国地方志丛书.台北:成文出版社有限公司,1975.

[166] 民国歙县志[M].中国地方志集成·安徽府县志辑(51).

[167] 民国重修婺源县志[M].民国十四年刻本.

现代著作:

[1] 钱穆.中国学术思想史论丛[M].台北:东大图书公司,1978.

[2] 陈荣捷.朱学论集[M].台北:台湾学生书局,1982.

[3] 谭其骧.中国历史地图集:元·明时期[M].北京:中国地图出版社,1982.

[4] 萧启庆.元代史新探[M].台北:新文丰出版公司,1983.

[5] 余英时.士与中国文化[M].上海:上海人民出版社,1987.

[6] 刘森辑译;古籍整理办公室编.徽州社会经济史研究译文集[C].合肥:黄山书社,1988.

[7] 李治安,王晓欣.元史学概说[M].天津:天津教育出版社,1989.

[8] 徐远和.理学与元代社会[M].北京:人民出版社,1992.

[9] 中国社会科学院历史研究所收藏整理.徽州千年契约文书(宋·元·明

编)[M].石家庄:花山文艺出版社,1993.

[10] 么书仪.元代文人心态[M].北京:文化艺术出版社,1993.

[11] 欧阳周.中国元代教育史[M].北京:人民出版社,1994.

[12] 那木吉拉.中国元代习俗史[M].北京:人民出版社,1994.

[13] 孙培青,李国钧.中国教育思想史[M].上海:华东师范大学出版社,1995.

[14] 张传玺.中国历代契约会编考释[M].北京:北京大学出版社,1995.

[15] 史卫民.元代社会生活史[M].北京:中国社会科学出版社,1996.

[16] 朱瑞熙等.辽宋西夏金社会生活史[M].北京:中国社会科学出版社,1998.

[17] 张瑞璠等.中国教育哲学史[M].济南:山东教育出版社,2000.

[18] 徐梓.元代书院研究[M].北京:社会科学文献出版社,2000.

[19] 桂栖鹏.元代进士研究[M].兰州:兰州大学出版社,2001.

[20] 詹世友.道德教化与经济技术时代[M].南昌:江西人民出版社,2002.

[21] 赵华富.徽州宗族研究[M].合肥:安徽大学出版社,2004.

[22] 卞利.明清徽州社会研究[M].合肥:安徽大学出版社,2004.

[23] 刘伯山主编.徽州文书[M].桂林:广西师范大学出版社,2004.

[24] 朱万曙,卞利主编.戏曲·民俗·徽文化论集[M].合肥:安徽大学出版社,2004.

[25] 黄书光.中国社会教化的传统与变革[M].济南:山东教育出版社,2005.

[26] 唐力行.徽州宗族社会[M].合肥:安徽人民出版社,2005.

[27] 李琳琦.徽州教育[M].合肥:安徽人民出版社,2005.

[28] 周晓光.新安理学[M].合肥:安徽人民出版社,2005.

[29] 卞利.徽州民俗[M].合肥:安徽人民出版社,2005.

[30] 王国良主编.新安理学与宋元明清哲学[M].合肥:安徽大学出版社,2005.

[31] 张健.新安文献研究[M].合肥:安徽人民出版社,2005.

[32] 刘晓.元史研究[M].福州:福建人民出版社,2006.

[33] 葛兆光.古代中国的历史、思想与宗教[M].北京:北京师范大学出版社,2006.

[34] 萧启庆.内北国而外中国.蒙元史研究[M].北京:中华书局,2007.

[35] 申万里.元代教育研究[M].武汉:武汉大学出版社,2007.

[36] 苏力.元代地方精英与基层社会——以江南地区为中心[M].天津:天津古籍出版社,2009.

[37] 解光宇.朱子学与徽学[M].长沙:岳麓书社,2010.

[38] 常建华.明代宗族组织化研究[M].北京:故宫出版社,2012.

[39] 袁祖亮编.中国人口通史(元代卷)[M].北京:人民出版社,2012.

[40] 王鹤鸣.中国祠堂通论[M].上海:上海古籍出版社,2013.

[41] 常建华.宋代以后宗族的形成及地域比较[M].北京:人民出版社,2013.

[42] 史甄陶.家学、经学和朱子学——以元代徽州学者胡一桂、胡炳文和陈栎为中心[M].上海:华东师范大学出版社,2013.

[43] 徐复观.学术与政治之间[M].北京:九州出版社,2014.

[44] 黄书光等.中国社会发展变迁的教育动力[M].上海:上海教育出版社,2014.

论文:

[1] 吴景贤.安徽书院沿革考[J].学风(安庆),1932,2(8).

[2] 吴景贤.安徽书院志[J].学风(安庆),1932,2(4—8).

[3] 汪尚贤.新安艺苑略草稿[J].学风(安庆),1933,3(4).

[4] 吴景贤.紫阳书院沿革考[J].学风(安庆),1934,4(7).

[5] 陈东原.我国宋元两代之小学状况及其教材[J].教与学,1935,1(5).

[6] 吴晗.元代之社会[J].社会科学(北平),1936,1(3).

[7] 蒙思明.元代社会阶级制度[J].燕京学报专号,1938(16).

[8] 黄毓甲.宋元农村经济与农民生活[J].金陵学报,1939,9(1—2).

[9] 杨讷.元代农村社制研究[J].历史研究,1965(04).

[10] 丁国范.关于元代的里甲制度[J].元史及北方民族史研究集刊,1978(3).

[11] 王春瑜.论朱升[J].学术月刊,1980(09).

[12] 孟繁清.元代的学田[J].北京大学学报(哲学社会科学版),1981(06).

[13] 刘尚恒.朱升事迹编年[J].文献,1982(03).

[14] 张海鹏,刘尚恒.论朱升的从政和退隐[J].安徽史学,1984(04).

［15］王颋.元代书院考略［J］.中国史研究,1984(1).

［16］刘和惠.元代徽州地契［J］,元史及北方民族史研究集刊,1984(8).

［17］杨国勇.元代教育的几个特点［J］.山西大学学报(哲学社会科学版),1985(01).

［18］吕达.元、明、清三代的社学考略［J］.上海师范大学学报(哲学社会科学版),1986(3).

［19］畅民.建国以来徽商研究综述和前瞻［J］.安徽史学,1986(05).

［20］潘富恩,徐余庆.论二程的刑治与教化思想［J］.复旦学报(社会科学版),1987(01).

［21］呼明虎.论元代的学校教育［D］.上海:华东师范大学,1988.

［22］周兆茂.朱升理学思想三题［J］.江淮论坛,1990(06).

［23］景以恩.中国古代风俗教化考略［J］.民俗研究,1990(02).

［24］刘桂林.论元代教育思想特点［D］.上海:华东师范大学,1991.

［25］唐力行.明清徽州的家庭与宗族结构［J］.历史研究,1991(1).

［26］陈高华.元代的地方官学［J］.元史论丛(5)［C］.北京:中国社会科学出版社,1993.

［27］于金生.元代的地方学官及其社会地位［J］.内蒙古社会科学(文史哲版),1993(03).

［28］赵华富.论徽州宗族繁荣的原因［J］.民俗研究,1993(01).

［29］朱克良."教化"含义初探［J］.华东师范大学学报(教育科学版),1993(4).

［30］周晓光.宋元明清时期的新安理学［J］.中国哲学史,1994(01).

［31］钟家栋.教化与化解——精神文化的社会功能［J］.复旦学报(社会科学版),1994(03).

［32］刘桂林.郑玉教育思想新探［J］.安徽教育学院学报(哲学社会科学版),1994(02).

［33］陈华兴.教化和教化哲学［J］.复旦学报(社会科学版),1994(06).

［34］曹天生.本世纪以来国内徽学研究概述［J］.中国人民大学学报,1995(01).

［35］刘少雪.明代讲会与教化［J］.华东师范大学学报(教育科学版),1995

(03).

[36] 谢长法.乡约及其社会教化[J].史学集刊,1996(03).

[37] 毕民智.徽州女祠初考[J].安徽大学学报,1996(02).

[38] 陈得芝.论宋元之际江南士人的思想和政治动向[J].南京大学学报(哲学·人文科学·社会科学版),1997(2).

[39] 刘祥光.从徽州文人的隐与仕看元末明初的忠节与隐逸[J].大陆杂志,1997,94(1).

[40] 周晓光.新安理学源流考[J].中国文化研究,1997(02).

[41] 栾成显.元末明初祁门谢氏家族及其遗存文书[A].周绍泉、赵华富.95国际徽学学术讨论会论文集[C].合肥:安徽大学出版社,1997.

[42] 李琳琦,王世华.明清徽商与儒学教育[J].华东师范大学学报(教育科学版),1997(03).

[43] 胡务.元代庙学的兴建和繁荣[J].元史论丛(6)[C].北京:中国社会科学出版社,1997.

[44] 李琳琦.徽州书院略论[J].华东师范大学学报(教育科学版),1999(02).

[45] 赵华富.元代的新安理学家[J].学术界,1999(03).

[46] 常建华.二十世纪的中国宗族研究[J].历史研究,1999(05).

[47] 常建华.宋元时期徽州祠庙祭祖的形式及其变化[J].徽学,2000.

[48] 赵华富.元代新安理学家弘扬朱子学的学术活动[J].安徽大学学报,2000(06).

[49] 周绍泉.徽州文书与徽学[J].历史研究,2000(01).

[50] 周晓光.论元末明初新安理学家赵汸[J].孔子研究,2000(02).

[51] 胡务.元代庙学——无法割舍的儒学教育链[D].香港:香港中文大学,2000.

[52] 李琳琦.宋元时期徽州的蒙养教育述论[J].安徽史学,2001(01).

[53] 秦海滢.明初乡村教化初探[J].东北师大学报(哲学社会科学版),2001(01).

[54] 任志强.徽州宗族研究综述[J].徽学,2002.

[55] 司马周.唐桂芳生卒年补证[J].江海学刊,2002(04).

[56] 王雷.论传统教化思想在近代中国的演变[J].华东师范大学学报(教育科学版),2002(01).

[57] 周勇.知识、教化与欲望:中国十一世纪的教育话语[D].上海:华东师范大学,2002.

[58] 王国良.朱熹与新安理学[J].中国哲学史,2003(01).

[59] 唐力行.徽州宗族研究概述[J].安徽史学,2003(02).

[60] 吴小红.论元代的书院官学化与社会教化[J].江西社会科学,2003(06).

[61] 常建华.明代徽州宗祠的特点[J].南开学报,2003(05).

[62] 李霞.论新安理学的形成、演变及其阶段性特征[J].中国哲学史,2003(01).

[63] 周晓光.南宋徽州人文环境变迁与新安理学的形成[J].江淮论坛,2003(06).

[64] 陈延斌.试论宋元时期的家训思想及其教化实践[J].上海师范大学学报(哲学社会科学.教育版),2003(04).

[65] 黄开国.赵汸的春秋学[J].中国哲学史,2004(02).

[66] 申万里.元代文庙祭祀初探[J].暨南史学,2004(3).

[67] 郭齐勇.综论宋元明时期长江流域的儒学[J].社会科学战线,2004(03).

[68] 王兴刚.从劝农文看宋朝的农业技术推广[J].农业考古,2004(3).

[69] 刘静.走向民间生活的明代儒学教化研究[D].上海:华东师范大学,2004.

[70] 赵华富.元代世家大族谱牒之最——徽州汪氏谱牒[C].中国辽宁大连,2005.

[71] 萧启庆.元代多族士人网络中的师生关系[J].历史研究,2005(01).

[72] 黄书光.论中国传统教化的理论基础与组织特征[J].教育学报,2005(04).

[73] 徐国利.当代中国的徽州文书研究[J].史学月刊,2005(02).

[74] 黄书光.论中国传统教化的近代解构[J].浙江大学学报(人文社会科学版),2005(06).

[75] 苏惠慧.论元代新安理学家陈栎[J].安徽师范大学学报(人文社会科学版),2005(03).

[76] 苏力.元代劝农文对农民的劝化[J].农业考古,2006(04).

[77] 栾成显.宋元明时代经济发展的新趋势与明太祖的经济政策[J].明史研究,2007.

[78] 章毅.元明之际徽州地方信仰的宗族转向——以婺源大畈知本堂为例[J].中国文化研究所学报,2007(44).

[79] 解光宇.论朱升理学思想及其价值[J].安徽大学学报(哲学社会科学版),2007(02).

[80] 周春健.元代新安学派的四书学[J].中国哲学史,2007(02).

[81] 王人恩."守天之道":〈媒螫问答〉的诗学况味[J],北方论丛,2007(5).

[82] 李世宏.知识,传承与教化—对中国古代尊师风俗的解读[D].上海:华东师范大学,2007.

[83] 章毅.理学社会化与元代徽州宗族观念的兴起[J].中国社会历史评论,2008.

[84] 陈瑞.元代徽州的宗族建设[J].安徽师范大学学报(人文社会科学版),2009(02).

[85] 黄书光.论儒学社会化的若干途径[A].纪念〈教育史研究〉创刊二十周年论文集[C],2009.

[86] 栾成显.改革开放以来徽学研究的回顾与展望[J].史学月刊,2009(06).

[87] 谈家胜.近二十年徽州家谱文献研究的学术审思[J].安徽大学学报(哲学社会科学版),2009(06).

[88] 解光宇.致和:徽州文化的重要特征——以徽州学者"和会朱、陆"为例[J].学术界,2009(04).

[89] 陈瑞.元代安徽地区的重农措施及其实践[J].中国社会经济史研究,2009(03).

[90] 陈瑞.元代徽州宗族祖茔规约二则释读[J].史学史研究,2009(01).

[91] 刘成群.新安理学与元代徽州地区的宗族建构[J].学术界,2010(08).

[92] 章毅.元明易代之际儒士的政治选择——赵汸、朱升、唐桂芳之比较[J].中国文化研究所学报,2010(51).

[93] 刘成群.元代新安理学从"唯朱是宗"到"和会朱陆"的转向[J].学术探索,

2010(03).

[94] 施克灿.中国古代社学教化职能初探[J].教育学报,2010(01).

[95] 谈家胜.徽州族谱所录文献的类型与价值[J].安徽师范大学学报(人文社会科学版),2010(05).

[96] 吴兆丰.元儒赵汸的游学、思想特色及其治学历程[J].中国文化研究所学报,2010(51).

[97] 张雪红.传播与转型:走向生活世界的宋代社会教化研究[D].上海:华东师范大学,2010.

[98] 张延昭.下沉与渗透:多元文化背景下的元代教化研究[D].上海:华东师范大学,2010.

[99] 陈瑞.元代安徽地区的官学教育[J].安徽师范大学学报(人文社会科学版),2011(02).

[100] 刘成群.元代新安理学的四个"转向"[J].汉学研究,2011,29(4).

[101] 陈瑞.元代徽州路社产史料一则释读[J].中国农史,2011(01).

[102] 黄书光.中国现代性教化话语的多元建构[J].学术界,2012(11).

[103] 刘成群.元代新安理学从"羽翼朱子"到"求真是"的转向[J].江汉论坛,2012(01).

[104] 张汝伦.作为政治的教化[J].哲学研究,2012(06).

[105] 于磊.元代徽州家族与地方社会秩序的构建——以歙县双桥郑氏为中心[J].中国史研究,2016(4).

[106] 章毅.断裂与传续:元代徽州路仕宦家族的演变[J].中国社会历史评论,2016(17).

[107] 赵路卫.元代士人与书院[D].湖南大学,2017.

[108] 刘成群.明初徽州经学衰微试探[J].兰州学刊,2018(2).

[109] 卞利.宋明以来徽州血缘身份认同的建构与强化[J].安徽大学学报(哲学社会科学版),2019(2).

外文论著及译著：

[1] John D. Langlois. China Under Mongol Rule[M]. Princeton :Princeton U-

niversity Press,1981.

［2］ Wing-tsit Chan. Chu Hsi and Neo-Confucianism[M]. Honolulu：University of Hawaii Press,1986.

［3］ Elizabeth Endicott-West. Mongolian Rule in China：Local Administration in the Yuan Dynasty[M]. Cambridge,Mass. ：Harvard University Press,1989.

［4］ Wm. Theodore de Bary,John W. Chaffee. Neo-Confucian Education：The Formative Stage[M]. Taipei ：SMC Publishing Inc. ,1994,c1989.

［5］ Philip J. Ivanhoe. Confucian Moral Self Cultivation[M]. New York：Peter Lang,1993.

［6］（日）植松 正. 元代江南政治社會史研究[M].日本汲古書院出版之汲古叢書系列.汲古書院,1997.

［7］（德）傅海波,（英）崔瑞德编；史卫民等译.剑桥中国辽西夏金元史（907—1368年）[M].北京：中国社会科学出版社,1998.

［8］（日）森田 宪司.元代知識人と地域社會[M].日本汲古書院出版之汲古叢書系列.汲古書院,2004.

［9］ Peter K. Bol. Neo-Confucianism in History[M]. Cambridge,Mass. ：Harvard University Asia Center,2008.

［10］ Timothy Brook. The Troubled Empire：China in the Yuan and Ming Dynasties[M]. Cambridge,Mass. ：Harvard University Press,2010.

［11］（日）中岛乐章著；郭万平,高飞译.明代乡村纠纷与秩序——以徽州文书为中心[M].南京：江苏人民出版社,2010.

［12］（荷兰）宋汉理著；叶显恩译.〈新安大族志〉与中国士绅阶层的发展（800—1600年）[J].中国社会经济史研究.1982(03),1983(02).

［13］（日）多贺秋五郎著、刘淼译.关于〈新安名族志〉[J].徽州社会经济史研究译文集[C].合肥：黄山书社,1988.

［14］（日）片山 共夫. 元代の家塾について[J].九州大学東洋史論集.2001(29),2002(30).

［15］ Ho,KL. The Political Power and the Mongolian Translation of the Chinese

Calendar during the Yuan Dynasty[J]. Central Asiatic Journal. 2006, 50 (1): 57—69.

[16] Wang Chuanman. On Variations in Huizhou Women's Chastity Behaviors During the Ming and Qing Dynasties[J]. Chinese Studies in History. 2012, 45(4):43—57.

[17] HT Zurndorfer, Q Guo. The Female Chastity Cult in Huizhou during the Late Imperial Era: Demographics, Books, and Monuments[J]. Nan Nü. 2015, 17(1):1—8.

后　　记

可能是安徽人的缘故，自读大学以来，我就对徽州历史文化有着独特的情愫。后攻读研究生，研究方向为地方文化史；期间，我曾向导师表达过研究徽州历史文化的愿望，但囿于求学地域之限，未能遂愿。历史是相通的，文化是一脉的，从宋初齐鲁到元代徽州，从宋学源头到理学落地，早期的研究为我后来进入徽州历史文化领域起到了奠基拓野作用。读博后，虽然转入教育学，但专业仍没有和历史分家。经长期的积累、思考和比较，结合师门研究传统，最终我选择了元代徽州社会教化这一领域。

本书是在博士论文基础上修改而成。从酝酿立意，到蒐集史料、构思写作，再到数易其稿，前前后后经历了七个春秋。然而，因杂务缠身、心力有限，时常不能专注，断断续续，改改停停，才有了这部仍不甚成熟的小作。相较博士论文，本书主要做了以下工作：第一，在篇章标题措辞上进行修订完善，增加了修饰限定性词语，以明确某一方面教化的作用和地位。如蒙学以"基础"、官学以"中心"、宗族以"堡垒"等界定。为了体现这种变化，正文中的行文也作了相应的扩充与调整。第二，调整了部分篇章的顺序，将原第五章《元代徽州风俗与教化——以丧葬风俗为例》放到了最后一部分，以丧葬风俗为例，查验元代徽州社会多维度教化实施之成效。第三，对一些篇章作了改写，甚至是重写。如第一章之第二节《元代儒化文教政策之变迁》几乎通篇作了修改，增加了元代中期以后各朝文教政策特别是儒化政策之变迁，重点分析了仁宗至顺帝朝儒化政策之反复，以凸显蒙元统治下教化推行之不易，作为徽州地域教化展开之官方背景。其他如第三、五、六、七章也作了一定的改动。特别是第五章第一节《师弟子传承》，进一步补充了传承谱系，增加了以学术研究为中心的传承证据链条，丰富了传承图谱，以作为安徽省哲学社会科学规划项目"宋后期至明初（1200—1400）徽州教育的师承机制研究"（AHSKY2016D35）的阶段性成果。第四，重新核校并完善了部分参考文献。

在论文和书稿的写作、修改期间，诸多老师、亲友和同仁给予了莫大的鼓励和支持。在博士论文后记中，我曾对部分师友表达过感激之情，然意犹未尽，这里仍借本篇小记再次对他们致以诚挚的谢意。

"智慧的创获，品性的陶熔，民族和社会的发展"，秉承着老校长孟宪承先生这一办学理念的华东师范大学教育史学科有着深厚的底蕴，产生了众多大师和名家。四年博士生涯，浸润着华师优秀的人文传统和先贤遗绪，切身感受着诸多贤达的精神和风范，凝聚了永远难以释怀的丽娃情结！

恩师黄书光教授是我学术生涯转折的领航者。感谢老师长期以来的厚爱和指导！犹忆复试初谋面，老师眉仁目慈、儒雅谦逊、和蔼可亲的形象和公平公正的品格即给我留下深刻印象。在以后的学习和交往中，老师乐观豁达、开明民主、关爱学生、博洽古今、孜孜不倦、笔耕不辍等品行和学养都令我敬佩不已。毕业后回归岗位，遇到问题时，我仍时常求教；而老师总是不厌其烦、诲我不倦，言辞间无不饱含着关爱与祝福。

感谢杜成宪教授的关心和帮助！杜老师学问该博，治学严谨，观点鲜明，对学生严而有爱。不仅深受其《教育史学》课程影响，同时因参与"大夏教育文存"，毕业临行前与其交流半个多时辰，从毕业论文到学术研究皆蒙指导。工作后，虽离开上海，亦时常受到杜老师的关怀和帮助。感谢王保星教授。王老师平易近人，其《外国教育史研究》课程，广征博引，至今仍历历在目。感谢丁钢教授。读博期间，选修了丁老师的《教育叙事研究》课程，又聆听其了多场学术报告，接触机会较多，但因本人不善言辞，至今深以多次错失当面讨教时机为憾！感谢单中惠教授，单老师年逾古稀，仍对后进提携与点拨不辍；与其结缘于教育史年会，多次蒙其指教和帮助。感谢孙培青教授和王伦信教授，他们参与了我的博士论文开题和答辩，对我的学习和研究也给予了诸多启发和指导。

感谢浙江大学田正平教授和肖朗教授、华中师范大学余子侠教授、东北师范大学曲铁华教授，以及三位匿名的论文评审专家，他（她）们对我的研究和论文均提出了不少宝贵建议。尤其是田老师和肖老师，不辞劳苦，还亲自参与了我的答辩。在此谨对诸前辈致以衷心的感谢！

感谢同门的师兄弟姐妹，特别是黄晓珠、杨来恩，在生活学习上给予我诸多照顾！感谢室友穆树航，犹忆纵论古今的卧谈与讨论，使我获益良多！感谢教育学系12级全体博士研究生，有了你们，我的博士生活才多姿多彩！

感谢淮北师范大学和教育学院的领导和老师们，给我的生活提供了诸多帮助，对研究创作提供了诸多便利！

感谢我的家人和亲人！在工作、求学和书稿撰改期间，解除了我的后顾之忧！

在本书出版过程中，上海三联书店的钱震华老师费力劳神，贡献颇多，在此表示衷心的感谢！

本书系安徽高校协同创新项目"明清徽商与长三角大运河关系

及其当代价值研究"(GXXT—2020—032)的阶段性成果之一,获淮北师范大学教育学院学科建设资金和安徽省高校管理大数据研究中心支持。

  本书在创作中参考了前贤时哲的相关研究成果,并在文中作了相应标注,在此一并致谢。书中凡同一征引,仅在首次出现时详细注明,后出现者省略版本,只注作者、书名、卷数和页码。在行文措辞上,全文一遵现行学术和出版规范,但直接引用原著特别是古籍者,原则上不作改动,有改动则出注说明。

  囿于个人学识和能力,本书难免错漏,贻笑大方,但所有的不足和问题均由本人负责,也恳请读者诸君不吝赐教!

王耀祖
2020年10月修订于相山之麓、滨湖之畔

图书在版编目(CIP)数据

社会变迁中的元代徽州社会教化研究/王耀祖著.
—上海：上海三联书店，2021.7
ISBN 978-7-5426-7410-4

Ⅰ.①社… Ⅱ.①王… Ⅲ.①社会教育—研究—徽州地区—元代 Ⅳ.①G779.2

中国版本图书馆 CIP 数据核字(2021)第 077355 号

社会变迁中的元代徽州社会教化研究

著　　者　王耀祖

责任编辑　钱震华
装帧设计　陈益平

出版发行　上海三联书店
　　　　　(200030)中国上海市漕溪北路 331 号
印　　刷　上海昌鑫龙印务有限公司

版　　次　2021 年 7 月第 1 版
印　　次　2021 年 7 月第 1 次印刷
开　　本　700×1000　1/16
字　　数　300 千字
印　　张　24.25
书　　号　ISBN 978-7-5426-7410-4/G·1599
定　　价　78.00 元